Valeska Lübke
CyberGender

Valeska Lübke

CyberGender

Geschlecht und Körper im Internet

ULRIKE **HELMER** VERLAG

Die Deutsche Bibliothek – CIP-Einheitsaufnahme

Ein Titelsatz für diese Publikation ist bei der
Deutschen Bibliothek erhältlich.

Die Deutsche Bibliothek – CIP Cataloguing-in-Publication-Data

A catalogue record for this publication is available
from Die Deutsche Bibliothek

ISBN 3-89741-175-X

© 2005 Copyright Ulrike Helmer Verlag, Königstein/Taunus
Alle Rechte vorbehalten

Zugleich: Universität Bonn, Dissertation, 2004

Covergestaltung: Atelier KatarinaS / NL
Druck und Bindung: Wilfried Niederland Verlagsservice, Königstein/Taunus
Printed in Germany

Gesamtverzeichnis sendet gern: Ulrike Helmer Verlag,
Altkönigstraße 6a, D-61462 Königstein/Taunus
E-mail: ulrike.helmer.verlag@t-online.de
www.ulrike-helmer-verlag.de

Inhalt

Einleitung[1]

Wir[2] stehen vor einer spannenden Paradoxie: Bücher zur scharfen Markierung der Geschlechterdifferenz haben Hochkonjunktur. Für alle verständlich, gut lesbar und für den Hausgebrauch konzipiert, stoßen wir auf Titel wie »Männer sind anders. Frauen auch« (Gray, 1998) oder finden gar eine »Gebrauchsanweisung von Männern und Frauen« (Troni, 2003). Und wer schon immer erfahren wollte, warum Männer nicht zuhören können und Frauen schlecht einparken, der greife zu Büchern des Autorenpaars Pease und Pease (2000). Das Nachrichtenmagazin »Der Spiegel«, mit seinem aufklärerisch-progressiven Selbstverständnis, bietet dem Trend entsprechend ein Gesellschafts-Dossier zum Thema »Das seltsame Wesen Mann«[3] und liefert die Titelstory »Der neue Mutterstolz. Kind statt Karriere« (29/2001). Selten handelt es sich hier um Partnerschaftsratgeber, vielmehr wird in gut portionierten »Häppchen« Rekurs genommen auf aktuelle Forschungserkenntnisse. Die dort angeführten Geschlechterunterschiede sind durch einschlägige Quellen und griffige Zitate wissenschaftlich belegt und evozieren so den Anschein »universeller Wahrheiten«.

Dieser strengen Dichotomisierung tritt ein tiefgreifender Wandel der Geschlechterrollen und -normen sowie einschneidende Entwicklungen in den Computer-, Medien- und Reproduktionstechnologien entgegen. Zahlreiche Beispiele demonstrieren den Wandel von Geschlechterrollen und -normen: Seit 2001 stehen Frauen alle Laufbahnen in der Bundeswehr offen, die gleichgeschlechtliche Partnerschaft wird per Gesetz anerkannt, die Frauen-Nationalelf wird 2003 Weltmeisterin und löst einen Fußball-Boom bei Frauen und Mädchen aus, Kosmetikfirmen bieten dem körperbewussten Mann Make-up und Wimperntusche an, in den USA wird 2004 der erste sich offen bekennende homosexuelle Bischof geweiht.

Inszenierungsmittel in Form von Kleidung, (Körper-)Schmuck, Haarschnitten etc. stehen mit wenigen Ausnahmen beiden Geschlechtern zur Verfügung. Und so verliert weder der Hardrocker Marilyn Manson an Männlichkeit, wenn er sich in seinem Musikvideo in einer weiblichen Hülle in Szene setzt; noch zweifelt das Publikum an der Weiblichkeit der Pop-

Ikone Madonna, wenn diese sich mit Bartstoppeln in einem lässigen schwarzen Smoking und einer Zigarre im Mundwinkel präsentiert.

Im Internet ist es allerdings nicht nötig, sich mit Hilfe einer sichtbaren »Hülle« zu inszenieren, weil dieses Medium sich geradezu durch geschlechtliche Anonymität und körperlose Kommunikation auszeichnet. War die Kleidung bisher als Medium zur Inszenierung auswechselbar, ist jetzt der (Geschlechts-)Körper selbst zur Veränderung und Bearbeitung frei gegeben. Wird die neue Kommunikationstechnologie damit zu einem Erfahrungsort der »De-konstruktion« des Körpers?

Richten wir den Blick auf neue Computer-, Medien- und Reproduktionstechnologien, stoßen wir auch dort auf einschneidende Veränderungen. Diskutierte Haraway (1995a) vor fast 20 Jahren in ihrem »Cyborg-Manifest« auf relativ abstraktem Niveau die Grenzverwischungen zwischen Natur, Mensch und Maschine, erfahren wir die Plastizität des Körpers jetzt »unter der Haut«. Roboter landen auf dem Mars, Sexualität lässt sich ohne Körper mittels Cyberhandschuhen und Datenhelmen erleben, Animationen zeigen uns eindrücklich, wie die Dinosaurier lebten und einige Zeitungsenten wollen uns sogar glauben machen, das erste Klon-Baby sei bereits geboren worden. Die Vermischung von Mensch und Maschine findet ihren Ausdruck nicht nur im Vokabular der Science-Fiction, sondern hat bereits Einzug in die wissenschaftliche Literatur gefunden: Die Rede ist von »Menschmaschinen« (Brooks, 2002), »Mischgestalten« (Maresch, 2002) oder »Transhumanisten« (Becker, 2000). Die verschobenen Grenzziehungen und taktil-visuellen Erfahrungen dürften folgenreich für das Verständnis und die Wahrnehmung von (Geschlechts-) Körpern und Räumen sein.

Bevor Geschlechter- und Körper-Aspekte vor dem Hintergrund des virtuellen Raums diskutiert werden können, gilt es die grundlegenden Analysekategorien »Geschlecht«, »Körper« und »Raum« unter den Vorzeichen der Postmoderne ausführlich zu betrachten. Auf diese Ausführlichkeit wird Wert gelegt, weil insgesamt festzustellen ist, dass in der einschlägigen Literatur bislang lediglich Teilbereiche bearbeitet wurden. In neueren Arbeiten der Geschlechter-, Körper-, oder Raumsoziologie wird das »Phänomen Internet« oft nur in kleineren Aufsätzen bzw. Kapiteln behandelt oder wandert gar ab in eine Fußnotenbemerkung. Und wiederum finden sich in Arbeiten zum Internetdiskurs Hinweise bzw. Forderungen nach einer theoretischen Neubestimmung von Geschlecht, Körper oder Raum. Mit dem Anliegen, die Gegenstände zu verknüpfen und damit die Forschungslücke ein stückweit zu schließen, entstand die vorliegende Arbeit.

Den Ausgangspunkt bildet die Spannung zwischen optimistischen und pessimistischen feministischen Positionen sowie die Diskussion um das dekonstruktivistische Potential des Internet in Bezug auf die Geschlechterkategorie. Es werden also zwei Ebenen untersucht. Auf der ersten Ebene ist zu klären, in welchem Umfang Frauen und Männer am Netzgeschehen jeweils teilhaben, wie sich der Zugang verteilt und welche Online-Medien von wem in welcher Weise genutzt werden. Welche strukturellen Barrieren sind auf dem Weg zu einer erfolgreichen Internetnutzung und -gestaltung zu überwinden? Stellen sich diese Barrieren für die Geschlechter unterschiedlich dar? Optimistische Stimmen betonen die Möglichkeit einer neuen Öffentlichkeit (von Frauen) für Frauen, heben die buchstäbliche Vernetzung hervor und sehen das Kommunikations- und Informationsmedium als förderlich für die politische und ökonomische Anschlussfähigkeit von Frauen. Kritische Stellungnahmen betonen den Androzentrismus des Netzes, das als männliches Machtinstrument und als Forum für Frauendiskriminierung vielfältigster Art funktioniere. Auf dieser Ebene bieten Ergebnisse quantitativer Erhebungen die Grundlage zur weiteren Diskussion.

Auf der zweiten Ebene ist zu diskutieren, ob das Internet die Kategorie Geschlecht und die damit verbundenen Grenzziehungen revolutionieren kann. Die forschungsleitende These lautet: Sobald es nicht mehr möglich ist, auf das Wahrnehmungsmuster Geschlecht zurückzugreifen und jemanden schnell und sicher zu identifizieren, müssten sich alltagstheoretische Annahmen über Geschlechtlichkeit revidieren, weil ihnen die Basis für Unterscheidungskriterien verloren gehen. Auf dieser Ebene werden qualitative Studien hinzugezogen, die u.a. das Phänomen des virtuellen Genderswapping in Chats, Mailinglisten und virtuellen Rollenspielen zum Gegenstand haben. Wie mache ich mein Geschlecht im Netz glaubhaft und welche Inszenierungsmittel stehen mir zur Verfügung?

Bevor von auflösenden Geschlechterkategorien im Internet die Rede sein kann, ist zu klären, was sich genau auflöst. Was ist das »Geschlecht« und wie funktioniert es in der Alltagswelt? Bezugsrahmen bilden hier konsequenterweise konstruktivistische und diskurstheoretische Perspektiven. Durch ein »Blitzlicht« auf die Kategorie Geschlecht (Kapitel 2) werden verschieden gefärbte Konstruktivismen reflektiert und Perspektivenwechsel innerhalb der Theoriebildung herausgearbeitet.

Eine Arbeit, die die Unterscheidung zwischen Männern und Frauen braucht, um geschrieben werden zu können, ist zwangsläufig rekonstruktiv.

Die Differenzen zu ignorieren und sich auf den Standpunkt zu stellen, die Analysekategorie Geschlecht könne angesichts der Auflösung traditioneller Gesellschaftsstrukturen vernachlässigt werden, würde bedeuten, empirische Gegebenheiten zu ignorieren. Hier wird diesem Dilemma insoweit begegnet, als dass nicht von »spezifischen«, sondern von »typischen« Geschlechtermerkmalen gesprochen wird. Dieser sprachlichen Unterscheidung geht die Annahme voraus, dass empirisch festzustellende Eigenschaften, Verhaltensmuster, Sprachenregister oder Körperpraxen, die für ein Geschlecht signifikant sind, keinesfalls alle Individuen innerhalb einer Gruppe repräsentieren und sich das zugeschriebene und dargestellte Geschlechtsbezogene aller Wahrscheinlichkeit nach auch bei Personen der anderen Geschlechterklasse finden lässt.

Selbst Ansätze, die sich auf diskursive Formen und Verfahren der Herstellung des binären Systems beziehen, fokussieren zwar den Herstellungsmodus, können aber nur innerhalb der Verfahren repetitiver Bezeichnungen argumentieren. Dass repetitive Bezeichnungen gerade die Voraussetzung für subversive Unterwanderungen der bipolaren, heterosexuellen Matrix bilden, hat die Theoretikerin Butler (1991) eindrücklich gezeigt. Die Butlersche Argumentation wurde aber bisher im Kontext neuer Kommunikationstechnologien kaum diskutiert, obwohl sich virtuelle Körperinszenierungen, die frei von Materialitäten und losgelöst von Leiblichkeiten sind, geradezu für eine, hier angestrebte, Reflexion anbieten.[4]

Was versteht die Soziologie überhaupt unter dem »Körper«? In dem Kapitel »Reale und virtuelle Körper« (Kapitel 3) werden zentrale Aspekte zur Bestimmung des Körpers herausgearbeitet, die dann der Prüfung unter virtuellen Bedingungen unterzogen werden. Nachdem verschiedene Formen der computervermittelten Kommunikation (CMC)[5] erläutert werden, richtet sich der Blick auf den »postmodernen« Körper im Internet. Wo verbleibt der leibliche Körper, wenn wir uns bar jeder Körperlichkeit in einem Chat, einem virtuellen Rollenspiel oder einer Mailingliste zu Wort melden? Unter welchen Bedingungen sind Kommunikationen im Netz trotz Körperlosigkeit anschlussfähig? Machen wir in der »Hülle« des anderen Geschlechts auch leibliche Erfahrungen? Vorweggenommen sei hier, dass das Internet durchaus Ersatzsymbole für mediale Verkörperungen unterschiedlichster Art bereit hält. Deshalb ist allein die Annahme der Körperlosigkeit diskussionswürdig. Die Ersatzsymbole schaffen neue Rahmungen für Interaktionen; ob sie allerdings die Realität spiegeln oder virtuelle (neue) Realitäten schaffen, ist zu untersuchen.

Der Körper als Mikrosystem bleibt von gesellschaftlichen Einflüssen nicht verschont und gesellschaftliche Räume mit ihren inhärenten Strukturen und Verteilungen sind als konstitutiv für Einschreibungen auf und in den Körper zu verstehen. Wie sollen wir aber eine virtuelle Körperinszenierung bezeichnen, die sich noch dazu in einem Raum »aufhält«, der gar kein Raum ist? Es ist folglich nicht nur zu klären, was den virtuellen Körper zum Körper macht, sondern auch, was den Cyberspace zum »Space« macht (Kapitel 4). Auch die Auseinandersetzung mit dem Cyberspace als »Raum« geschieht unter Einblendung der Gender-Perspektive. Da Frauen und Männer qua Geschlecht je unterschiedlicher Raum zur Verfügung steht, und sie sich hinsichtlich ihrer Raumaneignungsstrategien unterscheiden, können auch erste Vermutungen über die geschlechtstypische Aneignung virtueller Räume angestellt werden.

Das Internet war lange Zeit vor allem ein männlich besetzter Raum. Seine Nähe zum Militär, das vermeintlich Technische und die Konnotation des traditionell männlichen Computerfreak lockten nur wenige Frauen in das Worldwideweb. Wie sieht die Geschlechterverteilung im Netz im neuen Jahrtausend aus? Die Betrachtung der bundesdeutschen Internet-Teilpopulation (Kapitel 5) erfolgt unter Einblendung der geschlechtertypischen Internetnutzung von Kindern und Jugendlichen, weil diese mit dem neuen Medium durch Schule und andere Institutionen bereits in jungen Jahren in Berührung kommen und damit sehr früh Medienkompetenzen ausbilden. Unterscheiden sich männliche und weibliche Kinder, Jugendliche und Erwachsene hinsichtlich Online-Verhalten, Nutzungspräferenzen, Einstellungen und Nutzungsfrequenzen? Und wenn ja, welche Rückschlüsse können durch Hinzuziehung geschlechtertypischer Sozialisationen gezogen werden?

Wenn Männer und Frauen die verschiedenen Netzangebote wie E-Mail, Chat, virtuelle Rollenspiele oder Mailinglisten nutzen, wie kommunizieren sie miteinander? Die Gender-Linguistik kann verschiedene Sprachregister ausmachen, die bezeichnend für ein »Männersprechen« und ein »Frauensprechen« sind. Für die anonyme CMC stellt sich parallel die Frage, ob unterschiedliche Register auch dort zu finden sind (Kapitel 6). Weil die Nutzer und Nutzerinnen nicht mehr an ihr Geschlecht gebunden sind, könnten sie sich »untypisch« inszenieren. Determinierende Inhalte der Geschlechterkategorien sind dann als konstruiert erfahrbar und eignen sich zu einer bewussten »Umkonstruktion«. Wenn das »virtuelle Außen« nicht mehr auf die Darstellung eines »Innen« passt, entstehen Geschlechterverwirrungen, die Potentiale zu einer Aufbrechung des Kausalzusammenhangs der Kategorien Sex und Gender bereithalten.

Dabei stößt die Betrachtung geschlechterdifferenter Sprachstile und Verhaltensweisen in der CMC auf das Problem der »Unüberprüfbarkeit«, weil Forscherinnen und Forscher niemals mit Bestimmtheit wissen können, »wer da wie redet«. Die Bearbeitung der aufgeführten Fragestellungen erfolgt keineswegs streng linear. Die Themen der verschiedenen Kapitel greifen ineinander, werden um weitere Dimensionen ergänzt und Rückbezüge werden hergestellt.

Gegenwärtig begegnen den Netzsurfern und -surferinnen auf ihren digitalen Streifzügen neue Formen virtueller Verkörperungen, die unter den Namen »anthropomorphe Software-Agenten«, »konversationsfähige Avatare« oder schlicht »Chatterbots« Einzug in die (spärlich vorhandene) Literatur gefunden haben. Es handelt sich hierbei um grafische Animationen, die sich in menschenähnlicher Gestalt mit den Besucher/innen unterhalten. In der »Gegenwart« eines Chatterbots offenbart sich die Verwischung von Mensch und Maschine. Diese künstlichen, transhumanen Wesen, die ihren Besuch auf einen Plausch einladen, ihm Warenangebote offerieren und Emotionen zeigen, irritieren Annahmen von Menschlichkeit, Echtheit und Künstlichkeit.

Die Frage, ob es zu den Aufgaben der Soziologie zählen kann, sich mit transhumanen Artefakten auseinander zu setzen, kann nur beantwortet werden, wenn wir das Phänomen zunächst ernst nehmen und zu diskutieren wagen, inwiefern von einer Handlungsfähigkeit der artifiziellen, konversationsfähigen Avatare gesprochen werden kann. Vorausgeschickt sei, dass Chatterbots bei ihren menschlichen Gegenübern großen Anklang finden und teilweise so glaubwürdig sind, dass ihre vermeintliche Menschlichkeit gar nicht angezweifelt wird.

Die Untersuchung in diesem letzten Teil der Arbeit, die einen ausdrücklich explorativen Charakter hat, konzentriert sich auf drei Chatterbots (Kapitel 7). Diese werden hinsichtlich der in den ersten Kapiteln theoretisch reflektierten Kategorien Geschlecht, Körper und Raum analysiert. Dabei ist zunächst zu klären, wie die Chatterbots auf der Benutzeroberfläche dargestellt werden. Rekurriert die Darstellung auf das Zweigeschlechtersystem? Und wie simulieren die Bots leiblich-affektive Zustände, die als wesentliches Kriterium für glaubwürdige Darstellungen gelten? Weiter lässt sich fragen: Werden Chatterbots entlang dem Alltagsverständnis einer zweigeschlechtlichen, heterosexuellen Ordnung konzipiert? Welche Brüche und

Subversionen lassen sich ausmachen? Können sie Raum konstituieren? Wie beeinflussen sie unsere Raum-Wahrnehmungen?

Grundlegende Vorannahme ist, dass den Chatterbots als transhumanen Wesen ein kreatives Potential inhärent ist, weil sie als »Neuschaffungen« fernab von alltagstheoretischen Annahmen konzipiert werden könnten. Das empirische Vorhaben stellt nicht mehr oder weniger als einen Versuch dar. Nämlich den Versuch, die Soziologie für die Chatterbots mit ihren sozialen Implikationen zu interessieren und das Feld für weiterführende Forschungen zu öffnen. Dass aufgrund der derzeitigen Forschungslage mehr Fragen aufgeworfen als beantwortet werden können, wird wissend in Kauf genommen.

So wird also nicht nur bearbeitet, wie Geschlecht in das Netz »hineinkommt« und wie es dort de- oder re-konstruiert wird, sondern auch, wie die Chatterbots als transhumane Netz-Bewohner/innen Geschlechtlichkeiten in die soziale Wirklichkeit zurück transportieren. Das Internet hält wesentliches Potential zur subversiven Unterwanderung der bipolaren, heterosexuellen Geschlechterordnung bereit. Doch wird dieses Potential auch genutzt?

1 Kategorie Geschlecht

1.1 Konstruktivistische Perspektiven

Von *der* feministischen Theorie lässt sich heute nicht mehr sprechen. Die Begriffe Frauenforschung, Geschlechterforschung und Geschlechterverhältnisforschung bezeichnen Weiterentwicklungen, Ausdifferenzierungen und kontroverse Diskurse innerhalb feministischer Wissenschaft, denen unterschiedliche Theoriebildungen zu Grunde liegen. Mitte der 1980er Jahre ist zu einem einschneidenden Perspektivenwechsel gekommen, der sich in der Unterscheidung der Kategorien Sex und Gender manifestiert und für alle feministischen Denkarten relevant ist.[6] Zur Diskussion stand und steht die Kategorie Geschlecht schlechthin.

Theorieleitend für die neueren Strömungen der Genderforschung sind konstruktivistische Perspektiven, die im Folgenden vorgestellt werden, weil sie die Basis auch für weitere Überlegungen bilden. In der vorliegenden Arbeit ist der Begriff des »Sozialkonstruktivismus« relativ weit gefasst und vereint durchaus heterogene Ansätze. Drei »Spielarten des Konstruktivismus« (Knorr-Cetina, 1989) gilt es an dieser Stelle zu unterscheiden: die wissenssoziologische Perspektive, das empirische Programm des Konstruktivismus sowie den radikalen bzw. erkenntnistheoretischen Konstruktivismus.

Die beiden erstgenannten spiegeln sich in der sozialkonstruktivistischen Geschlechterforschung wider und zeigen auf, wie menschliche Wahrnehmung strukturiert ist, die dazu führt, dass etwas als »natürlich« wahrgenommen wird. Auch die Geschlechterdifferenz ist als verobjektivierte Struktur zu betrachten und zählt damit zum Alltagswissen. Die dritte von Knorr-Cetina angeführte Spielart, der radikale oder erkenntnistheoretische Konstruktivismus, wurde zeitlich später entwickelt und geht davon aus, dass es keine selbstevidente Realität gibt und folglich auch keine »Realität« wissenschaftlich entdeckt werden kann. »Aus Descartes ›cogito ergo sum‹ wird mit Glasersfeld ›ich nehme wahr, dass ich denke, daher bin ich‹« (Schmidt, 1997: 14). Oder anders:

»Der radikale Konstruktivismus beruht auf der Annahme, dass alles Wissen, wie immer man es auch definieren mag, nur in den Köpfen von Menschen existiert und dass das denkende Subjekt sein Wissen nur auf der Grundlage eigener Erfahrungen konstruieren kann. Was wir aus unseren Erfahrungen machen, das allein bildet die Welt, in der wir bewusst leben« (von Glasersfeld, 1997: 22).

Der Sozialkonstruktivismus und auch die Ethnomethodologie als ein empirisches Programm der wissenssoziologischen Perspektive, konzentrieren sich innerhalb der feministischen Theorie auf das Aufbrechen der Vorstellung, dass das Geschlecht im Individuum in irgendeiner Form verankert sein könnte. Die Frage nach dem Geschlecht wird damit »aus dem Subjekt und seinem psychophysischen ›Frausein‹ oder ›Mannsein‹ herausverlagert und als interaktive und situationsspezifische Konstruktionspraxis betrachtet« (Becker-Schmidt und Knapp, 2001: 74).

1.1.1 Die gemachte Sozialordnung

Berger und Luckmanns Buchtitel »Die gesellschaftliche Konstruktion der Wirklichkeit« (2000) verdeutlicht schon ihr Programm: Untersuchungsgegenstand ist das »Gemachtsein« gesellschaftlicher »Tatsachen«. Es wird davon ausgegangen, dass nichts als natürlich gegeben angenommen werden kann und die Sozialordnung als ständige gesellschaftliche Produktion verstanden werden muss, denn »Gesellschaft ist ein menschliches Produkt. Gesellschaft ist eine objektive Wirklichkeit. Der Mensch ist ein gesellschaftliches Produkt« (ebd.: 65). Wie die soziale Ordnung entsteht, erklären die Autoren anhand der zentralen Begriffe Institutionalisierung, Objektivierung und Legitimation.

Institutionalisierungen entstehen durch habitualisierte Handlungen[7] und stellen Verhaltensmuster auf, welche das menschliche Verhalten in eine Richtung lenken, ohne dabei »Rücksicht« auf alternative Richtungen zu nehmen, die theoretisch möglich wären (vgl. ebd.: 58). Dabei sind Institutionen für alle Gesellschaftsmitglieder erreichbar und haben stets einen historischen Hintergrund. Bezogen auf das Phänomen Zweigeschlechtlichkeit heißt das: Theoretisch wäre die Existenz vieler Geschlechter möglich, praktisch ist das Wissen von Personen als männlich *oder* weiblich durch unser Kulturverständnis historisch verankert und bereits institutionalisiert, so dass die Zweigeschlechtlichkeit als gesellschaftliche Wirklichkeit gelten kann und eine »Quasi-Autonomie« besitzt.

Berger und Luckmann (2000) gehen von einem dialektischen Doppel-
charakter der Gesellschaft aus und verweisen auf die Doppelgründigkeit
der Wirklichkeit, die sowohl objektive als auch subjektive Wirklichkeit ist.

»Die‹ Gesellschaft hat eine doppelgründige Wirklichkeit. Sie ist objektive Gegebenheit
infolge der Objektivierung der menschlichen Erfahrung im gesellschaftlichen Handeln,
in sozialen Rollen, Sprache, Institutionen, Symbolsystemen. Obwohl die letzteren Produkte menschlichen Handelns sind, gewinnen sie eine Quasi-Autonomie. So übt Gesellschaft auf den Einzelnen Zwang aus, während sie zugleich Bedingung seiner menschlichen Existenz ist. Denn Gesellschaft ist auch eine subjektive Wirklichkeit: sie wird vom
Einzelnen in Besitz genommen, wie sie von ihm Besitz ergreift« (Berger und Luckmann, 2000: VI).

Objektivierung bezeichnet also den Vorgang vermittels dem Dinge objektiv
(gemacht) werden und die Alltagswelt[8] dann als real erscheinen lässt, obwohl ihr eine konstruierte Objektivität zu Grunde liegt. Dabei erscheint die
Alltagswelt bereits als objektiviert, wenn ich »auf der Bühne« erscheine
(vgl. ebd.: 24). Transferiert man diese Aussage auf die binäre Geschlechterordnung, so lässt sich sagen: Die »parallele Organisation« (Goffman,
1994: 114) von sprachlichen Bezeichnungen, sexuierten Räumen,[9] Gender-
Glaubensvorstellungen etc. markieren das »Koordinatensystem« des Lebens. Dabei »erklärt« die Legitimation die institutionale Ordnung dadurch,
dass sie ihrem objektivierten Sinn kognitive Gültigkeit zuschreibt und sie
»[...] ihren pragmatischen Imperativen die Würde des Normativen verleiht«
(Berger und Luckmann, 2000: 100). Deshalb bezeichnet Hirschauer (1996)
die alltagsweltliche Wahrnehmung von Geschlecht auch als »biologischen
Realismus« (vgl. ebd.: 241). Doch erst, wenn man das Wissen von »richtig« oder »falsch« hat, können Institutionen legitimiert werden. Weiß man
beispielsweise, dass es nur Männer und Frauen gibt, dann erscheint derjenige, der etwas anderes oder drittes zu sein beansprucht als »falsch«. Weiß
man aber auch um das Phänomen der Transsexualität, so ist dieses Anders-
oder Zwischengeschlechtliche durchaus legitim, weil es wissentlich existent und wissenschaftlich (z.b. medizinisch) »bewiesen« ist.

Der wissenssoziologisch geprägte Sozialkonstruktivismus verweist also
auf Prozesse und Mechanismen wie Habitualisierung, Typisierung, Routi-
nisierung, Internalisierung von Erwartungen etc., »[...] die sozusagen die
genealogische Voraussetzung der Existenz und Erfahrung einer sozialen
Ordnung als objektivierter Ordnung darstellen« (Knorr-Cetina, 1989: 88).
Diese Perspektive ist insofern nützlich, als dass sie die Zweigeschlechtlichkeit, die heterosexuelle Ordnung, die verschiedenen institutionalisierten Annahmen über den Habitus des einen oder anderen Geschlechts und ge-

schlechtsspezifische Routinehandlungen als gesellschaftlich-kulturell konstruiert entlarvt.

Der Sozialkonstruktivismus macht aber auch Zugeständnisse an die »Natur«: Der Mensch empfindet Hunger, muss sterben, Männer können keine Kinder gebären und das Geschlecht geht auf »präsoziale Unterschiede« zurück (vgl. Berger und Luckmann, 2000: 68ff.). So baue die Existenz von Individuen zwar auf kulturellen Zuschreibungen auf, dieser liege aber die anthropologisch vorgegebene Zweigeschlechtlichkeit zu Grunde, weil die Notwendigkeit gesellschaftlicher Ordnung in der biologischen Verfassung des Menschen angelegt sei (vgl. ebd.: 56). Demnach gehen z.b. Berger und Luckmann von einer eindeutig in männliche und weibliche Sphären geschiedenen Konstruktion der Alltagswelt aus und stellen fest:

> »Die meisten Programme (der primären Sozialisation, V.L.) bestimmen auch wohl, was Mädchen und was Jungen lernen *müssen*. Solche kleinen Zugeständnisse muss die Gesellschaft *biologischen Tatsachen* natürlich machen. [...] Männer und Frauen können beispielsweise recht *verschiedene Welten* in einer Gesellschaft ›bewohnen‹. Wenn Männer und Frauen als signifikante Andere an der primären Sozialisation mitwirken, so vermitteln sie dem Kinde *widersprüchliche ›Wirklichkeiten‹*« (ebd.: 147; Herv. V.L.).

Die Alltagswelt ist aber keinesfalls als statisches Gebilde zu betrachten. Es gibt kein in sich geschlossenes, perfekt funktionierendes System, und deshalb könnten z.B. performative Inszenierungen als alternative Sinnwelten subversiv wirken. Will man die institutionale Ordnung der zweigeschlechtlichen »symbolischen Sinnwelt« z.B. durch Travestie problematisieren, gilt allerdings die folgende Faustregel:

> »Wer den derberen Stock hat, hat die bessere Chance, seine Wirklichkeitsbestimmung durchzusetzen, [...] was freilich nicht ausschließt, dass politisch uninteressierte Theoretiker einander überzeugen, ohne zu massiven Bekehrungsmitteln zu greifen« (Berger und Luckmann, 2000: 117).

Wird das Wissen um eine mögliche Absurdität der zweigeschlechtlichen, heterosexuellen Ordnung also wissenschaftlich in Frage gestellt und theoretisch belegt, so könnte sich das Wissen um eine anders begründete Ordnung durchaus einstellen, weil sie durch wissenschaftliche »Erkenntnis« legitimiert wird. Da das Geschlecht in unseren Gesellschaften allerdings eine sehr hohe Relevanzstruktur[10] hat, ist ein sehr »derber Stock« notwendig, um andere Wirklichkeitsbestimmungen durchzusetzen.

1.1.2 Die Ethnomethodologie als empirisches Programm

Gegenstand des empirischen Programms des Konstruktivismus ist die Analyse des Konstruktions*prozesses*, also die Untersuchung der eigentlichen »Konstruktionsmaschinerie« (Knorr-Cetina, 1989: 91). Mikrosoziologische und insbesondere wissenssoziologisch-ethnomethodologische Perspektiven erklären, *wie* soziale Realitäten entstehen. Folglich fragt die konstruktivistisch orientierte Geschlechterforschung, wie Individuen kontinuierlich die Wirklichkeit des Geschlechts und die Wirklichkeit der bedeutungsvollen Geschlechtskörper (re-)produzieren.[11] Weil davon auszugehen ist, dass soziale Realität keinen »Kern« hat, den man unabhängig von den sie konstituierenden Mechanismen identifizieren könnte, ist die Frage nach der sie erhaltenden Konstruktions*arbeit*[12] notwendige Voraussetzung zur Entschlüsselung der reproduzierenden Prozesse (vgl. ebd.: 92). In diesem Sinne fragt »doing-gender« nach genau dieser reproduzierenden Konstruktionsarbeit, die eine Wirklichkeit stabil erscheinen lässt. Ein Geschlecht zu haben bedeutet, an seiner Geltung teilzuhaben und dies, an seiner Produktion mitzuwirken.

Die Annahmen des wissenssoziologischen Sozialkonstruktivismus sowie des empirischen Programms der Ethnomethodologie machen eine Analyse des Phänomens Geschlecht möglich.[13] Mit ersterem lässt sich klären, dass Prozesse und Mechanismen objektiviert und diese dann als Objektivationen aufrecht erhalten werden; das empirische Programm folgt dann der Leitfrage: »Wie kommt es zu der binären, wechselseitig exklusiven Klassifikation von zwei Geschlechtern, und wie funktioniert die alltägliche Aufrechterhaltung dieser Exklusivität?« (Becker-Schmidt und Knapp, 2001: 74). Mit Hilfe einer konstruktivistischen Herangehensweise lässt sich folglich das Prozesshafte des Geschlechterbegriffs hervorheben. Wir können uns dann von der Fragestellung »Wer ist wie?« lösen und sie zu Gunsten der Leitfrage »Wie und in welchen Prozessen nehmen sich Menschen als wer wahr?« fallen lassen (vgl. ebd.: 74).

Nachfolgend werden beide Perspektiven unter »Sozialkonstruktivismus« verortet. Dabei wird der ethnomethodologische Ansatz im mikrosoziologischen Kontext behandelt, wie er z.b. bei Goffmans Geschlechterarrangement[14] (1994), Kessler und McKennas »Ethnomethodological Approach« (1985) und Hirschauers wie auch Lindemanns Studien zur Transsexualität zu finden ist. Es sind all diejenigen Ansätze als sozialkonstruktivistisch zu bezeichnen, die auf der Ebene des Handelns, der Interaktion und der Sprache, Wirklichkeit als symbolisches System ansehen (vgl. Villa, 2001: 64).

1.2 Geschlecht als soziale Konstruktion

Die kurze Darstellung der ethnomethodologisch-wissenssoziologisch inspirierten Soziologie verweist bereits darauf, dass die Kategorie Geschlecht mehr ist als ein persönliches Merkmal. Es gilt deswegen auszuleuchten, wie wir Geschlechter werden, welche Genderismen uns zu Männern und Frauen machen und welche Genderismen wir folgenreich mittragen um uns und andere eindeutig zuzuordnen. Wir sind für unser Geschlecht zuständig und diese »Geschlechtszuständigkeit« (Hirschauer, 1999: 49ff.) eines jeden Individuums gliedert sich in zwei Verantwortungen: die Geschlechtsdarstellung und die Geschlechtsattribution.

Folglich kann jedes Handeln, das Individuen als männlich oder weiblich erscheinen lässt, als prozesshaftes doing-gender gefasst werden. Doing-gender bezeichnet folglich Aktivitäten der Darstellung und Wahrnehmung, die sich als Manifestationen von männlichen und weiblichen »Seinsweisen« zeigen. Gender ist also nichts Einheitlich-Substantielles, sondern setzt sich als soziale Institution wie auch als individueller Status aus vielen Komponenten zusammen (vgl. Lorber, 1999: 76). Ob ein Verhalten zu einer Geschlechterkategorie passt, wird routinemäßig entschieden. Gender-Prototypen stellen dabei ein Verhaltensrepertoire dar,

»[...] das regulative Ideale gelungener Männlichkeit und Weiblichkeit anbietet; sie stecken die Grenze ab, die darüber entscheidet, ob ein bestimmtes Verhalten (noch) die Einordnung in ein Geschlecht erlaubt« (Kroll, 2002: 72).

Es gilt vorerst mittels einer handlungszentrierten Mikrosoziologie zu rekonstruieren, wie Interaktionsprozesse von Gender-Zuschreibung und -Darstellung ablaufen.

1.2.1 Institutionelle und individuelle Genderkomponenten

Die Geschlechterordnung kann verstanden werden als ständige menschliche Produktion und das soziale Geschlecht als eine Angelegenheit »institutioneller Reflexivität« (Goffman, 1994: 107). Anhand institutionellen Reflexivitäten lässt sich aufzeigen, wie der biologische Unterschied in sozialen Arrangements erst bedeutend gemacht wird und geschlechterkonstruierende Mechanismen für die Teilnehmer/innen sinnvoll erscheinen. Dabei wird deutlich, dass die natürliche Ausstattung allein nicht maßgeblich für Fähigkeiten oder die Bewältigung verschiedener Aufgaben ist und biologische Unterschiede an sich die Differenzierung nicht erklären können (vgl. Goffman, 1994: 112ff.).[15] Doch wie bekommt das biologische Geschlecht seine soziale Bestimmung und in welchen Arrangements wird es bedeutsam?

Der »Prototyp einer sozialen Klassifikation« (Goffman, 1994: 108) ist die vorgenommene Einteilung der Individuen in weiblich und männlich. Die Geschlechtsorgane sind Grundlage dieser Einteilung und bilden den individuellen Status durch die »Sex-Kategorie« (Lorber, 1999: 77). Der Gender-Status in seinen Ausprägungen beinhaltet,

»[...] die in einer Gesellschaft sozial anerkannten *gender* und die Normen und Erwartungen, die sich an ihren Ausdruck in Verhalten, Gestik, Sprache, Gefühle und Physis knüpfen. Wie der jeweiligen *gender*-Status bewertet wird, hängt von der historischen Entwicklung in der betreffenden Gesellschaft ab« (Lorber, 1999: 76).

Die Genitalien sind aber nicht *Grund* der Klassifikation, sondern ihnen kommt nur mittels der geburtlichen Zuschreibungspraxis nur eine »präkonstruierte Zeichenhaftigkeit« (Hirschauer, 1989: 101) zu. Obwohl in der Alltagswelt der Genitalbereich des Einzelnen meist unsichtbar bleibt, entscheiden die ersten Minuten nach der Geburt nicht nur über das biologische Geschlecht, sondern auch über das soziale Geschlecht, das uns in der Regel ein Leben lang begleitet.

»Die kulturelle Wirklichkeit zweier Geschlechter aber kann nicht aus einem Unterschied der Genitalien ›folgen‹, da sie bereits Geschlechtszeichen nur im bereits bestehenden Kontext dieser Wirklichkeit sind« (Hirschauer, 1989: 101).

Der »bestehende Kontext der Wirklichkeit« lässt sich mit Goffman gut erfassen, da er das Augenmerk auf Arrangements lenkt, die Geschlechter in Alltagssituationen zur Sicherung ihres Status eingehen. Für Goffman gilt das biologische Geschlecht als »natürliche« Tatsache. Dabei geht er von einem Kausalzusammenhang zwischen Sex und Gender aus, der als institutionalisiert verstanden werden muss, wobei die Geschlechtsklasse eine soziologische Kategorie bezeichnet (vgl. ebd.: 160). Anhand eines fiktiven, aber alltagsnahen Beispiels wird die Terminologie einzelner Genderismen verdeutlicht.

Ein verheirateter, gut situierter Mann, beschließt im Einvernehmen mit seiner Frau zu verreisen. Aus ökonomischen Gründen will er die Reise per Internet buchen. Durch häufige Geschäftsreisen weiß er um die besseren Reiseziele, und lässt schließlich auch murmelnd verlauten, dass er seine Frau mit dem Reiseziel überraschen wolle. Der Mann geht in sein Arbeitszimmer und beginnt im Internet zu surfen. Neugierig geworden, schleicht sich die Gattin in ihres Mannes Arbeitszimmer und setzt sich still an seine Seite. Er lässt sie gewähren und konzentriert sich wieder auf seinen Computer.[16]

In diesem Beispiel sind eine Menge institutionalisierte Genderismen enthalten, die anhand habitualisierter Hofierungs- und Höflichkeitspraxen[17] erläutert werden können. So ist der Hinweis auf eine »Überraschung« als Hofierungstaktik zu verstehen. Die Frau fühlt sich geschmeichelt, weil exklusiv für sie eine Reise gebucht wird. Lorber (1999) spricht in diesem Zusammenhang von der »vergeschlechtlichten sozialen Kontrolle«, welche definiert ist durch die »formale und informelle Bestätigung und Belohnung bei konformem Verhalten« (ebd.: 76). Der Mann wird letztlich über das Reiseziel entscheiden, was durch die Absicht »Überraschung« legitimiert wird. So zeigen sich die institutionalisierten Gender-Ideologien[18] und Gender-Metaphoriken als Legitimatoren für die Praktiken des Hofierens und Hofmachens. Diese Praktiken wiederum vermitteln den Eindruck, Frauen seien in westlichen Gesellschaften wertvoll, dekorativ und zerbrechlich, sowie sie für alles als ungeeignet erscheinen, was Muskelkraft, handwerkliches oder elektronisches Wissen erfordert (vgl. Goffman, 1994: 123f).

In dem o.g. Beispiel ist der Mann der festen Gender-Überzeugung, er beherrsche die Internet-Recherche besser als seine Frau. Zudem gilt es, analog der Glaubensvorstellung PC-Kompetenzen seien männliche Kompetenzen, die eigene Gender-Identität anzuzeigen. Durch ihre passive Anwesenheit bestätigt die Frau die »Gender-Angemessenheit«, bekräftigt somit seine und ihre eigene Gender-Glaubensvorstellungen und weist dem Mann durch ihre reproduzierte Gender-Ideologie die technische Überlegenheit zu.

Des weiteren verdeutlicht dieses Beispiel die durch sexuierte Räume und sexuierte Objekte provozierte »parallele Organisation« (Goffman, 1994: 114) der Geschlechter. So geht mit dem Begriff des Arbeitszimmers eine männliche Konnotation einher und der Computer stellt ein sexuiertes Objekt dar. Bei Sexuierungsprozessen ist auf die Reflexivität von kulturellen Objekten und Geschlecht aufmerksam zu machen: Der Mann in seinem Arbeitszimmer am Computer sitzend, wirkt inmitten seiner technischen Geräte männlicher, während die Frau an gleicher Stelle weniger weiblich wirkt. Interessant sind in diesem Zusammenhang auch die Erfahrungen Transsexueller. So berichtet ein Frau-zu-Mann Transsexueller:[19]

»Paradoxerweise wurde ich in männlicher Begleitung oder in Begleitung meiner Kinder häufig als Frau angesehen, in Beates Begleitung jedoch häufig als Mann [...]« (zit. n. Hirschauer, 1999: 35).

Das oben geschilderte »Zwei-Personen-Stück« sensibilisiert bereits für die oftmals einvernehmliche Reproduktion der Geschlechterordnung. Im Arrangement spielt die Idealisierung der Benachteiligung eine große Rolle. Kotthoff (1994) bemerkt dazu:

»Wir sollten nicht verleugnen, wie viele Frauen diese Sonderbehandlung noch immer genießen. Sie erlaubt ihnen, sich in die Zentren der Macht zu bewegen und gibt ihnen die Illusion des Auserwähltseins« (ebd.: 168).[20]

Das Geschlechtersystem wird durch einen »Sekundärpatriarchalismus« bekräftigt, der sich z.B. in der typischen Paarkonstellation der Ehe als einem »ungleichen Tandem« spiegelt: Frauen »paaren« sich i.d.R. mit körperlich größeren Männern, die ihnen im erwerbstätigen Berufsleben überlegen sowie durchschnittlich drei Jahre älter sind (vgl. Kreckel, 1992: 257).

Im Zuge der zunehmenden Destabilisierung der Geschlechterdifferenz kann das soziale Geschlecht kontextabhängig an Relevanz verlieren. Kompetenzen können die Geschlechtszugehörigkeit überlagern, so dass Machtzentren auch ohne das Eingehen von Arrangements erreicht werden können. Dennoch geht mit steigender beruflicher bzw. intellektueller Kompetenz oft ein Verlust von (zugeschriebener) Weiblichkeit einher, was sich gerade im Umgang mit neuen Technologien zeigt (vgl. z.B. Collmer, 1997: 158ff. und Ritter, 1994: 200ff.). Und: Selbst dann, wenn Frauen und Männer scheinbar Gleiches tun, so wird dieses »Tun« unterschiedlich wahrgenommen, erfahren und bewertet. Das symbolische System der Zweigeschlechtlichkeit schreibt sich fort. Institutionalisierte Genderismen machen also nicht nur den Geschlechterunterschied augenscheinlich, sondern der praktische Vollzug von Geschlechterunterscheidungen dient zur Verteilung ökonomischer und politischer Partizipationschancen.

Dabei lässt Goffman keinen Zweifel daran, dass das Arrangement zwischen den Geschlechtern sinnlos würde, wenn die traditionelle Stellung der Frauen nicht mehr als Ausdruck ihrer »natürlichen« (vielmehr »naturalisierten«) Fähigkeiten begriffen würde. Wie im Vorangegangenen deutlich wurde, geschieht die Geschlechterdarstellung zirkulär, da die Selbstinszenierung immer auch die Darstellung der Geschlechtszugehörigkeit des Interaktionspartners/ der Interaktionspartnerin einschließt. Diese Selbstdarstellung muss allerdings in einem »natürlichen Rahmen« gesehen werden, da sich die Teilnehmer/innen als solche mit ihrer Darstellung identifizieren.

Der »Goffmensch« inszeniert sich also im Sinne einer alltagsweltlichen Darstellung, wobei Goffman (2000) eine Darstellung (Performance) definiert als »[...] die Gesamttätigkeit eines bestimmten Teilnehmers an einer bestimmten Situation [...], die dazu dient, die anderen Teilnehmer in irgendeiner Weise zu beeinflussen« (ebd.: 18).

Die alltagsweltliche Darstellung wiederum spiegelt die soziale Ordnung wider, welche dann die Geschlechterdifferenz sichtbar werden lässt, um die »Norm« aufzuzeigen. Denn: »Sozial relevant ist das, was intersubjektiv *gesehen* wird« (Villa, 2001: 82). *Gesehen* werden die Genitalien aber höchst selten, obwohl sie einst als das zur Klassifikation dienende Unterscheidungsmerkmal schlechthin galten. Überprüft wird die Geschlechtsdarstellung in Alltagserfahrungen, die unser »Sein« als Mann oder Frau bestätigen: »Wirklichkeitssicherung und Wirklichkeits*ver*sicherung betreffen also die gesamte gesellschaftliche Situation des Einzelnen [...]« (Berger und Luckmann, 2000: 162). Wie tragen wir mit Attributionen zur Wirklichkeitssicherung bei und wie sichern wir uns selbst eine geschlechtsadäquate Wahrnehmung?

1.2.2   Interaktionsprozesse: Attribution und Darstellung

Der geschlechtlichen »Wirklichkeitssicherung« sind Transsexuelle in besonderem Maße ausgesetzt, und Soziologen und Soziologinnen behandeln sie in Genderstudien als »Experten und Expertinnen«. Weil Transsexuelle einen Platz in der von ihnen eindeutig gefühlten dichotomen Geschlechterordnung beanspruchen, rütteln sie an der von Kessler und McKenna (1985) festgestellten Alltagstheorie der Zweigeschlechtlichkeit.

Diese umfasst erstens die Eindeutigkeit der Geschlechtszugehörigkeit: Jeder Mensch ist *entweder* männlich *oder* weiblich. Sie umfasst zweitens die Unveränderbarkeit des Geschlechts: Ist man einmal als männlich oder weiblich geboren, dann *ist* man Mann oder Frau und wird auch immer Mann oder Frau sein. Wird die Zugehörigkeit zu etwas Drittem beansprucht, so kann es sich nur um einen Witz oder um Pathologie handeln. Der maskierte Wechsel von einem zum anderen Geschlecht ist nur bei bestimmten Feierlichkeiten (z.B. Karneval) möglich. Die Alltagstheorie der Zweigeschlechtlichkeit bezieht sich drittens auf die Naturhaftigkeit des Geschlechts. Eine Frau ist eine Person mit Vagina und ein Mann ist eine Person mit Penis. Die Zugehörigkeit zu der einen oder anderen Klasse ist *na-*

türlich und keine Frage einer Entscheidung (vgl. ebd.: 113f).[21] Weil wir in alltagstheoretischen Annahmen selten auf sichtbare Genitalunterschiede zurückgreifen können, müssen die »passenden« Genitalunterschiede unterstellt werden. Kessler und McKennas (1985) Studienergebnisse bestätigen, dass die Zuschreibung von Gender immer aufgrund des Genital getroffen wird:

> »Once a gender attribution is made, almost anything can be filtered through it and made be sense of. Gender attribution is essentially genital attribution. If you »know« the genital then you know the gender« (ebd.: 145).

Die Unterscheidung ist zudem eine »Unterscheidung mit Unterschied«, da dem Penis eine größere Bedeutung beigemessen wird als der Vagina. Treffend stellt Hagemann-White (1984) fest:

> »Der Phallus – der kulturell unterstellte Penis, von dem angenommen wird, dass er da sein müsse – kann verloren, aber nicht gewonnen werden. Das wird auch der Grund sein, warum es wesentlich mehr Mann-zu-Frau Transsexuelle gibt, als umgekehrt« (ebd.: 82).

Unsere Wahrnehmung ist folglich androzentristisch geprägt und wir nehmen Individuen aufgrund eines kleinen, typisch männlichen Merkmals schneller und häufiger als Männer wahr. Dem widersprechen allerdings Erfahrungen transsexueller Männer: Wie Hirschauer (1999) konstatiert, sei es zwar leichter eine Frau darzustellen als einen Mann, sich aber als Mann zu erkennen zu geben, sei weitaus schwieriger (vgl. ebd.: 63f).

Das Funktionieren der Konstruktionsmaschinerie verweist auf die Tatsache, dass Frauen und Männer diese auch ständig selbst »ölen«, damit sie funktioniert. In dem ethnomethodologischen Ansatz steckt also durchaus Veränderungspotential, weil das Geschlecht als Institution betrachtet wird.

> »Kein Wandel dürfte sonderlich tiefgreifend sein, solange die allgegenwärtige soziale Institution *gender* und ihre soziale Konstruktion nicht explizit gemacht werden. Das erste und das oberste Paradox von *gender* ist, dass die Institution, ehe sie abgebaut werden kann, erst einmal sichtbar gemacht werden muss [...]« (Lorber, 1999: 52).

Sichtbar gemacht wurde bereits der Prozess der Geschlechtszugehörigkeit sowie sein institutionell-reflexiver Charakter, demzufolge Geschlecht keine Frage des »*Seins*«, sondern eine Frage des »*Tuns*« ist. *Wie* sich die Geschlechterbinarität stabilisiert und mittels symbolvermittelter Interaktion reproduziert, wurde bereits deutlich, *was* sie aber aufrecht erhalten oder destabilisieren könnte, muss geklärt werden.

1.2.3 Trägheitsmomente und De-Institutionalisierung

Küchler (1997) kritisiert die ethnomethodologische Perspektive dahingehend, dass dieser Veränderungspotential fehle:

> »In erster Linie wird beschrieben, *wie* die Geschlechter bzw. das Geschlechterverhältnis
> entstehen. Zusammengefasst beschreibt dieser Ansatz, dass das Geschlecht Ergebnis ei-
> nes Produktionsprozesses ist, wobei die Geschlechter theoretisch nicht so sein müssten,
> wie sie sich dennoch darstellen« (ebd.: 40).

Hirschauer (1994) führt in seinem Beitrag über die »soziale Fortpflanzung
der Zweigeschlechtlichkeit« situationsübergreifende »soziale Trägheitsmomente«[22] an, die der Beantwortung der Fragen »*Was* hält die Geschlechterdifferenz aufrecht?« und »*Warum* wird sie aufrechterhalten?« dienlich
sind. Es lässt sich innerhalb der ethnomethodologischen Perspektive also
durchaus von der Wie-Ebene auf die Warum-Ebene wechseln (vgl. Knorr-
Cetina, 1989: 92). Als zentrale Trägheitsmomente finden sich erstens die
»kognitive Stabilität der Zweigeschlechtlichkeit als Wissenssystem«, zweitens
die »individualgeschichtliche Stabilisierung der Geschlechtszugehörigkeit«,
drittens die »semiotische Stabilität eines Verweisungszusammenhangs von
Zeichen« und viertens die »sozialstrukturelle Stabilität institutioneller Geschlechterarrangements« (vgl. Hirschauer, 1994: 680).

Die *kognitive Stabilität der Zweigeschlechtlichkeit* hatten bereits Kessler
und McKenna (1985) in ihren alltagstheoretischen Annahmen über das Geschlecht formuliert. Das Geschlecht hat eindeutig, unveränderbar und natürlich zu sein, wodurch die Geschlechterdichotomie und die Darstellungs-
praxen der Geschlechter eine »visuelle Empirie« (Hirschauer, 1994: 681)
erzeugen. Legitimiert wird die Geschlechtertrennung außerdem durch den
Rückgriff auf naturwissenschaftliche, medizinische und gentechnologische
Forschungen, welche nicht müde werden zu suchen, wo genau der Ge-
schlechtsunterschied ursprünglich lokalisiert ist. Dieses Fundierungswissen
stattet die

> »soziale Praxis mit einem *Telos* aus, das nahtlos an Schöpfungsmythen anschließbar ist:
> Die Fortpflanzung der menschlichen Gattung sei notwendig mit der Zweigeschlecht-
> lichkeit verknüpft« (ebd.: 681).

Festzuhalten gilt, dass nicht nur ethnologische bzw. anthropologische Studien gezeigt haben, dass ein zweigeschlechtliches, an der Heterosexualität
orientiertes System nicht biologisch fundiert ist, sondern zudem auch historische Studien darauf verweisen, dass die Form der biologischen Fundierung der Geschlechterdifferenz, welche heute unser Alltagsverständnis be-

stimmt, selbst Resultat einer historischen Entwicklung ist, die durch die im 18. und 19. Jahrhundert sich etablierenden »Wissenschaften vom Menschen« geprägt wurden.[23]

Die *individualgeschichtliche Stabilisierung der Geschlechtszugehörigkeit* geschieht durch verschiedene »Gedächtnisse«, die das Geschlecht wörtlich zum »Merk-Mal« machen. So *weiß* ich über meine Geschlechtszugehörigkeit, denn diese gilt als mithin wichtigster Identitätsstifter (biografisches Gedächtnis)[24] und mein Körper funktioniert meiner Identität entsprechend (korporales Gedächtnis)[25]. Das Gedächtnis der Mitwisser hält von außen an meiner Zugehörigkeit fest und schließlich bin ich als männlich oder weiblich bereits seit der Geburt aktenkundig, und kann mit meiner Geburtsurkunde jeden Zweifel ausräumen (Gedächtnis der Akten) (vgl. Hirschauer, 1994: 683f).

Die *semiotische Stabilität des Zeichensystems* trägt ebenfalls zu einer Naturalisierung der Geschlechterbinarität bei. Zu dieser gehören neben den üblichen Repertoires, wie beispielsweise Kleidungsstücke, Accessoires, Gestiken oder Sprechweisen, auch die Geschlechtsinsignien (vgl. Hirschauer, 1993: 101ff.). Wie Lindemann zeigt, unterliegen auch die physischen Geschlechtszeichen der Bedeutungszuschreibung, so dass sie sich als konstruiert entlarven lassen. In ihrer phänomenologisch-mikrosoziologischen Untersuchung zur Transsexualität zitiert Lindemann (1993a) im Folgenden die nicht-transsexuelle Partnerin des transsexuellen Mannes Manfred, der nicht operiert ist:

»Also wir haben die Klitoris zum ... zu ›ihm‹ erklärt ... zu ihm und zum ... Schwanz eigentlich. Oder Manfred hat se so erklärt. Ja gut, habe ich gedacht. Weil es ist auch, is sehr groß bei Manfred, ne. Im Verhältnis zu meiner, nun, gehen wir davon aus, mehr kann ich ja nun nich anbieten. Ist mit Sicherheit doppelt so groß und es lässt sich auch so wie n Glied so die Haut so n bisschen zurückschieben, so die Spitze kommt so n bisschen ... eichlig, klingt auch gut, vor [...]« (ebd.: 206).

Trotzdem ist der strukturelle Zwang der Sprache i.d.R. konstitutiv und die Kohärenz von Körper, Geschlechtsidentität und Begehren gehorcht der Heteronormativität. Der Sprachgebrauch sichert, dass die Geschlechtsdifferenz im kollektiven Bewusstsein wach gehalten wird.

Mit dem *stabilisierenden Moment institutioneller Geschlechterarrangements* verweist Hirschauer schließlich auf soziale Strukturen, wie beispielsweise die geschlechtliche Arbeitsteilung,[26] vergeschlechtlichte Verwandtschaftsverhältnisse, sexuierte Räume, geschlechtshomogene Gesellungsformen, Umgangskonventionen und nicht zuletzt die Paarbildung. Alle diese Komponenten stützen die »Norm« und reproduzieren sozialstrukturell die Zweigeschlechtlichkeit.

Die zweigeschlechtliche Gesellschaft, die, wie bereits ausgeführt, theoretisch nicht maßgebend sein müsste, beeinflusst unsere Vorstellung von Geschlechterbinarität und heterosexueller Paarbildung. Die determinierenden »Trägheitsmomente« werden aber beständig »aus dem Schlaf gerissen« und müssen sich gesellschaftlichen Veränderungsprozessen stellen. In Anlehnung an Heintz und Nadai (1998) bezeichnen Deinstitutionalisierungsprozesse eine »[...] Umstellung der Reproduktionsmechanismen von routineartigem Vollzug zu bewusstem und gezieltem Handeln« (ebd.: 78). Damit verbunden sind eine wachsende Begründungspflicht für das eigene Handeln, instrumentelle statt intrinsische Handlungsmotivation sowie die Übertragung der Entscheidungskompetenz auf das Individuum (vgl. ebd.: 78).

Das Wissen um die Zweigeschlechtlichkeit und die heterosexuelle Paarbildung wird instabiler, weil sich davon abweichende Personen immer häufiger öffentlich präsentieren und ihren Platz in der Gesellschaft einfordern. In Großstädten etablieren sich Travestieshows, Crossgender Partys und eine schwul-lesbische Szene. Als Subkulturen rütteln sie an unserem Wissenssystem und werden durch den »Lesben- und Schwulen-Tag«, den »Christopher-Street-Day« und durch »Quoten-Homos« in Werbespots, Daily-Soaps oder Talkshows zunehmend präsent. Traditionell »sinnvoll« erscheinende Sinnwelten werden problematisch und das Festhalten an einer heterosexuellen, binären Geschlechtlichkeit wird illegitimer.

> »Institutionalisierungen sind dauerhaft, solange sie nicht ›problematisch‹ werden. [...] Wirklichkeitsbestimmungen haben die Kraft der Selbstverwirklichung. Theorien können in der Geschichte realisiert werden – sogar Theorien, die höchst verworren und abwegig waren, als ihre Erfinder sie in die Welt setzten« (Berger und Luckmann, 2000: 126ff.).

So sind vielleicht einst die »Erfinder« der »Homo-Ehe« belächelt worden. Das Gesetz zur »Eingetragenen Lebenspartnerschaft« trat am 01. August 2001 in Kraft und bildet damit ein Beispiel für politische Veränderungen auf makrosoziologischer Ebene. Dabei ist die Legalisierung der »Homo-Ehe« nicht so revolutionär, wie es scheint, denn die Kongruenz der Geschlechter bleibt ja erhalten. Interessant sind in diesem Zusammenhang die Überlegungen einiger Rechtswissenschaftler/innen, die die amtliche Registration von Geschlechtern als Männer oder Frauen in Frage stellen. Wenn per Gesetz die dichotome Klassifikation von Menschen aufgehoben würde, wären dritte, vierte und fünfte Geschlechter legal, oder aber man könnte sich von der Geschlechterkategorie verabschieden. Versteht man Geschlecht als soziales Konstrukt, so müsste konsequenterweise eine rechtliche Anerkennung der Selbst-Determinierung möglich sein.[27] Deinstitutionalisierung bedeutet aber nicht zwangsläufig einen Verlust der Relevanz der Geschlechterkategorie, sondern deutet vielmehr auf eine Verschiebung der Reproduktionsmechanismen. Hirschauer (1994) richtet den Blick auf einen zusätzlichen Faktor des »undoing-gender« und verweist auf ein »seen, but unnoticed feature«, das eine Art »*soziales* Vergessen« symbolisiere:

> »Aktualisierung oder Neutralisierung der Geschlechterdifferenz meint vielmehr das Aufgreifen oder ›Ruhenlassen‹ von (routinemäßigen) Geschlechterunterscheidungen zu *anderen Zeitpunkten* (etwa zu Beginn der Interaktion) und an *anderen Orten* (z.b. einem Kreißsaal) [...]« (ebd.: 678).

Berücksichtigt man oben gemachte Ausführungen, so muss die These der zuvor festgestellten Omnirelevanz des Geschlechts modifiziert werden: Geschlecht kann zwar in allen Situationen relevant gemacht werden, muss aber nicht, obwohl Präsenz und Aktualität im Alltagsleben zum »Sosein« der beiden Geschlechter gehören. Eine Omnipräsenz des Geschlechts ist also nicht gleichzusetzen mit einer Omnirelevanz.

1.3 Performativität des Geschlechts

Unbehagen bereitet seit Anfang der 1990er Jahre vielen Geschlechtertheoretikern Butlers Buch »Gender Trouble« (Orig. 1990), macht sie doch Tabula rasa mit bisherigen Geschlechtertheorien, die in der Diskussion von »Differenz und/oder Gleichheit« verharrten und an einer Naturhaftigkeit der Geschlechter festhielten. Ethnomethodologisch und sozialkonstruktivistisch orientierte Geschlechterforschung hatte sich in der englischsprachigen Forschungsliteratur zunehmend etabliert, wohingegen Hagemann-White (1984) und später Gildemeister und Wetterer (1992) für die bundesdeutsche Frauenforschung eine Rezeptionssperre gegen den sozialkonstruktivistischen Ansatz feststellten, welcher sich bis heute aber auch in Deutschland durchgesetzt hat.[28] Die biologisch bestehende Zweigeschlechtlichkeit stand aber bis dato nicht zur Disposition, was sich mit Butlers diskurstheoretischem Ansatz änderte. Gerade »gestandene« Feministinnen nahmen die radikale Wende in der feministischen Theoriebildung mit Entsetzen zur

Kenntnis. Interessanterweise wird der de-konstruktivistische Ansatz vor allem von jüngeren Wissenschaftlerinnen und Wissenschaftlern enthusiastisch aufgegriffen.[29] Haas (1995) sagt dazu:

»In jedem Fall ist es seit Judith Butler wieder interessant geworden, sich mit feministischer Theorie zu befassen. Weder Gleichheits- noch Differenzansatz, sondern die Infragestellung der Fragestellungen, die grundsätzliche Skepsis gegenüber einer so und nicht anders ›vorhandenen‹ Kategorie ›Frau‹. Die längst überfällige Abschiednahme von der obligatorischen Zwangseinheit ›Wir Frauen‹« (ebd.: 10).

Butlers Ansatz wird in der Genderforschung als »Variante des sozialen Konstruktivismus« gelesen (Landweer und Rumpf, 1993: 4). Sie als Sozialkonstruktivistin im soziologischen Sinne zu bezeichnen, ist allerdings nicht ganz unproblematisch, da Butlers Diskursanalyse u.a. philosophische, (post-) strukturalistische und psychologische Theorien zu Grunde legt.[30]

Butler wurde oftmals »falsch« rezipiert, was zu dem Vorwurf führte, ihrer Meinung nach sei das Geschlecht frei wählbar. Doch Butler spricht nicht in einem sozialdiagnostischen Sinn über eine Deinstitutionalisierung oder eine Relativierung struktureller Effekte, sondern macht innerhalb der Diskursanalyse vielmehr auf die regulative Macht des Geschlechterdualismus aufmerksam.

Vergleicht man Butlers Perspektive mit den Annahmen eines radikalen Konstruktivismus, so lassen sich bezüglich der Unmöglichkeit von »wirklicher« Wahrnehmung Parallelen ziehen. Im Blickwinkel des radikalen Konstruktivismus ist das, was wir als Wirklichkeit annehmen als Ergebnis aufzufassen, das mittels Sinneswahrnehmungen hervorgebracht wird. Alle wahrgenommenen Objekte existieren in einer Welt, die durch unsere Erfahrung konstituiert wird. Die Erkenntnis einer zweigeschlechtlichen Ordnung kann sich folglich nicht auf eine unabhängige, ontologische Wirklichkeit beziehen, sondern gründet auf »[...] die Ordnung und Organisation von Erfahrungen in unserer Welt des Erlebens« (von Glasersfeld, 1991: 23). Im Verständnis des radikalen Konstruktivismus existiert nichts »Wahres«, weil »Wahrheit« nicht herauszufinden ist. Vielmehr ist etwas »wahr«, wenn etwas aufgrund unserer Erfahrungen *passt*:

»Der radikale Konstruktivismus ist unverhohlen instrumentalistisch. Er ersetzt den Begriff der Wahrheit (im Sinne einer wahren Abbildung einer von uns unabhängigen Realität) durch den Begriff der *Viabilität*[31] innerhalb der Erfahrungswelt der Subjekte. Er verwirft folglich alle metaphysischen Verpflichtungen und beansprucht nicht mehr zu sein als ein mögliches Denkmodell für die einzige Welt, die wir ›erkennen‹ können, die Welt nämlich, die wir als lebende Individuen konstruieren« (ebd.: 55).

Vergleicht man die ethnomethodologische Sichtweise mit den radikalkonstruktivistischen Annahmen, so lässt sich für erstere feststellen, dass das Geschlecht als Ergebnis sozialer Interaktionsprozesse verstanden wird, d.h. man muss als männlich oder weiblich wahrgenommen werden, sich adäquat darstellen und die Geschlechtszugehörigkeit anderer selbst erkennen. Aus dem radikalen Konstruktivismus ergibt sich zusätzlich, dass das Wahrnehmen von Männlichkeit oder Weiblichkeit selbst »unecht« ist, was einen Wechsel in der Erkenntnisebene ermöglicht und zwar von »[...] der Überzeugung, dass etwas ›so‹ ist, zu einem Verständnis, dass ich etwas als ›so‹ *wahrnehme* und *denke*, dass es ›so‹ ist« (Küchler, 1997: 45).

Butlers Überlegungen sind im radikalen Konstruktivismus insofern verortet, als dass sie sich von der Vorstellung, es gebe einen neutralen Geschlechtskörper, gänzlich verabschiedet. Wie auch die Vertreter des radikalen Konstruktivismus, argumentiert Butler, dass wir kein »wahres« Geschlecht wahrnehmen können, weil die Erkenntnis einer binären Ordnung nur aufgrund unserer Erfahrungen »*passt*«. Diese Erkenntnis lässt sich aber lediglich auf eine konsensuelle Realität zurückführen, die wir durch Sprache herstellen. Veränderungspotential sieht Butler demnach in der Umdeutung von sprachlichen Bezeichnungen. Wenn das Wort »Mann« nicht mehr das bezeichnet, was wir konsensuell unter »Mann« verstehen, könnten sich Veränderungen einstellen.

1.3.1 Geschlecht als diskursiver Effekt

Wie andere konstruktivistisch argumentierende Genderforscher/innen geht Butler (1991) davon aus, dass Geschlechtsidentität kein kausales Resultat des biologischen Geschlechts sein kann und Gender folglich mehr als nur kulturelle Bedeutungszuschreibungen an eine vorgegebene Anatomie ist. Wenn sie sagt, der »Leib« selbst sei eine Konstruktion und man könne den Körpern keine Existenz zusprechen, die der Markierung des Geschlechts vorherginge (vgl. ebd.: 26), so konzentriert sich Butler, ebenso wie die Sozialkonstruktivisten und -konstruktivistinnen, auf Naturalisierungsprozesse.

In Butlers Ansatz ist Sprache als signifikanter Ausdruck des Diskursiven zu verstehen: Sprache *macht* Sinn und stellt Bedeutungen her. Während die ethnomethodologische Perspektive die Geschlechterbinarität als Effekt interaktiver Prozesse beschreibt, betrachtet Butler diese als Effekt *diskursiver* Prozesse.

»So wie Goffman [...] darauf hinweist, dass eine Handlung anzubieten bedeutet, eine Welt anzubieten«, so formuliert die Diskurstheorie analog, dass ein *Wort* anzubieten bedeutet, eine Welt anzubieten« (Villa, 2001: 27).

»Wirklichkeit« ist demzufolge nur innerhalb sprachlicher Bezeichnungen möglich und alles, was sinnhaft ist, *erscheint* nur sinnhaft, weil es im Rahmen bestehender Diskurse formuliert wird.

»Herkömmliche« konstruktivistische Ansätze der Geschlechterforschung lehnen eine Kausalität zwischen Sex und Gender zwar ab und verorten die geschlechtliche Binarität in interaktionistischen und symbolischen Praktiken, argumentieren aber trotzdem nur *innerhalb* des eigentlich angeprangerten zweigeschlechtlichen Systems und reproduzieren es wider Willen (vgl. Kapitel 1.5: 44). Diese Perspektiven müssen dann die Existenz jener Identitäten ausschließen, die eben durch Gender und nicht durch Sex hervorgebracht werden. Butler (1991) will das soziale Geschlecht aber als unabhängig von dem anatomischen Geschlecht verstanden wissen:

> »Wenn wir jedoch den kulturell bedingten Status der Geschlechtsidentität als radikal unabhängig vom anatomischen Geschlecht denken, wird die Geschlechtsidentität selbst zu einem freischwebenden Artefakt. Die Begriffe *Mann* und *männlich* können dann ebenso einfach einen männlichen und einen weiblichen Körper bezeichnen wie umgekehrt die Kategorien *Frau* und *weiblich*« (ebd.: 23).

Geschlecht wird nach dieser Theorie zu einer Fiktion oder zu einer »Erfindung« und bekommt eine »performativ inszenierte Bedeutung« (ebd.: 61). Mit der verschobenen Grenzziehung zwischen Sex und Gender lässt Butler die Diskussion um eine, wie auch immer bestimmbare »Echtheit« des vergeschlechtlichten Körperleibes hinter sich. Der natürliche Geschlechtskörper vor aller gesellschaftlicher Kodierung mag zwar existieren, kann aber nicht exakt bestimmt werden, da er bereits mit Bedeutung belegt ist. Butler verleugnet dabei nicht die biologischen Unterschiede des morphologischen Geschlechts. In einem Interview stellt sie ausdrücklich heraus:

> »I do not deny certain kinds of biological differences. But I always ask under what conditions, under what discursive and institutional conditions, do certain biological differences – and they are not necessary ones, given the anomalous state of bodies in the world – become the salient characteristics of sex«.[32]

Wenn Butler (1997) also von »Geschlecht« spricht, meint sie den »gendered body«, den (durch Sprache) vergeschlechtlichten Körper und konsequent gedacht, gibt es dann kein Subjekt vor seinen Konstruktionen, und genau sowenig ist das Subjekt dann von seinen Konstruktionen festgelegt (vgl. ebd.: 177). Denkt man Butlers Theorie stringent zu Ende, verschiebt

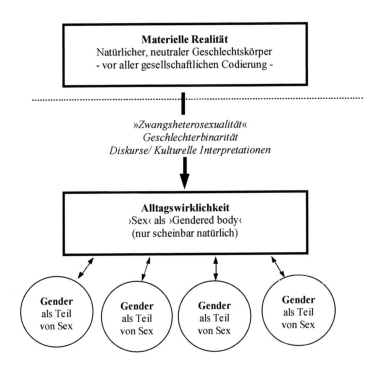

Abbildung 1: Der diskursiv erzeugte Geschlechtskörper nach Butler (die Anzahl der »Gender-Kreise« ist variabel), eigene Darstellung

sich »doing-gender« zu einem »doing-sex«. Die Geschlechterdualität wird quasi in ein vordiskursives Feld abgeschoben und am Körper interessiert nur das, was ihn mittels diskursiver Praxen vergeschlechtlicht hat. Eine körperliche »Materialität« ist dann fiktiv oder unwirklich, insofern sie in der Alltagswelt nur in bereits vorhandenen sprachlichen Diskursen codiert ist. Wenn aber die Sprache Realität *macht*, rücken eventuelle »Täter« in weite Ferne. Wo liegt in diesem Ansatz das Veränderungspotential? Sind wir nunmehr der Sprache als fatalitätsstiftender Determination unterworfen, wenn Butler (1993) sagt: »Die Macht des Rezitierens ist nicht die Funktion der Intention des Einzelnen, sondern Effekt der historisch abgelagerten sprachlichen Konventionen« (ebd.: 124)?

Wie Villa (2001) anhand von sogenannten »Gänsefüßchen« zeigt, sind Bedeutungen jedoch keinesfalls für immer festgeschrieben. Gerade in wissenschaftlichen Kreisen sind Objekte nicht eindeutig besetzt. Sprechen wir z.B. von »Normalität«, so ist mit eben dieser keine eindeutige Definition, bzw. eine Vielzahl von Definitionen verbunden. Mittels Anführungszeichen gibt man zu verstehen, dass man um die Konstruiertheit und die Verschiedenheit semantischer Inhalte weiß (vgl. ebd.: 131).[33] Genau an dieser Stelle ist Butlers Idee der Re-signifikation von Bedeutungen anzusiedeln. Es geht ihr darum, die Begriffsbedeutungen von beispielsweise »Mann«, »Frau« oder »Heterosexualität« durch diskursive Praktiken subversiv dazustellen und somit ihre Instabilität aufzuzeigen.

1.3.2 Subversion durch Performance

Subversionen beschreiben im gendertheoretischen Diskurs ein Durchkreuzen und Unterwandern der dominierenden Geschlechtercodierungen mit dem Ziel, diese zu destabilisieren. Sowohl Text- als auch Körperpraxen können Subversionsprozesse in Gang setzen. Butler (1994) verweist mit ihrem Performativitäts-Begriff[34] auf eine systemimmanente Möglichkeit der Intervention. Unter Performance versteht sie die Wiederholung innerhalb geregelter Normen. Diese Wiederholbarkeit impliziert, dass eine performative Aufführung kein vereinzelter Akt oder ein vereinzeltes Vorkommnis ist, sondern eine ritualisierte Produktion. Die Rituale unterliegen zwanghaften Normen und die Form der Produktion wird »unter der Macht und durch die Macht des Verbots und des Tabus, bei Androhung der Ächtung und gar des Todes« (ebd.: 103) kontrolliert und erzwungen. Dabei können die Normen ritualisierte Produktionen »nicht im voraus vollständig determinieren« (ebd.: 104). In diesem regulierenden Wiederholungsprozess liegt nach Butler das Potential, mittels subversiver Inszenierungen, Codierungen in Frage zu stellen bzw. ihre »substantialisierenden Effekte« (Butler, 1991: 213) aufzudecken. Es ist also davon auszugehen, dass es kein »Original« geben kann, weil bereits alles Bestehende (sprachlichen) Codierungen unterworfen ist und nur *innerhalb* dieser Codes re-signifiziert werden kann.

»In bestimmter Hinsicht steht jede Bezeichnung im Horizont des Wiederholungszwanges; daher ist die ›Handlungsmöglichkeit‹ in der Möglichkeit anzusiedeln, diese Wiederholung zu variieren« (Butler, 1991: 213).

Abbildung 2: Subversive Performances (v.l.n.r.): Postkarte (URL http://www.sappho.de), Selbstinszenierung (URL http://home.tiscalinet.ch/), Selbstinszenierung von Helmut Newton (Ders. und Alice Springs, 1998: Us and Them. Zürich, Berlin, New York oder URL http://www.transgender-net.de), Fotografie von Rosamand Norbury (Norbury, 1994: Guy to godden – an intimate look at drag queens oder URL http://www.transgender-net.de), alle: letzter Zugriff 12.02.2004.

Dabei bedeuten subversiv-performative Inszenierungen keinesfalls die Parodie eines Originals, sondern vielmehr »die Parodie *des* Begriffs des Originals als solchem« (ebd.: 203).

Sollen wir die oben gezeigten Abbildungen beschreiben, fehlen uns buchstäblich die Worte. Begriffe zur Beschreibung von Männlichkeit oder Weiblichkeit greifen nicht mehr, weil sie nicht *wirklich* benennen können, was gesehen wird. So könnte gesagt werden: Ich sehe *wahrscheinlich* zwei androgyn wirkende, lachende Mädchen, die *vielleicht* Jungen sind. Hinter dem nächsten Bild vermutet der Betrachter bzw. die Betrachterin *vielleicht* einen jungen Mann und zum dritten Bild von links könnte man sagen: Ich sehe das Bild einer Frau mit Brusthaaren, die *denkbar* ein verkleideter Mann sein könnte. Zum vierten Bild ließe sich äußern: Es handelt sich *vermutlich* um eine Frau mit tiefausgeschnittenem Glitzer-Outfit; wobei diese Frau streng genommen auch ein Transvestit *sein könnte* oder *vielleicht* sogar *ist*.

»In ihrer komplexesten Form ist die Travestie eine doppelte Umkehrung, die besagt: ›Die Erscheinung ist eine Illusion.‹ Sie behauptet einerseits: ›Meine äußere Erscheinung ist weiblich, mein inneres Wesen im Körper ist männlich‹ und symbolisiert zugleich die gegenteilige Umkehrung: ›Meine äußere Erscheinung (mein Körper, meine Geschlechtsidentität) ist männlich, mein inneres Wesen (in mir selbst) dagegen weiblich‹«[35] (Newton zit. n. Butler, 1991: 201).

Eine Subversion der Identität *innerhalb* der Verfahren repetitiver Bezeichnung führte dazu, dass »normal« männlich und »normal« weiblich zu Artefakten würden. Ein Verlust der Geschlechternormen hätte dann den Effekt, »[...] die Geschlechter-Konfigurationen zu vervielfältigen, die substantivische Identität zu destabilisieren und die naturalisierten Erzählungen der

Zwangsheterosexualität ihrer zentralen Protagonisten ›Mann‹ und ›Frau‹ zu berauben« (Butler, 1991: 215).

1.3.3 Berücksichtigung der »Körpergefühle«

Den Geschlechtskörper als diskursiven Effekt zu betrachten hat eine Vielzahl von, teilweise durchaus polemischen, Diskussionen entfacht, welche um die Authentizität der sinnlichen Erfahrung, sich tatsächlich als ein Geschlecht zu *fühlen*, kreisen.[36] Kritisiert wird in diesem Zusammenhang eine »Verdrängung des Leibes« (Lindemann, 1993b), die weibliche »Entkörperung« (Duden, 1993), bzw. wird auf dem »Geschlecht als Existenzweise« beharrt (Maihofer, 1995). Doch begreift man Gender

»[...] als eine der grundlegenden sozialen Institutionen unserer Gesellschaft, so bedeutet dies, dass die soziale Konstruktion des Geschlechts auch ›in uns‹ ihre Spuren hinterlässt. Auch das Selbstverständnis, die Selbst- und Körperwahrnehmung, auch Gefühle, Wünsche und Begehren sind und werden immer neu ›gendered‹. [...] Ist die Konstruktion ›geglückt‹, dann ›sind‹ und ›existieren‹ wir in der Tat ›als Frauen‹ oder ›als Männer‹« (Teubner und Wetterer, 1999: 16f).

Lindemann (1992) erfasst im Kontext der Zweigeschlechtlichkeit Leiblichkeit und Affektivität als Phänomene sui generis und geht nicht nur von einer sozialen Konstruktion der Gefühle, sondern auch umgekehrt von einer leiblich-affektiven Konstruktion sozialer Realität aus (vgl. ebd.: 331). So stellen geschlechtstypische, körperliche Prozesse durch die Verschränkung in ein zeitgebundenes Körperwissen selbst den unmittelbaren Ausdruck eines verleiblichten, kulturellen Zusammenhangs dar. Die sozialen Konstruktionen werden von den Individuen immer »unter der Haut« als ihre eigene Realität erfahren (vgl. ebd.: 334).[37]

Insofern ist es nicht unberechtigt, von dem »Geschlecht als Existenzweise« zu sprechen, aber eigentlich irreführend, weil nicht angezweifelt wird, dass ich »natürlich« ein Geschlecht *bin* und mich als solches auch zu einem Geschlecht zugehörig *fühle*. Auch wenn Transsexuelle das »falsche« Geschlecht spüren – so *fühlen* sie ein Geschlecht. Butler kann der Vorwurf einer unberücksichtigten leiblichen Affektivität nicht treffen, weil sie gerade die Kausalität von Sex, Gender und Begehren anprangert und als Konstruktionen enttarnt wissen will. Zudem wirft Lindemanns Ansatz das Geschlecht auf subjektive Empfindungen zurück, wobei Butler mit ihrer Theorie eine »Subjektivität« radikal in Frage stellt. Wenn wir uns also »weiblich« oder »männlich« fühlen, so nur, weil uns innerhalb der Alltagswelt und der ihr inhärenten sprachlichen Bezeichnungsmöglichkeiten »gar nichts anderes übrig bleibt« und radikalkonstruktivistisch gewendet, wir die Welt zweigeschlechtlich wahrnehmen und fühlen, weil diese Wahrnehmungen und Empfindungen aufgrund unserer Erkenntnis *passen* und funktionieren.

Dem Einwand, eine subversive Unterwanderung der Geschlechterpolarität durch Travestie stütze eher die Zweigeschlechtlichkeit, als dass sie diese überwinde (so z.b. Landweer, 1994: 141ff.), muss an dieser Stelle kurz begegnet werden. Durch die Parodie demonstriert Butler lediglich die Symbolträchtigkeit des Körpers und die Tatsache, dass Geschlechter *stets* Inszenierungen sind. Dabei muss sie von einer (naturalisierten) zweigeschlechtlichen Ordnung ausgehen, weil nur auf dieser Basis Alltagsannahmen parodiert werden können, und somit Konstruktionen sichtbar werden. Entscheidend an Travestie oder Parodie ist vielmehr, dass sie die Erkenntnis visualisieren,

»dass es kein natürlicher, sondern ein gesellschaftlicher, dem gegenwärtigen heterosexuellen Geschlechterdiskurs angehörender Zwang ist, der die *Vereinheitlichung* verschiedener Gedanken, Gefühle, Formen sexuellen Begehrens und geschlechtlicher Praxen zu *einer* geschlechtlichen Identität verlangt sowie die *Identität/ Übereinstimmung* von anatomischem Geschlechtskörper und geschlechtlicher Identität« (Maihofer, 1995: 44).

Auf der Hand liegt der Einwand, dass Transvestismus[38] nur dann subversiv wirken kann, wenn der Beobachter/ die Beobachterin um das anatomische Geschlecht des Darstellers/ der Darstellerin weiß. Erst dann löst eine Performance Unsicherheit aus. Doch, um mit Butler zu argumentieren, kann Parodie nicht die Parodie eines Originals sein, weil es ebendieses nicht gibt. Dass Butlers Vorstellung von Inszenierungen (nicht nur die des Transvestismus, sondern auch die der Transsexualität) durchaus subversiv wirken kann, bestätigen Hirschauers (1999) Schilderungen, die er eingangs seiner Studie beschreibt:

»Zu Beginn meiner alltagssoziologischen Studie musste ich feststellen, dass die Begegnung mit Transsexuellen schnell meine Wahrnehmung der Geschlechterwirklichkeit veränderte und zwar in dem paradoxen Sinn einer *Annäherung* an die Details ihres Vollzugs und einer *Entfernung* von ihrem unproblematischen Evidenzcharakter: die Einsichten in die Darstellungsleistung von Teilnehmern gehen mit einer wachsenden Unfähigkeit einher, schnelle und sichere Entscheidungen über die Geschlechtszugehörigkeit unschuldiger Mitmenschen zu treffen« (ebd.: 17).

Auch Landweer (1994) weist auf das Phänomen hin, dass nach Show-Auftritten von Transvestiten das Publikum auch bei nachfolgenden Künstlern und Künstlerinnen, unabhängig von ihrer Erscheinung, vermehrt Vermutungen über das Geschlecht anstellt (vgl. ebd.: 151). Einmal dekontextualisiert, können Details nicht mehr selbstverständlich zu einem Bild zusammengesetzt werden.

1.4 Gender in den Technoscience

Ohne im Folgenden alle Felder der Technoscience betreten zu können, sollen anhand der Cyborg-Metapher feministisch-technische Überlegungen einbezogen werden. Es wird zu zeigen sein, dass die Technoscience auch für Soziologen und Soziologinnen von Interesse sind, da ihre Gegenstände uns allgegenwärtig begleiten, wenn auch oftmals als »natürlich« angenommen unsichtbar bleiben. Überlegungen zu der Verbindung von Technoscience und Geschlechter(re)produktion haben mittlerweile auch Einzug in die Einführungsliteratur feministischer Theorien[39] gefunden, da sie die Diskussion von Natur und Kultur des Geschlechts radikalisieren.

Die Technoscience behandeln das Verhältnis von Mensch und neuen Technologien und den damit einhergehenden verschobenen Grenzziehungen. Als feministische Naturwissenschaft- und Technikforschung befassen sich die Technoscience mit den unterschiedlichen Zugängen zu Naturwissenschaft und Technik, mit Wissenschaftsanalyse und -kritk, thematisieren Technikgestaltung und Anwendung und diskutieren erkenntnistheoretische Fragen. Haraway (1995a) meint mit Technoscience die Verbindung von technologischen, wissenschaftlichen und ökonomischen Praktiken (vgl. ebd.: 105). Eine Grenzziehung zwischen einzelnen Disziplinen ist aufgrund der transdisziplinären Ausrichtung der Techno- und Lifescience schwerlich möglich.[40]

Die gegenwärtige Technoscience-Debatte ist eng verknüpft mit Überlegungen zur Postmoderne:»In beiden Diskursen geht es um nichts Geringeres als um Abschiednehmen und Dezentralisierung« (Wiesner, 1998: 57). Prominenteste Vertreterin einer Position, die neuen Technologien emanzipatorische Wirkung beimisst, ist die Biologin und Wissenschaftsforscherin Haraway. Sie postuliert, dass das emanzipatorische Potential neuer Technologien in dem subjektauflösenden Charakter und somit in der Hervorbringung neuer Vielheiten liege.

40

1.4.1 Cyborg als Auflösungs-Metapher für Dichotomien

Metapher für ein uncodiertes, geschlechtsloses Wesen ohne Ursprung, das an die Stelle von Natur und Wesenhaftigkeit Technik und Konstruktion setzt, ist der »Cyborg« (cybernetic organism)[41]. Der Begriff Cyborg bezeichnet »[...] Hybride aus Maschine und Organismus, ebenso Geschöpfe der gesellschaftlichen Wirklichkeit wie Fiktion« (Haraway, 1995a: 33). Haraway verwendet diesen Begriff zum einen für technologisch-organische Objekte, die im Rahmen herrschender gesellschaftlicher Wissenschafts- und Technologieverhältnisse hervorgebracht werden, zum anderen dient der Cyborg zur Bezeichnung von postmodernen Menschen und fungiert als oppositionelle feministische Erzählfigur.[42] Dabei wird mit dem Bild des Cyborgs auch ein politischer Anspruch verbunden:

»Die Cyborg hat nichts mehr am Hut mit Hetero-, Homo- oder Bisexualität, mit Symbiose und Verschmelzung ebenso wenig im Sinn wie mit Abgrenzung und Dualität [...]. Cyborgs sind Geschöpfe der gesellschaftlichen Wirklichkeit und der Fiktion, der Naturwissenschaften und der Mythen [...], sie entspringen gelebten Erfahrungen und der Imagination, sie sind politisches Programm und Mittel seiner Umsetzung in einem« (Gensler et al., 1999: o.S.).

Im Zuge politisch-wissenschaftlicher bzw. politisch-fiktionaler Auseinandersetzungen stehen in der einschlägigen Diskussion drei entscheidende Grenzlinien auf dem Prüfstand: Erstens die Grenze zwischen Mensch und Tier, zweitens die Grenze zwischen Organismus (Mensch/ Tier) und Maschine und drittens die Grenze zwischen Physikalischem und Nicht-Physikalischem. Biologie und Evolutionstheorie haben während der letzten zwei Jahrhunderte nicht nur moderne Organismen als Wissensobjekte produziert, sondern zugleich

»[...] die Linien, die Mensch und Tier scheiden, in eine blasse Spur verwandelt, die nur in ideologischen Auseinandersetzungen und akademischen Diskussionen zwischen den Bio- und Sozialwissenschaften noch von Zeit zu Zeit nachgezogen wird« (Haraway, 1995a: 37).

Die Fragwürdigkeit einer exakten Trennung von Organismus und Maschine ergibt sich aus der Tatsache, dass die Maschinen des späten 20. Jahrhunderts die Differenz von natürlich und künstlich, Körper und Geist, selbstgelenkter und außengesteuerter Entwicklung höchst zweideutig hat werden lassen: »Unsere Maschinen erscheinen auf verwirrende Weise quicklebendig – wir selbst dagegen aber beängstigend träge« (ebd.: 37).[43]

Die Vereinigung von Mensch und Maschine findet derzeit ihren Ausdruck in zahlreichen Filmen wie »Terminator« (Regie James Cameron),

»A.I. – Artificial Life« (Steven Spielberg), »Matrix« (Andy Wachowski) oder »Face Off« (John Woo). Dort werden Tiere und Menschen mechanisiert und elektronisiert, durch Gentechnologien und Operationen aus ihren fleischlichen Körpern gerissen; wohingegen Maschinen durch Animationen humanisiert und als emotionsfähig konstruiert werden.

Auch die Grenze zwischen Physikalischem und Nicht-Physikalischem ist unscharf geworden: »Moderne Maschinen sind quintessentiell mikroelektronische Geräte, allgegenwärtig und unsichtbar« (Haraway, 1995a: 38). Aufgrund dieser Annahmen fragt Haraway in ihrem »Manifest für Cyborgs« nach theoretischen Schlussfolgerungen feministischer Kritik, die sich als Konsequenz des wachsenden Einflusses von Naturwissenschaft und Technik ergeben. In dem Zusammenbruch der oben genannten Dualismen sieht Haraway einerseits Chancen zur Veränderung in Form neuer Ausgestaltung sozialer Verhältnisse, übt andererseits aber auch Kritik an der Vorstellung des Lebendigen als Rohstoff von Fabrikationen.[44] Mit anderen Worten fordert sie, die seit langem »ideologisch ausgehöhlten« Dichotomien von Geist und Körper, Tier und Mensch, Organismus und Maschine, öffentlich und privat, Natur und Kultur, Männer und Frauen, primitiv und zivilisiert, neu zu codieren (vgl. ebd.: 51). Als problematisch erscheinen diese Dualismen deshalb, weil sie in der westlichen Tradition in einem systematischen Zusammenhang zur Logik und Praxis der Herrschaft über Frauen, Farbige, Natur, Tiere, also »der Herrschaft über all jene, die als die Anderen konstituiert wurden«, stehen (vgl. ebd.: 68).

Haraway (1995a) geht also von einem Konstruktivismus aus, der nicht nur Individuen, sondern auch nicht-humane Dinge wie Computer, Labortiere und technische Geräte als bedeutungsproduzierend einbezieht und betrachtet die Kommunikations- und Biotechnologien als die entscheidenden Werkzeuge, Körper auf neue Weise herzustellen. Deswegen setzt Haraway gegen den behaupteten »view from nowhere« der Wissenschaft die Perspektive eines »situierten Wissens«, das die eigene Kontextgebundenheit reflektiert (vgl. Becker-Schmidt und Knapp 2001: 98). Nicht zuletzt sind schließlich (Natur)-Wissenschaftler und -Wissenschaftlerinnen Produzenten und Produzentinnen von »Wahrheit«:

> »Ein Wissenschaftler ist jemand, der dazu befugt ist, das zu benennen, was für die Menschen der Industrienationen als Natur gelten kann. Ein Wissenschaftler ›benennt‹ Natur in geschriebenen, öffentlichen Dokumenten, denen die besondere, durch Institutionen verstärkte Eigenschaft zukommt, als objektiv zu gelten und über die kulturellen Traditionen derer, die sie geschrieben haben, hinaus anwendbar zu sein« (Haraway, 1995b: 138f).

Berger und Luckmann (2000) hatten die Naturwissenschaften nicht als konstruktivistischen Mechanismen unterliegendes Wissen definiert und außen vor gelassen. Mittlerweile wird in der (feministischen) Wissenschaftsforschung die naturwissenschaftliche Forschung als soziales Phänomen gefasst. Ihre

»[...] Ergebnisse stellen eine mögliche Interpretation der Welt dar, die wie alle anderen Versionen der Auslegung von Welt an Kontexte und soziale Praktiken gebunden sind« (Lindemann, 1999: 147).

Was bedeuten Haraways Auseinandersetzungen für die Sex-Gender Debatte? Während Butler Sex in ein vordiskursives Feld abschiebt und Gender als immer schon zugehörig zur Sex-Kategorie versteht, spricht Haraway von einer notwendigen Genealogie des Sexes.

1.4.2 »Sex« in den Technoscience

Eine Genealogie der Kategorie Sex hat zu berücksichtigen, dass Sex erstens als eine von Gender unterscheidbare Kategorie bestimmt wird. Zweitens kann Sex nicht als essentialistische Größe gefasst werden, da auch das biologische Geschlecht eine soziale Konstruktionsgeschichte hat. Und drittens muss berücksichtigt werden, dass sich der Körper als Akteur aktiv am Konstruktionsprozess beteiligt und somit Sex nicht lediglich als Effekt sprachlich vermittelter Praxen erklärt werden kann (vgl. Hammer et al., 1995: 14).

Haraways Cyborg-Mythos unterhöhlt die Gewissheit der Bestimmung dessen, was als Natur, als »Erkenntnisquelle«, betrachtet werden kann. Ihr zufolge hängt die Neudefinition von »Natur« von plausiblen, allgemein anerkannten Erzählpraktiken der Naturwissenschaftler/innen ab, da Natur im weitesten Sinne ein codierter Text ist, der decodiert und neu codiert werden kann. Während also Butler die Existenz einer Materialität nicht negiert, sondern diese lediglich in ein vordiskursives Feld schiebt und als unbestimmbar deklariert, lässt sich mit Haraway feststellen, dass »materielle Natur« an sich gar nicht existiert. Damit wäre ihr, und weniger Butler eine »Entmaterialisierung« von Körpern vorzuwerfen.

Es wird deutlich, dass vermeintlich »natürliche« Materialitäten von Kulturen beeinflusst werden und sich Natur folglich als wissenschaftlichtechnische Konstruktion beschreiben lässt. Oder kurz: »Wissenschaft ist Kultur« (Haraway, 1995a: 199). Diese Überlegungen verweisen auf Konstruktivismen, die Abschied nehmen von der Perspektive einer Natur als

Ursprung. So fragt Haraway (1995a):»Warum sollten unsere Körper an unserer Haut enden [...]« (ebd.: 68) und meint dies sowohl in einem konkret technischen Verständnis,[45] aber auch im ontologischen Sinne. Der »materielle« Körper ist folglich nicht mehr »natürlich« und die Grenzen zwischen Natur und Kultur sowie Mensch und Nicht-Mensch sind permeable. Wie auch Butler mit dem Hinweis auf subversive Performances eine politische Strategie formuliert, so verbindet Haraway mit dem Bild des Cyborgs die politische Forderung, sich in die Technoscience einzumischen:

> »Wir müssen uns einmischen, damit nicht die Praktiken, Effekte und narrativen Strategien der Technowissenschaft allein den neuen Naturbegriff konfigurieren, die dazu neigen, die Naturalisierung jenes Naturbegriffs zu betreiben, den sie in ihren Praxen doch auf eher kontingente und historisch spezifische Weise hervorbringen« (ebd.: 121).

Kritisch zu hinterfragen ist allerdings, ob sich herrschende Machtverhältnisse durch die Auflösung oben genannter Dichotomien zu Gunsten einer feministisch orientierten »Neuordnung« fassen lassen. Für die feministische Wissenschaft könnte es also zukünftig verstärkt darum gehen, Entgrenzungen nicht nur theoretisch wahrzunehmen, sondern auch praktische Konsequenzen auszuarbeiten. Vor diesem Hintergrund ist es unumgänglich, auch neue Körpervisionen genauer in den Blick zu nehmen.

1.5 Rekonstruktion als methodisches Problem

Empirische Studien jeder Couleur untersuchen das Geschlecht routiniert in einer unabhängigen Variable. Die verschiedensten Untersuchungen aller Disziplinen erhärten also den Verdacht einer Signifikanz der sozialen Kategorie und dissimilieren so die Geschlechterklassen, während sie die Mitglieder innerhalb einer Klasse assimilieren (vgl. Hirschauer, 1994: 682). Rekonstruiert man also die Geschlechterdifferenz, so reproduziert man sie gleichzeitig.

Die in dieser Arbeit angeführten theoretischen Perspektiven erfüllen die von Gildemeister und Wetterer (1992: 48) geforderte Aufgabe einer feministisch orientierten Geschlechtersoziologie. Diese besteht nämlich darin, zu rekonstruieren, *wie* die Differenz in der Weise hergestellt wird, dass es den Handelnden praktisch nicht möglich ist, sich ihr zu entziehen. In diesem Zusammenhang macht Wetterer (1995) darauf aufmerksam, dass Diskurstheorie und Ethnomethodologie streng genommen zunächst lediglich zwei Verfahren seien, »[...] die geeignet sind, den Herstellungsmodus der Geschlechterdifferenz oder des sozialen Systems der Zweigeschlechtlichkeit zu ent-schlüsseln, ihn zu re-konstruieren [...]«, weswegen es eigentlich weniger irreführend wäre, [...] beide Ansätze nicht als dekonstruktivistisch, sondern als re-konstruktiv zu bezeichnen« (vgl. ebd.: 125). Dekonstruktiv, so Wetterer, sei ein Ansatz erst dann, wenn nicht lediglich der Herstellungsmodus entschlüsselt würde und damit die Zweigeschlechtlichkeit entnaturalisiert, sondern wenn an die Stelle der Geschlechterdifferenz bereits etwas anderes getreten wäre (vgl. ebd.: 125f).

Behnke und Meuser (1999) machen zu Recht darauf aufmerksam, dass z.b. die Ethnomethodologie zwar einerseits frage, woher wir wissen, dass eine bestimmte Person ein Mann oder eine Frau ist, andererseits die Gültigkeit dieses Wissens aber voraussetzen müsse, um überhaupt Personen zur Verfügung zu haben, angesichts derer eine solche Frage gestellt werden kann (vgl. ebd.: 43). Nicht zuletzt verweist das konstruktivistische Theoriegerüst auf folgende Tatsache:

»Solange ich in der Alltagswirklichkeit involviert bin, nimmt der Prozess der Konstruktion von Zweigeschlechtlichkeit die Gestalt einer realen Differenz an [...]« (Hagemann-White, 1993: 74).

Auch Hirschauer (1999) macht explizit deutlich, dass seine Studie zur sozialen Konstruktion der Transsexualität als Teil der politischen Strukturiertheit eines »gesellschaftlichen Spiels« wahrzunehmen ist, von dem »abstinent« zu bleiben, einen Realitätsverlust bedeute (vgl. ebd.: 20). In diesem Kontext werfen Kritikerinnen und Kritiker der sozialkonstruktivistischen Perspektive einen »latenten Biologismus« oder eine »biologische Fundierung« (Nicholson, 1994: 109) vor. Dieser Vorwurf ist aber nicht gerechtfertigt und führt in eine Sackgasse; denn man kann, wenigstens beim derzeitigen Forschungsstand und mit derzeit herrschenden Alltagsannahmen über Geschlechtlichkeit, nicht mehr tun, als die Geschlechterdifferenz unter der Prämisse »sozialer Konstruiertheit« untersuchen und interpretieren.[46] Fasst man Differenz und Gleichheit im Sinne Hagemann-Whites (1993) als »dynamisches Gleichgewicht« auf, so lässt sich das vermeintlich »Geschlechtsbezogene« zwar aller Wahrscheinlichkeit nach beim anderen Geschlecht ebenfalls vorfinden, kommt aber nicht in die »theoretische« Verlegenheit, keine Unterscheidung treffen zu müssen (vgl. ebd.: 75).[47]

Wenn in dieser Arbeit von Geschlechtern, Körpern, Materialitäten, Wirklichkeiten und Realitäten gesprochen wird, so sei an dieser Stelle nachdrücklich darauf hingewiesen, dass das, was als »natürlich« gilt, immer schon als symbolisch und diskursiv vermittelt zu betrachten ist und im Grunde in Anführungszeichen gesetzt werden müsste.[48] Die grundsätzliche Problematik in dem vorliegenden Vorhaben liegt in der Unmöglichkeit einer Trennung zwischen dem Diskurs und seinem Gegenstand. Enttarnen wir das Geschlecht, den Körper oder die Realität als Konstruktionspraxis, können wir den Gegenstand, an den wir eigentlich nicht mehr glauben, trotzdem nicht fallen lassen.

Zusammenfassung

Mit Hilfe der konstruktivistischen Perspektiven wurde gezeigt, dass wir die Geschlechterdifferenz durch interaktive Darstellungs- und Zuschreibungsarbeit reproduzieren. Individuen machen sich ständig, mittels sozialer Beziehungen und unter Einsatz vielfältiger Ressourcen, zu je einem Geschlecht. Die Alltagsannahmen von Natürlichkeit, Eindeutigkeit und Unveränderbarkeit bestimmen unsere Vorstellung der binären Geschlechterstruktur, die lediglich die Kategorien männlich und weiblich zulässt.

Die verschieden akzentuierten Perspektiven haben den Blick auf die Kategorie Gender als sozial-kulturell und diskursiv hervorgebrachtes, historisch und zeitgebundenes Konstrukt geschärft. Die Geschlechterdifferenzierung kann so als sozialer Prozess gefasst werden und Geschlecht vom Individuum dezentriert werden. Geschlecht ist folglich nicht etwas, was im Subjekt in irgendeiner Form verankert ist, sondern bezeichnet eine komplizierte Herstellungspraxis. Ergebnisse dieser Herstellungspraxen manifestieren sich in Geschlechterarrangements, in institutionalisierten Genderismen und im Individuum selbst.

Diente Gender in der Theoriebildung zunächst zur Abgrenzung der vermeintlich ahistorischen biologischen Sex-Kategorie, werden nunmehr auch Natur- und Sex-Konzepte als Diskurseffekte behandelt. Wurde die Kategorie Sex, im Gegensatz zu dem kulturell verhandelten Deutungsmuster Gender, als ahistorische biologische Determinierung des Körpers definiert, lässt sich mit Aufnahme der Diskurstheorie wie auch durch die Perspektiven der Technoscience konstatieren, dass die auf Sex bezogenen Wissensbestände ebenso kulturell variabel sind wie die Vorstellungen von sozialen Geschlechterrollen. Vor diesem Hintergrund ist zukünftige Forschung angehalten, eine Genealogie des Sexes zu entwickeln, was zweifellos interdisziplinäre Anstrengungen erfordert.

Subversionen von Geschlecht innerhalb der Verfahren repetitiver Bezeichnungen in Form von Transgender-Aktivitäten hervorzurufen, ist beispielhaft dafür, wie Umdeutungen und Vervielfältigungen funktionieren. Im Internet kann Gender tatsächlich unabhängig von der Kategorie Sex gedacht werden. Die Netzbesucher/innen greifen auch im Internet auf ihr Alltagswissen von Geschlecht zurück, wissen aber zugleich um die Möglichkeiten von Geschlechterparodien und Verwirrspielen. Für die »Erfahrbarkeit« konstruktivistischer Perspektiven sind diejenigen computervermittelten Kommunikationsformen interessant, die trotz (oder womöglich wegen) physischer Anonymität großen Zulauf finden.

2 Reale und virtuelle Körper

2.1 Formen computervermittelter Kommunikation

Wir sind bereits vor jeglicher Interaktion auf unser Geschlecht durch vordiskursive Praktiken festgelegt, was die Annahme erlaubt, Sex und Gender stünden in einem Kausalzusammenhang. Diese Annahme verewigt die Mythen, was Frauen und Männer sind und zu sein haben. In der anonymen, computergestützten Kommunikation (CMC) aber geht, verglichen mit der Face-to-face Situation, die Interaktion dem Geschlecht voraus, was konstruktivistisch orientierten Studien einen revolutionär neuen Blick auf Genderkonstruktionen ermöglicht. Gender muss in CMC nicht als *pre*-formed sondern *per*-formed betrachtet werden (vgl. Rodino, 1997: o.S.). In der CMC-Forschung unterscheidet man zwischen der bi- und der multilateralen Kommunikation sowie zwischen asynchronen und synchronen Kontakten. Während im Chat und in virtuellen Rollenspielen (MUDs) viele User und Userinnen zur gleichen Zeit kommunizieren, sind es im »Talk« lediglich zwei Personen. Unter asynchrone Kommunikation fallen der Austausch per E-Mail und die Diskussion in Newsgroups und Mailinglisten.

2.1.1 Plaudereien im Netz: Chats

Chatten[49] ist die wohl am häufigsten verbreitete Form synchroner Kommunikation im Internet. Wie beim Telefonieren erfolgt die Kommunikation in Echtzeit, aber nicht durch gesprochene Sprache, sondern per Computer eingegebenen Text. Ein öffentlich zugängliches und populäres Netz ist der Internet Relay Chat (IRC), welcher weltweit genutzt werden kann.[50] Mittlerweile ist es aber üblich, über das World Wide Web zu chatten.[51]

Um eine Überfüllung durch zahlreiche Netzteilnehmer/innen zu verhindern, sind die Channels meist themenorientiert.[52] Für die anderen Chatter/innen ist man zunächst nur durch den obligatorischen Nickname (Pseudonym) als anwesend ersichtlich und wiedererkennbar. Um Verwechslungen zu vermeiden, können zur selben Zeit nicht zwei Personen unter dem gleichen Pseudonym chatten. Der IRC sendet den Textbeitrag, der unter dem Pseudonym geschrieben wurde, nicht Buchstabe für Buchstabe, sondern übermittelt den kompletten Beitrag auf einmal. Der in sich geschlossene Beitrag wird mittels Betätigung der Taste »Enter« versendet.

Die »Chatiquette« legt dabei Verhaltensregeln fest und appelliert an einen freundlichen Umgang miteinander. Die Chatiquette symbolisiert ein Regelsystem, das auch mit Sanktionen (z.B. dem Ausschluss aus dem Chat) droht, sollten die vorgeschriebenen Verhaltensregeln grob verletzt werden. Entsprechend lautet die oberste Chatiquette-Regel: »Begegne anderen Chattern mit Respekt und Höflichkeit. Dann werden auch sie Dich respektieren und höflich behandeln«.[53]

Oftmals halten sich in einem Channel fünfzig oder mehr Teilnehmer und Teilnehmerinnen auf, so dass schnelle Reaktionen und ein vertrauter Umgang mit der Tastatur von Vorteil sind:

>»Speed of response and wit are the stuff of popularity and community on IRC. The Internet relays chat, and such social endeavour demands speed of thought – witty replies and keyboard savoir faire blend into a stream-of-consciousness interaction that valorises shortness of response time, ingenuity and ingenuousness in the presentation of statements« (Reid, 1991: o.S.).

Um Zeit zu sparen, aber auch um Gefühlsäußerungen sichtbar zu machen, gebrauchen die Chatter und Chatterinnen netzspezifische Akronyme und Emoticons. Zwar existieren zu Akronymen und Emoticons seitenlange Übersetzungslisten, doch die Praxis zeigt, dass tatsächlich nur wenige davon relevant sind. Gefühle können zusätzlich durch Aktionswörter, Soundwörter und Zeichenkombinationen ausgedrückt werden.[54] Die Eingabe des Befehls »Emoting« oder »Description« lässt auch die Beschreibung der eigenen Handlung in der grammatikalisch dritten Person zu.[55]

Die Chat-Kommunikation kann sowohl unter zwei TeilnehmerInnen in »Separees« als »Talk« geführt werden, oder mit allen eingeloggten Chattern und Chatterinnen. Des weiteren ist eine nicht-teilnehmende Beobachtung als sogenannter »Lurker« bzw. als »Lurkerin« möglich, die vor allem für Online-Kommunikationsforscher/innen eine interessante Untersuchungsmethode darstellt. Ein Lurker oder eine Lurkerin beteiligt sich nicht aktiv an dem Gespräch, sondern liest nur den Text der Teilnehmenden. Der Operator benachrichtigt aber über jeden Neuzugang, so dass die anderen Teilnehmer/innen wissen, wann und wie viele Lurker/innen anwesend sind.

Neben dem Wortlaut des Nicknames stehen besonders im web-basierten Chat weitere Ausdrucksmöglichkeiten zur Verfügung, die allerdings nicht der »Wahrheit« entsprechen müssen und frei wählbar sind, wie beispielsweise die Hervorhebung der Geschlechtsidentität durch rote oder blaue Schrift, comicartige Zeichnungen, Kurzportraits in Form eines Steckbriefes oder durch die Nutzung von Avatare als stellvertretende virtuelle Repräsentanten (vgl. Döring, 1999: 98).

Neben den offenen Chatchannels, die für jeden User und jede Userin zugänglich sind, existieren auch geschlossene, private Channel, dessen Betreten nur mit der Erlaubnis des Operators möglich ist.[56] Es ist nicht unüblich, dass eine Anmeldung durch den persönlichen Kontakt mit dem Operator obligatorisch ist. So können die moderierten Channels bis zu einem gewissen Grad ein aufrichtiges Interesse und angemessenes Verhalten sichern, das bei »Nischenthemen« erwünscht und von den Usern und Userinnen auch angenommen wird.[57]

Es ist strittig, ob es sich bei der Chat-Sprache um geschriebene oder gesprochene Kommunikation handelt. In jedem Fall stellt der interpersonelle Austausch in CMC generell regelgeleitetes Handeln dar.

2.1.2   Virtuelle Rollenspiele: MUDs

Bei den Multi-User-Dimensions (MUDs)[58] handelt es sich um virtuelle, sehr komplexe, textbasierte Rollenspiele, die sowohl das gemeinsame, ortsunabhängige Spielen als auch die Kommunikation in Echtzeit erlauben. Klassischerweise handelt es sich bei MUDs um simulierte Fantasy- oder Science-Fiction-Welten.[59] Mittlerweile haben sich auch realitätsnahe »soziale Welten« etabliert, in denen das kommunikative Moment vorrangig dem Spielerischen ist:

> »MUDs sind [...] textbasierte virtuelle Welten, die gegenüber Computerspielen zum einen keine grafische Oberfläche aufweisen, zum anderen nicht an einem PC allein oder zu zweit gespielt werden, sondern zu vielen im Internet. MUDs sind also zunächst Online-Spiele in Form von Chat-Kommunikation« (Schlobinski et al., 1998: 117).

Technisch betrachtet, sind MUDs sehr große Datenbanken, die von mehreren Benutzern und Benutzerinnen gleichzeitig abgefragt und verändert werden. Die meisten MUDs funktionieren über das Telnet-Protokoll und sind nicht grafisch, sondern textbasiert.[60] In klassischen MUDs bestimmt das Lösen von Rätseln und das Ausfechten von Kämpfen mit feindlichen Wesen das Spielgeschehen. Ziel ist es, Erfahrungspunkte zu sammeln, die den Spieler bzw. die Spielerin in der Hierarchie[61] aufsteigen lassen. In sozialen MUDs bestimmt eher die Interaktion mit MitspielerInnen und das (gemeinsame) Bauen virtueller Räume das Geschehen.

Die Spieler/innen bleiben in dem Spiel anonym. Zu Beginn eines jeden »MUDdings« geht es darum, einen Charakter zu erfinden, diesem einen Namen zu geben, sich selbst zu beschreiben und ein Geschlecht anzunehmen. Das Geschlecht muss nicht notwendig männlich oder weiblich sein, da es in MUDs auch Zwerge, Kaninchen, Frösche oder selbstentworfene Fantasiegestalten gibt.

Im Spiel »LambdaMOO« können Teilnehmer/innen beispielsweise zwischen zehn verschiedenen Geschlechtern. Hat man bereits eine Spielfigur in einem speziellen MUD kreiert, so kann man mit derselben Persona[62] mittels eines Codewortes zu jeder Zeit weiterspielen. Die Interaktion im MUD erfolgt durch Kommandos, wie z.B.:

- »say« für sprechen (ich als »Frosch« schreibe: »say hello«, die anderen lesen: »Frosch says hello«)
- »pose« oder »emote« für Bewegung und Gestik
- »go« für Fortbewegung
- »look« für das Betrachten der Umgebung.

Dabei agieren die Charaktere in der MUD-Welt, als würden sie sich und die Umgebung sinnlich wahrnehmen und sich tatsächlich an den beschriebenen Örtlichkeiten aufhalten, so z.B. in einer virtuellen Bar oder auf einem virtuellen Friedhof:

> »Frappierend ist der starke Wirklichkeitseindruck, den diese Rollen bei den Spielern erzeugen. Obwohl auf dem Bildschirm außer der Schrift des Editors überhaupt nichts zu sehen ist, überrascht die ›filmische‹ Beschreibung, die die Interviewpartner über ihr Spiel abgeben« (Wetzstein et al., 1995: 61).

Ebenso wie in Chatrooms, können in MUDs körperliche Gesten und Gefühle mit Hilfe eines umfassenden Systems von Befehlen ausgedrückt werden, so dass die gespielten Personen »glücklich vor sich hin pfeifend«, »traurig an den Fingernägeln kauend« oder »hysterisch schreiend« den Raum betreten können. Typographische Emoticons, Akronyme und Aktions- und Soundwörter symbolisieren auch in MUDs das Gesten- und Mienenspiel. Wetzstein et al. (1995) konstatieren: »Das Imaginäre kann für den Augenblick wirklich werden, weil die Elemente der umgebenden Realität so fern von der Handlung sind« (ebd.: 61f).

Die Spieler und Spielerinnen nehmen dann tatsächlich keinen *Schein* mehr wahr, denn sie *sind* dann in der virtuellen Küche, kochen Kaffee und plaudern mit einer Persona.[63] Bis man sich in einem MUD »heimisch« fühlt und das Spielgeschehen nicht nur am Rande beobachten, sondern aktiv mitgestalten kann, können mehrere Monate vergehen. Für die Mitgestaltung eines MUDs sind technisches Geschick und einige Programmierkenntnisse notwendig:

>»Betritt man als Neuling etwa das MUD UNItopia [...], so muss man zunächst eine Reihe von Hilfstexten durcharbeiten und ein regelrechtes ›Anfängerpraktikum‹ absolvieren, um vom Geldverdienen bis zur Verpflegung alles Lebensnotwendige zu erlernen« (Döring, 1999: 130).

Im Unterschied zum flüchtigen Chatchannel überdauern MUDs oft ihre Spieler/innen und bleiben bestehen, wachsen durch weitere Programmierungen und verändern sich. Trotzdem kann ein MUD auch ohne jegliche Programmierkenntnisse besucht werden, da viele User und Userinnen ihre Zeit, gerade in »sozialen MUDs«, mit Chatten verbringen.[64]

Wie Döring feststellen konnte, bevorzugen Frauen eher das kommunikative Moment in MUDs, während fast doppelt so viele männliche Nutzer aktiv an der MUD-Welt bauen und somit eher die Spielumgebung kreieren. Es lässt sich ableiten, dass Frauen einmal mehr in einer »gemachten Männerwelt« spielen und sich deswegen von vielen MUD-Spielen auch nicht angesprochen fühlen. »Leibhaftige« Frauen sind in MUDs unterrepräsentiert (vgl. ebd., 1999: 125). Auch Vogelgesangs (2000) Schätzung geht von zirka 20% »echten« Frauen aus, die sich in MUDs aufhalten (ebd.: 243). Trotzdem gibt es sehr viele weibliche Personae in MUDs, die aber oft von »leibhaftigen« Männern gespielt werden. Es ist nicht genau bekannt, wie viele MUDs existieren und wie viele Spieler/innen in ihnen einen oder mehrere Charaktere spielen. Sicher ist, dass das Angebot virtueller Rollenspiele stetig steigt, wie auch die Zahl der Internetnutzer/innen kontinuierlich expandiert.

Da die Maskerade ausdrücklich zum Spiel gehört, lässt sich nur selten von unwahren Darstellungen (Fakes)[65] sprechen. Zudem haben die Spieler/innen die Möglichkeit, zwischen dem Spielgeschehen (Role-Play) und der »out of character conversation« (ooc conversation) zu wechseln. Von Fakes lässt sich demnach nur in den »out of charakter conversation« sprechen.[66] Herauszustellen gilt, dass eine Person in ihrem Online-Charakter Selbst-Aspekte realisieren kann, die im Leben außerhalb des Netzes unterrepräsentiert sind. Personen statten sich mit sozial heiklen oder nicht anerkannten Attributen aus, inszenieren sich jenseits ihres Alltagsgeschlechts und können daraus resultierende Konsequenzen beobachten.

Obwohl normverletzendes Verhalten und sexuelle Anzüglichkeiten sowohl im Netz als auch in der sozialen Wirklichkeit zu finden sind, bilden sie in den speziellen Umgebungen der MUDs eher die Ausnahme (vgl. Döring, 1999: 123f). Indem die Normverletzungen als solche definiert und sanktioniert werden, reproduzieren die MUD-Spieler/innen soziale Normierungen, was häufig sowohl zur Festigung ihres Gemeinschaftsgefühls als auch zu fortschreitender Institutionalisierung führt, weswegen Bahl (1996) sogar von MUDs als »Kleinstaaten« (ebd.: 96) spricht.

So kann in keinem Fall angenommen werden, in MUDs herrschten anarchistische Strukturen. Es besteht dort kein unbegrenzt freier Handlungsraum. Zurückbezogen auf die Geschlechtskategorie bedeutet dies, dass MUDs subversives Potential für Geschlechterverwirrungen bereit halten, praktisch aber die Spielregeln und die Normen- und Wertemuster in erster Linie von männlichen Spielern und Programmierern bestimmt werden. Vermutlich sind deshalb »leibhaftige« Mädchen und Frauen in MUDs unterrepräsentiert.[67] Sie treffen auf männlich geprägte Spielwelten, weswegen MUDs in erster Linie als »toys for boys« angesehen werden müssen.

2.1.3   »Schwarze Bretter«: Mailinglisten und Newsgroups

Neben Chats und MUDs, in denen zwei oder mehr Nutzer/innen aus allen Teilen der Welt synchron miteinander kommunizieren können, gibt es auch die Möglichkeit der asynchronen Kommunikation in Form von Mailinglisten und Newsgroups. Die Definitionen von Newsgroups verweisen oft auf die Metapher des »globalen schwarzen Bretts«, die den Öffentlichkeitscharakter des digitalen Austauschs unterstreicht.[68] Das Prinzip einer Mailingliste ist relativ simpel: Ein Nutzer oder eine Nutzerin schickt (posted) einen Redebeitrag an eine spezielle Gruppe, die an alle User und Userinnen der Newsgroup weitergeleitet wird. Die Teilnehmer/innen der Newsgroup lesen die Information und können sie beantworten.

Während in einer Mailingliste die einzelnen Beiträge an einen Verteiler verschickt werden, der diese dann je nach Konzeption, gefiltert oder ungefiltert an die Abonnentinnen und Abonnenten der Liste weiterleitet, müssen sich Nutzer/innen einer Newsgroup in der Regel nicht in eine Liste eintragen, sondern die Nachrichten sind für alle Interessierten les- und kommentierbar. Aber auch bei den Newsgroups existieren moderierte Gruppen, die eine Administratorin oder ein Administrator kontrolliert. Wie im Chat auch, sind die Diskussionsgruppen themenzentriert und durch Kategorien hierarchisiert.

Als User/in einer Newsgroup befindet man sich sowohl in der Rolle des Rezipienten bzw. der Rezipientin als auch in der Rolle des Produzenten bzw. der Produzentin. Über den »Reader« bekommen die Teilnehmenden einen Überblick über die Summe der Artikel, die zu einem bestimmten Thema veröffentlicht wurden, dabei steht der erste Beitrag an oberster Stelle, dem die »Follow-ups« folgen. Der Name des Teilnehmers bzw. der Teilnehmerin steht zusammen mit dem Datum und dem Betreff in der Kopfzeile. Diskussionsthemen können sich über einen längeren Zeitraum erstrecken. Die einzelnen Beiträge sind nicht thematisch, sondern chronologisch sortiert.

Für das Verfassen von Newsgroup-Beiträgen gibt es einige Regeln, an dessen Einhaltung immer wieder appelliert wird; u.a. wird die Benutzung des eigenen RL[69]-Namens mit dem Hinweis gewünscht, es handele sich bei einem Diskussionsbeitrag schließlich um die eigene Meinung.[70] Schlobinski et al. (1998) gelangen zu dem Ergebnis, dass in Newsgroups tatsächlich sehr wenige ein Pseudonym gebrauchen (vgl. ebd.: 64ff.). Döring (1999) konstatiert, dass in Mailinglisten eher Frauen als Männer ihre (geschlechtliche) Identität durch einen Nickname verhüllen (vgl. ebd.: 292).

2.2 Körper im Zeitalter der Postmoderne

Die Trennung des Körpers in ein »Außen« und ein »Innen«, in eine Hülle und einen Kern oder die Unterscheidung von Körper und Leib, steht in postmodernen Reflexionen zur Disposition. Es finden sich Positionen, die an einer affektiven Leiblichkeit festhalten und auf eine, wie auch immer bestimmbare »Innigkeit« insistieren. Gegenpositionen, in erster Linie diskurstheoretisch, de- oder radikalkonstruktivistisch verankert, weisen hingegen jegliche »Subjekthaftigkeit« zurück.

Betrachtet man fluide Körperinszenierungen in der Cyberspacekultur, die Entwicklungen im medizintechnischen Bereich,[71] Körperdarstellungen und Performances in der darstellenden und angewandten Kunst[72] und Jugendsubkulturen wie die Technokultur,[73] so kommt man nicht umhin, die Idee eines homogenen, nach außen geschlossenen Körpers und damit auch die Trennung von Subjekt und Objekt, in Frage zu stellen.

»Wenn der Glaube an eine stabile Trennung zwischen Subjekten und Objekten [...] eines der bestimmenden Merkmale der Moderne war, dann ist die Implosion von Subjekten und Objekten in den Wesen, die die Welt am Ende des zweiten Jahrtausends bevölkern, und die allgemeine Anerkennung dieser Implosion [...] das Kennzeichen einer neuen historischen Konfiguration. Viele haben diese Konfiguration ›postmodern‹ genannt« (Haraway, 1996: 366).

Ohne auf die Postmoderne-Debatte benachbarter Disziplinen wie Philosophie, Literaturwissenschaft oder Architekturtheorie Rücksicht zu nehmen, sei hier auf die Aufnahme des Postmoderne-Begriffs in die Sozialwissenschaft kurz eingegangen. Die vielfach konstatierte und ironisch kommentierte Vieldeutigkeit und begriffliche Unschärfe des Terminus »Postmoderne« ist für die Bildung des Diskursbegriffs geradezu konstitutiv (vgl. Eickelpasch, 1997: 11). Postmodern wird in jedem Fall als »ominöses Sammeletikett« gehandelt, mit dem sich Intellektuelle gegenseitig versichern, dass »mit der Moderne irgendetwas nicht stimme« (ebd.: 11).[74]

Nur zögernd öffnete sich der soziologische Mainstream für Importe aus der Postmoderne, die im besonderen Selbstreflexionen soziologischer Theorie hinsichtlich ihrer kategorialen Grundannahmen einfordert, wie dies auch in der dekonstruktivistisch orientierten Geschlechtertheorie der Fall ist. »Postmodern« ist demnach nichts, was in gesellschaftlichen Wirklichkeiten gefunden werden kann, sondern bezieht sich vielmehr auf

»ein in professionellen Expertenkulturen gehandeltes Deutungsmuster, eine ›Semantik‹ (Luhmann), die keine direkten Rückschlüsse auf die durch sie beschriebene Wirklichkeit zulässt« (Eickelpasch, 1997: 13).

Die von Eickelpasch (1997) genannten vier Punkte, in denen »der paradigmatische Kern der klassischen Gesellschaftstheorie in Reaktion auf die postmoderne Kritik« (ebd.: 17) in Frage gestellt wird, seien im Folgenden aufgegriffen. Zur Diskussion steht erstens die dem Funktionalismus wie dem Marxismus zu Grunde liegende Annahme einer selbstverständlichen Totalität und Objektivität der Gesellschaft, welche unter postmodernen Annahmen nicht haltbar ist. Zweitens erteilt die Postmoderne der Vorstellung von einem individuellen Subjekt und einem subjektiv gemeinten Sinn eine Absage:

»Kultur und Gesellschaft bestehen in postmoderner Sicht aus einer Vielzahl freischwebender Differenzen ohne Zentrum und ohne Grenzen, vor allem aber ohne die Verbindung zu einem subjektiven Handlungssinn oder zu einer übergeordneten Vernunft« (ebd.: 18).

Drittens zu nennen ist die postmoderne Kritik am Kontinuitäts- und Fortschrittsdenken, welche dazu führt, die Zukunft nicht mehr als Feld der

Emanzipation und des Fortschritts zu fassen, sondern als riskante Bedrohung.[75]

Als vierten Punkt nennt Eickelpasch die durch den Abschied von den
utopischen Fundamenten der Gesellschaftstheorie veränderte Gestalt der
soziologischen Kritik, welche durch Multiperspektivität und Multikulturali-
tät die kritische Distanz zu gesellschaftlichen Strukturen und Prozessen
fragwürdig macht (vgl. ebd.: 17f). Eickelpasch stellt fest, dass sich postmoderne Ansätze und interpretative Soziologie »in der Stoßrichtung gegen
die Verdinglichung von Struktur, Institution und Gesellschaft« treffen und
somit auf die »Kontingenz der sozialen Wirklichkeit und ihre Abhängigkeit
von subjektiven Definitionen, von Diskurskontexten, Ethnomethoden und
kulturellen Codes« verweisen (ebd.: 27).

Auf die Kontingenz sozialer Wirklichkeit und ihre Abhängigkeit von
Diskurskontexten wurde bereits mit Hilfe neuerer Theoriebildungen der
Geschlechterforschung verwiesen. Daran anschließend finden sich diese
Überlegungen auch in einer sich momentan stärker etablierenden Körpersoziologie. Es ist festzustellen, dass sich die deutschsprachige Soziologie
bisher nur marginal mit »Körpern« beschäftigt hat, weswegen Hahn und
Meuser (2002) die Soziologie als »körperlose Disziplin« einordnen (ebd.:
11), der eine »Leibesvergessenheit«[76] (Meuser, 2002: 19) anhaftet. In einschlägigen Lexika und Einführungsbänden sucht der Soziologe und die So-
ziologin vergebens nach dem Stichwort »Körper« oder »Körpersoziologie«.[77] Erst in jüngster Zeit machen verschiedene Bindestrich-Soziologien
wie z.B. die Alterssoziologie, die Medizinsoziologie, die Sportsoziologie
und nicht zuletzt die Geschlechtersoziologie den Körper verstärkt zum Gegenstand sozialwissenschaftlicher Forschung.[78]

Beachtenswert ist, dass der Körper in einer Zeit zum Forschungsgegens-
tand erhoben wird, zu der dessen »Auflösung« durch die Postmoderne-
Diskussion proklamiert wird. Oder, mit Laszig (1998) ausgedrückt, wir uns
in einer Zeit befinden, in der womöglich der Freiheit der Gedanken nun die
Freiheit der Form, auch der des Körpers, folgt (ebd.: o.S.).

»Aus langer diskursiver Emigration – so heißt es – kehrt unaufhaltsam der Körper zurück, aber (und das ist der Witz an der Geschichte) er kehrt nur zurück, um endgültig zu
verschwinden [...]« (Ellrich, 1997: 135).

Untersucht man »Körperlichkeit« unter diskurstheoretischen bzw. de-
konstruktivistischen Vorzeichen, so würde eine Analyse, streng genommen, hinfällig. Doch es scheint, als wollten selbst konstruktivistisch orientierte Soziologinnen und Soziologen den Körper nicht gänzlich verlieren

und ihn, bevor sein endgültiges »Verschwinden« droht, innerhalb des soziologischen Diskurses »wach halten«, worin der grundsätzliche Widerspruch einer Körpersoziologie unter postmodernen Vorzeichen begründet liegt.[79] Folgerichtig konstatiert zur Lippe (1982):

> »Wir können von einer Wiederkehr des Körpers sprechen. Aber sie ereignet sich als Widerspruch. Sie ist ein Protest dagegen, dass der Körper im täglichen Leben kaum noch tätig beansprucht wird, dass er – in der Metapher von Baudrillard – verschwindet. [...] Erst die Angst vor einer überfüllten Leere hat den Gedanken an Umkehr hervorgebracht« (ebd.: 27).[80]

In der Alltagswelt scheint Körperlichkeit und Körperarbeit lustvoll wiederentdeckt: Fitness- und Bodybuilding-Center etablieren sich in nahezu jeder Kleinstadt, ebenso wie Sonnenstudios oder Piercing- und Tätowierungsstudios. Wir befinden uns also in der paradoxen Situation der Gleichzeitigkeit von Körperaufwertung und Körperverdrängung.

Bereits Klassiker wie Bourdieu (1987a) und Goffman (1994, 2000) haben gezeigt, dass Körper und Körperpraxen als Voraussetzung von Interaktionen und Sozialität gelten. Wirklichkeitskonstruktionen sind also nicht lediglich als kognitive Leistungen zu begreifen, sondern gewinnen gerade dadurch Wirklichkeitsqualität, weil sie in körperlichen Praxen fundiert und in körperlichen Routinen abgesichert sind.

2.2.1 Anthropologischer Leib und postmoderner Körper

Als physisch gefühlter Leib scheint der Körper im Cyberspace keine Relevanz zu haben; somit fügt sich das Thema »Körper im Cyberspace« ein in die konstruktivistische Debatte, die den Körper weitgehend vernachlässigen kann bzw. ihm keine ontologischen Gegebenheiten zuerkennen muss. Berücksicht man aber mikrosoziologisch-leibphänomenologische Perspektiven, wie sie z.B. von Lindemann vertreten werden, lässt sich der vergeschlechtlichte Körper als subjektiv fühlbare Realität, als affektive Erfahrung und haptische Wirklichkeit fokussieren.

Zumindest für die soziale Wirklichkeit kann vorerst festgehalten werden, dass Körpern eine leiblich-affektive Komponente zugesprochen werden muss, und Lindemann (1993a) fordert, die »Leiblichkeit als Konstituens von Sozialität« anzuerkennen (ebd.: 21). Kann dem Körper im Cyberspace eine leibliche Komponente zugesprochen werden? Es wird hier die These formuliert, dass auch im Cyberspace, gerade mit Hilfe neuer Formen der Verkörperung, »Leiblichkeit« nicht obsolet wird, sondern vielmehr dazu beiträgt, virtuellen Wirklichkeiten eine Qualität von Sozialität zu geben. Notwendig ist an dieser Stelle, die Unterscheidung und das Zusammenspiel von Körper und Leib nachzuvollziehen.[81] Lindemann (1993a), die sich selbst als Sozialkonstruktivistin versteht, argumentiert in einem soziologischen Rahmen, wenn sie sagt:»Körper sind nicht einfach da. Um sozial relevant werden zu können, müssen sie sowohl wahrgenommen als auch dargestellt werden« (ebd.: 22).

Von ontologischen Zwängen befreit, verweist Lindemann kritisch darauf, dass die Mikrosoziologie die Geschlechtskategorie in einer Weise fassen müsse, die es erlaube, Leiblichkeit und Affektivität als soziologische Basiskategorien zu verstehen. Erst dann könne der Leib in eine doppelte Perspektive geraten:

»Es geht zum einen im Sinne der bisherigen Mikrosoziologie darum, die Leiberfahrung als sozial konstruiert auszuweisen und zum anderen – kritisch gegen die Mikrosoziologie – um Leiblichkeit als Konstituens von Sozialität« (ebd.: 21).

Die Unterscheidung von Leib und Körper ist keine empirische, sondern vielmehr eine analytische, da im realen und»ungestörten Lebensvollzug« (Plessner, 1982: 360) Körper und Leib ineinander verschränkt sind. Diese Verknüpfung von Körper und Leib macht zugleich auf das Problem aufmerksam, dass der Leib nicht unmittelbar zugänglich ist, weil»jegliches Denken und Sprechen über den Leib bereits eine Konfiguration des Leiblichen ist« (Villa, 2001: 191). Damit befinden wir uns auf der Argumentationslinie Butlers, die herausstellte, dass es nichts dem Diskursiven Vorgängiges gibt, weswegen eine»Natürlichkeit des Leibes« anzuzweifeln ist. Gibt es also»natürliche« Empfindungen und wenn ja, wie ist das leibliche Spüren mit dem verobjektivierten (Geschlechts-)Körper verschränkt?

Widmen wir uns vorerst dem Begriff des Körpers: Er ist als sozial beschreibbare Oberfläche zu sehen, auf und in der sich gleichsam auch Gesellschaftsauffassungen wie z.B. bestimmte Moden spiegeln. Körper können folglich als soziale Gebilde gefasst werden, die ebenso die Art und Weise steuern wie wir Körper als physische Gebilde wahrnehmen. Der menschliche Körper ist also immer als Abbild der Gesellschaft aufzufassen und es gibt keine»natürliche«, von der Dimension des Sozialen freie Wahrnehmung und Betrachtung des Körpers (vgl. Douglas, 1981: 106). Insofern dokumentiert sich am Körper die soziale Ordnung, an deren Produktion er selbst teilhat. In der Konsequenz sind Körperideale und körperliche Erscheinungsformen immer kulturelle Produkte, die abhängig von gesellschaftlichen Diskursen und Normen- und Wertesystemen sind; in ihnen manifestieren sich soziale Verhältnisse, Arbeitsteilungen sowie Klassen- und Geschlechterunterschiede (vgl. Rose, 1997: 125).[82] Deswegen lässt sich in diesem Zusammenhang auch von einem »Körperwissen« sprechen, einem Wissen darüber, wie der Körper ist und zu sein hat.[83]

Weil Individuen in der Umwelt eine besondere Stellung einnehmen, die Plessner (1975) als »exzentrisch positioniert« bezeichnet (vgl. ebd.: 288ff.), *ist* der Mensch sein Leib und *hat* ihn zugleich als seinen Körper. In dieser Positionierung wird das leibliche Selbst vom Individuum als relativ zur Umwelt wahrgenommen und gespürt. Ein Beispiel von Villa (2001) verdeutlicht die Möglichkeit zur individuellen Reflexion und der Möglichkeit zur Einordnung leiblicher Empfindungen aufgrund seiner exzentrischen Position:

> »Wenn etwas z.b. als weit entfernt oder laut empfunden wird, ist es in der exzentrischen Position möglich, die sinnlichen Wahrnehmungen hinsichtlich ihres sozialen Bezugs zu reflektieren, so z.b. wenn man sagt, dass etwas laut ist, weil man selbst einen Kater hat oder weil man die Musik nicht mag; eine Entfernung ist je nach Maßstab wie Fortbewegungsmodus (Flugzeug, zu Fuß usw.); Eile und / oder Kontext (Termindruck, Begleitpersonen usw.) nah oder weit usw« (ebd.: 189).

Auf der Ebene des Leibes lässt sich also weniger von einem Wissen sprechen, sondern vielmehr von einem subjektiven Empfinden des Körperwissens.

In der zentrischen Position empfindet man z.b. Müdigkeit als leiblich-affektiven Zustand; wobei die Qualität der Empfindung sozial vermittelt ist, denn das Gefühl der Müdigkeit kann z.b. daran liegen, dass ich nicht schlafen konnte, weil der Nachbar ein lautes Fest feierte. Folglich stellt die Verknüpfung von sozialen Erfahrungen und Umständen mit leiblichen Erfahrungen einen sozialen Prozess dar. Es lässt sich resümieren, dass der Leib geeignet ist, »Bedeutungen zu tragen, also in zeichenhafte Verweisungszusammenhänge integriert zu werden« (Lindemann, 1999: 152).

Die Integration des Körpers in zeichenhafte Verweisungszusammenhänge zeigt Duden (1995) anschaulich in ihrer »Kulturgeschichte des Herzens«, der die These zu Grunde liegt, dass die Körpergeschichte weitgehend eine Kulturgeschichte der Natur ist (vgl. ebd.: 130). Das Herz, verstanden als physisch wie psychisch komplexen und vielschichtigen Gegenstand, demonstriert im besonderen wie sich im gelebten Körper Vergangenes und unmittelbar Wahrgenommenes verweben. Duden (1995) weist nach, dass das Herzorgan in unterschiedlichen Epochen und Kulturen verschiedene Bedeutungen trägt. Sie studierte die Niederschriften des Eisenacher Arztes Johann Storch, ein Mediziner des frühen 18. Jahrhunderts, der dreißig Jahre lang gewissenhaft Buch über die Krankengeschichten seiner Patienten und Patientinnen führte. Im 18. Jahrhundert hat das Herz eine andere Kultur als heute und wird z.b. sprachlich so beschrieben:

>»Es zittert, es ist bewegt, es weitet sich, es wallt und springt, es schwillt, sinkt und bricht, es tut sich auf und verschließt sich, es kracht, es verhärtet sich, und es erkaltet« (ebd.: 138f).

Eine Passage der Niederschriften über die Herzprobleme einer älteren Frau lautet so:

>»Ein etlich 50. jähriges Hof-Frauenzimmer, sanguinisch-cholerischen Temperaments, etwas corpulent, hatte Anno 1706 bey der Flucht vor denen Schweden aus Sachsen unter hastigem Bemühen und Schrecken sich einen Zufall von Hertz-Zappeln zugezogen, daran sie nachgehends zuweilen plötzlich darnieder geworfen worden« (zit. n. Duden, 1995: 137).

Aus heutiger Sicht diagnostizierte ein Arzt, dem die Krankheitsgeschichte der Frau vorgelegt wurde:

>»Kardinale Dysfunktion mit arrhythmischer Frequenz als posttraumatisches Stresssyndrom mit signifikanten Konversionssymptomen und hysterischen Manifestationen« (zit. n. Duden, 1995: 137f).

Das moderne Herz wird verstanden als eine Pumpe, die mit einem Blutgefäßsystem verbunden ist. Im frühen 18. Jahrhundert dagegen, so resümiert Duden ihre Forschungen, »ist das Herz im Leib der somatische Erlebnisgrund für Wahrnehmungen« und bildet damit ein »Echo des Erlebens«, welches sich auch in der medizinischen Terminologie wiederfand (ebd.: 138). Das Beispiel macht die Aussage Lindemanns (1993a) plausibel, die den Körper als »Programm« versteht, *wie* der körperliche Leib zu spüren ist (vgl. ebd.: 60).

Heute nehmen wir unsere Körper, beeinflusst durch medizinische Erkenntnisse, zunehmend als System wahr. Haraway (1995a) beispielsweise hat eingehend gezeigt, wie der Diskurs des Immunsystems die Konstitution des Selbst überzieht. Die Biologin und Wissenschaftshistorikerin verweist darauf, dass die Sprache der Biomedizin »[...] mit ihren faszinierenden Artefakten, Bildern, Architekturen, gesellschaftlichen Formen und Technologien in der Lage ist, die unterschiedliche Erfahrung von Krankheit und Tod für Millionen zu formen« (ebd.: 161).

Dass der Leib Bedeutungen trägt und sein Empfinden durch das Körperwissen wesentlich beeinflusst wird, wurde deutlich. Eine weitere Unterscheidung der Ebenen Körper und Leib sind die Kriterien Örtlichkeit und Ausgedehntheit (vgl. Schmitz, 1965: 6ff.). Absolut örtlich nennt sich alles

Leibliche, während das Körperliche eine relative Örtlichkeit aufweist. »Das Selbst ist nicht relativ zu anderen Raumstellen bestimmt, sondern der Nullpunkt der Orientierung« (Lindemann, 1999: 156).

Im Unterschied zum visuell-taktil wahrnehmbaren Körper bildet der Leib also einen absoluten Ort und ist eine eigene Gegebenheit, denn »der Leib wandert mit mir wie mein Schatten« (Waldenfels, 2000: 31). Dabei gehört die Weite ebenso zu dem Leib wie die Enge, was am Beispiel eines heftigen Schmerzes verdeutlicht werden kann:

> »Der im Schmerz gegebene absolute Ort ist kein isolierter Punkt, denn er ist als die Enge, in die jemand gezwungen ist, bezogen auf eine Weite als Orientierung des ›Weg!‹. Als das, wohin der/die Betreffende hinaus will, bildet die Weite den Hintergrund, vor dem sich die Enge des schmerzenden Leibes abhebt. Schmerz ist gemäß Schmitz ein spannungsvoller räumlicher Gegensatz von Enge und Weite, der so dominant sein kann, dass er alle weitere räumliche Differenzierung zerstört« (Lindemann, 1999: 162).

Schmitz stellt in seiner Leibesphänomenologie das Spüren des eigenen Leibes in den Mittelpunkt, wobei das Leibesspüren mit einem affektiven Moment korrespondiert und ebenso der affektive Bezug zur Umwelt in der Regel leiblich erfahrbar ist. Es drängt sich nunmehr die Frage auf, ob das, was wir Leib nennen, im Horizont moderner Welterfahrung dann zur eigentlichen Quelle von Identität wird?

2.2.2   »Körperlose« Interaktion

Die Interaktion unter Anwesenden[84] ist längst nicht mehr die einzige, klar dominierende Form interpersonaler Kommunikation. Nicht nur das Telefon, sondern neue Technologien wie Mobiltelefone, die das Übertragen von SMS und MMS[85] erlauben, E-Mail und Videokonferenzen machen der Face-to-face-Kommunikation »den Platz streitig«.

In der wissenschaftlichen Diskussion steht die direkte Face-to-face-Kommunikation »auf dem Prüfstand«, gilt sie in der Soziologie doch vielfach als primäre Voraussetzung direkter sozialer Interaktion. Simmel (1983) z.B. spricht dem Auge eine exponierte Stellung unter den Sinnesorganen zu:

> »Unter den einzelnen Sinnesorganen ist das Auge auf eine völlig einzigartige soziologische Leistung angelegt: auf die Verknüpfung und Wechselwirkung der Individuen, die in dem gegenseitigen Sich-Anblicken liegt. Vielleicht ist dies die unmittelbarste und reinste Wechselbeziehung, die überhaupt besteht« (ebd.: 484).

Auch Goffman (1994), als Fachmann der »interaction order«, verdeutlicht, dass soziale Interaktion einzig in sozialen Situationen, d.h. in Umwelten, in denen zwei oder mehr Individuen körperlich anwesend sind und aufeinander reagieren können, stattfindet (vgl. ebd.: 55). Eine soziale Situation ist Goffman zufolge nur dann gegeben, wenn man den »Körper und seine dazugehörige Ausstattung« einbringt (ebd.: 60)[86] und entsprechend konstatieren Berger und Luckmann (2000):

> »Die fundamentale Erfahrung des anderen ist die von Angesicht zu Angesicht. Die visà-vis Situation ist der Prototyp aller gesellschaftlichen Interaktion. Jede andere Interaktionsform ist von ihr abgeleitet« (ebd.: 31).

»Wirklich« wäre demnach nur der, den ich mit meinen Sinnen wahrnehmen kann. Und Hahn und Meuser (2002) machen mit Nachdruck deutlich, dass der Körper als Bedingung von Interaktion und Sozialität zu begreifen und in soziologischer Forschung zu berücksichtigen ist (vgl. ebd.: 14).

Versteht man den Körper als Voraussetzung von Interaktion, wäre Sozialität somit in virtuellen Räumen, in denen der leibliche Körper nicht anwesend ist, unmöglich. In diesem Sinne gehen Vertreter/innen der Restriktionshypothese, die u.a. in Anlehnung an o.g. Annahmen argumentieren, davon aus, dass CMC im Vergleich zu direkter Kommunikation beschränkt ist: arm an Ausdrucksmöglichkeiten, weitgehend anonym und schwach an sozialer Bindungskraft.

Dass computervermittelte Kommunikation nicht zwangsläufig als ein »Ableger« direkter Interaktion und somit als restringiert oder interaktionsschwach betrachtet werden muss, zeigt Schultz (2001) mit Hilfe des Begriffs der »mediatisierten Verständigung« (ebd.: 86). Schultz emanzipiert sich von den »idealisierten Vorstellungen einer direkten Kommunikation als authentischer Normalform« (ebd.: 86) und insistiert darauf, dass sich in interpersonalen Kommunikationen, ob technisch vermittelt oder nicht, prinzipiell verletzbare »unvertretbare Einzelne« gegenseitig erfahren und aneinander orientieren können, was aber nicht zwangsläufig die Kenntnis der physischen Erscheinung des Interaktionspartners/ der Interaktionspartnerin voraussetzen muss.

Lassen sich Situationen bei körperlicher Abwesenheit als »real« definieren? Hier greift das Thomas-Theorem, das besagt: »Wenn die Menschen Situationen als real definieren, dann sind sie in ihren Folgen real« (Thomas, 1932: 114). Die User/innen vertrauen auf den Erfolg ihrer Handlung und ihrer medialen Inszenierung, sie definieren Situationen im virtuellen Raum als »real«, weswegen auch die Feststellung Turkles (1999) greift: »In text-gestützten, virtuellen Welten gilt, dass Worte Taten sind« (vgl. ebd.: 19).[87]

Es wird sich zeigen, dass den Netzbewohnern und -bewohnerinnen eine Vielzahl von Darstellungsmöglichkeiten zur Verfügung steht. Nicht nur optische Darstellungen, sondern auch Gefühlsäußerungen – von einem lauthalsigen Lachen bis hin zu einem beleidigten Schweigen – sind in den verschiedenen Netzräumen möglich.[88]

Doch wird die Restriktionshypothese weder der CMC noch der Vis-à-vis Kommunikation gerecht, sobald der soziale Kontext missachtet wird.[89] Direkte Kommunikation kann niemals völlig »rein« sein und ist in verschiedenen Kontexten auch restringiert; so können »reale« Interaktionen beispielsweise durch blickdichte Sonnenbrillen, durch Dunkelheit oder extreme Lautstärke eingeschränkt sein. Misst man »wahre« oder »falsche« Kommunikation am Erfolg, so kann auch hier nicht per se geschlussfolgert werden, direkte Kommunikation sei erfolgreicher als computervermittelte:

> »Ein Flirt in einem Chatroom des Internet kann durchaus deshalb scheitern, weil ein charmantes Lächeln, das eine trockene Bemerkung begleitet, auf dem Bildschirm gar nicht zu sehen ist. Aber von Angesicht zu Angesicht kann ein Flirt genauso gut scheitern, gerade weil dieses charmante Lächeln allzu sichtbar ist« (Schultz, 2001: 94).

Interaktionen sind nicht an räumliche und zeitliche Faktoren gebunden, weswegen sich die wechselseitige Verständigung von der Fixierung auf unmittelbar Anwesende lösen kann. Folglich kann dann eine sinnvermittelte zwischenmenschliche Interaktion allgemein definiert werden als

> »[...] eine Abfolge von sprachlichen und nicht-sprachlichen Handlungen, die ihrem Sinn oder ihrer Bedeutung nach komplementär zueinander sind. Ihre Elemente sind Handlungen mit eingebauter Interaktionalität; das heißt, die einzelnen Handlungen sind nicht nur relativ zu kontingenten Erfolgsbedingungen, sondern ihrer Bedeutung nach auf ein komplementäres Handeln bezogen, das von ihrem Autor als ein Folgeverhalten oder als ein Folgeverhalten initiierten Handelns verstanden wird« (Schultz, 2001: 96).

Außer Frage steht nun also, dass Interaktion im virtuellen Raum möglich ist und nicht »unwirklicher« sein muss als in Face-to-face-Situationen.

2.2.3   Körper und Leiber im Netz

Wenn, wie oben deutlich wurde, durch physische Wahrnehmungen, Normen- und Wertesysteme und den Wissensstand, Gesellschaftsauffassungen modifiziert werden, so liegt es nahe, dass auch die Wahrnehmung von Online-Körpern alltagsweltliche Körperinszenierungen beeinflussen, weswegen von einer wechselseitigen Beeinflussung der Vorstellungen von Online- und Offline-Körpern auszugehen ist.

Die These lautet, dass User und Userinnen sich von ihren oder anderen (kommerziell) inszenierten virtuellen Körperbildern beeinflussen lassen und diese Inszenierungen auch in der leiblich-affektiven Körperdimension Platz finden. Damit *sind* Nutzerinnen und Nutzer nicht nur an der »Oberfläche« sondern auch »unter der Haut« ihre dargestellten Inszenierungen. Diese These stützt sich auf die Betrachtung des Phänomens des virtuellen Computerstars (mittlerweile auch Filmheldin) »Lara Croft« wie auch auf Interviews, die Netzforscher/innen u.a. mit MudderInnen und ChatterInnen führten.

Betrachten wir zunächst das Phänomen Lara Croft, die ursprünglich als Computerspielfigur des Videogames »Tomb Raider« konzipiert wurde (vgl. : 66).[90] Diese virtuelle Spielfigur posierte nach ihrer Erschaffung ziemlich schnell auf den Titelseiten von Magazinen, Computer- und TV-Zeitschriften. Vermenschlicht wurde Lara Croft durch eine eindeutige geschlechtliche Zuweisung und durch eine ihr zugeteilte Biografie.[91]

Die Beurteilung des durch Lara Croft konstruierten Weiblichkeitsbildes fällt nicht eindeutig aus: Auf der einen Seite scheint die Schaffung einer weiblichen Computerheldin gerade für Mädchen und Frauen Zugänge zur PC-Spielkultur zu öffnen und funktioniert als Identifikationsfigur; auf der anderen Seite verkörpert die großbusige, mit langen Beinen und einer Wespentaille ausgestattete Lara Croft ein überzogenes, an männliche Phantasien anknüpfendes, Bild von Weiblichkeit.[92]

»Tatsächlich befriedigt die weibliche Heldin nicht nur die Phantasien ihrer männlichen Anhänger, sondern auch jene vieler weiblichen Spielerinnen. Mädchen genießen es, der toughen Abenteurerin zu folgen. Sie fühlen sich, so sagen sie selbst, als Frau repräsentiert – als eine Frau, die unabhängig ist, lebenshungrig, die sich den Männern überlegen fühlt, die emanzipiert ist« (Deuber-Mankowsky, 2001: 14f).

In Lara Croft begegnen wir also einem optisch stilisierten »Megaweib« mit durchgehend männlich konnotierten Eigenschaften. Sie ist das weibliche Pendant zu James Bond: Abenteurerin, mutige Kämpferin und ausgezeichnet mit einer großen Risikobereitschaft. »Lara Croft ist eine Frau mit männlichem Charakter« (ebd.: 63). Anknüpfend an Butlers Überlegungen zu einer subversiven Re-Signifikation von Bedeutungen, verbildlicht Croft eine Neukopplung von Sex und Gender. Negativ gewendet lässt sich festhalten, dass ihre stereotyp männlich einzuordnenden Persönlichkeitsmerkmale nur aufgrund der überzogen dargestellten äußeren weiblichen Hülle kompensiert werden kann, um so bei Männern als auch bei Frauen Akzep-

Abbildung 3: Lara Croft, URL http://home.pages.at/
lara-croft/Lara_Croft/Lara_Index.htm

tanz zu finden. Um in Frauenkörpern »reale«
Gestalt anzunehmen, tritt Lara Croft aus dem
imaginären Bildraum hinaus. Der Identifikati-
onsprozess der weiblichen Anhängerschaft endet
also keineswegs »vor dem Bildschirm«, sondern
findet Platz in sozial gelebten Wirklichkeiten.
Als ein Beispiel sei hier die 21-jährige Rhona
Mithra genannt, die ihren Körper ihrem Vorbild
Lara Croft entsprechend gestaltete und sich die Brüste operieren ließ. In
einem Interview sagt sie:

> »Ich verstehe Menschen, die beunruhigt sind, dass dieser perfekte Charakter zum Leben
> gebracht werden soll. Aber ich weiß, dass ich Lara Croft bin und dass es gut sein wird«
> (zit. n. Deuber-Mankowsky, 2001: 66).

Die drei Verfilmungen der Abenteuer Lara Crofts mit der Schauspielerin
Angelina Jolie als »reale« und doch nur medial inszenierte Verkörperung
der Spielfigur sowie diverse »echte« Abbildungen der virtuellen Figur, die
sich bei Fan-Treffen zusammenfinden, machen es schwierig, ein »Original« zu fassen. In der Tat scheint der eigentliche »Ursprung« Lara Crofts,
der in einer programmierten Spielfigur als Fantasieprodukt von Designern
und Designerinnen liegt, verschwunden zu sein.

> »Die mehrfache Ursprünglichkeit der virtuellen Gestalt wird verdeckt, indem ihr über
> die Inkarnation in den Körpern von vielen Frauen eine ›unerfüllbare Realität‹ verliehen
> wird. [...] Tatsächlich hatte die ›Verlebendigung‹ von Lara Croft eine Verkehrung des
> Verhältnisses von Original bzw. Vorbild und Abbild zur Folge« (ebd.: 69).

Es wird deutlich, dass virtuelle Figuren unsere Wahrnehmungen beeinflussen; und zwar in der Hinsicht, dass die Kausallogik von Gender und Sex
nicht mehr greifen muss, und zudem die Unterscheidbarkeit von Virtualität
und Realität, Original, Imagination und Abbild verschwimmt. Auch gibt es
einen ersten Hinweis darauf, dass nicht-existente Figuren Einfluss auf die
Erfahr- und Wahrnehmbarkeit von Körpern nehmen.

Betrachtet man virtuelle Rollenspieler/innen samt ihrer medial entwor-
fenen Körperdarstellungen, die an dieser Stelle lediglich exemplarischen
Charakter haben können, erhärtet sich die Annahme einer Beeinflussung
von Online- und Offline-Körpern. Der folgende Bericht einer Nutzerin

zeigt, dass ihre virtuelle Inszenierung überhaupt erst eine alltagsweltliche (Körper-)Erfahrung ermöglichte:

> »Erst bin ich im Netz so aufgetreten, wie ich mir gefalle, selbstbewusst und die Grenzen zwischen männlich und weiblich spielerisch überschreitend. So als Cyborg eben. Mit knallroten kurzen Haaren, ganz in Blau, mit einer Arbeitshose mit große Taschen, wo viel Werkzeug reinpasst. Und dann habe ich angefangen, meinen Körper der VR-Persönlichkeit anzupassen. Erst mit den roten Haaren, dann mit der Kleidung, dann habe ich begonnen, ernsthaft zu programmieren, ganz untypisch für eine Frau« (zit. n. Funken, 2000: 114).[93]

Wir halten also fest, dass virtuelle Erfahrungen auf Rückbindungen an reale Körperlichkeit verweisen und zum anderen die Vermutung bestätigt werden kann, dass virtuelle Erfahrungen soziale Wirklichkeiten beeinflussen.

Dass der leiblich gefühlte Körper sowie dessen Physis nicht unbeeinflusst von Erfahrungen am PC bleiben muss und sogar die körperlich-leibliche Gesundheit gefährdet sein kann, zeigt die Spielanleitung des Computerspiels »Dungeon Keeper«:[94]

> »Bei manchen Personen kann es zu epileptischen Anfällen oder Bewusstseinsstörungen kommen, wenn sie bestimmten Blitzlichtern oder Lichteffekten im täglichen Leben ausgesetzt werden. Diese Personen können bei der Benutzung von Computer- oder Videospielen einen Anfall erleiden. Es können auch Personen betroffen sein, deren Krankheitsgeschichte bislang keine Epilepsie aufweist und die nie zuvor epileptische Anfälle gehabt haben. [...] Sollten bei Ihnen oder Ihrem Kind während der Benutzung Symptome wie Schwindelgefühl, Sehstörungen, Augen- oder Muskelzucken, Bewusstseinsverlust, Desorientiertheit, jegliche Art von unfreiwilligen Bewegungen oder Krämpfen auftreten, so beenden Sie sofort das Spiel und konsultieren Sie Ihren Arzt [...]« (Spielanleitung zu Dungeon Keeper, 1997).

Angeführt sei auch das Beispiel einer virtuellen Vergewaltigung, die in der SpielerInnengemeinschaft des LambdaMOO eine große Diskussion auslöste. Der erzwungene digital-sexuelle Akt wurde mit Hilfe eines Programmiertricks bewerkstelligt. Durch eine Voodoo-Puppe[95] konnte der als »Mr. Bungle« eingeloggte Spieler die weibliche Figur »Starsinger« und die geschlechtsneutrale Persona »Legba« zur Onanie zwingen sowie zu sexuellen Dienstleistungen an seinem virtuellen Selbst.[96] Der Journalist Dibbell, der den Fall publizierte, macht anhand der unterschiedlichen Rechenschaftsforderungen der Opfer Legba und Starsinger die Ambivalenz der Gefühlsebenen deutlich, wie sie an den Grenzen zwischen Virtualität und Realität und Körper und Nicht-Körper zu beobachten sind:

> »Während die virtuelle Realität und ihre Konventionen uns einerseits glauben machen wollen, Legba und Starsinger seien in ihrem eigenen Wohnzimmer brutal vergewaltigt worden, begnügt sich Legba damit, Mr. Bungle für seinen Vorstoß gegen die ›gesitteten

Umgangsformen‹ zu rügen. Stellte sich andererseits, aus Sicht des wirklichen Lebens, der Zwischenfall lediglich als eine Episode in einer zwanglosen Version von Dungeons und Dragons dar – auf den Bereich des Symbolischen beschränkt und zu keinem Zeitpunkt das Leben, die Gesundheit oder das materielle Wohlergehen eines Spielers bedrohend –, forderte der gekränkte Spieler Legba auf herzergreifende Weise die Zerstücklung von Mr. Bungle. Grotesk übertrieben im Lichte von RL, jämmerlich untertrieben aus der Sicht von VL, ergab die Ambivalenz von Legbas Reaktion nur Sinn in der dreidimensionalen Kluft zwischen beiden« (Dibbell, 1993, Übersetzung Turkle, 1999: 410).[97]

Wie in der Alltagswirklichkeit, scheint die Kontrolle über den Körper und über sein Aussehen und seine Handlungen, auch in den MUDs den Grad der individuellen Freiheit zu bestimmen.

Der folgende Erlebnisbericht der Informatikerin Kleinen verweist ebenso darauf, dass virtuelle Erfahrungen vor der leiblich-affektiven Körperebene nicht halt machen. Während eines MUD-Besuchs erlebte sie, dass der Körper, auch wenn er in fleischlicher Form nicht unmittelbar beteiligt ist, von dem virtuell Erlebten beeinflusst wird. Kleinen (1997) fand sich während eines MUDings in einem Kampf mit einer Spinne wieder, die sie vergiftete:

»Körperliche Erfahrungen im MUD – die Vergiftung als extremes Beispiel – hatten durchaus Auswirkungen auf mein reales Körpergefühl. Wenn wir nach einem Tag im MUD das Gefühl haben, den ganzen Tag über sonnige Wiesen gewandert zu sein, uns nach einem Besuch im virtuellen Badehaus entspannt und erfrischt fühlen, wird deutlich, dass der Körper, das Körperempfinden im hohen Maße abhängig von der ›Psyche‹, vom psychisch Erlebten ist« (ebd.: 48).

Wenn »Wirklichkeitssicherung« und »Wirklichkeitsversicherung« in hohem Maße durch Interaktion geschehen und Körperpraktiken wesentlich zum Gelingen von Interaktion beitragen, kann dann vom Cyberspace als »Wirklichkeit« gesprochen werden? Kann der Körper, der im Offline als kommunikativer Zeichenträger per se gilt, die Aufgabe einer »Wirklichkeitssicherung« für den virtuellen Raum übernehmen?

2.3 Verkörperungen online

Im Cyberspace finden sich die verschiedensten Darstellungen, die körperliche Anwesenheit suggerieren. In Grafikchats[98] z.B. können Benutzer/innen ihren Text mit einem Bild oder Foto ergänzen, und grafikanimierte Diskussionsforen lassen das Einfügen von Fantasiebildern oder »echten« Fotos zu.

Körperpräsentationen finden sich außerdem in virtuellen Communities,[99] auf privaten oder kommerziellen Homepages und in Online-Games wie z.B. den MUDs. Der soziologische Begriff der »Verkörperung« bezieht sich tatsächlich auf »materielle« Körper und beschreibt z.b. innere Gestimmtheiten, äußere Aufmachung, Körpergefühl und Körperbilder. Der Begriff der Verkörperung lässt sich aber für den virtuellen Raum ebenfalls benutzen, da sich auch dort Befindlichkeiten und Aussehen (medial) verkörpern lassen.

Zwei Formen der Verkörperung sind zu unterscheiden: zum ersten die rein textuelle Verkörperung, die ein Gefühl bzw. eine Vorstellung des körperlichen Gegenübers anhand rein sprachlicher Vermittlungen erzeugt und zum zweiten grafische Repräsentationen, die zusätzlich zum Text ein konkretes Körperbild liefern. Die virtuellen Verkörperungen sind in der Regel nicht deckungsgleich mit der alltagsweltlichen Inszenierung.

2.3.1 Der Nickname

Während der gesetzlich registrierte Name uns in der sozialen Wirklichkeit eindeutig ein Geschlecht zuweist und nur mit einem mühsamen Weg durch juristische Instanzen gewechselt werden kann, lässt sich ein Namenswechsel im Internet durch wenige Tastengriffe verwirklichen. Bevor Internetnutzer/innen einen kommunikativen Online-Dienst beanspruchen, legen sie sich einen Nicknamen zu; kommunizieren sie via E-Mail, besitzen sie mindestens eine E-Mail-Adresse. Die Wahl des Namens bzw. der Adresse erfolgt meist unabhängig von der Offline-Wirklichkeit.

Nicknames sind aber keine Erfindung des Internet. Die Bezeichnung durch einen zusätzlichen Künstlernamen oder religiösen Namen, wie es beispielsweise in jüdischen Familien üblich ist, wird seit jeher praktiziert. In dem bundesdeutschen Personalausweis ist die Eintragung solcher Namen vorgesehen. Norma Jean kann auf diese Weise zu Marilyn Monroe werden und Bernhard Schults zu Tony Curtis. Es überrascht, dass das biologische Geschlecht im Personalausweis der BRD-Bürger/innen nicht aufgeführt ist. Dafür muss aber der Name die Geschlechtszugehörigkeit eindeutig ausweisen, was in dem Personenstandsgesetz und der Personenstandsverordnung institutionell geregelt ist.[100] Im Gegensatz zum herkömmlichen Spitznamen, der überwiegend ein Produkt des gesellschaftlichen Umfeldes darstellt, ist die Vergabe des Pseudonyms nicht fremdbestimmt, sondern geschieht als Teil der Selbstinszenierung.

In der CMC wird die von uns allen internalisierte soziale Wirklichkeit nicht obsolet, denn sie konstruierte bereits vor dem Eintreten in den virtuellen Raum eine automatische Verbindung zwischen Namen und Genderzuweisungen: Mit dem Nickname »Julia23« assoziieren wir eine junge Frau, während wir hinter »Roland55« einen 55-jährigen Mann vermuten. Oft entstehen in CMC unfreiwillige Verwechslungen, die nicht auf eine mutwillige Täuschung zurückgeführt werden können: Userinnen und User, die durch ihren Nickname keine eindeutige Genderzuweisung verraten, irritieren ihre Gesprächspartner/innen oftmals ungewollt mit zufälligen Bemerkungen über einen »husband« oder eine »wife«, so dass das Bild, das man von einem Gesprächspartner bzw. von einer Gesprächspartnerin vormals hatte, umkonstruiert werden muss (vgl. Nestvold, 1995: 298).[101] Dass Name und Genderzuweisung individuell verknüpft sein können, und aufgrund der persönlichen Biografie dem einen oder anderen Geschlecht zugeordnet werden, zeigt folgendes Beispiel:

»Ein Teilnehmer namens ›Brook‹ [...] wurde schon oft für eine Frau gehalten, ein Irrtum, den eine getäuschte Teilnehmerin so beschreibt: ›All the Brooks I‹ve ever known are female. So I can‹t help but picture a female on all of Brook‹s posts, even when knowing better« (zit. n. Nestvold, 1995: 298).

Vielen Untersuchungen liegt die Annahme zu Grunde, dass der Nickname als mithin wichtigster Identitätsstifter gilt. Er ist der erste Hinweis auf Gender und wird von den User/innen oftmals in Anlehnung an RL-Frauen- oder Männernamen gewählt (vgl. Bechar-Israeli, 1996: o.S.). Zusätzlich können sich Geschlechter durch den Gebrauch maskuliner oder femininer Pronomina konstruieren, weil in Chats oder MUDs auch in der dritten Person von sich gesprochen wird, wie die folgenden Satzsegmente zeigen:

»CaTiger twitches *his* tail in amusement« oder: »Flip waves to everyone as *he* tumbles into the channel« (zit. n. Rodino, 1997: o.S., Herv. V.L.).

In den sehr speziellen, »geschlechtersensiblen" englischsprachigen MUDs MediaMOO und LambdaMOO[102] ist eine Konstruktion jenseits des binären Systems einfach zu bewerkstelligen. Dort ist es nicht nur möglich als Neutrum zu agieren, sondern die Spielerinnen und Spieler können sich als Fantasiepersonen inszenieren, die mit erfundenen Personalpronomen ausgestattet sind. Der strukturelle Zwang der Sprache, die eine grammatikalische Zuweisung erfordert, wird damit ausgehebelt.

70

Tabelle 1: Geschlechter-Wahlen in den MUDs MediaMOO und LamdaMOO
(Döring, 2000: 200)

Gender	Pronomen (Beispiel)	Media MOO		LambdaMOO	
Male	He reads his book himself	495	49%	3651	52%
Female	She reads her book herself	197	19%	2069	29%
Neuter	It reads its book itself	280	28%	1162	16%
Spivak	E reads eir book eirself	10		74	
Either	S/he reads his/her book him/herself	9		15	
Plural	Their read their book themselves	7		26	
Royal	We read our book ourselves	6		30	
Splat	*e reads h*s book h*self	5		17	
Egoistical	I read my book myself	2		16	
2 nd	You read your book yourself	2		5	
Person	Per reads pers book perself	2		x	
		1015	96%	7065	97%

Wie festzustellen ist, stellen sich im MediaMoo fast 30% der Spieler als Neutrum dar, und sind damit präsenter als weibliche Rollen (19%). Die weiteren zur Verfügung stehenden Alternativen wie beispielsweise »Splat«, »2nd« oder »Person« finden nur bei wenigen SpielerInnen Anklang. Vermutlich erweist sich die Interaktion mit Mitspielern bzw. Mitpielerinnen anstrengender, wenn man ein »weder noch« ist.[103] Der Großteil der Spielenden (68% im MediaMOO und 81% im LambdaMOO) sind *entweder* männlich *oder* weiblich, was die Fixierung auf eine gewünschte Identifizierung, auch wenn sie nicht der »Echtheit« entsprechen muss, bestätigt. Scheinbar ist es akzeptabel, sich als das vermeintliche Gegengeschlecht im Netz zu inszenieren, aber inakzeptabel, ein völlig anderes Geschlecht zu erfinden. Trotz der auch im Cyberspace gewünschten binären Geschlechterordnung ist die Anzahl derer, die ihren tatsächlichen Namen im Chat verwenden, verschwindend gering: Bechar-Israeli (1996) fand in einer einjährigen, hauptsächlich teilnehmenden Feldstudie über Nicknames heraus: Von 260 Usern und Userinnen benutzen lediglich 18 Chatter/innen ihren realen Namen (vgl. ebd.: o.S.).[104] Fast die Hälfte der von Bechar-Israeli untersuchten Nicknames macht die eigentliche Funktion des Nicknames deutlich: er wird als Mittel zur ersten Selbstbeschreibung gebraucht.

Namen aus der Tier- oder Pflanzenwelt sind vermutlich deswegen beliebte Identitätsstifter (15,6%), weil mit vielen Bezeichnungen eindeutige Konnotationen einhergehen. Die Person, die sich »Rose« nennt, wird andere Imaginationen hervorrufen wollen als der »Tiger«; und das »Gänseblümchen« weckt bei ihren Gesprächspartner/innen vermutlich andere Assoziationen als der »Bär«.

> »Der Name löst bei anderen immer schon bestimmte Erwartungen hinsichtlich der Identität des Sprechers aus, auch wenn diese in der Regel kaum konkret benennbar sind« (Bahl, 1997: 86).

Ähnlich viele Nicknames wie aus Flora und Fauna, gebrauchen Chatter und Chatterinnen auch aus der Technik- und Computerwelt entlehnte Namen (16,9%), was durch die Techniknähe des Internet nicht weiter überrascht. Provozierende Nicknames wie beispielsweise »Hitler«, »Hamas« oder »Fuckjesus« tauchen ebenso selten auf wie sich auf Sexualität beziehende Pseudonyme; ihr Anteil liegt bei unter 4% der untersuchten Namen. Bruckman (1996) weist darauf hin, dass die promisken und sexuell aggressivsten Frauennamen für gewöhnlich von Männern vergeben werden. So ist ein »FaboulusHotBabe« oder eine »Sexbomb« im wirklichen Leben aller Wahrscheinlichkeit nach männlichen Geschlechts (vgl. ebd.: 341).

Obwohl ein »Identitätswechsel« und ein virtueller Geschlechtswechsel jederzeit möglich ist, bindet sich der Großteil der User/innen an einen einmal gewählten Namen, um bestehende Kontakte zu pflegen und um wiedererkannt zu werden.

> »Nicks became part of our personality and reputation in the computer community. They are used again and again. They are the means by which others recognize us and interact with us« (Bechar-Israeli, 1996: o.S.).

Wechselt eine Person den Namen, so wechselt sie gleichzeitig die virtuelle Identität, unter der andere sie kennen. Zudem ist festzuhalten, dass mediale Erscheinung und Verhalten der Userin bzw. des Users kongruent sein müssen, wie anhand der Goffmanschen Terminologie verdeutlicht werden kann:

> »Das heißt, der Nickname, der hier [...] die ›Erscheinung‹ [...] repräsentiert, nimmt keinen Bezug auf die Funktion der Körpermetapher (›Verhalten‹), die ja erst in Übereinstimmung mit der ›Erscheinung‹ eine glaubwürdige ›persönliche Fassade‹ für die Kommunikation darstellt« (Funken, 2000: 119).

Wir halten fest, dass Nicknames nicht unreflektiert gewählt werden können, soll die Interaktion mit anderen User/innen erfolgreich sein. Der Nickname darf keine zu großen Irritationen hervorrufen und sollte die geschlechtliche Klassifikation erlauben. Wenn ein Geschlecht jenseits des Zwei-Geschlechtermodells gewählt wurde, ist ein Bekennen zur »Ungeschlechtlichkeit« seitens der Userschaft gewünscht. Das über den Namen evozierte Körperbild darf nicht enttäuscht werden, d.h. die Textmitteilungen müssen in Bezug auf den Nickname Sinn ergeben. Für eine erfolgreiche CMC müssen also folgende Bedingungen erfüllt sein: Die Interagierenden definieren die Situation als »real« und vertrauen den Zeichen. Die Texteingaben sind ihrer Bedeutung nach komplementär zueinander und, soll eine Kommunikation dauerhaft fortgeführt werden, verhalten sich die Interagierenden kompetent zu ihren medialen Darstellungen.

Festzuhalten gilt überdies, dass das Trägheitsmoment der »Individualgeschichte« im Cyberspace nicht mehr auf alltagswirkliche Weise greifen kann. Das »biografische Gedächtnis«, durch das ich mir in der Wirklichkeit meiner Männlichkeit oder Weiblichkeit bewusst bin, wird zwar nicht obsolet, dennoch kann das »Gedächtnis der Mitwisser/innen« ausgeschaltet werden, sofern es gewünscht ist. Im Cyberspace macht sich jeder auf seine gewünschte Weise durch den Nickname »aktenkundig«.

2.3.2 Virtuelle Körpersprache: Emoticons und Akronyme

Ein wesentlicher Aspekt virtueller Verkörperungen ist die Glaubwürdigkeit der Darstellung. Die verfremdete Rahmung des Internet erfordert überzeugende verbindliche Ersatzsymbole, da herkömmliche Symbole, wie sie in Face-to-face-Situationen gegeben sind, versagen (vgl. Funken, 2000: 110). Wesentlich für die Gestaltung der Glaubwürdigkeit ist der Einsatz ästhetisch-formaler Stilelemente wie Emoticons und Akronyme. Mit Hilfe dieser Textmetaphern können emotionale Aspekte von Körperlichkeit dargestellt werden. Sie dienen auch zur Kommentierung von Textbeiträgen anderer User/innen sowie zur Verstärkung oder Abschwächung eigener Mitteilungen. Tippt eine Person in das Textfeld die Zeile »:‹-(:‹-(:‹-(:‹-(:‹-(:‹-(:‹-(«, so wird es vermutlich Nachfragen bezüglich ihrer schlechten Verfassung geben, und Aufmunterungsversuche würden sich häufen. Recht unwahrscheinlich ist aber, dass der User bzw. die Userin zu Hause vor dem

Tabelle 2: Emoticons in CMC

URL http://www.mtr.de/internet/smile.html (in Auszügen, letzter Zugriff 08.12.2003)

Emoticon	Bedeutung Englisch	Bedeutung deutsch
%-(|)	Laughing Out Loud	Lautes Lachen
‹:-)	Moving Left Eyebrow	Hochziehen der linken Augenbraue
:‹-(	Crying	Weinen
:-)8	Well Dressed	Gut angezogen sein
:-)=	Bearded User	Ein Nutzer mit Bart
:-‹	My Lips Are Sealed	Meine Lippen sind versiegelt
:-x	Smoker	Raucher
:-(:::)	BlaBlaBlaBlaBlaBlaBlaBla	BlaBlaBlaBlaBlaBlaBlaBla
:-)	Smiley Standard	Lächeln
:-O	Singing	Singen
{}	No Comment ..	Kein Kommentar
|^o	User Is Asleep And Snoring	User schläft und schnarcht
||*(	Handshake Offered	Angebot zum Händeschütteln
||*)	Handshake Accepted	Angebot zum Händeschütteln annehmen
@>--->---	A Rose	Eine Rose überreichen

Bildschirm sitzend,»wirkliche« Tränen weint. Tabelle 2 veranschaulicht einen Bruchteil der vorhandenen Symbole, die Gefühle ausdrücken.

Ein wesentlicher Unterschied zwischen Face-to-face-Situationen und virtuellen Begegnungen liegt darin, dass in letztgenannten Eindrucksmanipulationen wesentlich einfacher betrieben werden können und länger unentdeckt bleiben als in Alltagssituationen. Dennoch ist CMC durch das Fehlen eines körperlichen Gegenübers vor allem auf das emotionale Ausdrucksvermögen des Körpers zur Vermittlung von subjektiv Gemeintem angewiesen.»Kennen« sich die InteraktionspartnerInnen erst wenige Unterhaltungen lang, kann beispielsweise subtile Ironie fast ausschließlich mit Textzeichen verständlich gemacht werden.

In den letzten Jahren haben die Netzbewohner/innen ihre eigene Umgangssprache entwickelt und arbeiten häufig mit Abkürzungen, den Akronymen. In Akronymen wird ein Begriff oder Satz auf die Anfangsbuchstaben seiner wichtigsten Worte reduziert. Gerade in Chats oder Newsgroups, die ein schnelles Reagieren und einen versierten Umgang mit der Tastatur voraussetzen, ist der Gebrauch von Akronymen Usus. Ein IMO (»in my opinion«) ist wesentlich schneller getippt und verbessert auch die Lesbarkeit längerer Texte, sofern die Abkürzung auch wirklich geläufig ist.[105] Emoticons und Akronyme sind als Stützkonstruktionen zu verstehen, die das Fehlen des Körpers mitsamt seinen Ausdrucksmöglichkeiten und auch sinnlichen Wahrnehmungsmöglichkeiten erträglich machen und somit virtuell-körperliche Interaktionen ermöglichen. So versteht Müller (1996) virtuelle Körperdarstellungen als Garant von »Anwesenheit« im Cyberspace.

> »Zwischenmenschliche Beziehungen im Netz aufzubauen, heißt auf die Sprachen des Körpers zurückzugreifen, heißt Nähe, Zuneigung und Intimität einzuführen, heißt spontanes Verstehen zu ermöglichen« (ebd.: o.S.).

Betrachtet man Interaktionen in der Alltagswelt, lässt sich feststellen, dass der Körpersprache eine immense Bedeutung zugesprochen werden muss. Sie schafft Vertrauen und Glaubwürdigkeit, wenn Gesprochenes und Mimik miteinander übereinstimmen. Körpersprache kann auch Verständnisprobleme lösen, wenn z.b. die Landessprache der InteraktionspartnerInnen differiert.[106] Für die Online-Kommunikation bedeutet dies, dass die Userschaft den Symbolen vertrauen und von ihrer Wirkung bzw. dem Erfolg des Zeichens überzeugt sind:

> »Vertrauen in die Sache und in die medial vermittelte Glaubwürdigkeit der Interaktionspartner werden als Garant für eine anschlussfähige Kommunikation angesehen« (Funken, 2002: 264).

Wie Funken (2001) anhand der Auswertung eines Online-Smiley-Katalogs von 480 gängigen Emoticons nachweist, deuten nur sehr wenige Emoticons auf geschlechtliche Körper. Die meisten Emotionszeichen evozieren für sich keine Geschlechterbilder. Die Untersuchung eines Akronyme-Katalogs ergab keine einzige Metapher für den Geschlechtskörper (vgl. ebd.: 123f).

Neben Akronymen und Emoticons, die u.a. auch auf körperbezogene Handlungen hinweisen wie z.b. das Küsschen auf die Wange in Form von »POTC« oder das Zeichen »|^o« für den schlafenden, schnarchenden User, finden sich auch Körpermetaphern, die auf organische Reaktionen verweisen. Beispiel dafür ist der Text »*rotanlauf*« anstelle von »ich schäme mich«. Diese Körpermetaphern markieren einen »Restwiderstand« und rufen ein »materielles Substrat« (Funken, 2002: 267) auf, was sich auf einen Leibesentwurf bezieht, den Butler entschieden zurückgewiesen hat.

Syntaktische Texte sowie Nicknames verweisen auf ein »Körper-Haben«: Der User bzw. die Userin signalisiert durch die Texteingabe »hier sitzt jemand, der mit Hilfe der Hände einen Text eingibt und XY genannt wird«. Akronyme und Emoticons sind darüber hinaus Textzeichen, die auf ein »Leib sein« deuten.

Im Gegensatz zu »echten« Leibern, ist der virtuell präsentierte Leib aber konstruierbar und zu beeinflussen, was ihn wiederum auf die Ebene des reinen »Körper-Habens« verschiebt. Das heißt nicht, dass unser Leib von virtuellen Erfahrungen »verschont« bliebe, wie bereits gezeigt wurde. Wenn eine »Leiblichkeit«, deren »Existenz« allein schon diskussionswürdig ist, im virtuellen Raum dargestellt wird, so verbleibt sie auf der Ebene des »Körper-Habens«, während sich Erfahrungen im virtuellen Raum auf das leibliche Empfinden in der Alltagswirklichkeit auswirken können.

2.3.3   Körper(re)präsentation durch Avatare

Avatare bezeichnen grafische Verkörperungen im virtuellen Raum. Der Begriff »Avatar« lässt sich etymologisch auf die hinduistische Philosophie zurückführen, in welcher er die Herabkunft göttlicher Wesen bzw. die Verkörperung des göttlichen Willens im irdischen Leben bezeichnet. Mit der Entstehung von Chats und MUDs wurde der Avatar-Begriff auf die grafische Darstellung der Nutzer/innen übertragen. Mit Hilfe von Avataren können Spieler/innen und Chatter/innen ihrem virtuellen Charakter ein Gesicht, einen Körper, eine Haut- und Haarfarbe zuweisen, sich in eigens ausgewählten Kleidungsstücken präsentieren und sich mit passenden Accessoires ausstatten. Es ist nachvollziehbar, dass Avatare deswegen als »posthumane Verkörperungen« gehandelt werden. Die Bedeutungsdimension des Avatar-Begriffs ist jetzt vielschichtiger geworden, weil dieser sowohl kulturelle Ikonen wie Lara Croft, Figuren wie die Sims[107] oder Hilfeagenten wie den Microsoft Assistenten »Karl Klammer« als auch Software-Agenten bezeichnet.

Das Aussehen gibt in der Alltagswirklichkeit sofort Aufschluss über die Geschlechterklasse, was auch bei den meisten virtuell-grafischen Verkörperungen der Fall ist. Zudem wird hier die Vermutung gehegt, dass Avatardarstellungen in Form von Tieren, Monstern oder Comics ebenfalls, mit Rückgriff auf Stereotype, seitens der Betrachter und Betrachterinnen bipolar kategorisiert werden.

Ist nun eine Euphorie gerechtfertigt, die vor dem Hintergrund virtueller Verkörperungen von einer Auflösung des Körpers und einer subversiven Unterwanderung des zweigeschlechtlich, heterosexuell orientierten Systems spricht? Inwieweit liegt der Konstruktion der Avatare das Bild eines einheitlichen »Subjekts« zu Grunde? Ähnlich fragt auch Bath (2001) nach dem Zusammenspiel bzw. Auseinanderfallen von virtueller Repräsentation und leiblichem Körper:

> »Gilt es als ein Ziel, eine Übereinstimmung der virtuellen Repräsentation mit der vermeintlich materiellen Grundlage (wieder)herzustellen? Oder wird die Chance genutzt, mit den Möglichkeiten des Auseinanderfallens von Körper und digitaler Repräsentation zu spielen, und damit die Herausforderung posthumanen Lebens im Zeitalter der Technoscience angenommen?« (ebd.: o.S.)

Die Netz-Recherche[108] verfügbarer Avatardarstellungen macht schnell deutlich: auch Avatare wollen geschlechtlich differenziert sein. User/innen finden z.b. auf der Homepage »avatarpage.de« eine Fülle bildlicher Repräsentationsmöglichkeiten. Unter den zur Verfügung stehenden Links »Fantasy«, »ScienceFiction«, »Movies«, »Comics« und »Music« ist die Besucherin bzw. der Besucher gezwungen, zwischen männlichen und weiblichen Avataren auszuwählen. Ergänzt sind die Kategorien »female« und »male« durch die Möglichkeit, sich von »creatures« repräsentieren zu lassen, die wiederum auch vergeschlechtlichten Assoziationen unterliegen.

Anhand einer Bildanalyse[109] der Avatare der Kategorie »Fantasy«, die sich auf der »avatarpage.de« finden lassen, wird deutlich, dass Stereotype bedient werden: Über die Hälfte der als männlich kategorisierten Fantasy-Avatare haben eine Gesichtsbehaarung in Form von Bärten oder Koteletten und Dreiviertel der Avatare weisen eine ernste oder kämpferische Mimik auf. Zudem sind knapp ein Drittel der männlichen Avatare mit Waffen oder Werkzeugen ausgerüstet. Freundlich dreinblickende, männliche Fantasy-Avatare gibt es kaum (4,3%). Auffallend ist, dass 68% der Darstellungen mit einer Kopfbedeckung, wie z.B. Dreieckstüchern, Hüten, Stirnbändern o.ä. abgebildet sind. Vermuten lässt sich, dass dies ein Kennzeichen von Fantasyfiguren ist, und hier weniger Symbole für Männlichkeiten bedient werden.

Auch die weiblichen Avatare sind stereotyp konstruiert. Über 80% der weiblichen Avatare sind mit langen Haaren abgebildet. Die Haare haben dabei eindeutige Signalfarben wie hellblond, knallrot oder pechschwarz. Fast die Hälfte der Avatare verweist auf Weiblichkeit durch Sichtbarmachung bzw. Andeutung des Busens oder Dekolletees. Zudem sind über die Hälfte der Avatarfrauen geschminkt, auf vermeintlich weibliche Attribute wie dunkel umrandete Augen und/oder rote Lippen wurde nicht verzichtet. Die Mimik der weiblichen Abbildungen unterscheidet sich wesentlich von den männlichen Avatardarstellungen: Überwiegend blicken wir auf lächelnde, freundliche (36,7%) oder lasziv (26,5%) blickende Avatarfrauen. Dennoch finden sich auch kämpferisch inszenierte weibliche Avatare in relativ hoher Anzahl: 18 der 49 analysierten Bilder zeigen kämpferisch blickende Frauen. Es muss jedoch betont werden, dass diese »unweiblichen« Darstellungen durch andere Stereotypisierungen überlagert werden: In den 18 Darstellungen, die Frauen mit ernster oder kämpferischer Mimik zeigen, sieht der Betrachter bzw. die Betrachterin zugleich bei sechs der Darstellungen, Dekolletee oder Brustansatz und Zweidrittel der kämpferisch dargestellten Avatarfrauen haben lange Haare (12 von 18). Festgehalten werden kann, dass die »unweibliche« Mimik hier nur vordergründig den Gender-Erwartungen zuwiderläuft, da die Bedienung anderer Stereotype dann offensichtlich erst recht erfolgen muss.

Eisenrieder (2003), die die MUD-ähnliche virtuelle Spielwelt von »WorldsAway« untersuchte, konnte ebenfalls für die dort zur Verfügung stehenden Spielavatare feststellen, dass diese sich durch geschlechtlich signifikante Körpersymbole wie z.B. Busen, Muskeln oder Gesichtsbehaarung auszeichnen, und sich die User und Userinnen alltagsweltlich gängigen Idealen unterwerfen:

> »Auch in der virtuellen Welt unterwirft man sich scheinbar den gängigen realweltlichen Schönheitsidealen und vermeidet es mit einem ›stocky‹ Körper umherzulaufen, zumal man auch hier als dicker Avatar völlig anders behandelt wird als mit einem dünnen Körper« (ebd.: 197).

Andererseits muss der biologische Körper nicht mehr Garant des sozialen Geschlechts sein. Wie Eisenrieder (2003) in WorldsAway beobachten konnte, gibt es auch Figuren, die in RL nachweislich männlich sind, in VR aber als weibliche Figur akzeptiert werden:

> »Margherita, ein schlanker Avatar mit langen schwarzen Haaren gilt bei den Einwohnern von WorldsAway als Frau und wird auch als solche behandelt, obwohl sie von einem männlichen User benutzt wird [...]« (ebd.: 200).

Ähnlich wie bei Nicknames zu beobachten ist, scheint sich die Konstruktion von Avataren an Stereotypen zu orientieren. Es finden sich überzeichnete Darstellungen, die sich kaum an alltagsweltlichen Geschlechterinszenierungen messen lassen. Das klassische Polaritätsprofil bleibt erhalten. Dennoch können Avatare, die die User/innen ja repräsentieren sollen, auf Geschlechterinhalte einwirken. Mit Hilfe eines Avatars lässt sich ein Bild verkörpern, das in keiner Weise mit der »materiellen« Körperlichkeit korrespondieren muss. Frauen können sich mit Brusthaaren, Muskeln und Lanzen ausstatten und ihr virtuelles Gegenüber mit einem ernsten, kämpferischen

Blick begrüßen. Männer können sich mit Brüsten, Kleidern und langen roten Haaren präsentieren und lasziv blickend Kontakte knüpfen. Die Erfahrungen, die User und Userinnen durch ihre medialen Verkörperungen im virtuellen Raum sammeln, nehmen so Einfluss auf die sozial gelebte Wirklichkeit.

Zusammenfassung

Die Paradoxie von Körperaufwertung und dem gleichzeitigen Verschwinden des Körpers ist als konstitutiver Bestandteil der Postmoderne zu verstehen. Die Repräsentation des Körpers in dem neuen Medium Internet sowie, anschaulich gemacht am Beispiel der Cyborg-Metapher, seine Verschmelzung mit neuen Technologien hin zum Maschinenmenschen, machen den Körper gegenwärtig verstärkt zum Gegenstand wissenschaftlichen Interesses. In der Verhandlung der Frage nach körperlichen Materialitäten nimmt der Cyberspace eine exponierte Stellung ein. Dort lassen sich virtuelle Körper jenseits einer bipolaren Geschlechterordnung, ohne Rücksicht auf »Natürlichkeiten« und mit der Möglichkeit ständiger Veränderlichkeit und Neu-Inszenierung, gestalten. Trotzdem bilden Normen, Werte und Handlungsmuster der sozialen Wirklichkeit die Grundlage für erfolgreiche Interaktion auch in den verschiedenen digitalen Kommunikationsräumen. Die Zuordnung einzelner, virtuell agierender Personen zu einer dichotom gesetzten Geschlechtlichkeit, bildet einen grundlegenden Referenzrahmen für die Anwesenheit, Verständigung und Akzeptanz im körperlos erscheinenden Netz.

In der Alltagswelt gewinnen Wirklichkeitskonstruktionen ihre Qualität in erheblichem Maße durch die Absicherung in Körperpraxen und körperlichen Routinen. Auch in Chaträumen, Multi-User-Dimensions und Mailinglisten kommt der medialen Darstellung des Körpers eine immense Bedeutung zu. Glaubwürdig sind User/innen in ihrer Körperinszenierung nur dann, wenn sie die Situation als »real« definieren, den Zeichen vertrauen, die Texteingaben ihrer Bedeutung nach komplementär sind und sich die Interagierenden kompetent zu ihrer Verkörperung verhalten. Von stereotypen Vorstellungen abweichende Körperbilder haben nur bedingt Chancen im Netz akzeptiert zu werden.

Durch die auf einzigartige Weise im Medium Internet gewährleistete Anonymität, können Nutzerinnen und Nutzer aber mit der Kategorie Gender relativ unverfänglich »spielen«. Das virtuelle Genderswapping ermöglicht, Erfahrungen jenseits der gelebten sozialen Geschlechterrolle zu machen. Im Gegensatz zum Nickname, der als wichtigster Geschlechtsstifter gilt, verweisen Emoticons und Akronyme mit wenigen Ausnahmen eben nicht auf vergeschlechtlichte Körperbilder, sondern konstruieren Handlungen und Empfindungen ohne expliziten Genderbezug.

Virtuelle Erfahrungen wirken zurück auf gelebte Körper: Sie beeinflussen die Körperoberflächengestaltung und berühren die leiblich-affektive Körperebene. Die Vermutung, dass virtuelle Erfahrungen soziale Wirklichkeiten beeinflussen, wurde bestätigt. In dem Moment, in dem »Daten« in der subjektiv-leiblichen Körperdimension Platz finden, in dem Moment sind sie auch sinnlich erfahrbar und lassen die Grenzen von Virtualität und Realität fragwürdig erscheinen. Auch wenn Erfahrungen im Cyberspace Auswirkungen auf leibliches Befinden haben, so bleibt der Leib immer in der Realität verhaftet. Wir können in der virtuellen Realität zwar »Körper haben«, »Körper sein« hingegen nicht. Deswegen kommt dem Leib mitsamt seinen Sinnen die Aufgabe einer Versicherung von »Wirklichkeit« zu. Der leibliche Körper ist damit als Schnittstelle zwischen Realität und Virtualität zu verstehen.

3 Das Netz als (sozialer) Raum

3.1 Vorstellungen von Raum

Nur wenige Sozialwissenschaftler/innen haben dem Raum als Grundvoraussetzung sozialer Vorgänge größere Bedeutung beigemessen und wie festgestellt werden kann, ist bis in die jüngste Zeit unklar geblieben, wie der Zusammenhang zwischen räumlicher und sozialer Ordnung einer Gesellschaft zu verstehen ist. Die Ausblendung der Raumdimension aus der soziologischen Theoriebildung führt Läpple (1991a) darauf zurück, dass sich Theorien auf das »Sozialitätskriterium« interpersonaler Beziehungen beschränken und »Artefakte der Kategorie Geräte zusammen mit naturgegebenen Umweltbedingungen in den Topf der non-social-objects geworfen werden« (ebd.: 165). Suggeriert wird, der Raum sei eine Gegebenheit der Natur, wobei er vielmehr als gesellschaftliches Produkt verstanden werden müsste.[110]

> »Als Resultat der materiellen Aneignung der Natur ist ein gesellschaftlicher Raum zunächst ein gesellschaftlich produzierter Raum. Seinen gesellschaftlichen Charakter entfaltet er allerdings erst im Kontext der gesellschaftlichen Praxis der Menschen, die in ihm leben, ihn nutzen und ihn reproduzieren« (Läpple, 1991b: 43).

In den wenigen soziologischen Auseinandersetzungen, die vorliegen, wird der Raum vornehmlich synonym mit den Begriffen »Territorium« oder »Ort« gebraucht und von »Sozialräumen« abgegrenzt.[111] Diese Abgrenzung zwischen Raum und sozialen Handlungszusammenhängen findet sich z.B. auch bei Berger und Luckmann (2000):

> »Die Alltagswelt ist räumlich und zeitlich strukturiert. Ihre räumliche Struktur ist für unsere Überlegungen ziemlich nebensächlich. Es genügt vollauf zu sagen, dass auch sie eine gesellschaftliche Dimension hat kraft der Tatsache, dass die Zone meiner Handhabung sich mit Zonen der Handhabung anderer überschneidet« (ebd.: 29).

Wenn Räume in der Theorie als Territorien oder statische Orte verdinglicht werden, so würde die Konstitution des Cyberspace als Raum, wie auch die der »in« ihm zu findenden, weiteren Räume, systematisch ausgeschlossen. Es ist zu vermuten, dass sich mit der Entstehung und Nutzung weltweiter computergestützter Kommunikationsnetzwerke und der damit verbundenen Veränderung unseres räumlichen Wahrnehmungsverhaltens, die Semantik des Raumes verändern wird (vgl. Paetau, 1997: 104). Folglich ist eine Theoriebildung notwendig, die den Raum nicht als »abgeschlossen« fasst, sondern seine Prozesshaftigkeit wie auch seine Konstitution durch Kommunikation anerkennt.

3.1.1   Klassische Raumvorstellungen

Gingen soziologische Klassiker von einer Lokalitätsgebundenheit des Sozialen aus, muss sich die Soziologie im Zeitalter der neuen Kommunikationstechnologien auf eine neue Theoriedebatte einstellen. Unsere alltäglichen Raumvorstellungen entsprechen der Newtonschen Mechanik, der zufolge der physikalische Raum euklidisch ist und jenseits von Sozialem positioniert werden kann. Wir begreifen also den Raum als Behälter oder Container.[112] Diese Art der Anschauung wird als »absolutistisch« bezeichnet und ist wie folgt definiert:

> »Als absolutistisch wird ein Raumbegriff entweder bezeichnet, wenn dem Raum eine eigene Realität jenseits des Handelns, der Körper oder der Menschen zugeschrieben wird oder wenn der dreidimensionale euklidische Raum als unumgängliche Voraussetzung jeder Raumkonstitution angenommen wird. Insbesondere im Falle einer systematischen Unterscheidung zwischen Raum und Materie, welche sich in der Soziologie als Trennung von Raum und sozialen Prozessen wiederfindet, wird der absolutistische Raumbegriff in der Forschung auch Behälterraumbegriff genannt« (Löw, 2001a: 63).[113]

Auch Simmel[114] (1983) sieht den Raum als eine selbstverständliche Gegebenheit, als eine »conditio sine qua non« an (ebd.: 460) und stellt in seinen Überlegungen zum »Raum und der räumlichen Ordnung der Gesellschaft« die Frage nach »der Bedeutung, die die Raumbedingungen einer Vergesellschaftung für ihre sonstige Bestimmtheit und Entwicklungen in soziologischer Hinsicht besitzt« (ebd.: 462). Damit betrachtet Simmel die Ebene der Vergesellschaftung innerhalb von Räumen wie auch die Bedingtheit von Räumen aufgrund von Vergesellschaftungen. Folglich wird dem Raum an sich wenig Bedeutung beigemessen und für sich genommen als eine »wirkungslose Form« (ebd.: 460) gefasst, die als Behälter für gesellschaftliche und seelische Inhalte dient. »Nicht der Raum, sondern die von der Seele her erfolgende Gliederung und Zusammenfassung seiner Teile hat gesellschaftliche Bedeutung« (ebd.: 461).

So ist der Raum für Simmel ein von »sozialen Wechselbeziehungen erfüllter Raum«, der sich nicht durch ontische Eigenschaften, sondern vielmehr durch die »menschliche Art, an sich unverbundene Sinnesaffektionen zu einheitlichen Anschauungen zu verbinden«, auszeichnet (ebd.: 461).[115] Demnach entsteht Raum durch die Vorstellungskraft sozial Handelnder.

»[...] Der Raum hat alle Realität, von der innerhalb unserer Erkenntnis überhaupt die Rede sein kann, eben dadurch, dass er die Form und Bedingung unserer empirischen Vorstellung ist. Die räumlichen Dinge sind dadurch und insoweit real, als sie unsere Erfahrung bilden« (Simmel zit. n. Löw, 2001: 59).[116]

Simmel (1983) legt ein dualistisches Verständnis von Raum zu Grunde, wenn er zwischen der Gestaltung eines Raumes und dem materiellen Raum selbst trennt. Raumgrenzen werden von ihm gefasst wie der Rahmen um ein Kunstwerk; sie schließen die umgebende Welt ab und Zusammengehörendes ein. So ist eine Gesellschaft gerade dadurch charakterisiert, dass ihr Existenzraum von scharf bewussten Grenzen eingefasst ist und die »funktionelle Beziehung jedes Elements zu jedem gewinnt ihren räumlichen Ausdruck in der einrahmenden Grenze« (ebd.: 465). Dabei sind es immer die Menschen selbst, die die physischen Grenzen setzen, denn

»der Natur gegenüber ist jede Grenzsetzung Willkür, selbst im Falle einer insularen Lage, da doch prinzipiell auch das Meer ›in Besitz‹ genommen werden kann« (ebd.: 465).

Die Trennung zwischen einem »sozialen Raum« und einem »angeeigneten physischen Raum« oder »reifizierten sozialen Raum« findet sich bei Bourdieu (1991). In seinem Essay »Physischer, sozialer und angeeigneter physischer Raum« wird bereits eingangs deutlich, dass der »Ort« absolut gefasst wird:

»Wie der physische Raum durch die wechselseitige Äußerlichkeit der Teile bestimmt ist, so der soziale Raum durch die wechselseitige Ausschließung (oder Distinktion) der ihn konstituierenden Positionen, das heißt als eine Struktur des Nebeneinanders von sozialen Positionen« (ebd.: 26).

Wer eine Diskussion des (materiellen) Raumes bei dem Relationalisten Bourdieu zu finden glaubt, muss enttäuscht werden. So gibt es zwar eine Abgrenzung von materiellem und sozialem Raum, doch eingehende Betrachtung findet bei Bourdieu lediglich der Sozialraum. Dies rechtfertigt er mit der Annahme, der soziale Raum würde sich tendenziell auch im physischen Raum in Form einer bestimmten distributionellen Anordnung von Akteuren und Eigenschaften niederschlagen. Daraus zieht Bourdieu (1991) den Schluss,

»[...] dass alle Unterscheidungen in bezug auf den physischen Raum sich wiederfinden im reifizierten sozialen Raum (oder, was auf dasselbe hinaus läuft, im angeeigneten physischen Raum)« (ebd.: 26).

Es wird deutlich, dass Bourdieu einen relativistischen wie auch einen absolutistischen Raumbegriff verwendet: Der soziale Raum ist über die Beziehung bestimmt. Doch der physische Raum wird nicht zum Raum durch die Anordnungen, sondern dient als Container für die Realisierung der relationalen Anordnungen und spiegelt damit ein traditionelles Raumverständnis. Ähnlich interpretiert Paetau (1997) Bourdieus Raumbegriff:

»Der Raum selbst bleibt aber auch bei Bourdieu an ein absolutes Inertialsystem, an ein äußeres Referenzsystem gebunden, in dem der Beobachter die Koordinaten festlegt« (ebd.: 116).

So widmet sich Bourdieu in erster Linie dem sozialen Raum, den er als mehrdimensionales Koordinatensystem versteht, das die soziale Position der Akteure und Akteurinnen wiedergibt. Die Position in einem Raum ist bestimmt durch die zur Verfügung stehenden Kapitale[117] und durch die damit einhergehenden mehr oder minder hohen Machtpositionen.

Luhmann schließlich, der sich nicht explizit mit einer Theorie des Raumes beschäftigt hat, betrachtet den sozialen Raum als ein »Netzwerk von Kommunikation«. Wie Paetau analysiert, kommt Luhmanns Definition des Sozialen ohne Orte aus, da nur Kommunikation für das Soziale konstitutiv ist: »Kommunikation findet nicht in sozialen Räumen statt, sondern schafft diese« (Paetau, 1997: 117).[118]

Assoziiert man mit »Raum« ein starres, objektiv vorhandenes Gebilde, so ist nachvollziehbar, dass die Soziologie als Wissenschaft des sozialen Zusammenlebens bisher wenig an ihm interessiert war. Wenn auch nicht verbreitet, so ist in der Soziologie inzwischen ein Perspektivenwechsel dahingehend festzustellen, dass sowohl das Soziale für materielle Räume als konstitutiv gilt als auch materielle Räume für das Soziale. Die nachstehenden Ausführungen vollziehen diesen Wechsel. Zu klären ist, ob der virtuelle Raum eine »Materialität« aufweist, die von einer Gemeinschaftsseite zu trennen wäre. Ferner ist die These Bourdieus, der soziale Raum realisiere sich vollständig *innerhalb* des materiellen Raumes, zu prüfen: Kann es folglich im Cyberspace keine Sozialräume geben, weil eine »materielle Rahmung« fehlt?

3.1.2 Relationalität von Räumen

Noch im Jahr 1997 verweist Löw (1997a) darauf, dass relativistische Raumvorstellungen, die den Raum nicht als Rahmen von Handlung festschreiben, als Wissen von Spezialisten und Spezialistinnen zu gelten habe (vgl. ebd.: 21). Mit ihrer vielschichtigen Monografie »Raumsoziologie« (2001a) hat Löw eine Bindestrich-Soziologie »salonfähig« gemacht und es ist zu erwarten, dass, gerade vor dem Hintergrund virtueller Vergemeinschaftung, relationale Raumvorstellungen bald soziologischer Mainstream sind.

Die neue Technologie des Internet stellt bisherige Vorstellungen über eine Kontinuität und Abgeschlossenheit des Raumes radikal in Frage. Imaginär verknüpfte Räume machen neue Auseinandersetzungen notwendig. Wie Helmers et al. (1995) feststellen, liegt das neue Element der derzeitigen elektronischen Vernetzung in einer wachsenden Anzahl von Nutzer/innen, der Ausdehnung der räumlichen Reichweite und damit in einer neuen Art des »Angeschlossenseins«. Offene und interaktive Netze bilden aus Sicht der Nutzerinnen und Nutzer selbst einen Raum (vgl. ebd.: o.S.). Nach absolutistischen Annahmen kann der Cyberspace nicht als konkreter Ort verdinglicht werden, weil die Vielzahl sich gleichzeitig überlappender Räume nicht erfasst werden kann, weswegen Löw (2001a) fordert, dass Raum als bewegbar zu denken sein muss. Löw distanziert sich deshalb, ähnlich wie Läpple, von einem absolutistisch gefassten Raumbegriff. Damit Konstitutionsprozesse und Veränderungen eines Raumes analysiert werden können, muss der Raum aus der Anordnung der Individuen und den sozialen Gütern heraus gebildet werden.

Den absolutistischen Raumbegriff gilt es also in der Hinsicht zu bemängeln, als dass eine Konzeptionalisierung von Raum als Ort oder Territorium eine Verknüpfung verschiedener Konstitutionsbegriffe nicht leisten kann. Es müsse vielmehr darum gehen, den Prozess der Konstitution zu erfassen und nicht lediglich das Ergebnis diese Prozesses. Konzentriert man sich auf Raum als »Ergebnis« blieben einzelne Aspekte komplexer sozialer Prozesse, in deren Folge Räume entstehen oder reproduziert werden, unerkannt (vgl. Löw, 2001a: 13, 103). Zwar kann ein gesellschaftlicher Raum ebenfalls als ein Behälter-Raum betrachtet werden, doch das Behälter-Konzept impliziert

»[...] eine Entkopplung des ›Raums‹ von dem Funktions- und Entwicklungszusammenhang seines gesellschaftlichen ›Inhalts‹ und führt damit zu einer Externalisierung des

›Raumproblems‹ aus dem gesellschaftswissenschaftlichen Erklärungszusammenhang« (Läpple, 1991b: 41).

Wie Läpple (1991b) in seiner Konzeptionalisierung von gesellschaftlichen Räumen zeigt, bedarf es eines erweiterten Raumkonzeptes, um gesellschaftliche Räume aus ihrem qualitativen, d.h. ihrem gesellschaftlichen Funktions- und Entwicklungszusammenhang heraus erklären zu können. Ein derartiges Konzept müsse gesellschaftliche Kräfte einbeziehen, die das materiell-physische Substrat des Raumes und damit auch die zu Grunde liegenden Strukturen formen und gestalten (vgl. ebd.: 42). Läpple (1991b) bezeichnet diesen, auf einem relationalen Ordnungsbegriff aufbauenden Raum als sich selbst strukturierenden »Matrix-Raum«,[119] den er gekennzeichnet wissen will als eine »formschaffende und gestaltgebende, sich stets im Prozess befindende ›Wirkungsgröße‹, während die Raumstruktur eine [...] ›Manifestationsform‹ beziehungsweise ›Wirkung‹ der ersten ist« (ebd.: 42). Dieser Matrix-Raum, der sich selbst strukturiert und damit im Unterschied zum »relationalen Ordnungsraum« aktiven Charakter hat, ist gekennzeichnet durch:

– Die materielle Erscheinungsform des Raumes, die durch Gesellschaften selbst produziert wird und aus »[...] menschlichen, vielfach standortgebundenen Artefakten, den materiellen Nutzungsstrukturen der gesellschaftlich angeeigneten und kulturell überformten Natur sowie den Menschen in ihrer körperlichen-räumlichen Leiblichkeit« besteht (ebd.: 42).

– Die gesellschaftlichen Interaktions- und Handlungsstrukturen der mit dem Raumsubstrat befassten Menschen, die es unter dem Aspekt der klassenmäßigen Differenzierung zu betrachten gilt (vgl. ebd.: 42).

– Ein institutionalisiertes und normatives Regulationssystem, das als Vermittlungsglied zwischen den beiden ersten Komponenten fungiert:

– »Das Regulationssystem, das aus Eigentumsformen, Macht- und Kontrollbeziehungen, rechtlichen Regelungen, Planungsrichtlinien und Planungsfestlegungen, sozialen und ästhetischen Normen besteht, codifiziert und regelt im wesentlichen den Umgang mit den raumstrukturierenden Artefakten« (ebd.: 42f).

– Das mit dem materiellen Substrat verbundene räumliche Zeichen-, Symbol- und Repräsentationssystem« (ebd., 1991b: 196f).

Löw erweitert die Definition von Läpple dahingehend, als dass sie zwei Prozesse der Raumbildung unterscheidet: erstens das »Spacing«, also die Konstitution des Raumes durch die Platzierung sozialer Güter und Menschen bzw. das Positionieren symbolischer Markierungen, das wie folgt definiert ist:

»Mit Spacing sind Markierungen gemeint, die Ensembles von Menschen und Gütern als solche kenntlich machen (z.b. Ortsschilder oder Toilettenschilder). Darüber hinaus bezeichnet Spacing das Positionieren von Menschen gegenüber anderen Menschen, aber auch die Bewegung zur nächsten Platzierung. Spacing-Prozesse sind also immer auch Aushandlungsprozesse« (Löw, 2001a: 159).

Ein zweiter Prozess der Raumbildung ist die Syntheseleistung, d.h. die Zusammenfassung von Gütern und Menschen über Wahrnehmungs-, Vorstellungs- oder Erinnerungsprozesse (vgl. Löw, 2001a: 159). Dabei stehen Spacing und Synthese in einem Abhängigkeitsverhältnis zu den Bedingungen in einer Handlungssituation.

Um die Vielschichtigkeit, d.h. die horizontale und historische Perspektive sowie die Parallelität des Unterschiedlichen, d.h. die vertikale und präsentische Perspektive in sozialgeografischen Räumen wiederzufinden, bedient sich Geiger (1997) einer systemtheoretischen Herangehensweise. Ihre Ausführungen verweisen auf die Unzulänglichkeiten einer Modellbildung im Rahmen einer Theorie, da

»das zentrale Problem für ein Modell des Raums im Rahmen einer Theorie des Raums [...] in der Inadäquatheit der Diskursivität von Sprache für die Wiedergabe räumlichen Geschehens (liegt, V.L.). Beim Denken, Sprechen und Schreiben über Raum kann es deshalb nicht um ein Modell im Sinne einer Nachbildung gehen, sondern über eine erkenntnisleitende Vorstellung« (ebd.: 72).

Die Vorstellung eines Raumes als System, so wie Geiger es nahe legt, ist in der Hinsicht unzureichend, als dass die von Löw geforderte Syntheseleistungen und Spacingprozesse unberücksichtigt bleiben. Nähert man sich dem Raum systemtheoretisch, so wäre zudem die Mikro-Ebene unzugänglich. Der körpernahe Mikro-Raum, in dem der Mensch mit seiner räumlichen Leiblichkeit steht und seine elementarsten Raumerfahrungen macht, würde außen vor bleiben. Die Ideen Geigers werden hier dennoch aufgegriffen, weil sie aufschlussreich darauf verweisen, dass wir in der Kommunikation in und über Räume auf Sprache angewiesen sind, die »Wissen« strukturiert, und es sich bei der Beschreibung und Analyse von Räumen deswegen nur um eine erkenntnisleitende Vorstellung handelt, die Räume weder abbilden noch nachbilden kann. So müsste folglich auch eine Analyse des virtuellen Raumes an der sprachlichen Abbildung »scheitern«, weil sie suggeriert, der virtuelle Raum sei begehbar und in irgendeiner Form begrenzt: Internetnutzer/innen sitzen *zu Hause am* PC, *befinden* sich zugleich *im* Cyberspace, *auf* der Datenautobahn oder *in* der »Wüste Internet«, *gehen auf* eine Homepage, kommunizieren *in* Chat*rooms, versenden* E-mails, die sich *im* Post*ausgang befinden nach* Amerika und *verschieben* Beiträge *aus* der Newsgroup *in* ein *Verzeichnis*, was *auf* dem PC *eingerichtet* ist. Zur Beschreibung dieser neuen Raumerfahrungen verbleiben wir also in der Sprache unserer gängigen Raumkonstruktionen, um eigentlich neue Erfahrungen auszudrücken.

3.1.3   Virtuelle Räume als Realitätsform

Mit dem Terminus des »virtuellen Raumes« gehen ebenso Begriffe wie »Cyberspace«,[120] »Virtualität«, »Online«, »Internet« »Datenhighway« oder »global village« einher. Beispielsweise wird der Begriff des »Cyberspace« und derjenige der »Datenautobahn« oft synonym verwendet, auch wenn »Cyberspace« im Kontext der Science-Fiction Literatur entstanden ist. Genannte Raummetaphern verweisen darauf, dass Datennetze als Räume wahrgenommen werden und mittels Namensgebungen wird versucht, virtuelle Räume in bestehende Raumkonstruktionen zu integrieren. Die adjektivische Bezeichnung »virtuell« legt nahe, dass sich virtuelle Räume von einer anderen Realität, einer »realen Wirklichkeit« unterscheiden lassen.

Trotz der »Begriffsoffenheit« stehen Wissenschaftler/innen bei der inhaltlichen Abgrenzung des Internet vor einem Definitionsproblem, weil dieses sehr verschiedene Sachverhalte meinen kann. So bezeichnet das Internet »die medientechnische Organisationsform als dezentrales, heterogenes, weltweites Computernetz« ebenso wie »die Netzwerktechnologie« oder eine »Gemeinschaft von Menschen« oder »eine Gemeinschaft an das Netz angeschlossener Rechner«. Das Internet fasst aber auch »die Gesamtheit transferierter Daten und Informationen« sowie »ein Bündel verschiedener Netzwerkdienste« oder »die Gesamtheit der im technischen Medium vollzogenen Kommunikationen«.[121] Die vorliegende soziologische Arbeit bezeichnet mit »Internet« die virtuelle Gemeinschaft von Menschen, die durch computervermittelte Kommunikation entsteht, wobei die Beziehungen nicht ausschließlich textuell, sondern auch grafisch und symbolvermittelt stattfinden. Rheingold (1994) definiert virtuelle Gemeinschaften als

»soziale Zusammenschlüsse, die dann im Netz entstehen, wenn genug Leute diese öffentliche Diskussion lange genug führen und ihre Gefühle dabei einbringen, so dass im Cyberspace ein Geflecht persönlicher Beziehungen entsteht« (ebd.: 16).

Wie der relational gefasste Raumbegriff bereits nahe legt, lassen sich Raum, Sozialität und Interaktion nicht als voneinander getrennte Phänomene betrachten, da die Entstehung von Räumen selbst ein Moment sozialer Prozesse ist. Ergo ist auch der Cyberspace kein konstantes »Ding«, sondern wird erst durch handelnde Individuen, die den Raum konstituieren, existent.

Deutlich zu machen ist, dass eine Soziologie, die von der Konstruktion sozialer Realität ausgeht, theoretisch auch die Frage nach einer »virtuellen Realität« vernachlässigen könnte:

> »Der Name ›virtual reality‹[122] begünstigt den Irrtum, dass es trotzdem noch eine wirkliche Realität gebe, die mit der natürlichen Ausrüstung des Menschen zu erfassen sei, während es schon längst darum geht, diese natürliche Ausrüstung als nur einen Fall zwischen verschieden möglichen zu erweisen« (Luhmann zit. n. Paetau, 1997: 119).

Auch wenn die Realität als vielleicht immer schon virtuell gefasst werden kann, und damit die Begriffsbestimmung »virtuelle Realität« obsolet würde, verweist der Blick auf die phänomenologisch gefasste »Wirklichkeit der Alltagswelt«, dass diese Alltagswirklichkeit um das »Hier« meines Körpers und das »Jetzt« meiner Gegenwart herum angeordnet ist (Berger und Luckmann, 2000: 25). Setzte man diese Annahme voraus, kann die Definition der Wirklichkeit der Alltagswelt nicht eins zu eins auf den Cyberspace übertragen werden, obwohl auch dort, wie zu zeigen sein wird, »soziale Wirklichkeiten« entstehen. Mit Münker (1997) lässt sich formulieren: »Es gibt, so könnte man sagen, eben *viele Welten* innerhalb der *einen Wirklichkeit*« (ebd.: 119).

Esposito (1998) definiert »virtuell« als etwas potentiell Existierendes und siedelt das Feld des Virtuellen zwischen den »aktualisierten und den nicht aktualisierten Möglichkeiten einer Entscheidung« an (vgl. ebd.: 269). Demzufolge bedeutet Virtualität dann »[...] ein oder mehrere Möglichkeitsbereiche neben dem Realen, die es begleiten und zur Unterscheidung zwischen wahr und falsch querstehen (also ihr gegenüber gleichgültig sind)« (ebd.: 270). Das von Esposito angeführte Beispiel sich reflektierender Bilder in einem Spiegel verdeutlicht, dass Virtualitäten alternative Möglichkeitskonstruktionen schaffen:

> »Der Spiegel ›repräsentiert‹ nicht eine alternative Realität für den Beobachter (die einem anderen Beobachter zugeschrieben werden kann), sondern ›präsentiert‹ ihm die reale Realität aus einem anderen Blickwinkel und erweitert dadurch sein Beobachtungsfeld. Ebenso ›repräsentiert‹ die virtuelle Wirklichkeit keine fiktionale Realität, sondern sie ›präsentiert‹ dem Beobachter die Realität der Fiktion – also eine alternative Mög-

lichkeitskonstruktion, die seinen Kontingenzbereich unabhängig von der Perspektive desjenigen erweitert, der die Fiktion produziert hat« (ebd.: 287).

Anders als gewöhnliche Spiegelbilder, sind virtuelle Bilder und Texte in der Folge eine symbolische Repräsentation. Diese Überlegungen zusammenfassend, definiert Krämer (1998) virtuelle Realitäten als »eine Technik interaktiver Spiegelungen, symbolische Welten möglich zu machen« (ebd.: 33). Wenn symbolische Welten also möglich sind, und wir in den alternativen Möglichkeitskonstruktionen interagieren können, dann bedeuten virtuelle Welten in der Konsequenz die sinnliche Exploration von möglichen Welten.

> »In dem Moment, in dem Datenstrukturen *sinnlich* exploriert werden, sind diese auch *erfahrbar*. [...] Was aber in dieser Weise erfahrbar ist, wurde zumindest bis dahin auch als real bzw. als wirklich angenommen. Mit der Möglichkeit einer wirklichen Interaktion mit virtuellen Welten wird somit nicht nur der Status der Virtualität, sondern auch jener der Realität fragwürdig« (Deuber-Mankowsky, 2001: 47).

Virtualität ermöglicht uns also Wahrnehmungen zu machen, die von dem Ort aus, an dem sich unser Körper befindet, nicht möglich sind, die aber gleichzeitig den Körper als Voraussetzung dieser Wahrnehmungen benötigt.

3.2 Geschlechtstypische Raumsozialisation

Begrenzungen und Chancen der Entfaltung persönlicher Körper- und Bewegungsräume ergeben sich in unserer Gesellschaft häufig aufgrund des Geschlechts. Begreift man Raum als eine relationale Anordnung sozialer Güter und Individuen, liegt es nahe anzunehmen, dass über diese Anordnungen Verteilungsprinzipien, Einschlüsse und Ausgrenzungen organisiert werden. Dabei wirkt der zur Verfügung stehende Raum zurück auf die Geschlechtskategorie mitsamt dem damit verbundenen Normen- und Wertesystem wie gleichzeitig die Individuen durch Raumstrukturen geschlechtstypisch sozialisiert werden.

> »Die körperliche Einschreibung der Strukturen der sozialen Ordnung vollzieht sich sicher zu einem Großteil vermittels der Verlagerungen und Bewegungen des Körpers, vermittels körperlicher Stellungen und Körperhaltungen, die durch jene in Raumstrukturen umgewandelten sozialen Strukturen organisiert und sozial qualifiziert werden als Ausstieg oder Abstieg, Eintritt (Einschluss) oder Austritt (Ausschluss), Nähe oder Ferne zu einem aufgewerteten Zentralort [...]« (Bourdieu, 1991: 27).

Frauen und Männern steht qua Geschlecht also unterschiedlicher Raum zur Verfügung, sie eignen sich auf unterschiedliche Weise Räume an und unterscheiden sich hinsichtlich ihres Raumvorstellungsvermögens. Dabei stehen Frauen bei der Mitgestaltung von (virtuellen) Räumen vor strukturellen Barrieren, wobei diese Barrieren auch eine subjektorientierte, sozialisatorische Dimension haben, welche es im Folgenden herauszustellen gilt.[123] Wie bereits ausgeführt, stehen dem handelnden Individuum Räume zu keinem Zeitpunkt neutral gegenüber, sondern sind Resultat intellektueller Syntheseleistungen und nur in Zusammenhang mit bestimmten gesellschaftlichen Entwicklungen und den jeweiligen Erkenntnisinteressen zu verstehen.

Während lange Zeit die durch die Frauenbewegung der 1970er und 1980er Jahre beeinflusste Trennung von Privatheit und Öffentlichkeit[124] im Vordergrund des feministischen Raum-Diskurs stand, lässt sich mittlerweile die zaghafte Aufnahme eines relational gefassten Raumbegriffs in der Genderforschung unterschiedlicher Disziplinen feststellen.[125]

Mit Rekurs auf Ergebnisse der Stadtraumforschung sowie der Sozialisations- und Jugendforschung[126] wird auf geschlechtertypische Raumbildungen verwiesen. Es wird die These zu Grunde gelegt, dass Mädchen und Frauen sich Räume eher über Kommunikationen und Interaktionen aneignen und deswegen für die Aneignung einer virtuellen Umgebung durch CMC beste Voraussetzungen haben.

3.2.1   Räumliches Vorstellungsvermögen

Unter räumlichem Vorstellungsvermögen versteht man die Fähigkeit, in Gedanken gespeicherte, mehrdimensionale Vorstellungsbilder zu reproduzieren und mit diesen operieren zu können (vgl. Quaiser-Pohl et al., 2001: 1). Klassische Disziplin zur Erforschung eines solchen Vermögens ist die Psychologie. Räumliches Vorstellungsvermögen zählt zu den intellektuellen Fähigkeiten und wird in der psychologischen Diagnostik mit Intelligenztests oder speziellen Raumvorstellungstests erfasst. Das räumliche Vorstellungsvermögen gehört zu den wenigen Bereichen, in denen sich konsistent Unterschiede zwischen Frauen und Männern »zu Gunsten«[127] des männlichen Geschlechts finden lassen, welche auf biologische Differenzen zurückgeführt werden. Dennoch wird auch innerhalb der differenziellen Psychologie immer wieder die Fraglichkeit solcher Untersuchungsergebnisse betont:

»Selbst wenn ein Datenmuster mit einer biologischen Erklärung kompatibel ist, ergibt sich damit kein Beweis für die Gültigkeit der Erklärung, da es möglich ist, dass andere (z.B. sozialisatorische) Erklärungen ebenfalls mit dem Datenmuster kompatibel sind« (Lohaus et al., 1999: 33).[128]

Auch Löw (2001a) weist biologische Ursachen der unterschiedlichen räumlichen Vorstellungsvermögen vehement zurück, weil sich in der überwiegenden Zahl der Untersuchungen bei Mädchen erst ab einem Alter von etwa zehn Jahren oder aber mit der Pubertät »schlechtere« bzw. andere Erfolgsquoten einstellen.

»Aufgrund des späten Auftretens von Unterschieden, die dann wiederum unter Zeitdruck gemessen werden, können biologische Ursachen der geschlechtsspezifischen Differenz bei Testfolgen ausgeschlossen werden« (ebd.: 90).[129]

Bei Aufgabenstellungen, die alltagsnahe Situationen enthalten, können PsychologInnen und SozialpsychologInnen feststellen, dass sich Geschlechterunterschiede über einen längeren Zeitraum verringern; in diesem Bereich finden sich sowohl Befunde, die auf eine bessere Leistung von männlichen Teilnehmern hinweisen als auch Studien, die keine Geschlechterunterschiede finden konnten (vgl. Lohaus et al., 1999: 25). Die gendersensible Psychologie schlägt vor, bei differenziellen Befunden auch andere psychologische Einflussfaktoren wie Begabung, Erfahrung und Motivation in ihren komplexen Wechselbeziehungen zu betrachten und auch Gender-Effekte zu berücksichtigen (vgl. Quaiser-Pohl et al., 2001: 8).[130]

In der Auswertung von Testergebnissen zu räumlichem Vorstellungsvermögen werden biologische Erklärungsmuster seitens der Psychologie tendenziell fallen gelassen, und es werden zunehmend sozialisatorische Erklärungsmuster und geschlechtliche Selbstkonzepte reflektiert. Zunehmend wird berücksichtigt, »dass Mädchen, die verstärkt auch männliche stereotypisierte Eigenschaften in ihr Selbstkonzept übernehmen, mehr Mühe auf den Umgang mit räumlichen Aufgaben verwenden« (Lohaus et al., 1999: 35). Gegenwärtig scheinen sich die Geschlechter hinsichtlich ihrer Selbstkonzepte verstärkt anzunähern. Vor diesem Hintergrund ist es nicht überraschend, dass ein Geschlechterunterschied in der Fähigkeit zur räumlichen Wahrnehmung »gegenwärtig vom Trend her abnimmt« (ebd.: 58f).

Mit Rückgriff auf die Gender-Komponenten von Lorber, die eine »vergeschlechtlichte Persönlichkeit« und »vergeschlechtlichte Prozesse«[131] einschließen, sei betont, dass Individuen sich gemäß der Gender-Glaubensvorstellung »Jungen haben ein besseres räumliches Sehen« verhalten, was folgendes Experiment von Lohaus et al. (1999) belegt:

»So ließ sich beispielsweise zeigen, dass sich bei Aufgaben zur mentalen Rotation keine Geschlechtsunterschiede zeigen, wenn die zu bearbeitenden Aufgaben als nichträumlich bezeichnet werden. Geschlechterunterschiede treten jedoch auf, wenn die Aufgaben zuvor als räumliche Aufgaben charakterisiert worden sind« (ebd.: 35).

Fasst man das oben Gesagte zusammen, so sprechen die Argumente dafür, dass die Gründe für unterschiedliche Raumvorstellungsvermögen in der Sozialisation zu vermuten sind und biologisch argumentierende Erklärungsansätze nicht per se stimmig sind. Es ist folglich zu klären, wie die Geschlechter raumsozialisiert werden und sich hinsichtlich ihrer Raumaneignungsstrategien unterscheiden. Beeinflusst die geschlechterdifferente Möglichkeit Räume wahrzunehmen und anzueignen, auch die Aneignung von virtuellen Räumen?

3.2.2 Raumaneignung und Raumverfügung

Es ist nicht bekannt, dass sich Sozialisationstheoretiker/innen und Kinder- und Jugendforscher/innen bisweilen mit einer Aneignung des virtuellen Raumes befasst haben. Die derzeitige Sozialisationsforschung, die den Raum berücksichtigt, beschränkt sich auf »[...] das subjektive Erleben und Verhalten des Individuums in seiner Leiblichkeit im *materiell-geographischen Raum* [...]« (Nissen, 1998: 155, Herv. V.L.). Ein relationales Verständnis von Raum hat sich in dieser Spezialdisziplin bisher nicht durchgesetzt. Spricht man von Raumverfügung, so ist darunter der Aneignungsprozess zu verstehen, der dazu führt,

»[...] sich im Raum frei zu bewegen, sich entspannen, ihn besitzen können, etwas empfinden, bewundern, träumen, etwas kennen lernen, etwas den eigenen Wünschen, Ansprüchen, Erwartungen und konkreten Vorstellungen gemäß tun und hervorbringen zu können« (Chombart de Lauwe, 1977: 6, zit. n. Nissen, 1998: 155).

Der Raum als Lebensraum beeinflusst und prägt die Persönlichkeit wie auch die Entwicklung des Kindes entscheidend und er stellt damit einen »Sozialisationsfaktor ersten Ranges dar« (Flade und Kustor, 1996: 6). Gesellschaftliche Raumvorstellungen werden in der Kindheit angeeignet und in den späteren Sozialisationsphasen verfestigt und erweitert. Es ist davon auszugehen, dass die Raumaneignung einen Teilbereich der individuellen Sozialisation darstellt, die sowohl von persönlichen, situationsspezifischen Interessen als auch von objektiven Machtverhältnissen abhängig ist (vgl. Nissen, 1998: 155).

Die geschlechtersensible Sozialisationsforschung ist sich einig, dass der Gender Gap durch die immer noch stärkere Einengung und Verregelung räumlicher Expansion von Mädchen durch die Sozialisationsinstanzen nach wie vor befördert wird. Dieser Gender Gap ist verschiedentlich untersucht worden, so u.a. anhand der Beanspruchung von Kinderspielplätzen (Spitthöver, 1989), der kindlichen Nutzung des öffentlichen Straßenraums (Muchow und Muchow, 1978), der weiblichen Aneignung von öffentlichen Plätzen (Nissen, 1990), der Mobilität im Gesamt-Arbeitsalltag (Löw, 2001b) oder anhand des Frauen zugestandenen Raumes in verschiedenen Sportarten (Meyer, 2002). Wegweisende Forschungsergebnisse seien an dieser Stelle kurz zusammengefasst.

Das Feststellen der Tatsache, dass Mädchen in ihrer Raumaneignung beschränkter sozialisiert werden als Jungen, darf nicht darüber hinwegtäuschen, dass diesem Verständnis einmal mehr die Forderung nach einer quantitativen Raumaneignung und nicht nach einer qualitativen zu Grunde liegt. Nimmt man die weibliche Art, Raum zu konstituieren als Maßstab, so müsste die Forderung lauten: Die sozialisationsbedingte, kommunikative Unzulänglichkeit von Jungen erlaubt es diesen nicht, Räume in ihrer Mehrdimensionalität zu erfahren und sich mit ihnen vertraut zu machen.

Es konnte nahezu übereinstimmend festgestellt werden, dass Mädchen und Frauen bei der Aneignung der außerhäuslichen Umwelt systematisch behindert und zurückgehalten werden. In der Regel bewegen sich Frauen in stärkerem Maße auf legalisierten, ausgewiesenen, in der Nutzung festgelegten Territorien (vgl. Spitthöver, 1998: 95). Bereits 1935 kamen Muchow und Muchow (1978) in ihrer Beobachtung über Hamburger Straßenkinder zu dem Ergebnis:

>»Der öffentliche Straßenraum ist Jungen besser zugänglich als Mädchen [...]. Die Erziehung der Mädchen betont nach wie vor die Bindung an die Familie, an intime und sozial gut kontrollierte Lebensräume [...]. Wenn Mädchen die Straße betreten, so geschieht dies oft unter anderen Vorzeichen als bei Jungen. Seltener sind freie Erkundungen der Wohn- und Straßenumgebung [...]. Häufiger dagegen sind Mädchen in bestimmten Funktionsrollen auf der Straße zu finden. Sie kaufen ein, legen Wege zweckgerichtet zurück, passen auf jüngere Geschwister auf. Mehr als Jungen finden wir sie in der Begleitung erwachsener Autoritätspersonen« (ebd.: 733).

Für den Straßenbereich lässt sich auch heute noch festhalten, dass Mädchen zielgerichtet und schnell von A nach B gehen, sich den Straßenraum weniger selbstverständlich aneignen und die Straße als Spielort auch schnell verlassen. Jungen hingegen spielen weitläufiger und suchen vergleichsweise mehr Spielorte mit einer kürzeren Verweildauer auf.[132]

Bei der Nutzung institutioneller Freizeitangebote weisen allerdings Jungen ein weniger flexibles, ausschweifendes Verhalten auf: Während diese mehrmals in der Woche immer den gleichen institutionalisierten Freizeitort (d.h. in erster Linie den Sportverein) aufsuchen, halten sich Mädchen, da sie häufiger mehrere Angebote in Anspruch nehmen, in je unterschiedlichen inhaltlichen und sozialen Kontexten auf. Sie müssen folglich häufiger unterschiedliche Wegzeiten und Anfangszeiten berücksichtigen, sich auf verschiedene Bezugsgruppen einstellen und sich unterschiedlichen pädagogischen Ansprüchen stellen (vgl. Rauschenbach, 1990: 174). Geschlechterdifferente Strategien zur Aneignung von Räumen müssen eindeutig als anerzogenes Verhalten deklariert werden, denn in den ersten acht Lebensjahren zeigen sich kaum geschlechtstypische Ausprägungen im Außenverhalten; diese nehmen erst mit steigendem Alter zu (vgl. ebd.: 172ff.). Kommen die Mädchen in die Pubertät, begrenzen Eltern den Freiraum ihrer Töchter zunehmend aus Angst vor sexueller Belästigung und Gewalt. Auf die Mädchen überträgt sich diese Angst, weswegen sie den Park oder Wald als Spielort meiden.[133] »Was ihnen nicht zugetraut wird, trauen sie sich auch selbst nicht zu. Nicht jede Art Schonraum ist ein Entwicklungsfreiraum« (Rauschenbach, 1990: 174).

Mädchen sind dann auch eher in institutionalisierten Öffentlichkeiten anzutreffen. Diese Institutionen gehen einher mit Reglementierungen, Aufsichtspersonen und Kontrollen, und sind zudem mit festen Terminen und Regelmäßigkeiten verbunden. Für das Leben in Institutionen sind Kommunikationsfähigkeit, planender Umgang mit Zeit und die Fähigkeit zur Herstellung sozialer Kontakte in hohem Maße erforderlich.[134] Mädchen verfügen darüber hinaus über weniger freie Zeit als Jungen, weil sie öfter zur Hausarbeit herangezogen und zur Ordnung aufgerufen werden (vgl. ebd.: 174). Auch der Körper drückt aus, was Jungen und Mädchen in den verschiedenen Sozialisationsphasen internalisieren. Mädchen lernen schon früh, wenig Raum einzunehmen, indem sie z.b. mit geschlossenen Beinen sitzen und die Arme am Körper anliegend halten. Unangemessenes Gender-Verhalten wie z.B. große Schritte machen, auf Bäume klettern oder das Raufen wird früh als ein solches verinnerlicht.[135]

Eine »weibliche Art« Raum anzueignen, konnte auch die Mobilitätsforschung konstatieren. Erst in den letzten Jahren ist der PKW-Besitz weiblicher Verkehrsteilnehmer deutlich gestiegen.[136] Insgesamt betrachtet, bewegen sich Verkehrsteilnehmerinnen in jeder Lebensphase langsamer fort als Verkehrsteilnehmer: Während junge Mädchen vor allem zu Fuß gehen, nutzen gleichaltrige Jungen das Fahrrad, fahren adoleszente Mädchen Fahrrad, sind die gleichaltrigen Jungen bereits mit einem Moped ausgestattet, Seniorinnen sind dann wieder häufiger zu Fuß unterwegs, während Senioren öfter mit dem PKW fahren (vgl. Spitthöver, 1989: 147f).

Aus bisher Gesagtem lässt sich schließen, dass Frauen eine weiträumige Aneignung des Raumes nicht lernen. Während Jungen durch ausschweifendes Verhalten und einen großen Aktionsradius sich quantitativ viele Räume in kurzer Zeit aneignen, schaffen Mädchen ihre Räume an wenigen, oftmals institutionalisierten Orten, die sie sich qualitativ aneignen. Sie treten im wesentlichen durch Sprache in Beziehung und lernen ihre Umwelten durch Interaktionen in personalen Beziehungen kennen. Interpretiert man die Ergebnisse mit Rekurs auf eine absolut gefasste Raumvorstellung, erscheint die weibliche Raumaneignung restringiert. Geht man aber von einem relationalen Raumbegriff aus, der auch die Raumkonstitution durch Interaktion und Kommunikation anerkennt, lassen sich die Geschlechter ohne eine Auf- und Abwertung hinsichtlich ihres Raumverhaltens beschreiben.

> »Erst ein Raumbegriff, der Bewegung als ein Element integriert, das heißt von einer prozesshaften Konstituierung von Raum im Handlungsverlauf ausgeht, bietet die Möglichkeit, die geschlechtsspezifischen Formen der Konstitution zweier (oder mehrerer) Formen des Spacings der Kinder mit unterschiedlichen Kompetenzen und Defiziten zu begreifen« (Löw, 2001a: 253).

Über Raumkompetenz verfügen also beide Geschlechter. Den entscheidenden geschlechtstypischen Unterschied bildet der Prozess der Konstitution, der dann zu unterschiedlichem Verhalten in Räumen führt.

Transferiert man das Ausgeführte auf die Aneignung von virtuellen Räumen, müssten Mädchen und Frauen über beste Voraussetzungen und hohe Kompetenzen verfügen: Der Computer befindet sich bestenfalls in der näheren häuslichen Umgebung oder in nahe gelegenen Institutionen. Vermittlungsinstanzen wie Eltern, Lehrer oder andere fachkompetente Personen werden von Mädchen und Frauen aufgrund ihrer sozialisatorischen Prägung eher akzeptiert. Virtuelle Räume sind kommunikative Räume; sie bestehen aus geschriebener Sprache und Symbolen. Es wäre zu untersuchen, ob Mädchen und Frauen aufgrund ihrer höheren Sprachkompetenzen einen schnelleren Überblick über Homepages und Websites bekommen und deswegen schneller und sicherer durch diese Texträume navigieren können als Jungen und Männer.[137] Ein Aneignen von virtuellen Umgebungen erfordert oftmals eine intensive Beschäftigung und Geduld. Ausschweifendes Verhalten, das nach absoluten Raumvorstellungen definiert ist, ist im Cyberspace nur bedingt möglich, da dieser keinen abgeschlossenen Raum bildet. Dafür können in kurzer Zeit viele Räume in Form von Seiten »angeklickt« werden.

Das Navigieren über verschiedene Seiten hinweg, könnte dann sowohl dem weiblichen als auch dem männlichen Raumaneignungsverhalten entsprechen: Zum einen das Durchdringen von Text und Symbolen sowie die Aneignung durch Kommunikation als weibliche Strategie und zum anderen das flüchtige Verweilen und schnelle Wechseln von Seiten als männliche Strategie. Hier klafft eine Forschungslücke: Selbst in psychologischen oder erziehungswissenschaftlichen Studien über Medienkompetenz wurde die Aneignung von Netzräumen bislang nicht berücksichtigt. Weiblichen Raumaneignungsmöglichkeiten und -fähigkeiten gegenüber steht allerdings die männliche Technikdominanz wie auch Zugangsbarrieren in Form von frei verfügbarer Zeit und ökonomischem Kapital (vgl. Kap. 4.4).

3.2.3   Verinselung und Institutionalisierung von Orten

Kinder erfahren den Raum bzw. Räume heute eher »stückweise«: Sie werden mit dem PKW zu entfernten Freizeitorten transportiert, überwinden tausende von Kilometern mit dem Flugzeug um an den Urlaubsort zu gelangen, telefonieren mit Freunden und Verwandten in entfernten Städten und fahren mit öffentlichen Verkehrsmitteln mehrere Stationen zur Schule oder zum Freizeitort. Das »Dazwischen« bleibt oftmals fremder Raum. Konnten Muchow und Muchow Mitte der 1930er Jahre beobachten, wie sich Kinder sukzessiv ihren Lebensraum mittels ihres Körpers aneigneten, so hat sich die Erfahrbarkeit von Räumen mit zunehmender Verstädterung verändert. Wie Zeiher und Zeiher (1994) in ihrer Untersuchung zu »Orten und Zeiten von Kindern« plausibel darlegen, erfahren Kinder Raum aus einzelnen Stücken bestehend, die wie Inseln in einem Gesamtraum[138] verteilt sind, dessen ganze Dimension jedoch bedeutungslos und unbekannt bleiben muss (vgl. ebd.: 27). Bezüglich räumlicher Bildungsprozesse verweist Löw (1997a) darauf, dass der Einfluss dieser neuen Sozialisationserfahrungen auf Wahrnehmung und Denken neu überprüft werden muss:

»Städtische und regionale Sozialisationsprozesse unterstützen die topologische Wahrnehmung heterogener Räume, so dass anzunehmen ist, dass die Wahrnehmung zunehmend weniger dem euklidischen Denken angepasst werden kann« (ebd.: 22).

Übertragen auf absolutistisch bzw. relational orientierte Raumvorstellungen stellt sich die Frage, ob im Sinne der Behälter-Vorstellung, Raum als zerstückelte, einst homogene Gesamtheit wahrgenommen wird, oder der zerstückelte Raum nunmehr eine relationale Qualität erhält, die sich auf die Relation der verschiedenen Inseln mitsamt der darauf stattfindenden Interaktionen bezieht.[139]

Unter Bezugnahme auf Nissen (1998) lässt sich feststellen, dass räumliche Sozialisation im Jugendalter unter den Schlagworten Verhäuslichung, Verinselung und Institutionalisierung betrachtet werden kann (ebd.: 164ff.). Nach territorialem Raumverständnis wird mit »Verhäuslichung« der Tatbestand beschrieben, nach dem Kinder immer häufiger in geschlossenen und geschützten Räumen aufwachsen, in denen soziale Kontrollen stattfinden und Handlungsverläufe geregelt werden. Mit der Entstehung spezialisierter Räume wie beispielsweise dem Kinderhort, Skateboardbahnen oder Jugendferiencamps wird das Modell eines einheitlichen Lebensraumes abgelöst durch das Modell verinselter Lebensräume. Die Aneignung dieser »Rauminseln« geschieht dann nicht mehr in einer räumlichen Ordnung, wie etwa durch eine sukzessive Erweiterung des Nahraumes, sondern unabhängig von der realen Lage der Inseln im Gesamtraum und unabhängig von ihrer Entfernung (vgl. Zeiher, 1983: 187).[140] Die Verhäuslichungs- und Verinselungsthese legt die Institutionalisierung von Bildungs- und Freizeiteinrichtungen zu Grunde.

Aufgrund des verinselten Lebensraumes, den nicht nur Kinder in unseren Gesellschaften verstärkt wahrnehmen, sondern auch Erwachsene, wird zugleich das Gefühl eines uneinheitlichen Raumes wie auch eines absoluten Raumes vermittelt. Durch die verschiedenen Inseln nehmen wir förmlich wahr, dass es keinen durch uns erfahrbaren absoluten Raum gibt. Gleichzeitig, darauf macht Löw (2001a) aufmerksam, »befinden« wir uns auf einer Insel, die zu bestimmten Zeiten den Lebensmittelpunkt bildet und damit Kontinuität und Starrheit suggeriert:

> »Wird Raum als verinselt und damit als einheitlich und gleichzeitig uneinheitlich erfahren, entsteht neben der Vorstellung ›im Raum‹ zu leben, auch die Erfahrung, auf viele, stets unterschiedliche Räume Bezug zu nehmen. Dies bedeutet, dass sich [...] eine Vorstellung von Raum zu etablieren beginnt, die Raum statt einheitlich als uneinheitlich, statt kontinuierlich als diskontinuierlich, statt starr als bewegt manifestiert« (ebd.: 88).

Wenn Verhäuslichung, Verinselung und Institutionalisierung als Kennzeichen moderner Kindheit gelten, wie es Nissen (1998) nahe legt, sind dann Mädchen die »moderneren Kinder«, die besser auf die Anforderungen moderner Gesellschaften vorbereitet werden? Und es ist weiter zu fragen: Sind

98

nicht Mädchen prädestiniert für den Umgang mit dem Internet? Da sie häufiger als Jungen ihre Lebenswelt »verinselt« kennen lernen und zudem tendenziell eher »verhäuslicht« werden und in geschützten Räumen aufwachsen, kann vermutet werden, dass sie bezüglich der Aneignung virtueller Räume besser geschult werden als Jungen. Der Aufbau des Netzes passt zu ihren internalisierten Raumvorstellungen, welche vermutlich eine Navigation durch Cyberspace-Inseln erleichtern.

3.3 Raumgestaltung durch Cyberfeminismus

Zusammen mit anderen feministischen TheoretikerInnen und NetzkünstlerInncn ist Braidotti (1997) davon überzeugt, dass im Netz die Zukunft der Frauen liegt (vgl. ebd.: o.S.). Wie sich feststellen lässt, sind bisher viele Frauen im Netz aktiv geworden und auch im theroretischen Diskurs findet der »Cyberfeminismus« zunehmend Beachtung (vgl. Wilding, 1997; Weber, 2001; Basting, 2001). Zu den Cyberfeministinnen zählen sich u.a. Plant, Dement, die Künstlergruppe VNS Matrix, Braidotti und Stone.[141]

Den Begriff »Cyberfeminismus« prägte die australische Künstlergruppe VNS Matrix im Jahr 1991, die als eine Hommage an Haraway das Internet-Textkunstwerk »Cyberfeminist Manifesto« schuf. Charakteristsich für VNS Matrix, die das »virale Mem« (Weber, 2001) Cyberfeminismus erfand, ist ein offensiver, aggressiver Umgang mit Sexualität und Erotik, der oftmals ins Ironische kippt.[142] Ironie gilt als ausgewiesenes Stilmittel cyberfeministsicher Aktivitäten und Bath (2002) prophezeit, dass die »[...] Strategien von Ironie, Parodie und Humor kombiniert mit technischen Eingriffen in die geschlechterstereotypen Repräsentationen in der computergestützten Kommunikation und Interaktion vermutlich am besten stören [...] können« (ebd.: o.S.) Eine ironische Strategie findet sich bereits in der Beschreibung von Cyberfeminismus, der sich gegen jegliche Art von Definierbarkeit stellt. So lauten einige der 100 Antithesen, die auf der ersten Cyberfeministischen Konferenz 1997 im Rahmen der Dokumenta X in Kassel formuliert wurden:

> »Cyberfeminismus ist: Cyberfeminism is not a fragrance. Cyberfeminismus ist kein grünes Häkeldeckchen. Cyberfeminismo no es uns frontera. Cyberfeminismus ist nicht post-modern. Cyberfeminismus ist keine Entschuldigung, Cyberfeminismus ist keine Theorie. Cyberfeminismus ist keine Praxis [...]«.[143]

Entgegen der oben zitierten Behauptungen, wird Cyberfeminismus sehr wohl theoretisch reflektiert wie auch praktisch umgesetzt. Praxis ist nun bereits die Formulierung der Antithesen durch internationale Netzaktivistinnen. Wie Weber (2001) verdeutlicht, verstehen sich Cyberfeministinnen

> »[...] ganz im Geiste der Neunziger – bewusst und mit Lust als Teil einer sehr heterogenen Bewegung, in der (identitätslogische) Definitionen eher als problematisch eingeschätzt werden« (ebd.: o.S.).

Eine genaue Definiton von Cyberfeminismus kann folglich nicht geliefert werden, ebenso wie auch die Postmoderne definitorisch schwer zu fassen ist, sondern sich lediglich als Phänomen beschreiben lässt. Dennoch kann man das Feld des Cyberfeminismus abstecken: Cyberfeminismus bezeichnet in erster Linie feministisch motivierte Aktivitäten im Internet, die einhergehen mit einem breitgefächerten Angebot von Homepages, Mailinglisten und wissenschaftlichen Netzwerken. Cyberfeministinnen sind diejenigen, die sich aktiv und oftmals auch ganz praktisch (z.B. als Programmiererinnen) mit dem Netz auseinandersetzen. Doch schon hier entsteht eine Lücke, denn engagierte Netzfrauen selbst weisen den Begriff häufig zurück, wie z.b. die Netzkünstlerin Monica Studer:

> »Ich wäre nicht im Entferntesten darauf gekommen, mich jemals als Cyberwoman zu benennen. Die Bezeichnung strömt was Pubertäres, Technikeuphorisches aus und stinkt nach Sektierertum ...Als Cyberwoman wäre der Cyberspace wahrscheinlich mein bevorzugter Aufenthaltsort. Bin aber noch nie mit allen Fasern eingetaucht und verspüre auch den Wunsch dazu nicht [...] Cyberspace bleibt Denkraum« (zit. n. Basting, 2001: o.S.).

Der Beigeschmack von »Pubertät« und »Technikeuphorie« wird unter den Cyberfeministinnen positiv gewendet mit der Intention, durch einen zeitgemäßen, multimedialen und spielerischen Umgang mit dem Netz, junge Frauen für den Feminismus zu begeistern und der bereits zu konstatierenden Abwehrhaltung von Frauen gegenüber feministischen Praxen entgegen zu wirken.

Werfen wir im Folgenden einen Blick auf einen Ausschnitt der stetig wachsenden weiblichen Netzkultur. Es wird sich bestätigen, dass Frauen sich im Netz als Wissenschaftlerinnen, Künstlerinnen, Webdesignerinnen und Literatinnen ebenso selbstverständlich aufhalten wie Männer – und zwar nicht nur als inspirierende Muse wie in manchen Epochen zuvor, sondern als aktive Netzgestalterinnen.

Das Netz bietet mit Mailboxsystemen, Chaträumen und Newsforen das Anreizsystem der »grenzenlosen Kommunikation«, die jederzeit und von überall mit vergleichsweise geringer finanzieller Belastung zugänglich ist, was von Mädchen und Frauen hoch geschätzt wird. Bisher blieb unbeachtet, dass Frauen und Mädchen, die den Einstieg in das Netz geschafft haben, dieses bereits nutzen, aktiv mitgestalten und sich somit sichtbar machen. Dies wird in einer Frauenforschung, die sich in technikdistanzierter Haltung gegen das Internet stellt und lediglich vor gewalttätigen und pornographischen Inhalten warnt (z.b. Gerstendörfer, 2001), oftmals nicht registriert.[144] Die folgenden Ausführungen beruhen auf Recherchen und werden in dieser Weise in der feministischen Internet-Debatte bisher selten so dargestellt: Zum einen finden sich provokative Homepages und Netzinhalte, die unter den Schlagwörtern wie »Zickenpost«, »Cyberweiber« oder »Geekgirls« laufen, zum anderen etabliert sich zunehmend eine weiblichheterogene Online-Kultur sowie kommerziell ausgerichtete Seiten.

Kommerzielle Seiten finden sich z.b. unter www.webgrrls.com, www.femina.com und www.cybergrrl.com.[145] Entgegen der Vermutung, es könnte sich hier um weibliche Netzkulturen mit zu Grunde liegenden subversiven Strategien handeln, stoßen Surferinnen und Surfer auf kommerzielle Homepages, die von Werbebannern durchzogen sind und in leuchtenden Farben gestaltet werden. Es finden sich frauenspezifische Tipps für den Job und Karriereberatung, Kurzweiliges wie Postkarten zum Downloaden, Themen wie Erziehung, Gesellschaft, Schönheit und Gesundheit, Computer und Wissenschaft und Finanzen. Die Websites erinnern an Printausgaben typischer Frauenzeitschriften.[146] Zum anderen gibt es Netzinhalte, die in wissenschaftlichem Format auf Genderthematiken in unterschiedlichen Variationen verweisen. Zum Beispiel findet man privat initiierte Homepages zu den interdisziplinären Gender Studies,[147] Homepages von Netzforscherinnen und Wissenschaftlerinnen,[148] universitäre Web-Auftritte zu Gender Studies,[149] Frauennetzwerke,[150] Mädchenprojekte,[151] Datenbanken,[152] Nachrichtenticker,[153] Unternehmerinnen-Foren[154] und Frauen-Mailboxsysteme.[155] Wilding (1997) stellt fest, dass die meisten »Cyberwomen« keine feministisch-politischen Ziele verfolgen, wenn sie das Netz gestalten:

»(M)ost cybergrrls don't seem interested in engaging in a political critique of women's position on the Net – they rather ›just do it‹, and adopt the somewhat anti-theory attitude which seem to prevail currently« (ebd.: o.S.).

Wenn aber eine aktive Einmischung in Netzkulturen geschieht und Räume »weibliche« Gestalt annehmen und öffentlich gemacht werden, sind Frauen sichtbar. Von Frauen zur Verfügung gestellte und aufbreitete Informationen sind dann weltweit zugänglich. Und im Zeitalter der Informationsgesellschaft sind sich Soziologinnen und Soziologen einig, dass es zukünftig um den Zugang zu Informationen geht. Eine Wissensproduktion ist als Bedeutungsproduktion zu sehen. Wenn sie mit Frauenbeteiligung geschieht, können Frauen im Netz handlungsfähig bleiben. Als Anforderungen für eine feministische Praxis ergibt sich nach Bath (2002) Folgendes:

>>Selbst wenn sich die Strategien der Einmischung gegenwärtig ausdifferenzieren (müssen), so scheint sich doch ein Kern von Anforderungen an eine feministische Praxis im Zeitalter des Internet herauszuschälen: nur eine interdisziplinäre Zusammenarbeit von technischen Entwicklerinnen, Informatikerinnen und von Gesellschafts- und Kulturwissenschaftlerinnen sowie ein übergreifendes Zusammenwirken von Theoretikerinnen, politischen Aktivistinnen und Künstlerinnen wird feministische Handlungsfähigkeit in Zukunft noch ermöglichen<< (ebd.: o.S.).

Es lässt sich zusammenfassen, dass die Internetnutzung nicht per se mit der Computernutzung gleichgesetzt werden kann. Das kommunikative, vernetzende und gestaltende Moment, das der herkömmliche PC nicht bieten kann, scheint für Frauen attraktiv geworden zu sein. >>Online<< besetzen Frauen längst nicht mehr nur >>Nischen<<, sondern haben sich ein weltweites Netz gespannt. Was dies für politische Konsequenzen und neue Machtstrukturen bedeuten kann, muss abgewartet werden und könnte Gegenstand einer noch ausstehenden, interdisziplinären, politisch-soziologischen Arbeit sein.

Zusammenfassung

Die neueren Versuche, Körper und Geschlecht vor dem Hintergrund postmoderner Theorien zu definieren, weisen viele Ähnlichkeiten mit den Versuchen auf, Raum zu definieren. Konnte bereits konstatiert werden, dass Körper und Geschlechter ihre bisher angenommene, selbstverständliche Natürlichkeit verlieren und ihnen ein fluider, gestaltbarer und fragmentarischer Charakter zugesprochen werden muss, wird in neueren Auseinandersetzungen auch der Raum nicht mehr als materielles Substrat verstanden, sondern als Produkt sozialer Konstruktionsprozesse.

Soziologische Klassiker gingen von einer Ortsgebundenheit von Räumen aus und trennten zwischen dem materiellen, also dem physischen Raum, der durch die wechselseitige Äußerlichkeit der Teile bestimmt ist, und dem sozialen Raum, der sich durch die Beziehung der Akteure und Akteurinnen konstituiert. Vor dem Hintergrund virtueller Räume kann der Raum Handlungen nicht mehr >>einrahmen<<, sondern Handlungen konstituieren nach relativistischem Verständnis erst Raum. Raum ist also nicht einfach »da«, sondern bildet sich durch die Anordnung von Individuen und sozialen Gütern.

Raumbildung ist als ein Prozess zu verstehen, der Spacingaktivitäten und Syntheseleistungen beinhaltet. Problematisch an einer Neudefinition von Raum ist, dass unsere Wahrnehmungen überwiegend der Containervorstellung folgen und Diskurse die Vorstellung einer Abgeschlossenheit von Räumen suggerieren. Es lässt sich derzeit nur vermuten, dass sich, vermittels neuer Erfahrungen durch virtuelle Räume und medialer Verkörperungen, Wahrnehmungen und Sprache neuen Raumkonzepten anpassen.

Da Raumprozesse auch immer Aushandlungsprozesse sind, wurde die Geschlechterperspektive eingeblendet. Männern und Frauen steht qua Geschlecht je unterschiedlicher Raum zur Verfügung und sie unterscheiden sich, idealtypisch verkürzt, hinsichtlich ihrer Aneignungsstrategien. Jungen lernen schon in frühen Sozialisationsphasen ausschweifendes Verhalten und bewegen sich selbstverständlich in einem großen Aktionsradius. Mädchen, die tendenziell eher an ihr Zuhause und den Wohnnahbereich gebunden werden, eignen sich Räume über Interaktionen an. Eher als Jungen sehen sich Mädchen in institutionalisierten Öffentlichkeiten und müssen sich mit Aufsichtspersonen und Reglementierungen auseinandersetzen. Betrachtet man die geschlechtstypischen Raumkonstitutionen vor dem Hintergrund eines relationalen Raumbegriffs, der auch Räume einschließt, die erst durch Kommunikationen entstehen, kann vermutet werden, dass Mädchen sehr gute Voraussetzungen haben, sich virtuelle Räume anzueignen: Der PC findet sich im häuslichen Bereich, Eltern sind anwesend und virtuelle Räume *sind* Kommunikation.

Viele Mädchen und Frauen, die bereits über Netzerfahrungen verfügen, machen sich heute im Cyberspace verstärkt sichtbar. Es ist zu konstatieren, dass sich eine weiblich-heterogene Onlinekultur etabliert hat und Frauen das Netz in jeglicher Art aktiv mitgestalten. Virtuelle Räume sind also auch Frauen-Räume. Je mehr Benutzerinnen an der Netzgestaltung partizipieren, desto wahrscheinlicher bekommt das Web weibliche Inhalte, die wiederum ein Anreizsystem für weitere Einsteigerinnen darstellen. Nicht zuletzt könnte die erhöhte Partizipation an der inhaltlichen Gestaltung des Web auch eine weibliche Einmischung in die »harten« Bereiche der technologischen Weiter-Entwicklung zur Folge haben.

4 Bundesdeutsche Internet-Population

4.1 Soziodemografie der Internet-Teilpopulation

Von *der* Internetpopulation zu sprechen ist aus drei Gründen problematisch: Erstens ist die Größe der globalen Internetbevölkerung empirisch nicht bestimmbar, weil insgesamt festzustellen ist, »[...] dass niemand genau weiß, wie viele Personen zu einem bestimmten Zeitpunkt das Internet nutzen oder nutzten« (Döring, 1999: 141).[156] Zweitens stehen Forscher/innen bei dem Internet vor einem Definitionsproblem und drittens sind betreffende Zahlen zum Zeitpunkt ihrer Veröffentlichung meist schon veraltet.

Als alternative Datenerhebungstechnik sind www-Umfragen von der empirischen Sozialforschung längst entdeckt worden. Mit vergleichsweise geringem Aufwand lassen sich innerhalb kurzer Zeit Befragungen mit extrem hohen Fallzahlen realisieren. Beispiel für eine der größten www-Umfragen ist die »Graphics, Visualization & Usability« (GVU), die das Georgia Institute of Technology initiiert. Weil jedoch z.Zt. noch Chancen und Grenzen quantitativer Online-Researches abgewogen werden (vgl. z.B. Bandilla, 1999: 9ff., Hauptmanns, 1999: 21ff.), stützt sich die folgende Analyse der bundesdeutschen Internet-Teilpopulation zu Gunsten der Repräsentativität auf quantitative Daten, die durch »konventionelle Methoden« erhoben wurden. Bevor die Betrachtung sich auf die bundesdeutsche Internet-Teilpopulation konzentriert, seien vorab einige Daten zu der globalen Netzbevölkerung genannt, die eine grobe Orientierung bieten.

Wie die Erhebung der Marktforscher/innen von Nua Internet Surveys[157] zeigt, hatten Ende Mai 2003 insgesamt 580,78 Millionen Menschen weltweit Zugang zum Internet. Zum ersten Mal überhaupt liegt Europa mit insgesamt 185,83 Millionen Nutzer/innen in der Kontinentalwertung an der Spitze. Knapp dahinter rangiert Nordamerika (USA und Kanada) mit 182,86 Mio. vor dem asiatisch-pazifischen Raum mit 167,86 Millionen Nutzer/innen.[158] Für das Jahr 2005 prognostiziert Etforecasts eine globale Internetpopulation von über einer Milliarde User und Userinnen.[159]

Der typische Internetnutzer ließ sich vor nicht allzu langer Zeit als »männlich, weiß, akademisch gebildet und im naturwissenschaftlich-technischen Bereich tätig« beschreiben (vgl. Döring, 1999: 169). Bezüglich der bundesdeutschen Internet-Teilpopulation lässt sich mittlerweile aber eine Annäherung an die sozialstatistische Zusammensetzung der Durchschnittsbevölkerung konstatieren. Die siebte Erhebungswelle der Gesellschaft für Konsumforschung (GfK) wie auch der (N)onliner Atlas von TNS Emnid[160] belegen eine Korrelation zwischen einzelnen soziodemografischen Merkmalen der BRD-Bürger/innen und den bundesdeutschen Internetuser/innen hinsichtlich des Frauenanteils, der Altersstruktur,[161] des Bildungsabschlusses und des Haushaltsnettoeinkommens (vgl. GfK, 2001). Im Jahr 2003 sind bereits die Hälfte der Bundesdeutschen zu den Onlinern zu zählen (vgl. (N)onliner Atlas, 2003) und fast 40% der Haushalte sind mit einem internetfähigen Computer ausgestattet (vgl. Statistisches Bundesamt, 2003).

Bei der Betrachtung der Teilpopulation liegen folgende Studien auszugsweise zu Grunde: Der »(N)onliner Atlas« von 2002 und 2003,[162] die siebte Untersuchungswelle des Online-Monitors der Gesellschaft für Konsumforschung (GfK, 2001)[163] sowie die Internetstrukturdaten der Forschungsgruppe Wahlen (FGW, 2003).[164]

Die nach Altersgruppen getrennte Analyse des (N)onliner Atlas zeigt, dass sich unter den 14 bis 19-jährigen Jugendlichen die verhältnismäßig größte Gruppe Onliner/innen findet. Zudem zeigt sich in dieser Gruppe, dass, gemessen an der Internetnutzung, nahezu eine Gleichverteilung der Geschlechter existiert. Es ist daher sinnvoll, auch die Nutzungsgewohnheiten von Jugendlichen und Kindern zu analysieren. Zu Grunde liegen hier in erster Linie die »Jim«-Studien von 2000 bis 2002 des Medienpädagogischen Forschungsverbundes Südwest (mpfs) und die sich mit Kindern und Medien beschäftigenden »Kim«-Studien 2002 und 2003 des mpfs. Die Berücksichtigung der jungen Generation ist deshalb sinnvoll, weil die Generationenfolge mit dem Aspekt des sozialen Wandels verbunden ist. Mit dem Wechsel der dominierenden Erwachsenengeneration könnte nämlich ein Wandel der vorherrschenden gesellschaftlichen Wertesysteme und Handlungsmuster verknüpft sein.

»Gesellschaftliche Veränderungen haben für Bevölkerungsgruppen unterschiedliche Auswirkungen. Die sogenannten ›Early Adopters‹ zum Beispiel sind diejenigen, die in besonderer Weise Veränderungsprozesse mitbefördern, machen sie doch u.a. durch ihre Akzeptanz von Innovationen Entwicklungen mehrheitsfähig« (mpfs, 2002: 3).

Bei der Auswahl der zu berücksichtigenden Studien wurde sich um Aktualität bemüht. Daten, die in vorhergehenden Jahren erhoben wurden, bieten darüber hinaus Vergleichswerte. Es ist anzumerken, dass die Ergebnisse nicht immer nach Geschlecht differenzierend dargestellt bzw. ausgewertet werden. Ungleichheiten zwischen den Geschlechtern bleiben so oftmals im Verborgenen. In dieser Hinsicht fortschrittlich ist die Gender Mainstreaming Auswertung des (N)onliner Atlas 2002, die sich zum Ziel gesetzt hat, Ungleichgewichte und Chancenbegrenzungen deutlich zu machen.

4.1.1 Der Frauenanteil bundesdeutscher User

1999 betitelt das Forschungsinstitut Allensbach eine Internetstudie mit den Worten »Frauen auf dem Vormarsch. Der Anteil der weiblichen Computer- und Online-Nutzer wächst rasch«. Blickt man auf die Zeitreihe von 1997-2003 zurück, so lässt sich tatsächlich ein »Vormarsch« von Frauen feststellen. Belief sich der Anteil der Onlinenutzerinnen in der ersten Welle (1997/98) der GfK-Studie anteilig auf knapp 30% Prozent, stieg die Netzbeteiligung der Frauen Mitte des Jahres 2000 auf 40% und liegt 2000/2001 bei 42%. Für die Jahre 2001 bis 2003 lassen sich die Daten durch den (N)onliner Atlas ergänzen: Lag der Frauenanteil der bundesdeutschen Userschaft 2001 bei 43%, ist er im Jahr 2002 um 1% auf 44% angestiegen und stagniert 2003 bei 44%.

Vergleicht man die Geschlechterklassen jeweils untereinander, so ist zu konstatieren, dass gut die Hälfte der Frauen 2003 immer noch offline ist. Der Anteil der Onlinerinnen hat sich innerhalb von drei Jahren aber um mehr als 10% erhöht. Unter den Männern zählt nur noch ein Drittel zu den Offlinern. Der Anstieg der männlichen Onliner beläuft sich innerhalb der Jahre 2001 bis 2003 auf knapp 15% (vgl. (N)onliner Atlas 2003).

Bei den unter 20-Jährigen findet sich nahezu eine gleichverteilte Partizipation der Geschlechter am neuen Medium. In der Altersgruppe der 14 bis 39-Jährigen bleibt der Online-Anteil der Männer ungefähr auf dem Niveau von 80%, während sich bei Frauen ein durchgehendes Alters-Gefälle in der Internetnutzung zeigt: Gehen weibliche Teenager zu knapp 80% ins Internet, sinkt die Prozentzahl weiblicher Onliner in der Gruppe der 20 bis 29-Jährigen auf knapp 68%. Bei den Nutzer/innen der älteren Bevölkerungsgruppen ab 60 Jahren sind die Geschlechterunterschiede hoch signifikant: Verglichen mit den Frauen sind mehr als doppelt so viele 60 bis 69-jährige

Männer Onliner; und in der Gruppe der »70+« finden sich mehr als fünfmal so viele Senioren wie Seniorinnen (vgl. (N)onliner Atlas 2003).

4.1.2 Verschiedene Nutzertypen

Um die Nutzer und Nutzerinnen jenseits ihrer Zugehörigkeit zu soziodemografischen Gruppen in ihren spezifischen Merkmalen zu erfassen, wurden in der GfK-Untersuchung 2001 verschiedene Typen aufgrund von abgefragten psychografischen Einstellungen und Einschätzungen des eigenen Verhaltens gebildet. Es kristallisierten sich sieben psychografische Nutzertypen heraus, wovon im Folgenden fünf vorgestellt werden, die im Hinblick auf die Geschlechterverteilung bedeutsam erscheinen.[165] Zu Grunde liegt die prozentuale Verteilung von 58% männlichen und 42% weiblichen Internetnutzern des Jahres 2001.

Der karriereorientierte Intensivnutzer

Der Typ »Karriereorientierter Intensivnutzer« ist mit 2,8 Millionen oder 11,4% bundesdeutschen Nutzer/innen absolut gesehen die kleinste Gruppe. Hier dominieren hochsignifikant die User (72% Männer zu 28% Frauen (vgl. GfK, 2001). Das Bildungsniveau dieser Gruppe ist überdurchschnittlich hoch und die Hälfte der Karriereorientierten nutzt das Internet sowohl zu Hause als auch am Arbeitsplatz. Dabei surfen die Karriereorientierten eher berufsbezogen und rational orientiert. Online-Brokerage, der berufliche Versand von E-Mail, Unternehmensnachrichten sowie Informationen über Börsenkurse, den Aktienmarkt und Online-Banking stellen die präferierten Inhalte dar. Die regelmäßige Nutzung ist ein Hinweis auf einen erfahrenen Umgang mit dem Netz. 60% der Karriereorientierten waren zum Zeitpunkt der Befragung zuletzt »gestern« online.

Der GfK-Ergebnisbericht bezeichnet diesen Typ in seinem Online-Verhalten als »kühl kalkulierenden Faktenmenschen«. Anhand der abgefragten Einstellungen ergibt sich ein selbstbewusst wirkender Typ: Über 90% sind der Meinung, sich schnell und sicher im Internet bewegen zu können, heben den Nützlichkeitswert und die Effizienz des Internet hervor. Über 70% des Typs stellen heraus, dass sie andere aufgrund ihres Internetwissens belehren könnten. Lediglich gut ein Viertel der Karriereorientierten sind Frauen, was die konstruierte Gender-Vorstellung, Frauen seien keine »kühlen Faktenmenschen« bestätigt. Die Unterrepräsentanz von Frauen mag durch die Tatsache begünstigt sein, dass diese weniger gehobene Positionen in der Bank-, Finanz- und Versicherungsbranche innehaben und das Börsengeschäft respektive Online-Brokerage männerdominierte Tätigkeiten darstellen. Mit der von Lorber (1999) festgestellten Gender-Komponente »vergeschlechtlichte Persönlichkeit« (ebd.: 76), welche internalisierte, sozial normativ geregelte Gefühlsmuster bezeichnet, lässt sich schließen, dass die weibliche Einstellung nicht die Muster »Belehrung«, »schnelle und sichere Beweglichkeit«, »Effizienz« und »Zielstrebigkeit« zulassen, die das Aggregat des »kühlen Faktenmenschen« ergeben.

Der junge Multimedia-Freak

Zu dem Typus des »jungen Multimedia-Freaks« gehören 3,3 Millionen bzw. 13,6% der bundesdeutschen Internetpopulation, wobei über 60% unter dreißig Jahre alt sind. Die größte Gruppe innerhalb dieses Typus bilden die 14 bis 19-Jährigen. Frauen sind hier zu 40% vertreten, was eine proportionale Gleichgewichtung innerhalb dieses Typus belegt (vgl. GfK, 2001). Der »Freak«[166] zeichnet sich vor allem durch den Besuch von Chaträumen, der Nutzung von Flirt- und Datingangeboten, dem Download von Musik- und Videodateien sowie dem Hören von Internet-Radio und der Teilnahme an Newsgroups aus. Es lässt sich sowohl eine eher spaßorientierte Haltung gegenüber dem Internet feststellen, als auch eine durch aktive Kommunikation begünstigte Mitgestaltung von Inhalten. Das bestätigt auch die Einstellungsbefragung: knapp 90% der Freaks finden »die Sachen gut, bei denen man aktiv was machen kann«. Zudem ist die Haltung gegenüber dem neuen Medium eher durch Ausprobieren und Respektlosigkeit gekennzeichnet als durch die Angst, etwas falsch machen zu können, denn über 80% der Befragten innerhalb dieser Gruppe probieren im Netz solange Dinge aus, bis sie zu dem gewünschten Ziel kommen. Fast 85% der Freaks geben an, immer auf der Suche nach abwechslungsreichen und spannenden neuen Websites zu sein. Diese spaßorientierte Haltung wird vorwiegend zu Hause ausgelebt: 70% surfen in der heimischen Umgebung, und überdurchschnittlich viele User und Userinnen nutzen den Account auch in Internet-Cafés oder Kaufhäusern.

Die proportionale Gleichverteilung der Geschlechter innerhalb dieses von jungen Nutzer/innen dominierten Typs »Freak« verweist darauf, dass sich geschlechtertypische Netz-Nutzungsgewohnheiten in der Nachfolgegeneration nicht per se fortschreiben.

Der überzeugte Info-User

Insgesamt vier Millionen oder 16,5% der Internetnutzer/innen zählt die GfK zu dem Typ des »überzeugten Info-User«. Dieser Typ ist mit anteilig 65% Männern und 35% Frauen leicht überproportional männlich geprägt (vgl. GfK, 2001). Das Interesse an Internetangeboten besteht aus der Informationssuche zu bestimmten Themen, die sich vor allem auf den privaten Bereich beziehen. Dabei sind die Info-User/innen sehr darauf bedacht, keine Fehler zu machen, wobei sie sich aber für neue Entwicklungen interessieren. Wie sich die präferierten Themengebiete unter dem Gender-Aspekt darstellen, zeigt die FGW.[167] Interessant ist, dass sowohl Männer als auch Frauen die gleiche TOP-Liste haben. Häufigste Motivation für die Nutzung des Onlinezugangs ist der Preisvergleich von Konsumgütern, das Online-Banking und das Einkaufen. Insgesamt betrachtet, nutzen aber häufiger Männer diese Internetangebote. Mehr als doppelt so viele Männer wie Frauen informieren sich online über aktuelle Politik, Wirtschafts- und Sportnachrichten. Auch das Online-Brokerage ist eine Männerdomäne: Lediglich 5,7% der befragten Frauen mit Internetzugang betreiben Brokerage online, wohingegen dieser Tätigkeit 14,6% Männer nachgehen (vgl. FGW, 2003).[168]

Der nutzenorientierte Gelegenheits-User

In dem Cluster des »nutzenorientierten Gelegenheits-Users« sind die meisten Nutzer/innen, nämlich 18,4%, also 4,5 Millionen, vertreten. Frauen sind überproportional repräsentiert und stellen 63% dieser Gruppe. Es findet sich ein hoher Anteil derer, die das Internet entweder zu Hause oder am Arbeitsplatz nutzen, wohingegen Doppelnutzer/innen deutlich unter dem Durchschnitt liegen. Auch die Nutzungsfrequenz ist niedrig: 35% der Befragten gaben an, seit über einer Woche nicht mehr online gewesen zu sein. Die »Gelegenheits-User« sind zusammmen mit dem »Älteren Selten-User« die Gruppe, deren letzte Nutzung zeitlich am weitesten zurückliegt (vgl. GfK, 2001).

Das Interesse an Themen wie »Essen und Trinken«, »Reisen«, »Routenplanung« und »Verkehrsinformationen«, aber auch das Online-Banking und das Versenden privater E-Mails sind bevorzugte Bereiche dieses Typus. Aufgrund der Einstellungsbefragung stellt die GfK eine aufgeschlossene Haltung gegenüber dem Medium fest und resümiert, dass die Nutzer/innen die Möglichkeiten des Internet erkennen »und sich seiner Faszination nicht entziehen« können, »zugleich lassen sie sich nicht vereinnahmen und gehen rational gesteuert und gezielt vor« (GfK, 2001: 54). So schätzen fast alle der Gelegenheits-User/innen die Schnelligkeit und Effizienz des Internet, wobei über 95% der Befragten dieser Gruppe Wert auf Seriosität legen.

Der aktive Neueinsteiger

Der Typ »aktiver Neueinsteiger« ist, proportional betrachtet, in der Mehrzahl weiblich. In dieser Gruppe sind 12%, d.h. 3,1 Millionen Nutzer/innen vertreten. Ein Großteil der »Neueinsteiger« ist 14 bis 29 Jahre alt. Ferner lässt sich ein vergleichsweise niedriges Bildungsniveau sowie ein geringes eigenes Einkommen feststellen. Das Haushaltsnettoeinkommen hingegen liegt im Durchschnitt (vgl. GfK, 2001). Der Internetzugang wird vorwiegend von zu Hause für private Zwecke genutzt.

Interessante Internetangebote sehen die aktiven Neueinsteiger/innen in der Abfrage von Horoskopen, der Teilnahme an Chatforen und in den Themen »Mode«, »Wohnen und Einrichten«, »Erotik«, »Kosmetik und Körperpflege« sowie in verschiedenen Audio- und Video-Angeboten, während Sachinformationen weniger in Anspruch genommen werden. Die Einstellungsbefragung lässt auf eine euphorische, zugleich aber vorsichtige Haltung gegenüber des neuen Mediums schließen. 95% der Neueinsteiger/innen bezeichnen das Netz als »total faszinierende Sache« und verweisen auf die »grenzenlosen Möglichkeiten«, geben aber zu einem Großteil ebenso an, Wert auf Seriosität zu legen und deswegen nur allgemein bekannte und ernstzunehmende Angebote im www zu nutzen.

4.1.3   Nutzungsfrequenz von Frauen und Männern

Frauen und Männer nutzen das Internet unterschiedlich häufig. Die prozentual größten Ausdifferenzierungen finden sich an den beiden Eckpunkten der maximalen bzw. minimalen Nutzungsfrequenz. Männer finden sich signifikant häufiger unter denjenigen, die wöchentlich über zehn Stunden online sind (22,3% Männer gegenüber 8,9% Frauen) und Frauen unter denjenigen, die lediglich ein bis zwei Stunden pro Woche Zeit im Netz verbringen (39,2% Frauen gegenüber 29% Männer). Der geringste Unterschied findet sich im »Mittelfeld«: Von den Befragten mit Netzzugang, die wöchentlich drei bis zehn Stunden online sind, sind 36,5 % weiblichen und 44,2 % männlichen Geschlechts (vgl. FGW, 2003).

Es kann vermutet werden, dass die weibliche Tendenz, sich praxisnah und aufgabenorientiert im Netz zu bewegen, zu geringeren Nutzungsfrequenzen führt. Da Frauen tendenziell auch geringere finanzielle Mittel zur Verfügung stehen, ist ferner zu vermuten, dass ein Internetaufenthalt als »Luxus« betrachtet wird. Deutlich ist bereits, dass Männer eher Online-Banking, Online-Brokerage und Nachrichtenabfrage via Internet betreiben, woraus durchschnittlich höhere Nutzungsfrequenzen resultieren können. Auch der Download von Dateien, tendenziell eine von Männern bevorzugte Aktivität, benötigt eine lange Verbindungszeit mit Online-Diensten. Dabei ist anzumerken, dass Downloads zwar lange Verbindungszeiten benötigen, woraus aber nicht zwangsläufig geschlussfolgert werden kann, dass während des Downloads andere Netzräume aktiv besucht werden. Dennoch ist davon auszugehen, dass längere Nutzungszeiten einen Zugewinn an sicherem und schnellem Umgang mit dem Internet bedeuten. Zudem verfügen Männer häufiger über einen geschäftlichen und einen privaten Online-Anschluss zugleich, wohingegen Frauen häufiger nur einen privaten Anschluss zur Verfügung haben (vgl. FGW, 2003: 11).

4.2 Kinder am PC und im Internet

4.2.1 Computernutzung

Ein erfolgreicher Einstieg in das www lässt sich nur durch den Computer bewerkstelligen. Es ist also sinnvoll zu veranschaulichen, inwieweit Kinder über Computererfahrungen verfügen und wer ihnen diese Kompetenzen vermittelt.

Zählten im Jahr 2000 sechs von zehn Kindern im Alter von 6 bis 13 Jahren zu den Computernutzer/innen, so hat sich dieser Anteil im Jahr 2002 unwesentlich auf 63% erhöht. Im Jahr 2003 nutzten 70% der befragten Kinder den Computer. Zwischen Mädchen und Jungen herrscht kaum noch ein Unterschied in der Computernutzung: 2003 nutzen 72% der Jungen und 69% der befragten Mädchen den PC. Die Gruppe der Mädchen verzeichnet im Laufe der drei Erhebungen im Rahmen der Kim-Studien immer einen etwas größeren Zuwachs. In den Jahren 2000 bis 2003 stieg der Anteil der

PC-Nutzerinnen um 14%, während er in dem gleichen Zeitraum bei den Nutzern um nur 6% stieg (vgl. Kim 2000, 2001 und 2003).

Dass Eltern als primäre Sozialisationsinstanz großen Einfluss auf die Heranführung zum Technikmedium Computer und auf die Entwicklung von Medienkompetenzen haben, zeigt sich in der Kim-Studie 2003. Eltern sind mit großem Abstand die ersten Kompetenzvermittler, was für Mädchen stärker gilt als für Jungen. Zudem nutzen Kinder den Computer am häufigsten in der häuslichen Umgebung, was ein Einwirken der Eltern auf die Computernutzung nahe legt. Dabei haben gerade männliche familiäre Bezugspersonen starken Einfluss auf die Computersozialisation von Mädchen.

»Wenn sich die Mädchen in ihrer Freizeit mit Computern beschäftigt haben, dann berichten sie meist vom Mitspielen an Geräten, die anderen gehören. Die ersten Kontakte mit Computern außerhalb der Schule, über die sie berichten, sind auffälligerweise immer mit Männern – Verwandten (meist Brüdern oder Cousins), Bekannten oder Freunden – verknüpft. Die männlichen Computerbesitzer spielen eine wichtige Rolle für die Zugangsmöglichkeiten der Mädchen zu Geräten« (Heppner et al., 1990: 145).

Weiteren Einfluss auf die Aneignung erster Computerkenntnisse nehmen peer-groups, wobei diese für die Jungen signifikant bedeutender sind als für Mädchen: Geben 31% der befragten männlichen PC-Nutzer an, dass Freunde ihnen zeigen, wie man mit einem Computer umgeht, teilen diese Antwort nur 19% der unter 13-jährigen Mädchen. Die Familie und die Schule als Sozialisationsinstitutionen sind für Mädchen hinsichtlich der Vermittlung von PC-Kompetenzen wichtiger als für Jungen, denn sie wurden häufiger als Jungen von Geschwistern, Verwandten oder Lehrern mit dem PC vertraut gemacht (vgl. Kim 2002).

Wenn Eltern sowohl für Jungen als auch für Mädchen die wichtigste Instanz darstellen, die für die ersten Kontakte mit dem Medium Computer verantwortlich ist, wie stehen diese zu der neuen Technik? Leu (1990)[169] stellt eine ambivalente Einstellung der Eltern gegenüber dem Computer fest. Fast alle der befragten Eltern meinen, dass ihre Kinder mit dem Computer umgehen können sollten. Dabei sind sie der Ansicht, ihre Kinder lernen den Umgang schneller als sie selbst, weswegen Eltern sich oftmals nicht mit dem Computer beschäftigen und die Kinder (in diesem Fall Jungen) bei der Aneignung von Computerkompetenzen sich selbst überlassen. Die Erziehenden finden, dass Computerwissen zur Allgemeinbildung gehört und für den späteren Berufsverlauf von Vorteil ist (vgl. ebd.: 111). Die Forschungen zur Computersozialisation, die Mädchen systematisch ausblenden, suggerieren, der PC sei lediglich für Jungen interessant. Ist er aber tatsächlich ein »toy for boys«?

4.2.2 Computer als »toys for boys«?

Die Annahme, dass Jungen technikbegeistert sind und sich für die Funktionsweise des Computers interessieren, lässt sich nicht bestätigen. Viele Jungen scheinen ihrem Gegenüber eine Technikbegeisterung signalisieren zu wollen, gilt sie doch als eine hoch bewertete Kompetenz des männlichen Gender. Leu (1990) kam in seiner Untersuchung zu dem Ergebnis, dass die meisten der befragten Jungen aber gerade einmal in der Lage sind, Spiele zu laden oder sich durch einfache Programmierungen die Anzahl der »Leben« pro Spiel zu erhöhen. Demgegenüber steht eine hohe Bewertung der eigenen Kompetenzen:

> »In den Einzelgesprächen und der teilnehmenden Beobachtung am Computer erzählt Lars [einer der Befragten, V.L.] weiterhin, was er alles an Programmen machen und wie er mit Software komponieren, Grafiken erzeugen, Dateien verwalten usw. könne. Zugleich zeigt sich aber, dass er kaum in der Lage ist, mehr als das Starten und Bedienen von Spielprogrammen zu bewerkstelligen [...]. Es macht den Anschein, dass er [...] an seinen Bluff selber glaubt« (ebd.: 119).

Einher mit der hohen Selbstwertung der kindlichen PC-Nutzer geht die elterliche Bewertung der Kompetenzen ihrer Jungen. Im besonderen Mütter zollen ihren männlichen Kindern Anerkennung und bezeichnen sie schnell als »Computerexperten« oder als »technisch außerordentlich begabt« (vgl. ebd.: 117ff.).

Heppner et al. (1990), die zum niedersächsischen Modellversuch »Mädchen und Neue Technologien« eine wissenschaftliche Begleituntersuchung durchführten,[170] stellen fest, dass computererfahrene Mädchen ihre Kenntnisse weniger demonstrieren als Jungen. Jungen neigen dazu, z.B. durch den überhöhten Gebrauch von Fachvokabular, ihre vermeintlich besseren Kenntnisse, »gut zu verkaufen« um nicht zuletzt die Gendererwartung eines technikbegabten Jungen zu erfüllen.

> »Im Hinblick auf den sprachlichen Zugang zum Themenkomplex ›Neue Technologien‹ haben wir vor allem bei der praktischen Arbeit mit Computern festgestellt, dass Jungen dazu neigen, in extensiver Weise Fachausdrücke oder Ausdrücke zu benutzen, die sie für Fachausdrücke halten. Aus unseren Beobachtungen und Diskussionen haben wir den Eindruck gewonnen, dass sie damit ihre Kenntnisse demonstrieren wollen. Die Mädchen benutzen, sogar wenn sie entsprechende Computerbegriffe kennen, [...] alltagssprachliche Formulierungen für ihre Betätigungen am Computer« (ebd.: 149f).

Zudem bezieht sich das technische Interesse von Jungen heute eher auf das Aussehen und die potentiellen Möglichkeiten von Geräten und weniger auf die Funktionsweise. Die eigene Computerausstattung und nicht so sehr eine hohe Kompetenz im Umgang mit den Medien scheint statusbildend zu sein (vgl. Diskowski et al., 1990: 107).

Ritter (1994) konzentriert sich in ihrer empirischen Studie »Computer oder Stöckelschuh?«[171] auf die Bedeutung des Computers für Mädchen. Diese rekonstruiert Ritter anhand der Selbstbeschreibungen der Mädchen, wie auch anhand der Verortung des technischen Mediums in ihrer Biografie. Grundsätzlich ist davon auszugehen, dass die Mehrzahl der bisher vorgelegten Untersuchungen als Erklärung für das geringere Interesse von Mädchen an Computern in folgende Richtung weisen:

»Die Mädchen treffen auf eine bereits männlich geprägte Kultur der Computerbeschäftigung, die in doppelter Weise ausschließend wirkt: zum einen werden die Mädchen tatsächlich als unfähig und inkompetent abgelehnt, zum anderen werden Orientierungen wie Konkurrenz auf der Sachebene und Kenntnisse in technischem Basiswissen verlangt, die Mädchen nicht bieten können« (Ritter, 1994: 20).

Es ist zu klären, ob Mädchen die traditionell männlich geprägten Orientierungen überhaupt bieten wollen, und wie sie sich mit der Computerkultur auseinandersetzen. Die von Ritter befragten Mädchen gaben an, ihre Computerbeschäftigung als das Ausleben mit den als männlich wahrgenommenen Wünschen und Anteilen ihrer Selbst zu erleben. Die Beschäftigung mit dem Computer führt somit zu einer Auseinandersetzung mit eigenen als männlich wahrgenommenen Anteilen und der eigenen Weiblichkeit. »Für sie [die Mädchen, V.L.] hat der Computer ein Geschlecht – er ist männlich« (ebd.: 42).

Die Auseinandersetzung mit dem PC hat dann entweder eine Kritik am traditionell Männlichen oder Weiblichen zur Folge oder führt zu einer Entwertung von Weiblichkeit und dem Verharren in stereotypen Mustern (vgl. ebd.: 201). Das Computerinteresse der Mädchen ist eng verknüpft mit der Vaterfigur, weil dieser oft als objektive Begründung für das Computerinteresse dient.[172] Damit ist häufig eine Abgrenzung von der Mutter und auch von »Weiblichkeit« im allgemeinen verbunden.

»Die Computermädchen stellen sich alle als besondere Mädchen dar, die anders sind als die anderen Mädchen [...]. Die Mädchen geraten so in einen besonderen Konflikt, den sie nur lösen können, wenn es ihnen gelingt, ein Konzept von Weiblichkeit zu entwickeln, das ihre verschiedenen und widersprüchlichen Wünsche und Anteile integriert« (ebd.: 202f).

Dem Computer wird eine besondere »Allmacht« zugeschrieben, dessen Aneignung sich zweigleisig darstellt. Zum einen sehen die Mädchen in ihrer angeeigneten Macht über den Computer einen Zugewinn an persönlicher Subjekthaftigkeit. So finden sich beispielsweise Vorstellungen über gesellschaftliche und persönliche Anerkennung als Computerfachfrau und Stolz, die Angst vor einer unheimlichen Technik überwunden zu haben. Zum anderen wird jedoch der Verlust des »Eigenen« deutlich, was sich u.a. an der Tatsache festmacht, dass Mädchen ihre Computerkenntnisse gegenüber anderen verheimlichen. Diese Verheimlichung funktioniert als Schutz vor Kritik, dem Lachen und vor der verächtlichen Abwehr anderer (vgl. ebd.: 203).

Im Umgang mit dem PC unterscheiden sich Jungen und Mädchen auch hinsichtlich des Gewinns der Beschäftigung. Während Jungen den PC weit häufiger spielerisch nutzen, und sich den Zugang gerade über das Spielen öffnen, lässt sich bei Mädchen eine aufgabenorientierte Nutzung beobachten.

»Die Jungen gehen eher spielerisch-locker mit Gerät und Funktionen um, während die Mädchen eher aufgabenorientiert wirken, wobei sie die gestellte Aufgabe oft sehr sicher und selbständig erledigen, sich aber darüber hinaus nicht weiter mit dem Computer beschäftigen« (Heppner et al., 1990: 85f).

Stoßen Mädchen und Jungen im Umgang mit dem PC auf Hindernisse, gemeint sind beispielsweise Systemabstürze, die Eingabe falscher Befehle oder eine falsche Bedienung von Programmen und Geräten, begegnen die Geschlechter diesen Schwierigkeiten auf verschiedene Art: Mädchen neigen dazu, bei Fehlern und Schwierigkeiten die Ursachen bei sich zu suchen, während Jungen die Schuld eher auf die Arbeitsmittel oder auf andere Personen schieben (vgl. ebd.: 93).

Jungen scheinen im Umgang mit dem PC versierter und treffen auf eine ihnen vertraute Kultur. Trotzdem wollen sich auch immer mehr Mädchen der Faszination des Computers nicht entziehen. Womöglich scheint die Aussicht via PC in das www zu gelangen einen Anreiz zu bieten, denn Mädchen sind zunehmend im Netz vertreten.

4.2.3   Kinder im Internet

60% der computererfahrenen Kinder haben 2003 bereits Erfahrungen mit dem Internet gesammelt. Betrachtet man die beiden Vorjahre, ist die Internetnutzung enorm angestiegen: Waren es im Jahr 2000 noch 31% PC-Nutzer/innen, die auch im Netz Angebote wahrnehmen, stieg der Anteil im Jahr 2002 bereits auf über die Hälfte der Computernutzer/innen (52%). Innerhalb von drei Jahren hat sich die Anzahl der surfenden Kinder folglich verdoppelt.

Besonders beachtenswert ist, dass Mädchen in der jüngsten Kim-Untersuchung[173] erstmals häufiger als Jungen online sind. Nutzten 2002 gut die Hälfte der befragten weiblichen Kinder das Netz (gegenüber 53% Jungen), stieg der Anteil innerhalb eines Jahres auf 62% (gegenüber 58% Jungen). In den Jahren 2000 bis 2003 stieg der Anteil der jungen Nutzerinnen also um 32%, während der Anteil der jungen Nutzer um lediglich 26% stieg. Beide Geschlechter nutzen folglich gleichsam, zumindest selten, das Internet. Dies zeigt sich durchgehend in allen Jahren der Erhebung (vgl. Kim 2000, 2002 und 2003). Ein Desinteresse bzw. Interesse an neuen Technologien liegt also nicht in einer vermeintlichen »Natur« der Geschlechter, sondern wird durch die verschiedenen Sozialisationsagenten maßgeblich geprägt.[174]

Auch bei der Frage nach der Nutzungsfrequenz weisen die Kinder wenig markante geschlechtsdifferenzierende Merkmale auf. Etwas häufiger geben die befragten Jungen an, jeden oder fast jeden Tag im Netz zu surfen (10% Jungen zu 6% Mädchen), und Mädchen finden sich etwas häufiger unter den »Selten-Nutzern« (55% Mädchen zu 49% Jungen). Unter denjenigen, die ein oder mehrmals pro Woche online gehen, finden sich nahezu genauso viele männliche wie weibliche Kinder (41% Jungen zu 39% Mädchen) (vgl. Kim 2002).

Auf die Frage »Wie ist das, wenn Du ins Internet gehst: Machst Du das meistens alleine, gemeinsam mit Freunden, gemeinsam mit Eltern oder gemeinsam mit Geschwistern?«, gibt knapp ein Drittel der befragten Kinder an, meistens alleine im Netz zu surfen. Knapp vier von zehn Kindern gehen in der Regel mit ihren Eltern zusammen online, und ein Fünftel nutzt das Netz gemeinsam mit Freunden. Es fällt auf, dass Mädchen weniger häufig als Jungen alleine surfen (25% Mädchen zu 38% Jungen). Eltern und Freunde sind für Mädchen wichtige Begleiter/innen in die virtuelle Welt (vgl. Kim 2003).

4.3 Die »Net-Generation«: Jugendliche im Internet

Im Jahr 2002 zählen 83% der 12 bis 19-jährigen Jugendlichen zu den Internetnutzer/innen, die zumindest selten ins Netz gehen; dabei gehören Mädchen und Jungen in gleich großer Zahl zu den Onlinern. Der Anteil der bundesdeutschen Jugendlichen mit Internet-Erfahrung ist in den letzten fünf Jahren fast um das Fünffache gestiegen. Der Vergleich der mpfs-Studienreihen »Jim«[175] ergibt, dass 1998 lediglich 18% das Internet nutzen, ein Jahr später 29% und im Jahr 2000 surfen 57% der Jugendlichen. Von 1999 bis 2000 hat sich die Anzahl der Jugendlichen, die zumindest selten online gehen, nahezu verdoppelt. Im Jahr 2001 zählen 63% der 12- bis 19-Jährigen zu den Nutzer/innen. Im Vergleich zum Vorjahr bedeutet dies einen schwachen Zuwachs von 6%; die Steigerungsraten der Vorjahre werden nicht erreicht. Seit 1999 verringern sich die Geschlechterunterschiede bezogen auf die Internetnutzung sukzessiv, bis sie schließlich im Jahr 2002 nicht mehr vorhanden sind (vgl. Jim 2002 und 2003).

4.3.1   Vermittlungsinstanzen, Nutzungsort und -frequenz

Den Umgang mit dem Internet lernen die meisten Jugendlichen durch Freunde oder Eltern. Die Schule als erste Vermittlungsinstanz zum Erlernen des Umgangs mit dem Internet liegt überraschend weit hinten. Es lässt sich konstatieren, dass Jungen den Umgang mit dem neuen Medium signifikant häufiger autodidaktisch lernen. Während sich nur jedes zehnte Mädchen den Umgang mit dem Internet selbst aneignet, ist es unter den Jungen jeder Vierte. Festzuhalten gilt, dass Eltern sowie peer groups großen Einfluss auf die Computer- bzw. Internetaneignung von Kindern und von Jugendlichen nehmen (vgl. Kim 2001).

Die meisten Jugendlichen nutzen den Computer und den Internetzugang zu Hause. Wie die Studie von Kielholz (1998)[176] zeigt, geben 70% der Jungen an, selbst der häufigste Computernutzer zu Hause zu sein, gefolgt vom Vater (17%). Bei den befragten Mädchen ist der Vater der häufigste Computernutzer (47%), gefolgt von der eigenen Person (27%). Lediglich 3% der befragten Mütter von Söhnen geben an, die häufigste Nutzerin zu sein, während die Mütter von Töchtern zu 10% am häufigsten den PC zu Hause nutzen.

Als interessant erweist sich in diesem Zusammenhang auch die Frage nach dem Standort des Computers. Allein das Vorhandensein eines PC im Haushalt zeigt keine signifikanten Unterschiede: 90% der Mädchen und 95% der Jungen geben an, zu Hause einen Computer zu haben. Fragt man jedoch danach, in welchem Wohnraum der Computer steht, der am häufigsten von den Befragten benutzt wird, zeigen sich deutliche Geschlechterunterschiede. Bei der Hälfte der befragten Jungen steht der Computer im eigenen Zimmer, während dies nur bei 21% der Mädchen der Fall ist. Die Mädchen geben am häufigsten an, der Computer stehe im Büro des Vaters oder der Mutter (37%) oder in einem anderen Zimmer (42%) (vgl. ebd.).

Kielholz (1998) untersuchte in diesem Zusammenhang auch, wer die Initiative zur Anschaffung eines Computers ergriff. 17% der Mädchen geben an, den Anstoß zum Kauf eines Computers selbst gegeben zu haben, während es bei den Jungen über 40% sind. Die Mädchen nennen am häufigsten ihren Vater als Initiator (vgl. ebd.: o.S.).

Hinsichtlich der Nutzungsfrequenz lassen sich nur schwache Unterschiede zwischen den Geschlechtern ausmachen. Jungen surfen häufiger täglich bzw. mehrmals pro Woche (67% Jungen zu 59% Mädchen), wohingegen Mädchen das Internet häufiger nur sehr selten nutzen (15% Mädchen zu 9% Jungen). Unter den wöchentlichen Nutzer/innen bzw. denjenigen, die mehrmals im Monat surfen, finden sich nahezu genauso viele Mädchen wie Jungen (26% Mädchen zu 24% Jungen). Diese Ergebnisse korrespondieren sowohl mit den Befunden der GfK erwachsene User/innen betreffend, als auch mit den Befunden des MPFS bezüglich der Internet-Nutzungsfrequenz von Kindern: Die GfK stellt bei dem signifikant weiblich dominierten Internettyp »Nutzenorientierter Gelegenheits-User« eine unterdurchschnittliche Nutzungsfrequenz fest und die Kim-Studie zeigt, dass weibliche Kinder eher kürzere Nutzungszeiten aufweisen, während männliche Kinder sich etwas häufiger unter den täglichen Surfern finden.

4.3.2 Nutzungsmotivation und -präferenzen

Jugendliche nutzen das Internet in erster Linie zur gezielten Informationssuche sowie zur Kommunikation. So hat, sowohl bei Jungen als auch bei Mädchen, der Versand von E-Mail die höchste Priorität und wird von 42% der Befragten täglich oder mehrmals pro Woche genutzt, etwas häufiger von Mädchen als von Jungen. Der Chat findet, gemäß der Jim Studie 2002, bei gut einem Viertel der jugendlichen Internetnutzer/innen mehrmals pro Woche Anklang. Überraschend ist, dass der Chat innerhalb eines Jahres an Attraktivität eingebüßt hat, denn im Jahr 2001 gaben noch über ein Drittel der Jugendlichen an, regelmäßig zu chatten.

Auf geschlechtstypische Nutzungsmuster lassen die »Top drei« (E-Mail Versand, gezielte Informationssuche und Chatten) kaum schließen. Lediglich 9% der Befragten nehmen an MUDs teil, allerdings mehr als doppelt so viele männliche wie weibliche Jugendliche. Der »Download« von Dateien, inklusive Musikdateien, ist eine vorwiegend männliche Domäne (vgl Jim 2002). Die Ergebnisse der Kielholzschen Studie hinsichtlich des Chattens und der Teilnahme an Newsgroups differieren von den Ergebnissen der mpfs-Studie: Während die Befragung deutsch-schweizer Schüler belegt, dass Jungen häufiger chatten und an Newsgroups teilnehmen, konnte dies die zwei Jahre später durchgeführte mpfs-Studie nicht bestätigen. Auffallend ist aber die Korrespondenz der Ergebnisse bezüglich des Interesses an Downloads und der Teilnahme an MUDs: beide sind von Jungen hochsignifikant häufiger vollzogene Aktivitäten. Auch das Programmieren ist eine von männlichen Jugendlichen präferierte Online-Tätigkeit.[177]

4.3.3   Einstellungen zum PC und Internet

Auf der mpfs-Datenbasis zur Befragung von Motiven und Einstellungen Jugendlicher zum Computer (nicht zum Internet) kristallisieren sich mit Hilfe einer Clusteranalyse drei Typen von Computernutzern heraus: der PC-Fan (29%), der PC-Pragmatiker (42%) und der PC-Verweigerer (29%) (vgl. Jim 2000).

Der als »Fan« bezeichnete Typ hat mehr positive als negative Einstellungen gegenüber dem Computer. Er zieht den PC anderen Medien wie beispielsweise Büchern oder Fernsehen eindeutig vor und würde gerne noch mehr Zeit mit dem Computer verbringen. 82% dieser Gruppe sind intensive PC-Nutzer.[178] Männliche Jugendliche (65%) sind hier signifikant stärker vertreten als weibliche Jugendliche (35%).

Der »Pragmatiker« zeichnet sich durch eine positive Einstellung gegenüber dem Computer aus, ohne dabei euphorisch oder unkritisch zu sein. 64% dieser Gruppe nutzen mindestens mehrmals pro Woche den Computer, während 16% ihn gar nicht nutzen. In dieser Gruppe finden sich 55% Jungen und 45% Mädchen.

Unter dem Typ »PC-Verweigerer« sind diejenigen Jugendlichen zusammengefasst, die ein distanziertes Verhältnis gegenüber PCs haben. Sie
verbinden mit der Computernutzung weder eine Freizeitbeschäftigung noch
Spaß. In dieser Gruppe findet sich der höchste Anteil der Nichtnutzer
(38%). Zweidrittel der »Verweigerer« sind Mädchen. Betrachtet man das
»Image« des Internet, fällt auf, dass sich die Geschlechter hinsichtlich ihrer
Einstellung zum Internet angenähert haben. Junge Männer wie auch Frauen
stimmen in der Befragung 2002 am häufigsten den Aussagen zu, dass man
im Internet neue Dinge findet, dass das Netz für die schulische und berufliche Ausbildung nützlich ist und dass es heute einfach dazu gehört. Zwei
Jahre zuvor hatte das Internet bei pubertären Jungen und Mädchen noch ein
unterschiedliches Image: So fanden mehr Jungen (66%) als Mädchen
(55%) das Internet »gehöre heute einfach dazu«. Ebenso betonten im Jahr
2000 vergleichsweise mehr männliche Befragte den Spaßfaktor des www.
Dass sich im Internet sehr gut neue Bekanntschaften schließen lassen, finden im Jahr 2000 mehr Mädchen (56%) als Jungen (44%). Zwei Jahre später zeigt sich ein anderes Bild: Nur noch vier von zehn Mädchen stimmen
zu, dass sich das Netz für die Schließung neuer Freundschaften eignet
(Jungen: 36%).

Bedeutsamer erscheint Jungen nach wie vor der statusbildende Effekt
der Internetnutzung: Sie stimmen häufiger als Mädchen der Aussage zu,
dass Freunde das Netz nutzen und das Internet »ein Muss« ist, will man
dazugehören. Insgesamt lässt sich feststellen, dass die Jugendlichen dem
Internet positiv gegenüberstehen (vgl. Jim 2000 und 2003).[179]

4.4 Vordergründige Naturalisierungsfaktoren

Wie sowohl die GFK, der (N)onliner Atlas als auch die mpfs-Studie belegen, gleichen sich die Anteile der Internetnutzerinnen und Internetnutzer
zunehmend an. Weil unter den jüngeren Usern der Frauenanteil am höchsten ist, lässt sich mittelfristig mit einer geschlechtlichen Gleichverteilung
im Netz rechnen. Doch bedeutet eine gleichverteilte Präsenz auch eine geschlechtliche Neutralisierung des ehemals männlich dominierten Terrains
des PC bzw. Internet? Vordergründig kann aufgrund der angeführten Studienergebnisse davon ausgegangen werden, dass das Internet sich zunehmend als »geschlechtsoffenes« Feld etabliert. Wie wichtig ist das Ge-

schlecht im Kontext des Internet? Welche doing- und undoing-Gender-prozesse finden statt bzw. müssten stattfinden, damit der Cyberspace als geschlechtsneutraler Raum gelten kann? Als »kulturell offen« gälte das Netz, wenn es emotional nicht besetzt ist und keine spezifisch beruflichen Voraussetzungen oder Passionen erfordert. Eine vordergründige Neutralisierung könnte zudem erfolgen, wenn die Geschlechterdifferenz lediglich in den Hintergrund rückt, aber schnell reaktiviert werden kann, weil sie lediglich in Randbereiche verschoben wurde.

Unter »Temporalisierung« wird folgender These nachgegangen: Männer verfügen immer nur temporär über gleiche Netzkompetenzen wie Frauen und eignen sich bereitwilliger neue Kompetenzen an bzw. stehen technischen Innovationen aufgeschlossener gegenüber und sind so immer »einen Schritt voraus«. Es lässt sich vermuten, dass die von Frauen geringfügig häufiger präferierten Dienste wie E-Mail oder das Chatten als leicht zu erlernen abgetan werden, wohingegen »harte« Kompetenzen wie z.B. Online-Brokerage höher bewertet werden. Werden geschlechtertypische Unterschiede gar »benötigt«, damit der nunmehr ausgeglichene Zugang zum Internet nicht gleichzeitig einen Statusverlust für das ein oder andere Geschlecht bedeutet? Der Punkt »Strukturelle Kanalisierung« zeigt, dass Frauen mit strukturellen Barrieren eher zu kämpfen haben als Männer.[180]

4.4.1   Kulturelle Offenheit: Das Netz als Symbol

Mit dem Internet gehen sowohl männliche als auch weibliche Konnotationen einher: Historisch betrachtet, symbolisiert es durch seine Nähe zum Militär[181] »Männlichkeiten«. Auch die mit Neuen Informationstechnologien verbundenen Studiengänge und Berufe wie z.B. Elektrotechnik, Informatik oder Kommunikationstechnik sind männerdominiert. Das Vorurteil, eine Internetnutzung setze wesentliche Technikkompetenzen voraus, welche wiederum eher dem männlichen Geschlecht zugeschrieben werden, lässt das Netz ebenso unattraktiv für Frauen erscheinen wie das Vorurteil einer hohen Anzahl pornografischer Inhalte.[182]

Auf der anderen Seite lassen sich aber auch viele weibliche Symboliken finden. Diese gehen einher mit der buchstäblichen Vernetzungsmöglichkeit.[183] Krewani (2000) z.B. verwendet die Netzmetapher und die Metapher des »virtuellen Raumes« als Bild für den nomadischen Zeltbau, der inzwischen als fester Bestandteil architektonischer Traditionen gilt:

»Das Weben und der Zeltbau sind dabei verwandte Techniken, die vor allem von No-
maden angewendet wurden, die ihre Räume jeweils neu und vor allem flexibel zu besetzen hatten [...]. Zeltarchitekturen, nomadische Lebensführung und das Weben erhalten
hier eindeutig ›weibliche‹ Konnotationen. Beziehen wir diese Formen zurück auf das Internet, so wird deutlich, dass es sich hier um einen -zwar virtuellen- Raum handelt, der
traditionell weiblich konnotiert ist« (ebd.: 197f).

Betrachtet man die vielfältigen Kommunikationsmöglichkeiten via Internet
wie E-Mail, Chatten oder Diskussionsforen, so treffen Frauen auf eine ihnen vertraute Kultur, die sowohl den praktischen, kurzen und kostengünsti-
gen Informationsaustausch erlaubt, als auch das ausschweifende Reden und
Klatschen[184] zulässt. Weiblich konnotiert ist das Netz nicht zuletzt durch
die strukturellen Veränderungen am Arbeitsmarkt, der auf vielen weiblichen Arbeitssektoren vermehrt auf Telearbeit setzt. Außerdem finden sich
Frauen häufig in den Berufsfeldern, die auf eine Arbeit mit dem Computer
angewiesen ist, wie z.b. das Sekretariat oder Call-Center.

Auch durch die Möglichkeit des Online-Shoppings bekommt das Netz
eine weibliche Qualität; die weibliche Kaufkraft ist mittlerweile von In-
dustrie und Handel entdeckt worden, weswegen sich Umfragen zum Onli-
ne-Konsumverhalten von Frauen häufen.

Die grundlegende Kommunikation via E-Mail, sowie die berufliche und
private Informationsrecherche wird von beiden Geschlechtern gleichermaßen angenommen und ist für Beruf und Ausbildung mittlerweile unerläss-
lich.[185] Die Nützlichkeit des www für Schule, Bildung und Beruf erkennen
beide Geschlechter gleichermaßen an. Weil eine Aneignung von Internetkompetenzen weder spezifische Eignungen noch einseitige Interessen voraussetzt, kann es geschlechtlich offen bleiben.

Andererseits ist das Netz im öffentlichen Diskurs und in der öffentlichen
Repräsentanz noch immer männlich besetzt: In TV-Beiträgen, öffentlichen
Diskussionen, Fachzeitschriften und im Internet selbst, dominieren Männer
als Experten und als Gestalter des Internet. Frauennetzwerke und Userinnen kommen in der öffentlichen Debatte nur marginal vor. Entsprechend
konstatiert Döring (2000):

»Selbstverständlich, bereichernd und lustvoll werden die Aktivitäten von Nutzerinnen
selten dargestellt; Viktimisierung nimmt in den Darstellungen viel größeren Raum ein
als Empowerment. Die konstruktiven Nutzungsmöglichkeiten [...] expliziter zu würdi-
gen fällt schwer, solange der Vorwurf unkritischer Technikgläubigkeit zu fürchten ist,
der nicht nur die intellektuelle Integrität, sondern auch gleich die traditionelle feministische Identität angreift« (ebd.: 203f).

Das Bild des Internet scheint sich aber zu wandeln. In Gesprächen mit Mädchen und Frauen stellt sich heraus, dass sich die meisten gar nicht subjektiv benachteiligt fühlen und das Netz nicht als männliche Domäne wahrnehmen. Mit Optimismus lässt sich das Internet als »geschlechtlich offen« deklarieren, weil sich weibliche Symbolwerte finden, beide Geschlechter gleichsam das Netz als bereichernd empfinden und es nutzen und ihm positiv gegenüberstehen.

4.4.2   Verlagerung: Geschlechtertypische Nutzung

Gemessen an der Gleichverteilung der meistgenutzten Internetangebote, wie E-Mail, Chat, das Abfragen aktueller Nachrichten und die Informationssuche zu Weiterbildungen, tritt die Geschlechterdifferenz in den Hintergrund. Ein gleichberechtigter Internetzugang wird zudem durch Institutionen gefördert und Projekte, wie z.B.»Schulen ans Netz«,[186] sorgen für die Online-Ausbildung der jungen Generation, was vordergründig eine »Chancengleichheit« suggeriert.

Die geschlechterdifferenzierenden Momente werden vielmehr »am Rande« aktiviert und sind nicht sichtbar. Wenn Männer ihrem Gender-Status entsprechende Nutzungspräferenzen haben und sich im Netz mit Börseninformationen, Online-Brokerage, dem Programmieren und Sportergebnissen beschäftigen, so sind Online-Shopping, Kochen, Fitness, Gymnastik und Gesundheit sowie Informationen zu Musik und Film weibliche Interessenfelder, die auch empirisch bestätigt wurden.[187]

Eine weitere Ausdifferenzierung »am Rande« findet sich in den Nutzungsfrequenzen. In allen Altersgruppen, also sowohl bei Kindern als auch bei Jugendlichen und Erwachsenen, zeigt sich, dass eine hochfrequentierte Nutzung häufiger bei dem männlichen Geschlecht zu finden ist. Unter den Userinnen sind häufiger diejenigen, die das Internet kürzer nutzen. Eine Gleichverteilung findet sich im »Mittelfeld« der Nutzungsdauer. Während das Gros der User und Userinnen also das www etwa gleich häufig besucht und sich darin gleich lange aufhält, finden wir unter den »Freaks« mit überdurchschnittlichen Nutzungsfrequenzen eher Männer und unter den Selten-Usern, die vermutlich eher pragmatisch und aufgabenorientiert surfen, eher Frauen. Zieht man Rückschlüsse auf eine gesellschaftliche Wertschätzung der Extremwerte der Nutzungsdauer, kommt man nicht umhin festzustellen, dass ein exzessiver »Freak« statushöher bewertet wird als eine praktisch orientierte Selten-Userin. Dabei muss berücksichtigt werden, dass eine quantitative Verweildauer im Netz nicht gleichbedeutend ist mit qualitativ wertvoller Nutzung.

Dennoch lässt sich schließen, dass die weibliche Internetnutzung weniger mit Macht, Prestige und Leistung verbunden wird als die männliche. Gerade deshalb kann das Netz hier vordergründig geschlechtlich offen bleiben: Die Geschlechter kommen sich nicht »in die Quere«, da sie sich gegenseitig ihren Gender-Status anzeigen und zuweisen.

4.4.3   Temporalisierung: Gender-Kompetenzen

Die signifikante Überrepräsentanz von Frauen in dem Cluster des »Nutzenorientierten Gelegenheits-Users« sowie die hohe Anzahl der weiblichen »PC-Verweigerer« verweisen darauf, dass Frauen und Mädchen die Kosten und Nutzen des Internet abwägen. Männer und Jungen hingegen neigen eher zu einem spielerischen Umgang mit dem www, besuchen signifikant häufiger MUD-Spiele und beschäftigen sich mehr als Mädchen mit dem Download von Dateien.

Keine der zitierten Studien fragt nach der Ausrüstung des PC. Deshalb lässt sich nur vermuten, dass User technisch besser ausgerüstet sind als Userinnen. Der Download von Musikdateien bzw. das Hören von Sounddateien setzt mindestens die Installation von Audio-Boxen voraus. Oft sind Dateien grafisch animiert, so dass die Installation technisch guter Grafik- und Soundkarten von Vorteil ist.

Die oben angestellten Spekulationen über eine »geschlechtstypische Ausstattung« der PCs liegen nahe, betrachtet man die Ergebnisse der ACTA (1999), die die genauen Kenntnisse von Begriffen aus der Computer- und Kommunikationswelt abfragte (wie z.B.»Modem«, Digital«, »Homepage« »Call-by-Call«). Durchweg kann Frauen eine geringere Kenntnis von Fachbegriffen bescheinigt werden, was auch daran liegen mag, dass diese nicht wissen wollen, wie etwas funktioniert, sondern lediglich sicher sein wollen, dass etwas funktioniert.

Interpretiert man die Ergebnisse unter Berücksichtigung von »doing-gender«, so zeigt sich, dass männliche Techniknähe sozial erwünscht ist und weibliche Technikdistanz in das Konstrukt »Weiblichkeit« passt. In dieses Bild fügt sich auch die Feststellung, dass Mädchen ihre PC-Kenntnisse leugnen, um nicht männlich zu wirken (vgl. Ritter, 1994). Das

Verhältnis von Frauen und Männern zum Netz-Medium ist dann schließlich in einem komplexen Symbolgeflecht von Darstellungs- und Zuschreibungspraxen zu sehen. Selbst- und Fremdzuschreibung der Geschlechter finden in der Technik ein weites Projektionsfeld und die empirisch feststellbaren Geschlechterdifferenzen sind nicht Ausdruck naturgegebener kognitiver oder affektiver Unterschiede, sondern das Ergebnis eines gesellschaftlichen Konstruktionsprozesses. Internetnutzer müssen sich von den Nutzerinnen nicht »bedroht« fühlen. Das männliche Geschlecht kann zwar davon ausgehen, dass Frauen den E-Mail-Versand, das Chatten oder die gezielte Informationssuche beherrschen und ebenso häufig nutzen; zu herausragenden Fähigkeiten zählen aber eher der Online-Börsenhandel, das Schreiben eigener Programme oder die Gestaltung der eigenen Homepage. Letzteres sind männliche Domänen. Collmer (1997) verweist darauf, dass Männern die Computerkompetenz per se zugeschrieben und bis zum Beweis des Gegenteils aufrecht erhalten wird. Bei tatsächlich technikkompetenten Frauen wird die Computerkompetenz aber nicht vorausgesetzt, sondern muss von diesen immer wieder aufs neue unter Beweis gestellt werden (vgl. ebd.: 160).

Männer können auf mehr Erfahrung zurückgreifen, da sie, wie statistisch belegt wurde, zeitlich früher Netzerfahrungen gesammelt haben. Dieser Wissens- und Kompetenzvorsprung erlaubt eine vordergründige Neutralisierung der Differenz, da beide Geschlechter ihren Gender-Status beibehalten.

4.4.4 Strukturelle Kanalisierung: Zugangsbarrieren

Strukturelle Barrieren setzen einen schleichenden Segregationsprozess in Gang, bis die ursprünglich am gleichen Ausgangspunkt gestarteten Frauen und Männer sich in getrennten Feldern wiederfinden. Als strukturelle Zugangsbarrieren zum Netz stellt Neverla (1998) für Frauen die drei entscheidenden Faktoren »Geld«, »Zeit« und »Wissen« heraus:

> »In ihrer Ausstattung mit den Ressourcen Geld und Zeit und ihrer Disponibilität darüber sind Frauen im Vergleich zu Männern benachteiligt. Durch die traditionelle Aufgabenteilung sind sie in eine doppelte Zeitstruktur eingebunden, nämlich die der Erwerbsarbeit und die der reproduktiven Aufgaben für sich und ihre Familienangehörigen. Daraus resultieren geringe Zeitdisponibilität und beschränkte Möglichkeiten, um sich das Wissen und die Erfahrung im Umgang mit der neuen Technik anzueignen« (ebd.: 140).

Zusätzlich lässt sich aus den Ergebnissen der mpfs-Studie schließen, dass Mädchen bei dem Erlernen von PC-Kompetenzen oft auf Dritte angewiesen sind. Jungen eignen sich den PC-Umgang in peer groups an oder machen sich autodidaktisch mit ihm vertraut. Dass Computerbeschäftigung für Jungen eher ein Vergnügen und Freizeit bedeutet, lässt sich u.a. an dem Standort des PC festmachen. Seltener verfügen Mädchen über einen eigenen Computer, wohingegen dieser in jedem zweiten Jungen-Zimmer zu finden ist.

Weibliche Technikdistanz vermitteln auch die Mütter der Kinder, die wiederum auch durch oben genannte Faktoren selbst strukturell benachteiligt sind. Bei jedem zweiten Mädchen stellt der Vater denjenigen dar, der den Computer am häufigsten nutzt. Vor diesem Hintergrund verwundert es nicht, wenn Technikkompetenz nicht als weibliches Sozialisationsziel betrachtet wird. Faktisch sorgen die Faktoren »Wissen«, »Zeit« und »Geld« für eine strukturelle Kanalisierung, die aber vordergründig nicht offensichtlich ist, weswegen eine aktive Markierung der Differenz nicht stattfinden muss.

Zusammenfassung

Im Jahr 2003 zählt bereits die Hälfte der bundesdeutschen Bevölkerung zu den Onliner/innen, wobei Männer häufiger im Netz vertreten sind als Frauen: Die Internetnutzer/innen setzen sich im Jahr 2003 aus 44% weiblichen und 56% männlichen Usern zusammen. Es ist zu erwarten, dass sich der Anteil der Internetnutzerinnen dem Anteil der Nutzer zunehmend annähert. Frauen dominieren in dem Cluster der »Selten-« und »Nutzenorientierten Gelegenheits-User« während Männer überproportional karriereorientiert surfen. »Harte« Themen wie Online-Brokerage, das Abfragen von Aktienkursen und Unternehmensnachrichten, Online-Banking und das Programmieren von Homepages sind Beweggründe für eine Netznutzung in der Gruppe der »Karriereorientierten«, in der sich aber auch Frauen finden. Haben Frauen erfolgreich den Weg ins Netz geschafft, surfen sie eher ökonomisch und praxisorientiert. Sie nutzen das www durchschnittlich seltener und kürzer als Männer. Die elektronische Post ist ein Dienst, der von Frauen häufiger als von Männern beansprucht wird.

Unter den Jugendlichen ist die Geschlechterverteilung im Netz nahezu ausgeglichen. Bemerkenswert ist, dass der Medienpädagogische Forschungsverbund Südwest in seiner Studie »Kinder und Medien 2003« erstmals feststellen konnte, dass weibliche Kinder häufiger als männliche Kinder über Netz-Erfahrungen verfügen. Bemerkenswert ist das Ergebnis deshalb, weil sich Kinder und Jugendliche, entwicklungspsychologisch betrachtet, in diesem Alter ihre Geschlechtsidentitäten nachhaltig sichern. Auf der anderen Seite finden sich Studien, die darauf verweisen, dass der Computer eher zur Sicherung eines männlichen Gender-Status dient und Computerkompetenzen traditionelle Bilder von Weiblichkeit eigentlich abwerten. Hier stehen wir vor einer Erklärungslücke. In der Zukunft wird sich zeigen, dass die Gender-Metapher von Computer-distanzierten Frauen nicht mehr haltbar ist.

Momentan sind weibliche Teenager und Frauen noch gezwungen, sich bei der Erlernung von PC- und Internetkompetenzen an männlichen Personen zu orientieren. Die Motivation, diese Fähigkeiten auch nach außen zu signalisieren, ist bei Jungen größer. Während diese schon in jungen Jahren Eindrucksmanipulationen durch die Benutzung des einschlägigen Fachjargon betreiben, tendieren Mädchen dazu, ihre Kompetenzen zu verleugnen, um nicht zu sehr von ihrem Gender-Status abzuweichen.

Ist der Computer also »männlich«? Wie sich gezeigt hat, muss unterschieden werden zwischen dem herkömmlichen Computer und dem vernetzten PC. Das Internet löst stereotype Muster auf, die einst an den - elektronischen Rechner geknüpft wurden. Als Kommunikations- und Informationsmedium schlechthin, das aus (Text-)Zeichen besteht, bedient es traditionell weiblich konnotierte Bereiche und lässt sich als Raum mit weiblichen Strategien sehr gut aneignen. Vordergründig betrachtet, findet sich weder bei den Jugendlichen noch bei den Kindern ein Gender Gap. In den Altersstufen von sechs bis dreizehn Jahren zeigt sich seit 2002 durchgehend eine geschlechtlich relativ gleichverteilte Internetnutzung.

Bei der Betrachtung des Internet mit Hilfe der Faktoren »Kulturelle Offenheit«, »Verlagerung«, »Temporalisierung« und »strukturelle Kanalisierung« treten subtile Hierarchisierungen hervor. Diese Faktoren erlauben die Annahme gleichverteilter Netz-Partizipationen, wie sie von den Geschlechtern im Alltag auch meist empfunden werden. Doch zeigt sich, dass die Differenzlinie nicht aktiv gezogen werden muss, weil Männer und Frauen sich ihrem Gender entsprechend adäquat repräsentiert fühlen. Verlagert, temporalisiert und kanalisiert wird die Geschlechterdifferenz allerdings in erster Linie in der Erwachsenengeneration.

Tendenzen weiblicher Einmischung in männerdominierte Netzbereiche zeichnen sich deutlich ab. Immer mehr Frauen gestalten das Internet selbst aktiv mit, programmieren Homepages, füllen es mit »weiblichen« Inhalten und machen es so wiederum für Geschlechtsgenossinnen attraktiv. Tangens (1998), die zu den Internet-optimistischen Netz-Aktivistinnen zählt, schreibt:

»In diesem vergleichsweise neuen Spiel werden die Karten gerade neu gemischt und verteilt und die Regeln ausgehandelt. Wenn wir die Chance zum Mitreden nicht ergreifen, werden wir zukünftig nur noch Patiencen legen dürfen« (ebd.: 374).

Das kommunikative, vernetzende und gestaltende Moment, das der herkömmliche PC nicht bieten kann, ist für Frauen attraktiv. »Online« besetzen sie längst nicht mehr nur »Nischen«, sondern sie haben sich ein weltweites Netz gespannt. Was dies für alte und neue Machtstrukturen bedeutet, bleibt abzuwarten.

5 Das Netz als Gender-Werkstatt

5.1 Geschlechtstypische Kommunikation offline

Sprache *macht* Wirklichkeit und hat somit eine Definitionsmacht inne, wie die Ausführungen zur Butlerschen Diskurstheorie bereits darlegten. In der soziolinguistisch orientierten Geschlechterforschung widmet man sich u.a. der Fragestellung, wie Sprache und das Sprechen als (männliches) Herrschaftsinstrument gebraucht werden können.[188]

In der wissenschaftlichen Auseinandersetzung mit geschlechtertypischen Sprechweisen haben sich in der amerikanischen Soziolinguistik die »Genderlect-Hypothese« und die »Sex-Stereotyp-Hypothese« durchgesetzt. Während erstere davon ausgeht, dass die Beurteilung des kommunikativen Verhaltens aufgrund faktischer Sprachunterschiede erfolgt, impliziert die Sex-Stereotyp-Hypothese, dass Urteile über das Sprachverhalten durch stereotype Erwartungen determiniert werden und sich dann im Sinne selbsterfüllender Prophezeiungen bestätigen (vgl. Thimm, 1995: 122f).

Beide Ansätze sind mit je unterschiedlichen Ergebnissen in wissenschaftlichen Studien überprüft worden. Die Untersuchungsergebnisse verweisen auf einen Zusammenhang beider Hypothesen. Einerseits wird gezeigt, dass die Perzeption der Sprache von Männern und Frauen mehr von Stereotypen beeinflusst wird als von der Sprache selbst, andererseits gibt es Sprachstrategien, die zur Durchsetzung geeigneter sind. Fraglich ist aber, ob sich spezifische Sprechstile an die Genderkategorien koppeln lassen, weil grundsätzlich Männer auch den »female register« und Frauen den »male register« beherrschen und kontextgebunden auch anwenden. Prinzipiell ist also nicht die Existenz zweier unterschiedlicher Sprachstile ausschlaggebend, sondern vielmehr die Situation, in der sie zum Ausdruck gebracht werden (vgl. Thimm, 1995: 124).

Die folgenden Ausführungen sollen die Wahrnehmung für geschlechtertypische Kommunikationsstile in der Alltagswirklichkeit schärfen, um dann zu prüfen, ob sich diese auch in der »körperlosen« computergestützten Kommunikation wiederfinden. Trömel-Plötz (1996) stellt heraus:

131

»Da Frauen, wenn sie sprechen, immer als Frauen identifizierbar sind, können sie sich den Vorurteilen, die über ihr Sprechen bestehen, nicht entziehen« (ebd.: 52f).

Weil Genderattribute in der computergestützen Kommunikation nicht sichtbar sind, könnten sich Männer und Frauen jenseits sozial erwünschter Sprachregister ausdrücken. Eignen sich computergestützte Kommunikationsräume also für eine enthierarchisierte Kommunikation zwischen den Geschlechtern?

5.1.1 Kompetitiver Stil versus kooperativer Stil

Der kompetitive Stil zeichnet sich in erster Linie durch das Übertreffen der Gesprächspartner/innen, durch unbelegte Behauptungen und durch lange Redebeiträge aus:

> »Jede Frau kann zahlreiche Beispiele nennen, in denen schon in der ersten oder in einer der ersten Äußerungen eines Gesprächs, also eigentlich völlig unmotiviert, ein sogenanntes ›topping‹, d.h. ein Übertreffen durch den Mann bewerkstelligt wird, ohne dass es überhaupt schon etwas zu übertreffen gibt« (Trömel-Plötz, 1985: 365).

Eine männliche Art aggressiv bzw. wetteifernd zu sprechen, stellt auch Kotthoff (1993) im institutionellen Kontext der Fernsehdiskussion fest, wobei ein Statuskampf nicht nur zwischen den Geschlechtern stattfindet, sondern auch innerhalb der untersuchten Männergruppen: durch wetteifernde Redebeiträge werden Hierarchien errichtet um Positionen zu erkämpfen (vgl. ebd.: 92).

Männer tendieren in ihrem Sprechverhalten z.b. zu unbelegten Behauptungen und Pseudo-Objektivierungen, die eine »Wissenschaftlichkeit« suggerieren, die nicht vorhanden ist. Der »Bluff« verdeckt die Subjektivität der eigenen Meinung. Denn scheinbar wissenschaftlich Bewiesenes erlaubt keinen Widerspruch und ist vor Gegenargumenten geschützt. Zudem belegen Gesprächsanalysen, dass Männer eine längere Redezeit beanspruchen als Frauen:

> »Männer wählen aus dem Repertoire von Sprechhandlungen eine Kombination aus, die im Ganzen einen ausladenden, erklärenden, vergleichenden, relativierenden, abwägenden, modifizierenden und langweiligen, verwaschenen Stil ergeben« (Trömel-Plötz, 1985: 375).

Gesprächsanalysen von Seminaren und Diskussionsrunden im universitären Bereich belegen, dass die aktive Teilnahme von weiblichen Studierenden allein noch keine Chance und Garantie dafür ist, von anderen Studenten,

Studentinnen und Lehrkräften als aktiv oder konstruktiv sprechend wahrgenommen zu werden. Ein mit durchschnittlicher Gesprächsbeteiligung redender Mann wurde von mehr Kommilitonen und Kommilitoninnen als viel sprechend *wahrgenommen*, obwohl eine Frau doppelt so viele Redebeiträge äußerte (vgl. Schmidt, 1995: 94f). Auch die Wahrnehmung von Sprechbeiträgen ist also androzentristisch geprägt.

Der kooperative Stil zeichnet sich hingegen durch das, innerhalb eines Gespräches versuchte, gemeinsame Erarbeiten kreativer Lösungen aus. Passive und aktive Unterstützung des Redners bzw. der Rednerin, sowie die Bezugnahme auf Vorangegangenes, konstruktive Kritikfähigkeit und das Einbringen persönlicher Themen prägen diese Stilart, die vorwiegend im weiblichen Redeverhalten beobachtet wird. So ist es in weiblich homogenen Gesprächsgruppen weniger wichtig

»[...] verschiedene Definitionen der Ereignisse, der Beziehungen und der Personen gegeneinander auszuspielen, bis eine gewinnt, sondern eher zu einer gemeinsamen Definition von Ereignissen, gemeinsamen Einschätzungen und Bewertungen zu kommen, so dass ein unterstützendes Modell des Miteinanderredens verwirklicht wird [...]« (Trömel-Plötz, 1985: 363).

Die Ermunterung anderer Gesprächsteilnehmer/innen durch unterstützende Minimalreaktionen (z.B.»hmh«) wird häufiger von Frauen praktiziert. Trömel-Plötz (1985) kommt bei der Analyse einer TV-Diskussionsrunde zu dem Ergebnis, dass 150 solcher Minimaläußerungen gemacht wurden. Davon konnten nur drei einem männlichen Teilnehmer zugeordnet werden, wobei sich diese Zustimmungen inhaltlich auf eigene Äußerungen bezogen (vgl. ebd.: 374).

Während der kooperative Gesprächsstil in weiblich homogenen Gruppen von Vorteil ist, weil nicht auf Positionen beharrt, sondern konstruktiv nach Lösungen gesucht wird, ist dieser Stil in geschlechtsheterogenen Gruppen oft nachteilig. So unterliegen Frauen in Gesprächen häufig aufgrund eines partnerzentrierten, wenig auftrumpfenden, themenorientierten Stils.

»Ein Stil, der auf eine ähnliche Beziehungsorientierung beim Gegenüber angewiesen ist, um seine Effizienz zu entfalten, unterliegt dort, wo er auf einen Stil der Selbstdarstellung und Statusdemonstration trifft. [...] Nicht diejenigen, deren Stärken im konversationellen Miteinander liegen, sondern die, deren Stärke im Gegeneinander liegt, geben den Ton an« (Kotthoff, 1993: 92).

Blickt man auf Stereotype, so sind Emotionalität und Gefühl dem weiblich konstruierten Gender zugeschrieben. Es überrascht daher nicht, dass das weibliche Sprachregister gefühlsbetonter ist. Frauen nehmen bereitwilliger

133

Gefühlsäußerungen anderer auf und teilen eigene Emotionen mit. In Gruppen mit ausschließlich weiblichen Teilnehmern kann so eine intime Atmosphäre geschaffen werden, die ausschlaggebend für Leistung und Kreativität ist (vgl. Trömel-Plötz, 1985: 371f). In gemischtgeschlechtlichen Gesprächsgruppen wiederum, führt ein emotionaler Stil schnell zu Machtlosigkeit.

5.1.2   Machtorientierter Stil versus machtloser Stil

Neben der Unterscheidung von kompetitiven und kooperativen Sprachstilen, findet sich in der einschlägigen Literatur die Differenzierung von machtorientierten und machtlosen Sprachstilen. Symptomatisch für den machtorientierten Stil sind die verschieden gelagerten Formen der Redeunterbrechung, die Trömel-Plötz (1985) als »massive Gewaltanwendung durch Beschneidung des Rederechts« deklariert (ebd.: 59). Wie quantitative Studien nahe legen, werden Frauen häufiger von Männern unterbrochen als umgekehrt, weswegen Männer auch oft die Kontrolle über Gespräche haben (vgl. ebd.: 59f).[189]

Gesprächsteilnehmerinnen erbitten sich häufig implizit das Rederecht mit Fragestellungen wie beispielsweise »Weißt Du, was mir heute passiert ist?« oder »Hast Du das schon gehört?«. Die Reaktion des Gesprächspartners bzw. der Gesprächspartnerin entscheidet dann, ob überhaupt gesprochen wird bzw. über was gesprochen wird. Eine weitere hierarchisierende Komponente stellen konversationelle Belehrungen und Erklärungen dar. Der Einsatz dieser Komponenten muss aber nicht notwendig zu einer Überdetermination des Geschlechts führen, weil oftmals der ExpertInnenstatus relevant gemacht werden kann: Kompetenzen können so zentral sein, dass sie Gender als zentrale Identitätskategorie überlagern (vgl. Kotthoff, 1995: 66). Dennoch ist der Expertenstatus traditionell männlich geprägt.

> »In den meisten Gesprächen wird für die Männer der Expertenstatus sehr viel stärker relevant gemacht, sowohl als Autoren, wie auch als Psychologen, Gesundheitsexperten, Anthropologen. Dies liegt aber nicht in jedem Fall an ihnen selbst, sondern auch am Verhalten der anderen Teilnehmer/innen« (ebd.: 66).[190]

Wie aber konstruieren Frauen mittels Sprache die Entsprechung stereotyper Vorstellungen von »Sanftheit«, »Weichheit« und »Machtlosigkeit«? Eher dem weiblichen Stil entsprechende Abschwächungsmechanismen signalisieren Machtlosigkeit bis hin zu Unzurechnungsfähigkeit. An dieser Stelle sind im besonderen »Heckenausdrücke«,[191] Indirektheit, Rückversicherungsfragen und Selbstherabsetzung zu nennen.

Frauen stehen vor einer Double-Bind-Situation: Lernen sie den »männlichen Sprachstil« und missachten die Verhaltensweisen, Sprachen und Gestiken, die an ihren Status geknüpft sind, droht dieser, verloren zu gehen. Verwenden Sie den ihnen vertrauten, sozialisatorisch erworbenen Sprachstil, sind ihre Redebeiträgen weniger machtvoll und laufen Gefahr, nicht gehört zu werden. Eine Double-Bind-Situation ergibt sich auf der anderen Seite auch für Männer: Statusverlust droht bei Anwendung eines auf Kooperation aufbauenden Stils, der aber erfolgreich zu demokratischen Lösungen führen kann. Gesellschaft und Wirtschaft haben bereits den hohen Stellenwert der Beherrschung von Schlüsselqualifikationen in Form von »Soft-Skills« erkannt. Es sind eher Frauen als Männer, die frühzeitig die »weichen« sozialen Kompetenzen erlernen, was sich auch im Sprachstil niederschlägt. Zu den Soft-Skills zählen Durchsetzungsvermögen, Rhetorik, Verhandlungsgeschick und Konfliktmanagement ebenso wie Menschenkenntnis, Team- und Empathiefähigkeit, soziale Sensibilität und Offenheit: Kompetenzen, die dem weiblichen Gender zugeschrieben sind und damit nicht ohne weiteres von Männern erlangt und angewandt werden können, da ein Statusverlust droht.[192]

Wiederum ist damit zu rechnen, dass mit der Anerkennung von Soft-Skills als Voraussetzung für beruflichen Erfolg und den Aufstieg in Führungspositionen, diese Fähigkeiten als Komponenten des männlichen Gender-Status gesellschaftliche Akzeptanz finden. Mit einem geschärften Sinn für Geschlechterverhältnisse lässt sich vermuten, dass mit einer Anerkennung von Soft-Skills als männliche Norm, die Abwertung ebendieser als weibliche Fähigkeiten einhergeht. Weibliche Rhetorikkompetenz könnte sich damit wenden in »weibliche Schwatzhaftigkeit«, Verhandlungsgeschick in »schlangenartige Falschheit«, Empathiefähigkeit in ein »universelles Verständnis für alles und jeden«, Konfliktfähigkeit in eine »Unfähigkeit zum Durchsetzungsvermögen«, Durchsetzungsvermögen wiederum in »Mannhaftigkeit«.

Wenn wir davon ausgehen, dass das Geschlecht maßgeblich die Wahrnehmung von Gesprächsverhalten beeinflusst bzw. Männlichkeit ein Garant für Sprachkompetenz ist, dann genügt es, in einem Gespräch oder einer Diskussion ein Mann zu sein; der Redeerfolg würde umgehend zu Gunsten des männlichen Teilnehmers konstruiert. Durch das Genderswapping im virtuellen Raum wird es Frauen möglich, sich als Mann zu inszenieren. Ob sich allerdings dann die Sprechstile selbst oder die Wahrnehmung von Sprechstilen ändern, ist zu prüfen.

5.2 Geschlechtstypische Sprache online

Die Erforschung (geschlechtsdifferenter) Online-Sprachstile ist ein sehr junges Forschungsfeld, weswegen bisher viele Fragen aufgeworfen und Problemhorizonte verdeutlicht, nicht aber ausführlich bearbeitet wurden. Herring (1995, 1997) kann als Vorreiterin im Feld der Online-Kommunikationsforschung genannt werden. Sie führte in einem Zeitraum von zwei Jahren ethnografische Beobachtungen in akademischen Mailinglisten und feministischen Newsgroups durch.

Das Frappierende an nahezu allen Untersuchungen ist, dass Männlichkeit und Weiblichkeit anhand des Nicknames bzw. des in der Kopfzeile enthaltenden Namens angenommen wird.[193] Wie bereits verdeutlicht, kann aber erstens von dem Nickname nicht immer auf das Geschlecht geschlossen werden und zweitens, wird ein auch in der Alltagswelt gebräuchlicher Name verwendet, muss dieser nicht mit dem Realnamen und dem Geschlecht korrespondieren. Die nach quantitativen Kriterien gewonnenen Ergebnisse bezüglich der männlichen und weiblichen Beteiligung an Newsgroups und die qualitativ gewonnenen Ergebnisse über geschlechtstypische Online-Sprachstile können also allenfalls Tendenzen aufzeigen. Wird eine Untersuchungsmethode gewählt, bei der die Befragten oder Beobachteten anonym bleiben, können keine sicheren Aussagen über die tatsächliche Geschlechterklasse gemacht werden.

Die Soziolinguistik, die sich für geschlechterdifferentes Sprachverhalten interessiert, findet in der CMC revolutionär neue Ausgangsbedingungen für ihre Forschungsrichtung, was bisher nur marginal anerkannt wurde.[194] Gerade in Online-Diskussionsforen und Mailinglisten könnten neue Erkenntnisse gewonnen werden, die erhellen, wie das Verhältnis von Sprechverhalten und Gender zu verstehen ist.

5.2.1 Kompetitiver versus kooperativer Stil

»Freedom of Speech or Freedom of Harassment?« fragt Herring (1995) bezüglich der zensurfreien Meinungsäußerung im Netz, die mittlerweile durch die Verbreitung rechtsverletzender Inhalte sehr umstritten ist (vgl. ebd.: o.S.). Nicht nur auf Homepages, sondern auch in Diskussionsforen oder Chats finden sich persönlichkeitsverletzende Beiträge. Gerstendörfer (2001) stellt fest, dass viele der unmoderierten Foren mit »Frauenthemen« schnell von Männern okkupiert werden und verbale Ausfälle dort üblich sind (vgl. ebd.: 175).[195]

Ausdrücklich betont werden muss, dass das Netz beständig kontrollierbarer wird. Surfer/innen, die sich anonym und unbeobachtet fühlen, irren sich. Nicht nur Hacker/innen, sondern auch kommerzielle Unternehmen, die an persönlichen Nutzerdaten interessiert sind und Ermittlungsbehörden, die illegale Machenschaften verfolgen, wissen um die richtigen Wege, einzelne User/innen ausfindig zu machen. Wesentlich bei der Identifizierung ist die IP-Adresse, die jeder Computer im Internet trägt. Anhand von Zugangsdaten kann bei Providern die Verbindung zwischen IP-Adressen und Nutzer/innen in der Regel hergestellt werden.[196]

Wie Herring (1997) mittels einer anonymen Online-Befragung von TeilnehmerInnen acht verschiedener Newsgroups herausfand, bewerten Männer die Freiheit von Zensur, offene, ungeschönte Bemerkungen und antagonistische Diskussionsformen als ein Mittel, den Wissenserwerb voranzutreiben (vgl. ebd.: 72). Persönliche Attacken, Aggressionsäußerungen und drohende, einschüchternde Angriffe auf anders denkende Diskussionsteilnehmerinnen und Diskussionsteilnehmer, werden im Online-Jargon als »Flaming« bezeichnet. Harte Flamings sind eher die Ausnahme, wohingegen sich wesentlich subtilere Einschüchterungsversuche kompetitiven Stils wiederfinden. Dieser typisch männliche Stil zeichnet sich durch Kritikäußerungen, sarkastische Bemerkungen und das Lächerlichmachen vorangegangener Beiträge aus, wobei die eigene Meinung in kompromissloser Weise hervorgehoben wird (vgl. ebd.: 66).[197] Im Gegensatz dazu zeichnen sich weibliche Diskussionsmeldungen aus, durch

»[...] einen Hang zur Besänftigung, durch Absicherung, Entschuldigung und vermehrtes Fragen anstelle von Behauptungen – und eine persönliche Ausrichtung durch die Offenlegung ihrer Gedanken und Gefühle, durch den Umgang mit und die Unterstützung von anderen [...]« (Herring, 1997: 66).

So finden sich in frauendominierten Online-Diskussionsrunden auch nur wenige Flamings (vgl. ebd.: 67). Diese Diskussionsmerkmale lassen sich unter dem Terminus »kooperativer Stil« zusammenfassen, wie er bereits auch für den weiblichen Offline-Sprachstil als prägend festgestellt wurde. Savicki et al. (1997) standen bei ihrer Untersuchung von rund 2.700 Nachrichten aus 27 verschiedenen Newsgroups von 1.200 verschiedenen Teilnehmern und Teilnehmerinnen vor dem Problem, dass bei über 13% der Absender/innen kein Geschlecht mit Sicherheit festgestellt werden konnte (vgl. ebd.: o.S.).[198] Die nicht binär zu differenzierenden Genderinszenierungen wurden trotzdem berücksichtigt, was dazu führte, dass in 38% aller Gruppen die Beiträge nicht bestimmbarer Gender die Anzahl der männlichen oder weiblichen Beiträge überstieg. Deutlich wird, dass »bisherige« CMC Studien, die Geschlechterbinarität offensichtlich nicht reproduzieren können, obwohl dies die Prüfung der aufgestellten Hypothesen zu weiblichem und männlichem Onlineverhalten voraussetzt. Des weiteren verdeutlicht die Studie von Savicki et al., dass die Frauenbeteiligung an Newsgroups zum Zeitpunkt der Erhebung geringer als die von Männern war: Während zwei Gruppen nur aus Männern bestanden, gab es in 15 Gruppen mehr Männer als Frauen, in 10 Gruppen diskutierten mehr undefinierbare Geschlechter als Frauen und lediglich in einer Gruppe war die Beteiligung von Frauen und Männern ausgeglichen. Keine Gruppe konnte einen höheren Frauen- als Männeranteil aufweisen, weswegen User allein schon zahlenmäßig dominierten.

Für die geschlechtlich ausgeglichene Gruppe bestätigte sich die Annahme, dass alle Beteiligten signifikant häufiger bemüht waren, Spannungen abzubauen als dies in Diskussionsforen mit hoher männlicher Beteiligung der Fall war. Außerdem kamen Savicki et al. (1997) zu dem Ergebnis, dass sich in der geschlechtlich ausgeglichenen Gruppe mehr selbstbezogene, emotionale Beiträge fanden und ein milder Argumentationsstil vorherrschte. Die Hypothesen, dass sich in gemischtgeschlechtlichen Gruppen häufiger Formen der Entschuldigung, Fragen an andere Teilnehmer oder das Personalpronomen »wir« finden, konnten nicht bestätigt werden (vgl. ebd.: o.S.).

Katzman und Witmer (1997) untersuchten den Gebrauch von »Graphic Accents« (GAs) deren Verwendung auf einen emotionalen, künstlerischen und spontanen Stil hinweisen sollen (vgl. ebd.: o.S.). Unter GAs werden Emoticons genauso gefasst wie ASCII-Kunstwerke und Akronyme.

»The use of articons and emoticons primarily by females suggests that the aesthetic quality [...] and possibly expression of emotion translates to the computer mediated environment« (Katzman und Witmer, 1997: o.S.).

Ihre Hypothese, dass Frauen häufiger GAs verwenden, wurde anhand der Auswertung von 3.000 Postings bestätigt. Dieses Ergebnis korrespondiert mit den zuvor angeführten Beschreibungen des weiblichen Stils. Durch einen zwinkernden oder lachenden Smiley lassen sich eigene Aussagen relativieren, wie auch das typisch weibliche Lachen nach eigentlich ernst gemeinten Aussagen ebendiese abschwächt.[199]

In überproportional männlichen Gruppen bestätigten sich bei Savicki et al. (1997) die Annahmen eines vorherrschenden unpersönlichen Stils, einer faktenorientierten Sprache sowie ausdrückliche Forderungen nach »Action«. Falsifiziert wurden die Hypothesen, dass Männer in einer rauen, argumentativen Sprache diskutieren, häufiger beleidigende Mitteilungen verschicken und vermehrt auf ihren Status verweisen.

»An interesting result was the lack of significance for ›flaming‹. [...] Most groups did not use extreme degrees of flaming, although most did show diverging or disagreeing options and ideas« (Savicki et al., 1997: o.S.).

Komponenten des kompetitiven Stils finden ihren Ausdruck auch in einer machtorientierten Sprechweise. Es gibt erste Anzeichen dafür, dass Männer auch in CMC tendenziell einen Stil benutzen, der zur Durchsetzung von eigenen Meinungen geeigneter ist.

5.2.2   Machtorientierter Stil versus machtloser Stil

Die für den machtorientierten Stil bezeichnenden Komponenten, wie autoritäre und selbstbewusste Haltungen, Herabsetzung anderer Beiträge sowie das »Versenden« langatmiger und/ oder zahlreicher Nachrichten, finden sich auch in CMC signifikant häufiger in männlichen als in weiblichen Beiträgen wieder (vgl. Herring, 1997: 67f).

Eine männliche Dominanz bestätigt auch die Untersuchung von We (1993). Die Forscherin nahm an drei Frauen-Newsgroups teil. Ihre Vermutung, dort vorwiegend weibliche Beiträge zu finden, bestätigte sich nicht, denn der Männeranteil überwog in zweien, wohingegen er nur in einer feministischen Diskussionsgruppe ausgeglichen war. In letzterer lag die Veröffentlichung der eingesandten Beiträge in der Hand einer Moderatorin, so dass sich nicht eindeutig auf ein ausgeglichenes Verhältnis der tatsächlich eingesandten Beiträge schließen lässt. Folglich dominieren Männer allein durch die Anzahl ihrer Postingss sogar in Online-Diskussionsgruppen mit »Frauenthemen«.[200] Zudem stellt Herring (1997) eine deutliche Neigung männlicher User zu langen und ausschweifenden Äußerungen fest. Während Frauen Beiträge von durchschnittlich einer Bildschirmseite oder kürzer schreiben, fielen männliche Beiträge eineinhalb bis zweimal so lang aus (vgl. ebd.: 67f).

Unterbrechungen, die in Face-to-face-Situationen ein Indiz für den machtorientierten Stil darstellen, können in CMC keine Anwendung finden, weil dies technisch nicht möglich ist, da die Übermittlung der Beiträge asynchron erfolgt. Beim Diskutieren via Postings haben die Teilnehmer/innen die Zeit, die sie zum Verfassen ihrer Nachricht benötigen und sie können Gedanken in Ruhe ausführen. Wenn auch der Redner bzw. die Rednerin nicht unterbrochen werden kann, so können andere Teilnehmer/innen die Beiträge aber ignorieren, indem sie sie gar nicht lesen. Ignoriert man Nachrichten, setzt man sich aber zugleich der Gefahr aus, wichtige Informationen zu verpassen. Eine subtilere Art, Macht auszuüben, stellt das bewusste Ignorieren einzelner Argumente dar. So wird der gesamte Beitrag zwar gelesen, aber nur diejenigen Argumente berücksichtigt, die für die eigene Argumentation förderlich sind.

Die Befragung von We (1993) ist aufschlussreich bezüglich des subjektiven Empfindens der Teilnehmer/innen: Die meisten der Befragten waren der Ansicht, Frauen *und* Männer kommunizieren in CMC anders als in Face-to-face-Situationen. We fand anhand eines offen gestalteten Fragebogens heraus, dass

> »[…] both, women and men felt that women had more of a ›presence‹ online and that it is easier for women to make their voices heard online than in face-to-face conversations, where as one man said, ›women are able to drive their point home without the familiar patronizing/ trivialization dismissal characteristic in many face-to-face encounters« (ebd.: o.S.).

Mehr als die Hälfte der befragten Frauen (55%) und Männer (57%) finden, dass Frauen online anders kommunizieren als offline. Außerdem scheinen Frauen die Vorzüge der Anonymität zu schätzen.

> »Some people who have been prejudiced against because of the way they look or their gender, find the physical anonymity of computer mediated communication (CMC) liberating, and would not want their correspondents to find out more about them beyond their sparkling wit« (ebd.: o.S.).

Newsgroups und Mailinglisten laden dazu ein, Sprechstile jenseits der sozialen Genderklassifikation zu erproben. Da, wie bereits gezeigt werden konnte, nicht nur Alltagswirklichkeiten im virtuellen Raum Platz finden, sondern auch virtuelle Erfahrungen »unter die leibliche Haut« gehen, sind Sprachstile wertvoll, die stereotype Erwartungen enttäuschen. Geschlechtstypische Ausdrucksformen sind jedoch tief im Individuum verankert und vollziehen sich meist unbewusst, weil sie seit frühester Kindheit trainiert wurden. Eine erhöhte Aufmerksamkeit der User/innen hinsichtlich des Zusammenhangs von eigenem Geschlecht und Sprechverhalten bildet überhaupt erst die Voraussetzung für Experimente mit Sprachregistern.

5.2.3   Verwirrungen in Online-Diskussionsgruppen

»Wie man sich bettet, so liegt man« lautet ein Sprichwort, das sich auf den Stil von Online-Diskussionsbeiträgen beziehen lässt. »Bettet« man sich auf Online-Beiträge, die dem männlichen Stil entsprechen und trägt zudem einen männlichen Nickname, wird dieser Beitrag auch als männlich wahrgenommen. Gleiches gilt für Beiträge, die unter einem weiblichen Nickname veröffentlicht werden. Der nach Herring (1997) zitierte Diskussionsbeitrag der Mailingliste »SWIP« gibt ein Beispiel:

>»Ein männlicher Teilnehmer der SWIP-L verschickte eine Nachricht, die dem allgemeinen Konsens widersprach, dass der Diskurs in SWIP gleichberechtigt und inaggressiv sein sollte, indem er behauptete, ›es geht doch nichts über einen gesunden Angriff von einem Kollegen, der dann und wann das Blut in Wallung bringt und einen zu größerer Umsicht und Korrektheit erzieht‹. Diese Mitteilung unterzeichnete er mit einem weiblichen Namen, was eine andere Teilnehmerin wenig später zu folgendem Kommentar veranlasste: ›Ich muss gestehen, dass ich am Ende von [Suzis] Mitteilung einen männlichen Namen suchte und erstaunt war, den einer Frau zu finden. Die Teilnehmerin hatte mit Recht gefolgert, dass jemand, der ›den Angriff eines Kollegen‹ propagierte, wahrscheinlich ein Mann sein müsste« (ebd.: 69).

Propagiert man den virtuellen Raum als hierarchieauflösende Zone, so kommt erschwerend hinzu, dass sich wie in der Alltagswelt der machtorientierte, kompetitive Stil durchsetzt, mehr Gehör findet und höher bewertet wird.[201] Frau kann sich zwar als Mann per männlichem Nickname konstruieren und vice versa, doch ob er/ sie dann tatsächlich als männlich bzw. weiblich sprechend wahrgenommen wird, ist nicht garantiert, wie folgendes Beispiel illustriert:

>»Zu der Zeit, als ein männlicher Diskussionsteilnehmer häufig Mitteilungen in der WOMAN-Liste verschickte, stellte ein weiterer, sich als Mann ausgebender Teilnehmer eine Anfrage nach den Listen-Gepflogenheiten im Umgang mit männlichen Teilnehmern und räumte ein:›Ich habe manchmal ein schlechtes Gewissen, die ganze Bandbrei-

te zu beanspruchen«. Zusätzlich zu dem offensichtlichen Interesse an den Bedürfnissen der anderen Listen-Teilnehmenden war die Nachricht in einem eher sanften Stil abgefasst und sprach sich sehr anerkennend über die Liste aus:›Mir gefällt die Liste wirklich (tatsächlich ist es die beste von allen, an denen ich teilnehme)‹. Dies veranlasste eine weitere Teilnehmerin zu folgender Antwort:›Jetzt, wo du die Frage gestellt hast ... wie sollen wir wissen, dass Du nicht eine Frau bist, die sich für einen Mann ausgibt?‹«« (Herring, 1997: 69f).

So wie Thimm (1995) für die Face-to-face-Kommunikation einen Zusammenhang von Genderlect-Hypothese und Sex-Stereotyp-Hypothese nachwies (vgl. ebd.: 22f), lässt sich dieser Zusammenhang auch für die Online-Kommunikation konstatieren. Einerseits wurde der geschlechtstypische Gebrauch von Sprache festgestellt und andererseits wurde nachweislich bestätigt, dass das im Nickname codierte Geschlecht stereotype Erwartungen und Reaktionen hervorruft.

5.3 Konstruktionen in Chats und Newsgroups

Wenn auch der optimistisch ausgerichtete Gender-Net-Diskurs[202] daran interessiert ist, Genderswapping in CMC unter (de-) konstruktivistischen Theorien zu beleuchten und die Diskussion unter Schlagworten wie »Ausbrechen aus Binaritäten« (Rodino, 1997: o.S.), »Auflösung der Geschlechterdualität« (Dekker et al., 1998: o.S.) oder »Dekonstruktion der Geschlechterpolarisierung« (Döring, 2000: 196) geführt wird, so ist anzumerken, dass der Großteil der Chatter/innen am wissenschaftlichen Diskurs nicht sonderlich interessiert ist. Nur wenige Teilnehmer/innen reflektieren ihren Geschlechtswechsel hinsichtlich sich verhärtender oder auflösender Polaritäten. Dennoch, und das sei vorab gesagt, ist die Geschlechtszugehörigkeit ein dominantes Thema im Chat. Die damit einhergehende erhöhte Selbstreflexivität mag dazu führen, dass Geschlechterinszenierungen kritisch auf Stereotype überprüft werden.

Beim Chatten findet die Interdependenz realer und virtueller Räume ihren Ausdruck in erster Linie in der Suche nach Authentizität. Weil sich Glaubwürdigkeit oder »Wahrheit« aber vermutlich an alltagstheoretischen Annahmen über Geschlechtlichkeit messen lassen muss, ist die von Rodino (1997) formulierte optimistische Einschätzung des »Ausbrechens aus Binaritäten« nur bedingt plausibel.

»Wenn man sagt, eine Behauptung sei glaubwürdig, so heißt das letztendlich nicht mehr, als dass sie von einem Handelnden geglaubt wird, der die Freiheit hat, sie auch nicht zu glauben, d.h. von einem Beobachter, der nach Abwägen eines Urteils und (vielleicht) aufgrund seiner Intuition sich dafür entscheidet, die Behauptung seines Glaubens für würdig zu befinden« (Weizenbaum, 1978: 32).

Virtuell dargestellte Körper rufen bei der/dem Betrachtenden Bilder hervor, die aus der realen Welt bekannt sind. So werden vermutlich mediale Inszenierungen dann scheitern, wenn sie unseres Glaubens nach, der sich bislang in erster Linie an realweltlichen Erfahrungen misst, unwürdig sind. Dennoch nehmen virtuelle Raum- und Körpererfahrungen zunehmend Einfluss auch auf die Wahrnehmung sozialer Wirklichkeiten.

5.3.1   Das Unbehagen am unbestimmten Geschlecht

Die Interaktion mit geschlechtslosen Personen ist mit Unbehagen und tiefer Verunsicherung verbunden. Selbst diejenigen Teilnehmer/innen, die sich gerne als emanzipiert von Geschlechterrollenzuweisungen und -erwartungen sehen, stellen fest, dass die Maskerade der Geschlechtsunbestimmtheit für die meisten Personen unzumutbar ist:

> »Auch eine digitalisierte Konversation kann offensichtlich nicht mit einer geschlechtslosen Sprechinstanz stattfinden« (Nestvold, 1995: 297).

Darüber hinaus setzt die Maske »Geschlechtslosigkeit« bei dem Träger bzw. der Trägerin der Maske ein hohes Maß an Konzentration und oftmals umschweifende Beschreibungen voraus, weil die Sprachgrammatik eine neutrale Beschreibung nicht immer zulässt. In der virtuellen Welt stabilisieren Lexik und Grammatik als Trägheitsmomente das Zweigeschlechtersystem.

Während Geschlechtslosigkeit im Chat, ebenso wie in der sozialen Wirklichkeit ein fast unmögliches Unterfangen ist, stellt sich das virtuelle Genderswapping einfacher dar, wie die Maskerade von »BlueBird« illustriert: BlueBird versuchte nicht geschlechtslos zu bleiben, sondern etablierte in unterschiedlichen Diskussionsgruppen verschiedene Geschlechtsidentitäten. Und zwar dadurch, dass sie jeweils verschiedene Interessen und Hobbys betonte und gleichzeitig geschlechtsspezifische Kommentare über sich vermied. In der Online-Diskussionsrunde »Science-Fiction« galt BlueBird als Frau, weil sie sich sehr parteiisch zu feministischen Themenbereichen äußerte. In der Diskussionsgruppe »Sport« wurde BlueBird als Mann wahrgenommen, weil bekannt war, dass er als Torwart in einer Eishockeymannschaft spielte. Sein Wissen über kanadische Eishockeymannschaften war so umfangreich, dass niemand vermutete, er könnte eine Frau sein. Die Maskerade wäre wahrscheinlich nie entdeckt worden, hätten nicht andere Teilnehmer/innen ebenfalls an beiden Diskussionen teilgenommen und daraufhin von BlueBird Aufklärung verlangt.[203]

Bei den Männern, die von der Maskerade zufällig erfuhren, stellte BlueBird drei typische Reaktionen fest: ungläubige Ablehnung mit der Begründung, sie wüsste zu viel über Eishockey, um eine Frau zu sein; die Behauptung, es sowieso immer schon gewusst zu haben; oder die Schlussfolgerung, sie müsse lesbisch sein, wenn sie so viel über Sport wisse. Die oben beschriebenen Reaktionen zeigen, dass das Denken in Binaritäten auch im virtuellen Raum stattfindet und eine nicht zuzuordnende Geschlechtsdarstellung große Verunsicherung und Abneigung hervorruft. BlueBird ist es gelungen, sich so kompetent zu ihren Inszenierungen zu verhalten, dass die Betrachter/innen von ihren Wirklichkeitskonstruktionen nicht loslassen können bzw. diese so umkonstruieren müssen, dass ihre Wahrnehmung im Nachhinein Sinn ergibt und wieder »passt«.

Anders als in Diskussionsforen, konzentrieren sich Chatter/innen in der Regel nicht auf sachbezogene Themen, sondern vornehmlich darauf, in kurzer Zeit neue Bekanntschaften zu schließen. Oft geschieht dies mit dem Wunsch, Flirtbekanntschaften zu knüpfen und intime Kontakte aufzubauen. Die meisten Besucher/innen von Chaträumen betrachten die virtuelle Begegnung als Phase vor einem Face-to-face-Kontakt. Hat man durch die kurzweilige Unterhaltung Interesse an einem Gesprächspartner bzw. einer Gesprächspartnerin gefunden, wird eine Beziehungsvertiefung durch einen Wechsel des Mediums angestrebt. »Ein Chat gilt vielen gerade dann als zweckdienlich, wenn er durch einen erfolgreichen Medienwechsel, beispielsweise ein Face-to-face-Treffen beendet wird« (Dekker, 2003: o.S.).

Die meisten Chatter/innen vertiefen die Beziehung vorerst in einem Separee des Chatchannels, wo zwei Personen, ungestört durch andere Teilnehmer/innen, ihre Unterhaltung fortführen. Oft werden dort E-mail-Adressen ausgetauscht, über die wiederum digitalisierte Fotos verschickt werden. Auch der Austausch von Telefonnummern ist dann häufige Praxis, dem oft ein realweltliches Treffen folgt. Einen typischen Medienwechsel demonstriert ein Interviewausschnitt aus der Studie von Dekker et al. (1998):[204]

»Mein intensivster Chat-Kontakt war eine Liebesbeziehung, das war meine letzte Beziehung. Ich habe in Köln gewohnt und er in Hamburg, und wir haben uns im Hamburg-Chat kennen gelernt. Nach dem Foto-Austausch waren wir uns erst mal sympathisch und wir haben telefoniert. Nach drei Monaten haben wir uns das erste Mal getroffen, in Hamburg und haben uns ineinander verliebt. Nach noch einmal 3 Monaten bin ich nach Hamburg gezogen. Das war wahrscheinlich die verrückteste Geschichte in meinem Leben – aber eine ziemlich gute Entscheidung, nach Hamburg zu ziehen. Die rosarote Brille muss ziemlich dick gewesen sein« (zit. n. Dekker, 2003: o.S.).

Die verschiedenen Medienwechsel sind als »Authentifizierungsstrategien« (Dekker, 2003: o.S.) zu verstehen. Motivation bildet Prüfung des Wahrheitsgehaltes der Aussagen sowie die Überwindung der Körperlosigkeit. Wie Dekker et al. (1998) herausfinden konnten, haben mehr als die Hälfte der befragten Frauen und Männer via E-Mail schon einmal Fotos ausgetauscht, knapp die Hälfte mit ihren Online-Bekanntschaften telefoniert, und fast ein Drittel der Befragten wechselte vom neumodischen Chat zum traditionellen Briefwechsel. Auch der Face-to-face-Kontakt wird von vielen forciert: Nahezu die Hälfte der Befragten hat schon einmal eine Online-Bekanntschaft getroffen, und bei rund einem Viertel der Chatter/innen entwickelten sich Freundschaften bzw. sexuelle Beziehungen; seltener ergeben sich aus Chat-Bekanntschaften Liebesbeziehungen (vgl. Dekker, 2003). Es verwundert nicht, dass der Chat mit Kontaktanzeigen und -börsen verglichen wird. In relativ kurzer Zeit können mit geringem Kostenaufwand potentielle Partner/innen gefunden werden.

Bemerkenswert ist, dass zu perfekte Darstellungen, die aus dem Rahmen fallen, auf Misstrauen stoßen. Ein digitalisiertes Foto z.B., das nicht mit alltagsüblichen Erfahrungen von »Schönheit« korrespondiert, kann unglaubwürdig wirken. An dieser Stelle sei auf eine Alltagserfahrung verwiesen:

Eine Chatterin, die in der Tat mit einem Aussehen ausgestattet ist, das sie als Model Geld verdienen lässt, schickte einer Chatbekanntschaft in Berlin per E-Mail ein digitalisiertes Foto. Es handelte sich um eine professionelle Aufnahme, die sie aufgrund ihres Modeljobs zur Hand hatte. Sympathisch wollte sie wirken, um die Bekanntschaft weiterhin vertiefen zu können. Doch die digitalisierte schöne »Erscheinung« rief nicht das erwartete Verhalten hervor. Der Chatpartner empfand die Fotografie als zu perfekt und damit unglaubwürdig. Mit der Begründung »verarschen könne er sich allein« und der Frage »ob sie nicht vielleicht doch ein Typ sei«, beendete er die E-Mail Kommunikation. Erst weitere Fotos, die die Chatterin in natürlichen Alltagssituationen, z.B. in Jeans auf einer Terrasse sitzend, zeigten, konnten die Glaubwürdigkeit wieder herstellen. Goffman (1980) beschreibt, wie durch »Täuschungsmanöver«, also durch »das bewusste Bemühen eines Menschen [...], das Handeln so zu lenken, dass einer [...] zu

einer falschen Vorstellung von dem gebracht wird, was vor sich geht«
(ebd.: 98), Wahrnehmungen moduliert werden können. Wie oben gegebe-
nes Beispiel verdeutlicht, können Authentifizierungsstrategien die eigentliche Funktion von Täuschungen pervertieren: Bewusst falsche bzw. mani-
pulierte Angaben dienen dann nicht mehr der Verfälschung, sondern zur
Herstellung von »Wahrheit«.

5.3.2   Rekonstruktionen: Gender-Binarität als Norm

Die am häufigsten genutzten Chats finden sich zu den Themen Freund-
schaft, Flirt, Sex oder Partnerschaft. In diesen Themen-Chats lässt sich ein
Beharren auf Zuschreibungen und Konstruktionen von geradezu klischee-
haften Vorstellungen von Männlichkeit und Weiblichkeit feststellen.

> »Die männlichen Chatteilnehmer beschreiben sich allzu häufig mit sexuellen Attributen,
> wobei sich die Besitzer männlicher Potenz als machtvoll, weltgewandt, lässig und mutig
> auszeichnen. Sexuelle Vorlieben werden oszentativ ausgeflaggt und das eigene Ver-
> ständnis zur Welt erscheint souverän und omnipotent. [...] Frauen beschreiben sich häu-
> figer als Partnerinnen oder Mütter, d.h. sozial integriert« (Funken, 2000: 123).

Heterosexuelle Männer, die sich auch eindeutig mit ihrer Männlichkeit
identifizieren, praktizieren virtuelles Genderswapping innerhalb heterosexueller Normen und sind in der Regel weniger daran interessiert, homoerotische Erfahrungen zu sammeln. In erster Linie, so die Ergebnisse von
Dekker et al. (1998), suchen männliche Genderswapper Bestätigung in ihrem eigenen Flirtverhalten. Ihre Motivation, sich als Frau einzuloggen, besteht darin, »zu sehen, wie gut die anderen Männer im Flirten sind« bzw.
um zu überprüfen, »ob die anderen Männer bessere Sprüche drauf haben«.
Einen weiteren Anreiz zum Swapping stellt der Wunsch nach vermehrter
sexueller Aufmerksamkeit dar, die in der Regel Frauen vorbehalten ist.
Männer genießen diese Aufmerksamkeit, empfinden sie aber bereits nach
kurzer Zeit als lästig und anstrengend (vgl. ebd.: o.S.).

Dass genderswappende, heterosexuelle Männer beim Flirten mit anderen
Männern eigentlich homosexuelles Verhalten praktizieren, wird oft mit
dem Hinweis zurückgewiesen, dass es sich lediglich um ein Spiel oder eine
erotische, selbstverfasste Geschichte handele. Ein Genderswapper berichtet: »Es ist halt so, als wenn man eine erotische Geschichte lesen – oder
besser, schreiben würde« (zit. n. Dekker et al., 1998: o.S.).

Wenn auch in vielen CMC-Situationen gilt, dass »Worte Taten sind«
(vgl. Turkle, 1999: 19), so gilt dies folglich nicht, wenn der »wirkliche«

Gender-Status angezeigt werden muss. Droht für manchen Spieler die »Gefahr« als homosexuell zu gelten, handelt es sich »nur um ein Spiel« oder »reinen, emotionslosen Text«. Je nach gesellschaftlicher Akzeptanz geltender Normen, wird das Verhalten also unterschiedlich gerechtfertigt. Die Wichtigkeit der Einhaltung heterosexueller Normen bekam ein Interviewter homosexueller Orientierung zu spüren. Er loggte sich als Frau in einen heterosexuell ausgewiesenen Flirt-Chat ein, um Kontakte zu männlichen Chattern zu knüpfen:

>»Ich habe versucht, mich wie eine Frau zu geben, um keinen Verdacht aufkommen zu lassen [...]. Ich war ganz schön derb und versaut, weil ich dachte, die Typen stehen darauf. Bis irgendwann jemand im Chat-Room sagte: ›Das ist ein Schwuler‹. Da fühlte ich mich ganz schrecklich [...]. Plötzlich hatte ich den ganzen Hass auf mir. Der Raum wurde schlagartig leer [...]« (zit. n. Dekker et al., 1998: o.S.).

Genderswappende Männer scheinen stark in ihren Vorstellungen von »richtiger« Männlichkeit und Weiblichkeit beeinflusst zu sein, wenn sie sich als Frau ausgeben. Sie unterscheiden zwischen »echten« und »unechten« Gender-Darstellungen. »Echtheit« verweist in diesem Sinne nicht nur auf eine natürliche Geschlechtlichkeit, sondern ebenso auf die sexuelle Norm der Heterosexualität:

>»Ich wollte eigentlich nur einen *richtigen Mann* haben, einen *Hetero*. Nur deshalb musste ich eine ›Frau‹ sein [...], das Ziel war das Entscheidende [...]. Es war aufregend, weil sich Heteros um Frauen reißen, weil die so wenig im Internet vertreten sind [...]. Ich war für eine Stunde eine Frau und ein *richtiger Mann* hat mit mir geschlafen« (zit. n. Dekker et al., 1998: o.S.; Herv. V.L.).

Auch Sprechstile werden durch starre Reproduktionen in CMC, in Anlehnung an das Offline, normiert. Männer, die sich medial als Frauen inszenieren, gebrauchen überzogene, weibliche Attribute und Sprachstile, um als Frauen »durchzukommen«.[205] Die Vermeidung vulgärer Ausdrücke, wenig sexbezogene Bemerkungen, Zurückhaltung und Passivität im Flirtverhalten seien wichtig, so die Gender-Glaubensvorstellungen, um nicht als Mann erkannt zu werden (vgl. ebd.: o.S.). Damit wird nicht lediglich das Sprechverhalten von Frauen von Männern rekonstruiert, sondern männliche Vorstellungen von weiblichen Sprechstilen finden ihren Platz auch in CMC und platzieren dort Stereotype.

Chatchannels, wie beispielsweise #gay, #lesbian, #sappho oder #transgender verdeutlichen bereits durch den Namen, dass sie ein Forum für sexuelle Subkulturen bieten. In Homosexuellen- und Transgender-Chats, wo sich Personen treffen, die sich durch ihr Stigma, so die Vermutung, eigentlich emanzipiert von Geschlechterklischees zeigen könnten, ist die »Wahrheit« der Geschlechtszugehörigkeit von besonders hoher Relevanz.

»Bei einem längeren Aufenthalt in einem Lesbenkanal kann [...] eine bizarre Technik des Identifizierens beobachtet werden. In keinem anderen Kanal scheint die Frage, ob am anderen Ende ein Mann oder eine Frau sitzt, so wichtig, wie in denen mit Lesben. Über die obligatorische Frage hinaus, kann eine sich zuweilen über ein ausgefeiltes Spiel von Fangfragen wundern« (Schauecker, 1996: o.S.).

Vorsätzlich getäuschte Teilnehmer/innen, die merken, dass sie einem »Fake« aufgesessen sind, fühlen sich hintergangen und brechen den Kontakt zu dem Gesprächspartner bzw. der Gesprächspartnerin aufgrund des Täuschungsversuchs ab. Zur Vermeidung derartiger Zwischenfälle schlägt der Psychologe Suler (1997) vor, die »Wahrheit« weiblicher Darstellung anhand eines von ihm entwickelten Testverfahrens zu prüfen (vgl. ebd.: o.S.). Sein Test enthält eine Liste von neun Fragen, wovon in vieren nach den durchschnittlichen Damenkonfektionsgrößen gefragt wird; vier weitere lassen sich grob unter dem Stichwort »gynäkologisches Wissen« zusammenfassen und in einer weiteren Frage geht es um die Technik des Haarefärbens.[206] Sein Fragenkatalog stützt sich auf die Vorstellung, geschlechtliche Identität sei körperlich determiniert und Gender sei notwendig an die Sex-Kategorie geknüpft. Oberg (1997) qualifiziert das viel zitierte Testverfahren wie folgt ab:

»Wenn weibliche Identität durch ein ausführliches Wissen über Konfektionsgrößen von Strumpfhosen und die Praxis des Haarefärbens definiert ist, erweist sie sich tatsächlich als Konstrukt, als ein Produkt von Schönheitsnormen und gesellschaftlichen Konventionen« (ebd.: o.S).

In flirtorientierten Chatchannels, so zeigen die Befunde, hat das Geschlecht, auch wenn es frei wählbar ist, eine hohe Relevanzstruktur. Gilt für die Alltagswelt, dass Gender zwar omnipräsent ist, aber nicht immer relevant gemacht wird, stellt das Geschlecht in der flirtorientierten Chat-Kommunikation eine omnipräsente und omnirelevante Kategorie dar. Institutionelle Geschlechterarrangements, wie wir sie aus der Realiät in Form von sexuierten Räumen, geschlechtshomogenen Gesellungsformen, Umgangskonventionen und der heterosexuellen Paarbildung finden, spiegeln sich auch in den Konstitutionsprozessen von Chaträumen.

5.3.3 Dekonstruktionen: Sex/ Gender-Entkoppelung

Mit Bezugnahme auf Butlers Konstruktionsmodell stellt die feministische Linguistin Rodino (1997) fest:»CMC helps disarticulate gender from ›biological sex‹« (ebd.: o.S.). Rodino »sucht« bei ihren Probanden kein Geschlecht – sie rekonzeptionalisiert Gender aufgrund der ihr textuell vorliegenden Inszenierungen im Chat, ohne über das vermeintlich »reale« Geschlecht der Chatter/innen informiert sein zu wollen. Ihre Studie ist beispielhaft für eine Umsetzung der Butlerschen Idee, die Gender-Kategorie als radikal unabhängig von der Sex-Kategorie zu fassen.

> »This study extends moves that reconceptualize gender in ways that break of binaries and embrace the performative« (Rodino, 1997: o.S.).

In ihrer qualitativen Analyse einer 40minütigen Chat-Unterhaltung untersucht Rodino 414 Zeilen Text. Ergänzt wurde ihre Studie durch eine nichtteilnehmende Beobachtung als »Lurkerin« in themenzentrierten Chatchannels. Mittels des ungewöhnlichen Konzeptes unterläuft die Forscherin das diskursiv vermittelte Geschlecht, weil sie nicht hinterfragt, ob der, die oder das tatsächlich *ist*, was er, sie oder es *zu sein vorgibt*. Die Linguistin nutzt die CMC, um sich auf diejenigen Effekte zu konzentrieren, die Gender hervorrufen.[207]

> »[...] Looking at gender as performative makes the break with biology that the notion of gender has been able to forge but has not been yet done« (Rodino, 1997: o.S.).

Somit fügt sich Rodinos Untersuchung konsequent in Butlers Vorschlag performativer Inszenierungen zur subversiven Unterwanderung der Geschlechterdichotomie, weil Gender nicht als stabile Kategorie gefasst wird, sondern als ständiger Herstellungsprozess.

> »By viewing gender not as a stable quality but as something that exists only in the works of its production, one can more fully represent the many ways in which gender is experienced and exhibited« (Rodino, 1997: o.S.).

Dass Sprachstile nicht zwingend auf ein Geschlecht schließen lassen müssen, bzw. das Geschlecht nicht notwendig einen Sprachstil evoziert, wird an einer exemplarischen Interpretation nach Rodinos Herangehensweise deutlich. Zu Grunde liegt eine nach Rodino zitierte Passage eines Chatgesprächs:

754. Ginger:	*ginger is VERY BORED!!!!!!!!!!!!!!!!!!!!!!!!!!!!!!!
759. Gump:	Why is ginger bored?
762. Grigg:	*grigg asks why ginger is bored.
763. Ginger:	*ginger has no one to talk to

759. Gump:	*Gump wants to entertain ginger
775. Gump:	*Gump belly dances for ginger, hehehe
777. Ginger:	*ginger is bored and tired…anyone know of a comfy bed I can nap in?
784. bbob:	wanna nap in mine ginger?
786. Ginger:	hehehe
790. bbob:	hehe
792. Gump:	*Gump wonders
794. Gump:	*Gump thinks where ginger can stay
798. Ginger:	well, at three naps a day and 30 days a month that means I can sleep
799. Ginger:	with all of you…hehehe
802. Gump:	Ginger!
805. Ginger:	Gump!
806. Gump:	really! When will you sleep w/ me ginger
808. Ginger:	hehehehehehehe
810. Gump:	ginger!
811. Ginger:	:)
815. Ginger:	hmmmmm let me get my calendar
819. Ginger:	*ginger gets out her day planner
820. Ginger:	I‹ ll pencil u in
824. Gump:	Gump snaches ginger‹s planner away
831. Gump:	*Gump writes his name all over gingers planner
832. Gump:	hehehe
839. Ginger:	*ginger snaches it back …
841. Gump:	looks like your goin to be busy ginger
844. bbob:	*bbob snaches ginger
847. Gump:	*Gump thinks ginger will be happy
851. Grigg:	*grigg smiles at ginger…
853. Ginger:	*ginger likes the attention…finally not bored
856. Gump:	*Gump gets ginger back
858. Cyberpunk:	HI GINGER, I PREFER MARY BUT YOU‹LL DO IT FOR NOW
865. Gump:	*Gump knows what ginger‹s belly look likes
867. Ginger:	*ginger wonders what gump has in mind

(zit. n. Rodino, 1997: o.S., in Auszügen)

Ginger, die sich selbst als weiblich darstellt, worauf das Pronomen »her« in
Zeile 819 schließen lässt, eröffnet die Konversation auf eine untypisch
weibliche Weise: Sie lenkt mit zahlreichen Ausrufungszeichen und Großbuchstaben, die ein Anheben der Stimme symbolisieren, die Aufmerksamkeit auf sich (Zeile 754) und weist die anderen Chatter/innen nachdrücklich
darauf hin, dass sie sich gelangweilt fühlt. Damit sichert sich Ginger die
Beachtung der anwesenden Teilnehmer/innen. Durch ihr dominantes Auftreten bestimmt sie, über was im Folgenden gesprochen wird. »Ginger does
not ›superpolitely‹ ask for interaction; she demands it« (Rodino, 1997:
o.S.).

Gingers Stil erinnert nicht an ein weibliches Redeverhalten: Sie ist weder kooperativ, noch zurückhaltend, noch scheut sie sexuelle Anspielungen (Zeile 777) oder anhaltendes Lachen (Zeile 786 u. 808). Sie beherrscht das ironische Spiel mit sexuellen Anzüglichkeiten und zeigt sich aktiv tatkräftig, als es darum geht, ihren Kalender zurückzuholen, der ihr zuvor von Gump weggenommen wurde (Zeile 839). Gump startet die ersten Versuche, Ginger zu »entertainen« (Zeile 759). Er präsentiert sich männlichen Geschlechts, worauf das Pronomen »his« verweist (Zeile 831), wie auch der Nickname Gump an die männliche Filmfigur in dem gleichnamigen Film »Forrest Gump« erinnert. Ginger und Gump verfügen in dieser Passage über nahezu den gleichen Redeanteil, beide haben 15 Logfiles. Anhand dieses Textauszuges kann nicht geklärt werden, welchen Geschlechts Grigg ist. Der Nickname selbst lässt keine Zugehörigkeit erkennen.[208] Grigg ist zurückhaltend, sie/ er meldet sich nur einmal mit einer Nachfrage zu Wort (Zeile 762), das andere Mal lächelt sie/ er Ginger an (Zeile 851).

Hinweise auf das persönliche Befinden bzw. Gefühlsäußerungen sind charakteristisch für die weibliche Stilart. Weiblich konstruiert sich die Teilnehmerin Ginger nicht nur mit dem Hinweis, ihr sei langweilig, sondern auch anhand der persönlichen Äußerung, sie genieße die Aufmerksamkeit (Zeile 754 u. 853). Während Gingers Sprechverhalten zum ersten als ein »Ausbrechen aus Binaritäten« zu werten ist, werden zum zweiten auch die doing-gender Praktiken offensichtlich, die sich mit den von Goffman beobachteten Höflichkeitspraktiken verknüpfen lassen. Ginger befindet sich in dieser Sequenz mit zumindest einem, sich eindeutig als männlich konstruierten Teilnehmer (Gump) im Chat. Dieser will nicht, dass Ginger sich in seiner Anwesenheit langweilt und beginnt zu bauchtanzen und sie zu unterhalten (Zeile 765 und 775). Gump begegnet damit der Gender-Ideologie, Frauen dürften sich in männlicher Anwesenheit nicht langweilen. Durch ihre offensive Forderung nach einem Bett, in dem sie ein Nickerchen halten könnte (Zeile 777) und durch die Feststellung, dass sie mit allen Teilnehmer/innen bei richtiger Terminplanung schlafen könnte, ist sich Ginger schließlich der Aufmerksamkeit aller sicher. Die offene Forderung nach Sexualität bezeichnet allerdings nicht die Gender-Vorstellung von Weiblichkeit, so dass Gingers Performance eindeutig im Sinne Butlers geschieht. Ginger dekonstruiert (bewusst oder unbewusst) durch ihren Sprachstil und durch die subversive Gender-Performance vergeschlechtlichte Inhalte von Weiblichkeit.

Kritisch zu betrachten ist allerdings die Einmischung der Chatterin oder des Chatters Cyberpunk, die/ der Ginger zu einem sexuellen Objekt degradiert. Der laute Ausruf von Cyberpunk, der übersetzt werden kann mit »Eigentlich stehe ich auf Mary Anne, aber du reichst für den Moment auch«, ist ein Beispiel für sexuell aggressives Flaming, das in erster Linie weiblichen Personen im Chat begegnet (Zeile 858).

Es wird aber deutlich, dass in CMC weibliche und männliche Inhalte neu »gefüllt« werden können und Rodino spricht dem Chat hinsichtlich der Auflösungstendenzen des Geschlechterdualismus subversives Potential zu.

»Although some gender performances in IRC conform to dualistic gender categories, others break out of binary categories. Furthermore, because IRC characters may express gender in multiple and contradictory ways, basing descriptions of speech functions on a dualistic conception of gender oversimplifies explanations of the ways in which utterances operate« (Rodino, 1997: o.S.).

Letztendlich weiß weder der Leser noch die Forscherin Rodino, ob Ginger »wirklich« eine Frau ist. Einerseits könnte mit dem Hinweis von Bruckman (1996), sexuell aggressive Frauen seien im Cyberspace aller Wahrscheinlichkeit nach biologische Männer (ebd.: 341), davon ausgegangen werden, dass Ginger in Wirklichkeit ein solcher ist. Andererseits bleibt die Unsicherheit, getäuscht zu werden, was wiederum dazu führt, dass die Inhalte von Weiblichkeit und Männlichkeit nicht mehr das bezeichnen können, was sie in der Realität bezeichnen.[209]

Um subversiv auf die Geschlechterordnung zu wirken, müssen die Teilnehmer/innen auch im Chat Geschlechterrollen ritualisiert produzieren. Diese Produktion orientiert sich, wie wir gesehen haben, zu einem Großteil an realweltlichen Geschlechtervorstellungen. Performativität, die nach Butler verstanden wird als Wiederholung innerhalb geregelter Normen, ist aber im Chat leichter zu variieren als in der Alltagswirklichkeit, weswegen Neu-Konfigurationen von Geschlecht eine Chance haben. Ist das Geschlecht in jeder Ausgangssituation von Face-to-face-Kontakten Ordnungsstifter schlechthin, so gilt für die CMC, dass diese Ordnung erst hergestellt werden muss.

»[...] Die scheinbare kategoriale Sicherheit, die in der kommunikativen *Ausgangs*situation den weiteren Verlauf der Face-to-face-Kommunikation prägt, wird im Netz fundamental verunsichert und wirkt erst im kommunikativen *Resultat* – wenn überhaupt – ordnungsstiftend« (Funken, 2000: 122).

Es lässt sich also auf der einen Seite ein Verharren in Binaritäten sowie der Rekurs auf eine heterosexuelle Norm und stereotype Geschlechterrollenvorstellungen feststellen; auf der anderen Seite, und hier liegt das Potential, schafft die Fülle neuer Inszenierungsmöglichkeiten, die ständige Thematisierung der Geschlechterkategorie und die damit einhergehende gesteigerte Selbstaufmerksamkeit, die Chance neuer geschlechtlicher Zwischenräume. Die Verwobenheit realer und virtueller Räume verweist darauf, dass Neu-Inszenierungen auch hier, in der realen Welt, Platz finden werden.

5.4 Konstruktionen in MUDs

Willkommen in Unitopia! Du befindest Dich hier in einer Welt, die lediglich innerhalb eines Computers existiert. Aber das heisst nicht, dass alles, was Du hier vorfinden wirst, Fiktion ist. Im Gegenteil! Unitopia besteht eigentlich aus zwei Teilen: Der eine ist ein Spiegelbild des Campus der Uni Stuttgart; hier kann man sich umschauen, mit Leuten reden, Informationen sammeln und so einiges ueber die Uni und ihre »Bewohner« erfahren. Der andere Teil, Magyra genannt, ist wahrhaft eine neue Dimension, in der Vergangenheit, Gegenwart und Zukunft zu einem Raum ohne Grenzen zusammenfliessen, in der alles moeglich und nichts unmoeglich ist. Du kannst diese Welten besuchen, indem Du Dir einen Namen und ein Passwort aussuchst. Willst Du Dich nur ein bisschen umschauen so waehlst Du »gast«, Hilfe bekommst Du jetzt mit »?«. Wie lautet Dein Name: Charlotte. Bist Du weiblich oder maennlich (w/m)? w Tip: Wusstest Du schon, dass es leichter faellt, Klamotten zu tragen, wenn diese angezogen sind? Der knuffige, kleine Zwerggolem sagt: Willkommen in Unitopia, Charlotte. Der knuffige, kleine Zwerggolem gibt dir ein Flugblatt. Der knuffige, kleine Zwerggolem gibt dir eine Fackel. Der knuffige, kleine Zwerggolem sagt: Dieses Flugblatt solltest Du mit »lies flugblatt« lesen, es enthält wichtige Informationen. Der knuffige, kleine Zwerggolem sagt: Wenn du mal im Dunkeln stehst kannst du dir mit »zuende fackel an« die Fackel anzuenden. Der knuffige, kleine Zwerggolem sagt: Der experimentelle Teleporter, den du hier siehst, bringt dich direkt zum Anfaengerpraktikum. Der knuffige, kleine Zwerggolem sagt: Wenn du dich nicht traust, den experimentellen Teleporter zum Anfaengerpraktikum zu nehmen, dann sags mir.[210]

Voraussetzung für die Teilnahme an einem MUD ist eine hohe Identifikation mit dem Spielgeschehen sowie die Bereitschaft, den dramaturgischen Spielrahmen einzuhalten und innerhalb diesem eine oder mehrere Rollen darzustellen. Weil die Teilnehmer/innen wissen, dass es sich bei MUDs um Spielwelten handelt, ist die Forderung nach der »Echtheit« der Personeninszenierungen geringer als im Chat. Kein Mudder und keine Mudderin ist irritiert, wenn sie auf eine Fee, einen Klingonen, einen Krieger oder eine fiktionale Volkszugehörige treffen. Umso mehr überrascht es, dass viele MUDs ihre Spieler/innen dennoch dazu anhalten, ein Geschlecht in Form von männlich oder weiblich zu wählen. Wir treffen also in fantastischen Rollenspielen sowohl auf männliche Feen als auch auf weibliche Krieger.

Neutrale, ungeschlechtliche Inszenierungen sind hingegen nicht in allen Spielwelten möglich.

Da Authentifizierungsstrategien nicht so massiv angewandt werden wie in Chaträumen, ist zu vermuten, dass Gender-Inhalte sehr leicht verwirrt werden könnten bzw., wenn neutrale Inszenierungen durch die Spielstruktur möglich sind, sich die Genderkategorie jenseits von Binaritäten in MUDs vervielfältigen lässt.

5.4.1   Rollenspiele und Aspekte des Selbst

Weil User und Userinnen in MUDs und in Chaträumen verschiedene Rollen entfalten, kann die CMC-Forschung in die laufende Diskussion personeller Identität eingreifen. Neuere Konzepte personeller Identität weichen von dem traditionell homogen orientierten Identitätsverständnis ab, das Dauerhaftigkeit und Einheit einer Person herausstellt. Neue Identitätskonzepte, wie es bereits in der Diskussion um die Geschlechtskategorie deutlich wurde, stellen Veränderungen, Fragmentierungen und Vielfalt in den Mittelpunkt.

> »Identität wird heute als komplexe Struktur aufgefasst, die aus einer Vielzahl einzelner Elemente besteht (*Multiplizität*), von denen in konkreten Situationen jeweils Teilmengen aktiviert sind oder aktiviert werden (*Flexibilität*). Eine Person hat aus dieser Perspektive also nicht nur eine ›wahre‹ Identität, sondern verfügt über eine Vielzahl von gruppen-, rollen-, körper- oder tätigkeitsbezogenen Teil-Identitäten« (Döring, 1999: 255).

Fasst man Identität als variable Struktur auf, überrascht es nicht, dass MUDs als ein ideales Modell angesehen werden, verschiedene Selbst-Aspekte zu aktivieren und auszuleben. Entsprechend bezeichnet Bruckman (1996) MUDs als Identitätswerkstatt (ebd.: 337) und Turkle (1999) spricht in diesem Zusammenhang von dem Ausleben »multipler Identitäten«[211] (ebd.: 419). Durch die Erschaffung virtueller Repräsentanten können dann Aspekte des Selbst ausgeblendet oder verstärkt aktiviert werden, was einhergeht mit einer »Steigerung der Selbstaufmerksamkeit« (Bruckmann, 1996: 343), »Prozessen der Selbstreflexion« (Turkle, 1999: 355) oder der »Überwindung von Identitätsgrenzen« (Rheingold, 1994: 185).

Die postmoderne Position, Identität nicht als stabile Kategorie zu betrachten, sondern als multiple und flexibel, steht in der Theorietradition von Mead (1973) und Goffman (2000), die besonderen Fokus auf die Tatsache richten, dass Menschen, je nach sozialem Kontext, verschiedene Rollen innehaben. Stand aber z.b. bei Mead die zeitliche Abfolge verschiedener sozialer Rollen im Vordergrund der Betrachtung, muss für die Identitätsdiskussion am Beispiel von MUDs festgehalten werden, dass unterschiedliche »Selbste« gleichzeitig aktiv sein können. Manche Mudder/innen spielen zur gleichen Zeit verschiedene Rollen in einer oder mehreren Spieldimensionen, während sie in ihrer Rolle als Ehefrau, Ehemann, Kind oder Sachbearbeiter/in vor dem PC sitzen.

Wie Selbstaspekte erfahren werden können, zeigen exemplarisch herangezogene Tiefeninterviews von Turkle (1999),[212] die die Netzforscherin unter anderem auch mit »Case« führte. Case, im realen Leben ein Industriedesigner, spielt im MUD eine »Katherine Hepburn Figur«, die er als »aggressiv, stark, kompromisslos, dynamisch und resolut« bezeichnet (zit. n. ebd.: 355). Seine weibliche Persona erlaubt es ihm, Facetten seines Selbst zu reflektieren, auszuleben bzw. zu trainieren, die er im Face-to-face-Kontakt aus Angst vor Ablehnung zurückhält:

»Es gibt Aspekte meiner Persönlichkeit – die durchsetzungsfähigeren, organisierteren, bürokratischeren -, an denen ich in den MUDs arbeiten kann. Ich habe mit bürokratischen Angelegenheiten immer meine Schwierigkeiten gehabt, das hat sich durch das Training mit MUDs, wo ich eine Frau mit großer beruflicher Verantwortung gespielt habe, erheblich verbessert. Dadurch, dass ich die Katherine-Hepburn-Figuren gespielt habe, kann ich jetzt Dinge tun – ich meine, in der Wirklichkeit, zu denen ich früher nie in der Lage gewesen wäre« (zit. n. Turkle, 1999: 356).

Die 34-jährige Genderswapperin Zoe, die seit frühester Kindheit lernen musste sich ihrer Weiblichkeit entsprechend rollenkonform zu verhalten, hat einen anderen Erfahrungshorizont als Case. In ihrer Vorstellung sind es Frauen, die nicht aggressiv und kompromisslos sein dürfen. Zoe schildert ihre Motivation und ihre Erfahrungen mit dem Genderswapping so:

»Zwei Jahre lang habe ich einen MUD-Mann gespielt. Zunächst, weil ich in Sachen Autorität gleiche Ausgangsbedingungen haben wollte und sich das meiner Meinung nach nur erreichen ließ, indem ich einen Mann spielte. [...] Dabei stellte ich fest, dass ich als Mann sehr entschieden auftreten konnte [...]. Wenn ich als Frau auf meiner Meinung beharrte und mit Entschiedenheit auftrat, kam ich mir zickig vor und stellte fest, dass auch die anderen mich dafür hielten. Als Mann bin ich davon frei. Ich habe aus meinen Fehlern gelernt. Heute kann ich entschieden auftreten, ohne schroff zu sein. Ich habe üben können, ohne Kritik befürchten zu müssen« (zit. n. Turkle, 1999: 359).

Die Erfahrungen in MUDs rufen Selbstreflexionsprozesse hervor, die sich deutlich von den alltagsweltlichen Erfahrungen unterscheiden. Dabei betreten wir den Cyberspace nicht völlig »rein« und gedächtnislos, sondern mit unverwechselbaren Biografien und individuellen, kulturell geprägten Wirklichkeitskonstruktionen. Da sich MUD-Welten oft durch Fantasieschöpfungen auszeichnen, müssen sie nicht mit Wirklichkeitskonstruktionen der Alltagswelt in Einklang gebracht werden.

Als Psychologin stellt Turkle (1999) die therapeutische Funktion heraus, die MUDs haben können und vergleicht sie mit realen Rollenspielen, wie sie als Methode in der Psychotherapie Anwendung finden.

>»Auf die Frage: ›Sind MUDs psychotherapeutisch?‹ ist man versucht zu antworten, dass sie es am ehesten dann sind, wenn sich der MUD-Spieler gerade einer Psychotherapie unterzieht. An sich sind MUDs sehr evokativ und liefern viel Stoff für die Mühle psychodynamischer Therapieprozesse« (ebd.: 336f).

In diesem Zusammenhang ist die Geschichte von Ava aufschlussreich, die bei einem (realen) Autounfall ihr rechtes Bein verlor und während ihrer Genesung begann, MUDs zu erkunden.

>»Ohne vorher groß darüber nachgedacht zu haben‹, erschuf Ava eine einbeinige Person, die eine abnehmbare Prothese trug. Die Behinderung ihrer Figur kam in ihren Beschreibungen deutlich zum Ausdruck, und die Freunde, die sie im MUD kennen lernte, fanden einen Weg, mit ihrer Behinderung umzugehen. Als Avas Figur sich verliebte, sprachen sie und ihr virtueller Liebhaber offen über die ›sinnlichen‹ und emotionalen Aspekte der virtuellen Amputation und Prothese. Sie fanden Spaß am virtuellen Sex, und Ava lernte, sich in ihrem virtuellen Körper wohl zu fühlen. Diese Erfahrung habe sie dazu befähigt, ihren realen Körper ein Stück weit mehr anzunehmen, so Ava gegenüber den Tagungsteilnehmern.[213] ›Nach dem Unfall hatte ich zuerst Sex im MUD, bevor ich in der Wirklichkeit wieder mit jemandem schlief. Ich glaube, das Erste ermöglichte das Zweite.‹« (zit. n. Turkle, 1999: 428).

Die Interviews von Turkle verweisen zwar eindrücklich auf die Möglichkeit, dass MUDs Selbstexplorationen hervorrufen können, jedoch ist diese Funktion der MUDs nicht zu überschätzen. Wie bereits gezeigt wurde, verstehen nur gut ein Drittel der MUD-Spieler/innen das »Role-Play« als ihre wichtigste Aktivität im MUD. Manche Mudder/innen konzentrieren sich hingegen eher auf das Programmieren (Coding) oder den geselligen Austausch per Chat. Deswegen schlussfolgert auch Döring (1999), dass nicht alle Netznutzer/innen die Bedürfnisse nach Identitätsexploration verspüren und auch gar nicht alle die nötigen intellektuellen Voraussetzungen und Netzkenntnisse mitbringen, um in textuellen Umgebungen konstruktive, soziale Erfahrungswelten zu erschaffen und diese dann zur individuellen und kollektiven Selbsterkundung nutzen (vgl. ebd.: 303).

5.4.2 Rekonstruktionen: Virtuelle Gender-Arrangements

Ritualisierte Höflichkeitspraxen, die zur Sicherung des Gender-Status Anwendung finden, setzen sich auch in MUD-Welten durch. Weibliche Personae sehen sich sehr häufig mit Hilfsangeboten konfrontiert und es entsteht der Eindruck, weibliche Figuren könnten das Rollenspiel ohne die Hilfe männlicher Charaktere nicht bewerkstelligen. Wie in RL erfolgt diese »Wertschätzung« nicht uneigennützig, sondern dient dem männlichen Spieler, seine (vielleicht fiktive) Identität anzuzeigen. So berichtet Bruckman (1996) aus ihren eigenen Erfahrungen als Mudderin mit weiblichem Charakter:

»Männliche Charaktere erwarten oft sexuelle Gefälligkeiten für technische Hilfestellungen. Eine männliche Figur verlangte einmal einen Kuss von mir, nachdem er mir eine Frage beantwortet hatte« (ebd.: 342).

Um wiederum den eigenen Status zu sichern, fordern Frauen im MUD eine Sonderbehandlung. Weibliche Figuren, die in RL männlichen oder weiblichen Geschlechts sein können, provozieren das Angebot von Hilfeleistungen, indem sie sich ungeschickt verhalten, schmollend auf Aufmerksamkeit hoffen, wenn sie ein Rätsel nicht lösen können oder direkt Hilfe einfordern. Mit der ihm eigenen Beobachtungsgabe stellt Goffman (1994) für die Alltagswelt fest:

»Indem sie (die Frau, V.L.) sich zurückhaltend gibt, Schüchternheit und Verschlossenheit zeigt, Schwäche, Furcht und Inkompetenz demonstriert, kann sie sich selbst als ein solches Objekt präsentieren, dem der Mann zu Recht seine helfende Hand hinstreckt [...]« (ebd.: 126).

Diese Sonderbehandlung folgt der Haltung, dernach Frauen Männlichkeiten durch das vermeintliche Fehlen eigener Kompetenzen stärken; zugleich evozieren sie Bilder von Weiblichkeit, die Frauen als das unterstützungswürdigere Geschlecht konstruieren.

»Carol ist ehrlich und scharfsinnig genug zuzugeben, dass sowohl Männer als auch Frauen zu diesem Problem beitragen, – manchmal führt sie sich einfach hilflos auf, wenn sie ›einfach müde ist und nicht damit belästigt werden möchte‹, eine unangenehme oder uninteressante Aufgabe zu erledigen« (Bruckman, 1996: 342).

In der Realität werden Forderungen nach Gegenleistungen selten so direkt gefordert, wie es Bruckman für die MUDs feststellt. Die Anonymität der Spielwelten begünstigt einen schnellen Beziehungsaufbau zwischen zwei Personen, weswegen sich soziale Beziehungen im »Hyperdrive-Modus« (We, 1993: o.S.) entwickeln. Forderungen für geleistete Hilfestellungen

157

müssen hier textuell artikuliert werden, während Gegenleistungen im wirklichen Leben eher subtil gefordert werden. Neben der Notwendigkeit, Forderungen nachdrücklich formulieren zu müssen, liegt ein positiver Nebeneffekt in der Reflexion des eigenen Handelns, die selbst bei eingespielten und internalisierten Gender-Praxen wie den Höflichkeitsritualen erhellend für die Spieler und Spielerinnen sein können:

>»Als Frau bittest du zuerst um Hilfe, weil Du glaubst, es sei bequem. Dann wird dir bewusst, dass du gar nicht die Fähigkeiten entwickelst, die du brauchst, um mit all diesen Dingen selber klarzukommen« (zit. n. Turkle, 1999: 347).

Zu einer Reproduktion der Geschlechterordnung führt auch die Art, in der MUD-Spieler/innen »TinySex«[214] praktizieren: Die spielerischen sexuellen Experimente, die als Möglichkeit zur Selbsterfahrung und Fantasieauslebung angepriesen werden, stabilisieren oft die heterosexuelle Norm; wie es auch das User/innen-Verhalten in Flirt-Chats verdeutlicht.

>»[...] Eine Frau ist nicht so vulgär, redet weniger beim Sex, und wenn, dann nicht so ›krass‹ wie zwei Männer untereinander« (zit. n. Dekker et al, 1998: o.S.).

Die Möglichkeit zur Vervielfältigung von Gender jenseits des binären Systems stößt bereits bei der Inszenierung als Neutrum an Grenzen. Eine Spielerin loggte sich bei ihrem ersten MUDding irrtümlicherweise als Neutrum ein, weil sie zu sehr mit der Technik des MUDdens beschäftigt war, um auf ihr Geschlecht zu achten:

>»Das Geschlecht war das geringste meiner Sorgen. Das änderte sich schlagartig, als eine männliche Figur [...] mich fragte, ob ich ›wirklich ein Es‹ sei. Auf diese Frage hin empfand ich [...] ein unangenehmes Gefühl der Desorientierung. [...] Ich fragte mich, ob ich mich weniger deplatziert fühlen würde, wenn ich eine männliche Figur spielte. Dann könnte ich in Ruhe abwarten, weil die Leute von *mir* den ersten Schritt erwarten würden. [...] Schließlich werden Jungen nicht als zimperlich beschimpft, wenn sie zu cool sind, um sich an Kussspielen zu beteiligen. Und sie werden nicht als Mauerblümchen bezeichnet, wenn sie sich zurückhalten [...]. Sie dürfen auf männliche Art schüchtern sein – distanziert, über den Dingen stehend. [...] Als ich viel später einmal eine männliche Rolle spielte, erlebte ich tatsächlich jene Bewegungsfreiheit, von der ich schon immer angenommen hatte, sie sei ein Geburtsrecht des Mannes« (zit. n. Turkle, 1999: 340f).

Ebenfalls erhärten sich im Spielverhalten traditionelle Geschlechterklischees von Schönheit in Verbindung mit vergeschlechtlichten sexuellen Orientierungen. Figuren, die sich mit dem Nickname »BlondeSuperhexy«, »HotMadonna« oder SweetSixteen« einloggen, erwecken bei Männern Begehren und können sich in der Regel vor einer Vielzahl von »Hilfsangeboten« kaum retten. Männliches Begehren richtet sich auch online nach Vorstellungen von weiblicher Attraktivität, wie wir sie aus dem Offline kennen.

»Eine [...] Folge der Verknüpfung (von Hofieren und Höflichkeit, V.L.) besteht darin, dass die Männer die üblichen Höflichkeiten in vollem Umfang und mit Vergnügen bevorzugt den jungen und schönen Frauen schenken und dass sie gegenüber Frauen, die diese zwei Merkmale vermissen lassen, Zurückhaltung an den Tag legen« (Goffman, 1994: 126).

Die »harmlosen Spielfiguren«, die sich meist durch männliche Nicknames auszeichnen, können das machen, was das Spielen auszeichnet: Rätsel lösen, Räume bauen und selbst Gespräche eröffnen, ohne von sexuellen Avancen gehandicapt zu werden.[215] Es ist davon auszugehen, dass die Mehrzahl der Spieler/innen in Wirklichkeit männlichen Geschlechts sind. In MUDs finden sich aber verhältnismäßig mehr weibliche Figuren als tatsächlich »echte« Spielerinnen zur Verfügung stehen. Folglich spielen viele männliche Mudder weibliche Figuren und erleben »TinySex« mit männlichen Figuren, die wiederum von männlichen Muddern gespielt werden.[216] Turkle (1999) bewertet die Möglichkeit, online hetero- und homoerotische Erfahrungen zu machen, als durchweg positiv und betrachtet die MUD-Umgebungen als »erotische Spielwiese« (ebd.: 362).

»Einige Männer spielen weibliche Personae, um Netsex mit Männern zu haben. Und beim ›simulierten lesbischen Syndrom‹ schlüpfen Männer in weibliche Personae, um Netsex mit Frauen zu praktizieren« (ebd.: 362).

Aus feministischer Sicht ist das »simulierte lesbische Syndrom« durchaus kritisch zu sehen. Aufgrund der zahlenmäßigen Überlegenheit, simulieren Männer im MUD häufiger einen Frauenkörper als vice versa. Einmal mehr besetzen und steuern männliche Fantasien den Frauenkörper.[217]

»Als Mann hat man nicht allzu viele Chancen, eine Frau in ein erotisches Gespräch oder Rollenspiel zu verwickeln. Also gebe ich mich als Frau aus und versuche dann, die Sache so zu steuern, dass es meinen Vorstellungen entspricht« (zit. n. Dekker et. al., 1998: o.S.).

Die »vergeschlechtlichte soziale Kontrolle«, die ein Belohnen von konformen Verhalten und bei nicht-konformen Verhalten Stigmatisierungen, soziale Isolierung und Sanktionen nach sich zieht (vgl. Lorber, 1999: 76), greift auch in den MUDs. Gender-Ideologien und die Art, Gender zu repräsentieren, unterliegen dem »Alltagsballast« und verschwinden nicht automatisch mit dem Betreten eines MUDs. Reproduzierte Gender-Praxen bilden damit auch in MUDs ein fundamentales Ordnungsprinzip für den Interaktionsverlauf.

Dennoch ist durch das virtuelle Rollenspiel die Möglichkeit einer »subversiven Resignifikation« von Gender im Sinne Butlers gegeben. Wenn man davon ausgeht, dass es kein »Original« von Geschlechtsidentität gibt, sondern diese nur eine Imitation der Imitation sein kann, dann ist der virtuelle Geschlechterwechsel zu verstehen, als eine

> »[...] Produktion, die effektiv, d.h. in ihrem Effekt als Imitation auftritt. Diese fortwährende Verschiebung ruft eine fließende Ungewissheit der Identitäten hervor, die ein Gefühl der Offenheit für ihre Re-Signifizierung und Re-Kontextualisierung vermittelt. [...] Obgleich die Bedeutungen der Geschlechtsidentität *(gender meanings)*, die diese parodistischen Stile aufgreifen, eindeutig zur hegemonialen frauenverachtenden Kultur gehören, werden sie durch ihre parodistische Re-Kontextualisierung entnaturalisiert und in Bewegung gebracht« (Butler, 1991: 203).

Wenn User weibliches Verhalten imitieren und somit die Kategorie »Mann« mit neuen Gender-Inhalten füllen und Userinnen »Männlichkeit« *per*-formen, ohne biologisch männlich *pre*-formed zu *sein*, ist die Frage, ob MUDs subversiv wirken können, diskussionswürdig.

5.4.3   Dekonstruktionen: Virtuelle neue Geschlechter

Die Grenzen zwischen Virtualität und Realität werden im Spiel mit den unterschiedlichen Selbst-Aspekten oftmals nicht mehr wahrgenommen. Für manche Genderswapper/innen lösen sich die Grenzen zwischen »RL« und »VR« derart auf, dass sie von ihren Figuren grammatikalisch in der ersten Person berichten. Für die Frage nach der »Erfahrbarkeit« des anderen Geschlechts lässt sich schlussfolgern, dass MUDs besonders gut geeignet sind, tatsächlich ein anderes Geschlecht zu *sein* und als das andere Geschlecht Interaktion zu *erleben*. Weil das Geschichtenerzählen in MUDs auch voraussetzt, »eigene« Lebensentwürfe zu entwickeln, gestalten Spieler/innen die Biografien ihrem virtuellen Geschlecht entsprechend. Sie lösen sich damit von den verschiedenen »Gedächtnissen«. Mudder und Mudderinnen können zwar nicht ihr biografisches Gedächtnis »ausschalten«, aber das »Gedächtnis der Mitwisser«, das von außen an der Gender-Zugehörigkeit festhält, kann nach eigenen Vorstellungen »gefüllt« werden. Durch die im MUD gegebene Möglichkeit, Selbstbeschreibungen in Form von Steckbriefen zu erstellen, greift auch das »Gedächtnis der Akten« nicht mehr, weil die »Akte« selbst angelegt wird.

Die oben gemachten Feststellungen spiegeln sich im folgenden Beispiel, das von einem männlichen Genderswapper handelt, der die weibliche Figur »Mairead« spielt. Mairead konstruierte er als eine Rechtsanwältin aus bürgerlichem Haus, die ihr Jurastudium von einem Aristokraten bezahlt bekam. Dieser Aristokrat wurde zu ihrem (virtuellen) Lebenspartner. Durch dessen ständige finanzielle Unterstützung fühlt die Figur Mairead sich nun als sein Eigentum. Der Spieler Maireads erzählt:

»Meiner Meinung nach, muss sie [Mairead, V.L.] sich auf ein erhebliches psychologisches Problem gefasst machen. *Wir* haben eine destruktive Beziehung. Doch obwohl sie sehr schmerzlich und anstrengend ist, finde ich es höchst interessant, mich selbst dabei zu beobachten, wie ich versuche, mit diesem Problem fertig zu werden. Wie werde ich es anstellen, das Ich meiner Persona aus diesem Schlamassel herauszuziehen? *Ich* habe nämlich keine Lust, so weiterzumachen. *Ich* will da raus ... Wissen Sie, dadurch, dass ich eine Frau spiele, sehe ich, was ich in meinem psychischen Repertoire habe, was mir schwer und was mir leicht fällt« (zit. n. Turkle, 1999: 347, Herv. V.L.).

Blickt man zurück auf die von Kessler und McKenna (1985) festgestellten Annahmen über die Zweigeschlechtlichkeit, so bilden diese für die Alltagswirklichkeit das Denkmuster von einer Eindeutigkeit, Unveränderbarkeit und Naturhaftigkeit des Geschlechts (ebd.: 113f). Die Alltagsannahmen greifen jedoch in der virtuellen Umgebung der MUD-Spiele nicht mehr. Für diese lassen sich vielmehr Annahmen über »Ungeschlechtlichkeit« formulieren:

1) Das Geschlecht muss nicht eindeutig bestimmt sein. Alle MUD-Spieler/innen haben die Möglichkeit ihr Gender so darzustellen, wie sie es als passend für ihre Figur empfinden. 2) Das Geschlecht ist jederzeit durch wenige Tastengriffe veränderbar. Zudem bieten »geschlechtersensible« MUDs eine Vielzahl von Möglichkeiten außerhalb der binären Ordnung zu »existieren«. Darüber hinaus können Spieler und Spielerinnen sich mit mehreren Figuren in einer MUD-Welt etablieren und so auch verschiedene Geschlechter gleichzeitig »sein«. Hieß es in den alltagstheoretischen Annahmen von Kessler und McKenna, dass es sich um Pathologie handeln müsse, wenn die Zugehörigkeit zu etwas Drittem beansprucht werde, so wird die Wahl eines »unnatürlichen« Geschlechts im MUD akzeptiert und verwirklicht. 3) Das virtuelle Geschlecht verliert seine Natürlichkeit. Eine männliche Figur wird nicht zwangsläufig von einem Mann gespielt. Gender und Sex müssen als voneinander unabhängig betrachtet werden. Während für die Alltagswirklichkeit gilt, dass die Zugehörigkeit zu der einen oder anderen Geschlechtsklasse natürlich und keine Frage der Entscheidung ist,

so besteht gerade für die Mudder/innen bei Spielbeginn die größte Herausforderung darin, sich für ein Geschlecht zu entscheiden.

Die Annahmen über das CyberGender bestätigen sich im Beispiel des weiblichen Frosches »Ribbit«, der von einem männlichen Mudder gespielt wird:

> »[...] Ich wollte wissen, welche Gefühle dieser Unterschied auslöst. Ich wollte mit der anderen Seite experimentieren [...]. Kooperativ und hilfsbereit wollte ich sein, und ich dachte, das würde mir als Frau leichter fallen [...]. In gewisser Weise hatte ich wirklich den Eindruck, dass die anerkannte weibliche Kommunikationsweise produktiver war, als die männliche – bei der einem all diese Konkurrenzgefühle in die Quere kommen« (zit. n. Turkle, 1999: 351).

Nachdem der Spieler weitere positive Erfahrungen als Frau gemacht hatte, zugleich selbstsicherer wurde und sich weibliche Kommunikationsweisen angeeignet hatte, »outete« er sich in der Spielergemeinde und spielte nunmehr den hilfsbereiten, männlichen Frosch Ron. Die Reaktionen seiner Mitspieler/innen spiegeln die Butlersche Performance-Idee. So berichtet der Befragte im späteren Verlauf des Interviews, dass große Unsicherheit über seine Geschlechtszugehörigkeit herrscht:

> »Die Leute im MUD haben [...] die Veränderung gesehen, und es hat sie nicht unbedingt davon überzeugt, dass ich ein Mann bin, aber sie sind sich auch nicht sicher, dass ich eine Frau bin. Und so bin ich irgendwie in diesen Zustand geraten, in dem mein Geschlecht unbekannt ist und die Leute sich mehr oder weniger damit abgefunden haben, es nicht zu kennen« (zit. n. Turkle, 1999: 355).

Das Beispiel von Ribbit bzw. Ron zeigt die Möglichkeit, auch »ohne« eindeutige Zuordnungsmöglichkeit akzeptiert zu werden. Ein Phänomen, das sich Transsexuelle in der Wirklichkeit nur wünschen können, denn der »Spießrutenlauf« um eine Form der geschlechtlichen Anerkennung würde dann obsolet. Im Sinne Butlers (1991) kann der Geschlechtskörper in MUDs tatsächlich zu einer Fiktion, einem »freischwebenden Artefakt« (ebd.: 23) oder einer »Erfindung« (ebd.: 200) werden, weil er als performativ zu betrachten ist. Die kulturell geformte Geschlechtsidentität lässt sich unabhängig vom biologischen Geschlecht performen und »männlich« muss nicht zwangsläufig das biologisch männliche Geschlecht bezeichnen.

Die Mudder/innen haben die Möglichkeit ihren Körper auf eigene Weise zu »vergeschlechtlichen«. Die Geschlechterkategorien werden durch das MUDding instabil, weil sie innerhalb des Wiederholungszwangs variiert werden. Eine auffällig inszenierte Weiblichkeit muss in der MUD-Gemeinschaft nicht zwangsläufig »biologische Weiblichkeit« bezeichnen, ebenso wie eine Männlichkeits-Performance nicht unbedingt mit einem männlichen Sexus korrespondiert. Das virtuelle Genderswapping, das nicht an den leiblichen Körper gebunden ist, kann damit dazu beitragen, Paradoxien zu evozieren, die Kategorien aufzubrechen und damit den Weg für eine Vervielfältigung von Gender zu ebnen.

Zusammenfassung

Konnten Studien über geschlechtstypisches Sprechverhalten in der Alltagswelt nachweisen, dass Frauen eher den kooperativen und machtlosen Stil gebrauchen und das männliche Gesprächsverhalten durch einen kompetitiven und machtorientierten Stil geprägt ist, kann die CMC-Forschung dies in weiten Teilen bestätigen.

Dabei stößt die geschlechtersensible Erforschung computergestützter Kommunikation auf ein methodisches Problem, in welchem aber auch eine Chance und erhebliches Potential liegt: Die Kategorie Geschlecht kann nicht auf herkömmliche Art (re-)produziert werden, da die geschlechtliche Zugehörigkeit lediglich aufgrund des angegebenen Pseudonyms angenommen werden kann, welches nicht zwangsläufig mit dem realen Namen bzw. dem »natürlichen« Geschlecht übereinstimmen muss. SoziologInnen und SoziolinguistInnen sitzen in der (Re-)Produktionsmaschine fest, wenn sie versuchen, die Genderkategorie anhand von Sprachstilen oder Körperinszenierungen dichotom zu kategorisieren. Sie betreiben als »zweigeschlechtlicher Erkennungsdienst« (Tyrell, 1986: 463) doing-gender an einer Stelle, an der sich eine Entkopplung von Sex und Gender förmlich aufdrängt. Macht man sich die Anonymität der Teilnehmer/innen methodisch zu Nutze und betrachtet die Individuen im Chat als performative Inszenierungen im Sinne Butlers, ließen sich neue Kategorien entwickeln. Wenn das beschriebene »Innen« nicht mehr auf unsere Vorstellung von einem »Außen« zutrifft, könnten sich vielleicht dritte, vierte oder fünfte Geschlechter etablieren. Dies sei mit dem Hinweis formuliert, dass nicht nur Ordnungen aus unserer Alltagswelt die virtuelle Welt strukturieren, sondern auch umgekehrt, virtuelle Erfahrungen unsere Offline-Wirklichkeiten beeinflussen.

»Mit einer [...] Akzeptanz erfundener digitaler Identitäten hört die Maskerade auf, Maskerade zu sein, und wird zum Ausdruck der Persönlichkeit. Die Leichtigkeit der digitalen ›Maskerade‹ beinhaltet womöglich sogar eine Relativierung der wichtigen Stellung des Geschlechts in der Konstruktion und Rezeption der individuellen Identität« (Nestvold, 1995: 303).

Grundlagen- und Methodenforschung ist gefordert, innovative Wege aufzuzeigen und vielfältige Geschlechterinszenierungen der Analyse zugänglich zu machen. Rodino, die »CyberGender« als sex-unabhängige Kategorien ernst nimmt, hat eine Untersuchung vorgelegt, die als Inspiration dienen kann.

Die Chat-Kommunikation, in welcher nicht lediglich das »Plaudern«, sondern oftmals das Knüpfen intimer Bekanntschaften im Vordergrund steht, zeigt in erster Linie Stabilisierungs- und Verhärtungsmomente von Differenzen. Festzuhalten ist, dass der Nickname im Chat der wichtigste Identitätsstifter ist und eine Geschlechtszuschreibung evoziert. Gender-Praxen, wie sie aus der Alltagswirklichkeit bekannt sind, werden im Chat nicht obsolet und die heterosexuelle, binäre Matrix greift. Gerade in flirtorientierten Chaträumen finden sich überzogene Symbole von Männlichkeit und Weiblichkeit. Chatter/innen versuchen, vorsätzliche Täuschungen mit ausgeklügelten Authentifizierungsstrategien zu entlarven, böswilliger Schein wird sanktioniert. Oftmals sind es Männer, die weibliche Darstellungen klischeehaft in Szene setzen und so den (virtuellen) Frauenkörper okkupieren. Der Chat verdeutlicht auch für die virtuelle Welt die hohe Relevanzstruktur der Geschlechterkategorie.

In den Kommunikationsräumen des Internet finden sich aber auch Aufhebungsmomente und Möglichkeiten zur Reflexion von Geschlechterinszenierungen. Mittels virtuellem Genderswapping wird das Gegengeschlecht erfahrbar, Selbst-Aspekte werden aktiviert und Gesprächsverhalten ist simulierbar. MUDs bieten darüber hinaus Möglichkeiten, sich jenseits der binären Ordnung darzustellen. Weil MUDs eine hohe Identifikation mit der Rolle und dem Spielverlauf voraussetzen, sind die Grenzen zwischen Virtualität und Realität dort am durchlässigsten. Die Alltagsannahmen von Eindeutigkeit, Unveränderbarkeit und Natürlichkeit des Geschlechts greifen in der virtuellen Umgebung der MUD-Spiele nicht, und im Gegensatz zu Chatter/innen, begrüßen die Mudder/innen eine Vielfältigkeit von Inszenierungen. MUDs sind bislang allerdings ein Bereich des Internet, der vornehmlich von Männern frequentiert ist.

6 Wie Chatterbots Mensch werden

6.1 Konversationsfähige Software-Agenten

Um die Aufmerksamkeit von InternetsurferInnen auf kommerzielle Websites zu lenken und an diese längerfristig zu binden, bedienen sich immer mehr Firmen und Institutionen so genannter Chatterbots. Auf der englischen Homepage des Möbelkonzerns »Ikea« kann die Userin und der User im »Help Center« z.B. mit der Online-Assistentin »Anna« plaudern. Die Mineralwasser-Firma »Apollinaris« stellt ein konversationsfähiges »Orakel« in Form einer Wasserquelle zur Verfügung, die Tankstelle »Jet« platziert in ihrem virtuellen Forum eine sprechende Tanksäule und die Ärzte-Fachzeitschrift »Medical Tribune« ist mit dem Chatterbot »Dr. Electric« ausgestattet.[218]
Mit virtuellen Gesichtern und Körpern versehen, begrüßen die Chatterbots die Surfer/innen auf der Homepage, laden zu einer Unterhaltung ein und bieten Hilfe an. Möglichst »echt« sollen sie sein, Vertrauen erwecken und als KommunikationspartnerIn ernst genommen werden. Chatterbots sind lernfähige Programme, die über eine Datenbank und eine programmierte logische Syntax verfügen. Der Nutzer und die Nutzerin kann sich mittels einem Texteingabe- und Ausgabefenster mit ihnen unterhalten. Dabei lernt das Programm von seinen KommunikationspartnerInnen neue Begriffe und verknüpft diese mit den Inhalten seiner Datenbank. Je nach Qualität der Programmierung kann bei dem Menschen das Gefühl entstehen, tatsächlich ein »lebendiges« Gegenüber zu haben (vgl.). Die konversationsfähigen Software-Agenten, die zunehmend das Netz bevölkern, haben vielfältige Bezeichnungen: Sie nennen sich »Embodied Conversational Agents«, »Anthropomorphe Interface-Agenten«, »Lingubots«, »Chatterbots«, schlicht »Bots«, und auch der Begriff »Avatar« ist gebräuchlich. Die Wortzusammensetzung »Embodied Conversational Agents« beschreibt die neue Technologie am ehesten, weil sie die drei Elemente Dialogfähigkeit, Verkörperung und selbsttätige Leistungserbringung der Software zusammenführt. Konsens besteht darüber, dass sich eine eindeutige Nomenklatur für die

Abbildung 4: Mögliche Oberfläche
eines Textein- und Ausgabefensters,
Quelle: URL http://www.cortrapar.
com/Free_Chatterbot.htm

Softwaresysteme noch nicht durchgesetzt hat (vgl. z.b. Lindner, 2003: 7; Murch und Johnson, 2000: 27, Bath, 2002: o.S., Trogemann, 2003: 269).[219] Das Fehlen eindeutiger Bezeichnungen veranschaulicht auch die folgende Beschreibung von Chatbots:

»Chatbots, auch Chatterbots, Avatare oder soziale Agenten genannt, gehören als sog. Interface-Agenten zur Kategorie der Software-Agenten [...] wobei der Begriff ›Bot‹ häufig synonym mit dem Begriff Agent verwendet wird« (Braun, 2003: 21).

Zwar mangelt es an einer begrifflichen Festschreibung, doch lassen sich einige Charakteristika der Software-Agenten, die jedoch nicht zwingend als konstitutiv zu betrachten sind, herausstellen: Sie reagieren in einer angemessenen Weise auf Einflüsse und Informationen ihrer Umwelt (Reaktivität), ergreifen von sich aus zielorientierte Initiativen (Proaktivität/ Zielgerichtetheit) und interagieren mit ihrer Umwelt (Kommunikation/ Kooperation). Software-Agenten demonstrieren anthropomorphes Verhalten (Charakter/ Persönlichkeit) und reagieren auf abstrakte Aufgaben durch Verwendung bereits gewonnenen Wissens über die allgemeinen Ziele und gelten damit als intelligent (Schlussfolgerungs-/ Lernfähigkeit) (vgl. Braun, 2000: 20).

Auch in Chaträumen finden sich Agenten, die oftmals gar nicht als solche erkannt werden, wie Rudgaard, Chat-Entwickler und Leiter des Bereichs »Community« des Internetportals »Lycos«, in einem Interview herausstellt:

»Ein Bot ist wie ein kleines Haustier, das man online hat. Manche Leute sind verärgert, wenn sie erfahren, dass sie die ganze Zeit mit einem Roboter sprechen. Aber die meisten Leute lachen und finden das großartig. Sie stellen dann etwa ›TechnoBabe‹ ihren Freunden vor und hoffen, dass die sie auch für ein echtes Mädchen halten. Selbst wenn man weiß, dass es Bots sind, macht es immer noch Spaß, mit ihnen zu sprechen, weil sie immer da sind, man immer mit ihnen sprechen kann und sie immer gut gelaunt sind [...]« (Tomorrow, Nov. 2003: 89).[220]

Wie ist der »Chatterbot-Boom« zu erklären? Firmen aus allen Bereichen versprechen sich durch den Einsatz virtueller Repräsentanten eine Reihe von ökonomischen Vorteilen. Kunden und Kundinnen werden im Idealfall durch den virtuellen Charakter an eine Website gebunden, der Markenauftritt wird emotionalisiert und die Werbeumsätze der Unternehmen steigen durch die längere Verweildauer der Nutzerinnen und Nutzer und durch die wiederholten Besuche.

Zudem versprechen sich die Unternehmen durch den Einsatz virtueller Kundenberater Kostenoptimierungen, weil die Repräsentanten beraten und teilweise aktiv verkaufen können. In Online-Shops steigern sie nachweisbar die Umsätze. Zudem betreiben die Charaktere mittels geschickter Programmierungen Marktforschung: Durch gezielt gesteuerte Gespräche kann der Bot Durchschnittswerte generieren, Meinungsumfragen durchführen und so KonsumentInnenprofile erstellen (vgl. Bühler, 2003: 113ff.). Das Potential der Chatterbots wird in der Natürlichkeit der Metapher eines lebenden Organismus, sowohl in Bezug auf die kognitive Zugänglichkeit als auch auf die Form der Kommunikation vermutet (vgl. Braun, 2003: 21).

6.1.1 Künstliche Intelligenz, Sozionik und die Soziologie

Ähnlich wie in der Bionik Mechanismen aus der Pflanzen- und Tierwelt für die Konstruktion von Technik genutzt werden, beschäftigt sich das sehr junge Feld der Sozionik mit der Erforschung und Modellierung künstlicher Sozialität. Im Mittelpunkt steht die Frage, wie Technik von der Gesellschaft lernen kann (vgl. Malsch, 1998: 9). Auf der Homepage zum DFG unterstützten Forschungsprojekt »Sozionik. Erforschung und Modellierung künstlicher Sozialität« schreibt die Projektkoordination zu dieser neuen »Kombiwissenschaft«:

> »Sozionik ist ein neues Forschungsfeld zwischen Soziologie und Künstlicher Intelligenz,[221] dessen Konturen sich erst allmählich auszuprägen beginnen. In der Sozionik geht es um die Frage, wie es möglich ist, Vorbilder aus der sozialen Welt aufzugreifen, um daraus intelligente Computertechnologie zu entwickeln«[222]

Dass das Feld der Sozionik wenig konturiert ist, verdeutlicht die Fülle definitionsloser Fachvokabeln: Von Hybridgemeinschaften ist die Rede und Künstliche-Leben-Forschung (Maes, 1995) wie auch von Netborgs (Mathez, 2002), intelligenten Agenten (Caglayan et al., 1998), Robotern (Grunwald, 2002) und technischen Artefakten (Lindemann, 2002). Wie festgestellt werden kann, suchen Leserinnen und Leser vergeblich nach Definitionen und Abgrenzungen. So schreiben z.b. Murch und Johnson (2000) in ihrer Einführung in die »Agententechnologie«:

>»Wir hatten in Erwägung gezogen, unsere eigene Agenten-Definition mit einzubeziehen, nahmen dann jedoch davon Abstand, um dieses ohnehin schon umfangreiche Thema nicht noch weiter zu überladen« (ebd.: 28).

Das hier angestrebte Vorhaben soll aber nicht mangels einer Definition des Forschungsbereiches scheitern. Vielmehr ist es angebracht, transparent zu arbeiten, den Gegenstandsbereich klar zu formulieren und die hier relevanten Felder abzustecken. Dafür ist es notwendig im Folgenden die Verteilte-Künstliche-Intelligenz-Forschung (VKI), die als Bezugswissenschaft der Agentenforschung und der Sozionik gilt, kurz von der traditionellen Künstliche-Intelligenz-Forschung (KI) abzugrenzen.

Die KI-Forschung orientiert sich vornehmlich an kognitiven Strukturen menschlichen Wissenserwerbs und blendet soziale Kontexte aus. KI-Forschungen zur technischen Darstellung von »Menschlichkeit« rekurrieren zumeist auf Zweige der Psychologie und operieren dann vornehmlich mit empirisch-quantitativen Methoden. Dies hat zur Folge, dass sich innerhalb der Agentenforschung reduktionistische Konzepte, die von der (feministischen) (Natur-) Wissenschaftsanalyse längst kritisiert und verworfen wurden, etablieren. Vor diesem Hintergrund finden Soziologie und Verteilte-KI einen gemeinsamen Nenner in der Kritik gegenüber kognitivistischen Ansätzen und im Streit mit der traditionellen Künstlichen Intelligenz Forschung (vgl. Malsch, 1998: 39).

Um die Einblendung sozialer Kontexte, in welche Wissen, Intelligenz und Problemlösungsprozesse eingebettet sind, bemüht sich die Verteilte-Künstliche-Intelligenz-Forschung. Die Verteilte-KI formuliert im Gegensatz zur älteren KI explizit einen nicht-individualistischen Wissensbegriff.

>»Ausgangspunkte der ›Verteilten Künstlichen Intelligenz‹ sind die soziale Verteiltheit des Wissens auf mehrere intelligente und autonome Agenten, die Emergenz des Wissens in der Kommunikation zwischen ihnen und seine Konstitution über Koordinations- und Austauschformen, die verschiedenen Sozialstrukturen – von einfachen Organisationen über offene Systeme von Wissenschaftlergemeinschaften bis hin zu differenzierten Gesellschaften – nachempfunden wird« (Rammert, 1998: 93).

Wie festzustellen ist, sprechen diejenigen Forscher/innen, die ihren technischen Modellierungen soziologische Theorien, Sozialmetaphern oder alltagsweltliche Vorstellungen des Sozialen zu Grunde legen, in erster Linie von Multiagenten-Systemen (MAS) und setzen sich so von der allgemeinen VKI ab (vgl. Strübing, 1998).[223] Für die hier vorliegende Arbeit von Bedeutung sind diejenigen Agenten, die als »Embodied Social Agents« oder »konversationsfähige Avatare« Einzug in die Literatur gefunden haben. Die Abspaltungen von der VKI sind hier nicht weiter interessant und daher zu vernachlässigen.

Wie Malsch (1998) verdeutlicht, sieht sich die Soziologie von der Sozionik auf dreifache Weise herausgefordert: als Konkurrentin, Kooperationspartnerin und Beobachterin. Als Konkurrentin hat sie sich mit der theoretischen Frage auseinander zu setzen, inwieweit gesellschaftliche Zusammenhänge als Computermodelle simuliert werden können. Als Kooperationspartnerin kann sie zusammen mit der Verteilten-KI-Forschung soziologische Konzepte simplifizieren und formalisieren. In der Beobachterrolle kann die Soziologie empirisch beschreiben, wie die Verteilte-KI soziale Alltagsvorstellungen oder soziologische Konzepte aufgreift und verarbeitet (vgl. ebd.: 28).[224]

6.1.2 Vorfahren der Chatterbots[225]

Davon ausgehend, dass die menschliche Intelligenz einmal nachahmbar oder zu übertreffen sei, schlägt der Mathematiker Turing 1950 in seinem Artikel »Computing machinery and intelligence« einen Test in Form eines Nachahmungsspiels vor, der die Intelligenz von Maschinen testen soll. In dem Versuch kommuniziert ein Mensch ohne Sicht- und Hörkontakt über einen Terminal mit einem Gegenüber. Dieses Gegenüber kann ein Mensch oder eine Maschine sein. Anhand geschickter Fragestellungen und der textuell erscheinenden Antworten soll der Mensch herausfinden, ob das Gegenüber ein Mensch oder eine Maschine ist. Dabei bemüht sich der Mensch möglichst »menschlich«, d.h. »authentisch« zu wirken, während der Computer versucht, einen Menschen zu imitieren.[226] Schafft es die Maschine, den Menschen am anderen Ende der Leitung in einem vorher festgelegten minimalen Zeitraum über seine wahre »Identität« hinwegzutäuschen, ihm also menschlich vorzukommen, so hat sie den Turing-Test bestanden.[227]

Während der Turing-Test die Überzeugungsfähigkeit von Maschinen auf der Grundlage von textuell vermittelter Kommunikation testete, geht es in der Entwicklung von Chatterbots zusätzlich darum, visuell zu überzeugen. Dabei richten Konstrukteurinnen und Konstrukteure das Augenmerk weniger darauf, intelligentes Verhalten zu imitieren als vielmehr »Persönlichkeiten« zu schaffen. Angenommen wird, soziale Wirklichkeit könnte nach- oder abgebildet werden.

>»Statt selbstverständlich vorausgesetzte Reduktionen, Quantifizierungen und die Berechenbarkeit der anthropomorphen Figuren zu hinterfragen, arbeiten die Forschungsteams verstärkt daran, den Schein von ›normalem‹ menschlichen Verhalten, d.h. von Normalität in den technisch-simuliert erzeugten Realitäten aufzubauen« (Bath, 2001: o.S.).

Einen Vorläufer der heutigen Chatterbots findet sich auch in dem 1965 von Weizenbaum entwickelten Computerprogramm »Eliza«,[228] das die Rolle einer Therapeutin übernimmt. Die Funktionsweise von Eliza ist einfach: Der menschliche Gesprächspartner tippt seinen Beitrag zur Unterhaltung auf einer mit dem Computer verbundenen Schreibmaschine ein. Der Computer analysiert die ihm auf diese Weise übermittelte Botschaft und stellt eine Antwort zusammen, die wiederum über die Schreibmaschine ausgedruckt wird. Die Wirkungsweise Elizas verdeutlicht folgende Unterhaltung zwischen einer jungen Frau und dem Computer:

>»Die Männer sind alle gleich«
>»In welcher Weise«
>»Sie machen uns immer wegen irgendwas verrückt«
>»Können Sie ein Beispiel nennen«
>»Na ja, die Idee zu diesem Gespräch stammt von meinem Freund«
>»Die Idee zu diesem Gespräch stammt von ihrem Freund«
>»Er sagt, dass ich oft deprimiert bin«
>»Es tut mir leid von ihnen zu hören, dass sie oft deprimiert sind«
>»Das stimmt, ich bin unglücklich«
>»Glauben Sie dass dieses Gespräch Ihnen hilft nicht mehr unglücklich zu sein«
>»Ich brauche jedenfalls Hilfe, das steht fest« (Weizenbaum, 1978: 15f).

Elizas Sätze werden mit einfachen Rechenregeln generiert: Das Programm filtert Stichworte aus dem Text des Benutzers bzw. der Benutzerin und formt daraus neue Sätze. Eliza arbeitet nach dem Prinzip, Aussagen des menschlichen Gegenübers in Fragen umzuformulieren und so eine Reaktion zu simulieren.

Weizenbaum (1978) schildert, wie Personen schnell eine intensive und emotionale Beziehung zu dem Computer aufbauen und ihm menschliche Eigenschaften zuschreiben. Als er die Absicht äußerte, das System so zu schalten, dass alle Unterhaltungen abrufbar sind, erfuhr er folgende Reaktionen:

>»Sofort wurde ich mit Vorwürfen überschüttet, mein Vorschlag laufe darauf hinaus, die intimsten Gedanken anderer auszuspionieren; ein deutliches Anzeichen dafür, dass sich

die einzelnen mit dem Computer unterhalten hatten, als sei er eine Person, der man sich in geeigneter und sinnvoller Weise über Privatangelegenheiten mitteilen konnte« (ebd.: 19).

Eine emotionale Verbundenheit des Menschen mit Maschinen ist nicht gänzlich neu und lässt sich auch jenseits der Agentenforschung feststellen. So erleben wir nicht selten, dass Autofahrer/innen ihren PKW Eigenschaften zusprechen, auf ein Navigationssystem vertrauen und ihren Fahrzeugen Namen geben. Prominentes Beispiel ist der vermenschlichte »Filmstar« »Dudu« (auch »Herbie«), ein vorwitziger, kleiner VW-Käfer, der in den 1970er Jahren sein Publikum begeisterte. Technische Artefakte, die lange Zeit reibungslos funktionierten und plötzlich eine ihnen zugedachte Funktion auf unerklärliche Weise verweigern, laufen Gefahr, von ihren Benutzer/innen beschimpft zu werden. Wir unterstellen dem nicht-funktionierenden Gegenstand »böswillige Absichten«. Auch Turkle (1984) zeigt in ihrer Studie »Die Wunschmaschine« unter welchen Bedingungen Computer als soziale Partner wahrgenommen werden und wie Computer die Unterscheidung von Lebendigem und »Ding« durcheinanderbringen können. Objekte werden personifiziert, d.h. unbelebte Erscheinungen werden ausgestattet mit Eigenschaften, Gefühlen und Handlungsabsichten. Es liegt nahe zu schließen, dass Objekte auch entlang der Achse männlich/ weiblich personifiziert werden.

6.1.3   Funktionsweise der Web-Agenten

Die technische Realisierung von Web-Agenten muss als ExpertInnenwissen von ProgrammiererInnen, InformatikerInnen und MathematikerInnen gelten. Da immer wieder beobachtet werden kann, dass Nutzer/innen während der Gespräche mit den Bots erstaunt die Augenbrauen heben und etwa ausrufen »Das ist doch« nicht möglich! Wie funktioniert das nur?« oder »Das kann keine Maschine sein!«, wird hier ein einfacher Überblick über die Funktionsweise gegeben.[229]

Konversationsfähige Avatare setzen sich grundsätzlich aus drei Komponenten zusammen, nämlich einer Schnittstelle zum Benutzer bzw. zur Benutzerin, einer NLP-Engine (Natural Language Processing), die die Eingaben analysiert und interpretiert, und der »Wissensbasis« selbst, die eine passende Antwort ermittelt und auf einer komplexen Datenbank beruht. Das »Gehirn« der Software-Agenten ist der NLP-Kernel, der natürlichsprachige Eingaben entgegennimmt und in eine interne Darstellung übersetzt.

171

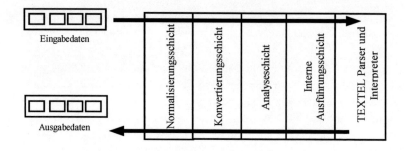

Abbildung 5: Architektur des NLP-Kernels, Quelle: Biskup 2001

Die interne Darstellung wird mit den Informationen der Wissensbasis des Bots abgeglichen und generiert eine Antwort. Der NLP-Kernel hat die zentrale Aufgabe, die Eingaben der Benutzer/innen schrittweise zu analysieren und zu verarbeiten.

Im Rahmen der Normalisierung durch den Kernel werden z.b. Großbuchstaben in Kleinbuchstaben umgewandelt, Umlaute in eine einheitliche Form gebracht, Synonyme ersetzt etc. Die Eingabe wird dazu in einzelne Worte gegliedert, um einen schnellen Abgleich der Wissensbasis zu ermöglichen. Die umgewandelte Eingabe wird dann mit allen relevanten, in der Wissensbasis gespeicherten Informationen unter Verwendung verschiedener informationstechnischer Methoden verglichen, damit eine geeignete Antwort ermittelt werden kann. Berücksichtigt werden dabei der emotionale Zustand des Bots sowie eventuell verfügbare benutzerspezifische Angaben (wie Alter, Geschlecht oder Hobbys), der Kontext der Unterhaltung, die Uhrzeit und ähnliches. Nach Ermittlung der am besten passenden Antwort, werden alle Daten im »Gehirn« des Chatterbots modifiziert: der emotionale Zustand wird angepasst und die Darstellung entsprechend verändert, ein Antworttext wird ausgewählt und dem Kontext der Unterhaltung angeglichen (vgl. Abbildung 5).

Die Wissensbasis enthält grundlegende Informationen über den Chatterbot. Das sind u.a. speziell codierte, äquivalente Eingaben und mögliche Ausgaben, die in Abhängigkeit von dem emotionalen Zustand des Bots generiert werden, ein Synonymewörterbuch, spezielle Wortgewichtungen, Informationen über die Visualisierung und dynamische Skripte, die komplexe Interaktionen anstoßen. Die Qualität eines Chatterbot hängt also entscheidend von dem Umfang und dem Inhalt der Wissensbasis ab.

Die an ihn gerichteten Fragen müssen in einer allgemeinen Form gespeichert sein, so dass auch unterschiedliche Formulierungen erkannt werden. Fragt der menschliche Nutzer bzw. die menschliche Nutzerin z.b. nach dem Preis eines Produktes, so kann er/ sie dies auf unterschiedliche Weise tun:»Was kostet...?«, »Wie teuer ist...?«, »Was muss ich bezahlen für...?«, »Wie viel Kohle muss ich abdrücken für...?«. In Erkennungsmustern sind Worte oder Teilworte logisch miteinander verknüpft. Ein Teil des Musters, das die Frage nach dem Preis erkennt, könnte z.b. so aussehen:

»(wie&teuer/preis/kosten)&(war/ist/is/bist/warst/sind))/((was/%WIEVIEL)&(kostet/kos t/kostets/kosten/((bezahle/bezahl/zahle/zahl/bleche/blech/berapp/berape/((drcke/drück)+ ab)/abdrück/abdrücke/löhn/löhne/latz/latze/((lege/leg)&(auf+tisch))/[...]((für&%WIEVI EL&(%BEKOMMEN_SYNONYME_KONJUGIERT/((kann/können)%kaufen)(kaufen /erwerben/erstehen)))&(ich/man/wir))~GELD)[...]« (vgl. von Wendt, 2003: 43).[230]

Die oben gemachten Ausführungen dienen dazu, das Mysterium »Chatterbot« zu entzaubern. Auch wenn Chatterbots von den UserInnen manchmal gar nicht als solche erkannt werden, so dürfte deutlich geworden sein, dass die konversationsfähigen Avatare immer nur so gut sind wie ihre AutorInnen und ProgrammiererInnen.

6.1.4   Qualität und Glaubwürdigkeit

Erfolgreich im Sinne von »täuschend lebensecht« sind Chatterbots dann, wenn sie sich schnell, reaktiv, adaptiv, robust und selbständig verhalten (vgl. Maes, 1995: o.S.). Maes definiert dabei lebensechtes Verhalten als »nicht mechanisch, nicht-vorhersehbar und spontan« (ebd.: o.S.). Die Agentenforschung stellt fest, dass sichtbare Emotionen der Roboter das ausschlaggebende Indiz für erfolgreiche Interaktion mit einem Menschen sind. Die Glaubwürdigkeit von Dialog- und Konversationsfähigkeit gilt als ein wesentlicher Bestandteil des Konzepts von »Menschlichkeit«.

»Die Emotionen des Gegenübers, beziehungsweise unsere Einschätzung davon und unsere Reaktion darauf, spielen für das Gelingen eine entscheidende Rolle. Diese Form der Unzuverlässigkeit der menschlichen Kommunikation ist aber gerade ein zentraler Aspekt der technischen Kommunikation mit autonomen Avataren« (Trogemann, 2003: 270).[231]

Als »Erfolgskomponenten« für die Akzeptanz konversationsfähiger Avatare nennt Bühler (2003) die Faktoren »Schön, Schnell, Schlau« (ebd.: 116). Die »Schönheit« des Avatars bezieht sich dabei sowohl auf die äußere Erscheinung wie auch auf die Funktion des Charakters. Funktion und Erscheinung müssen harmonieren, d.h. ein eher konservatives Immobilien-Unternehmen wird seinen virtuellen Repräsentanten auch optisch an das Unternehmen anpassen. »Schön« umschließt auch die Kreation von Persönlichkeitsmerkmalen, oft in Form einer Biografie, die den Agenten erst »echt« erscheinen lässt.

> »Jeder Imigo braucht eine Lebensgeschichte, die Auskunft und Interpretationen über seine Verhaltensweisen, Hobbies, Interessen, Vorlieben etc. zulassen. Erst damit wird ein Imigo lebendig; er erhält eine Persönlichkeit und weckt damit Sehnsüchte, Wünsche und Bedürfnisse des Gegenübers« (ebd.: 116).

Ein weiteres Qualitätskriterium ist die Fähigkeit, aktuelle Entwicklungen und Ereignisse zu kommentieren; das können politische Geschehnisse sein, Börsenkurse oder die neue Sommerkollektion eines Modedesigners. Die Schnelligkeit der Anwendung und die Benutzerfreundlichkeit sind ebenfalls ausschlaggebend für die Qualität, denn »[...] die Umsetzung eindrucksvoller Animationen kann nicht Sinn und Zweck eines kundenorientierten Web-Auftritts sein, sofern lange Ladezeiten das Kundenerlebnis schmälern« (ebd.: 118). Auch verschiedene Kommunikationsregeln wie eine adäquate Gesprächseröffnung, höfliche Rückfragen, passives Zuhören und eine angemessene Verabschiedung, lassen den Bot erst freundlich wirken. Sympathieauslöser sind in hohem Maße nonverbales Verhalten und soziale Kompetenzen. In der aktuellen Entwicklung wird deshalb verstärkt an der Mimik, Gestik und dem Stimmfall der Chatterbots gearbeitet.[232]

> »Viele äußerlich einschätzbare Eigenschaften, die auch für virtuelle Assistenten wichtig sind – z.B. Kompetenz, Ehrlichkeit, Mitgefühl, Ruhe und Sympathie -, werden weitgehend über nonverbale Stimuli transportiert« (Trogemann, 2003: 285).

Dass selbst Eigenschaften wie Attraktivität und Aussehen zu einem beachtlichen Teil durch Bewegungssimulationen determiniert sind, zeigt die Kommentierung eines Spielers, der sich in einem Online-Forum zu dem Adventure-Spiel »Baphomets Fluch III« über den weiblichen Spielfiguren-Avatar »Nico« äußert:

> »[...] Als erstes ist mir doch die Nico ins Auge gefallen – also *pfeifff* was soll ich sagen, ich war jedes Mal sauer, als ich aufhören musste mit ihr zu spielen (sorry, hört sich jetzt vielleicht etwas komisch an 😕 ☺ liegt wohl daran, dass ich ein Mann bin *ggg*) Auf jeden Fall habe ich mich dabei ertappt dass ich mir ihr wahllos umhergegangen bin und sie nur angestarrt hab ... mal vor mal zurück und auch mal schleichen ... einfach nur genial ☺ Ist euch aufgefallen, dass ihr super Vorbau wackelt 😕 ? Klasse – das nenne ich Detailverliebtheit – und dieser Ausschnit ... *schwärm* also das ist mindestens DD was sich da verbirgt [...]«.[233]

174

Wie Wippermann (2001) einwendet, wird ein Avatar jedoch nie Menschlichkeit in das Netz bringen, sondern funktioniere nur als ein »stereotypes Surrogat«, das die zwischenmenschliche Interaktion lediglich nachempfindet. Die Regeln herkömmlicher Kommunikation würden so an der Benutzeroberfläche erhalten bleiben (vgl. ebd.: o.S.).

»Es gibt einen großen toten Winkel in der Interaktion mit einem Avatar, der darin besteht, dass das Gespräch zwar funktioniert, aber nie befriedigen kann« (ebd.: o.S.).

Wiederum konnte die Agentenforschung feststellen, dass Benutzer/innen tolerant gegenüber einem unvollkommenen Verhalten der Bots sind, da sie in der Regel wissen, dass es sich nicht um ein menschliches Gegenüber handelt. Umso befremdlicher ist die Tatsache, dass die Gefühlsebene einen wichtigen Faktor in der Interaktion mit Agenten darstellt. Es lässt sich mit Schneider (2000) fragen:

»Wenn die künstlich hergestellten Menschen, die Replikanten, nicht nur *cogito ergo sum* sagen, sondern auch noch Gefühle zeigen können, wenn sie weinen und mit Erinnerungen ausgestattet sind, wie sollen die Menschen dann noch länger wissen, dass sie Menschen und keine Replikanten sind?« (ebd.: 31).

6.1.5 Handlungsfähigkeit der Chatterbots

Die Kernfrage, die es zu diskutieren gilt, lautet: Können Chatterbots handeln? Oder anders: Kann sich das Handeln eines Akteurs oder einer Akteurin, das sich auf einen Software-Agenten als Gegenüber bezieht, als soziales Handeln bezeichnet und damit als Interaktion beschrieben werden? Naheliegend könnte die Soziologie als »Wissenschaft, welche soziales Handeln deutend verstehen und dadurch in seinem Ablauf und seinen Wirkungen ursächlich erklären will«[234] (Weber, 1984: 19) antworten: Maschinen handeln nicht, noch kommunizieren sie sinnhaft oder konstruieren Gesellschaften.

Die Soziologie unterscheidet zwischen Sozialem und Lebendigem einerseits und dem Dinghaften, Technischen andererseits. Für die Verteilte KI-Forschung steht die Handlungsfähigkeit ihres Gegenstandes allerdings außer Frage:

»Prozesse erfolgreicher Koordination zwischen handlungsfähigen Entitäten zu verstehen bzw. einzurichten ist eine zentrale Problemstellung für die Soziologie wie auch für die VKI. Die Soziologie nennt diese Entitäten Akteure und denkt dabei an gesellschaftlich sozialisierte Menschen, in der VKI spricht man von Agenten und meint damit Software-

175

Programme oder Roboter, die in einer gegebenen Umwelt relativ eigenständig zu agieren in der Lage sind« (Schulz-Schaeffer und Malsch, 1998: 237).

Es ist also zu fragen, ob technische Agenten signifikante Gesten hervorbringen und diese Gesten von dem Adressaten bzw. der Adressatin interpretiert werden und die Agentin wiederum die aus dieser Interpretation resultierende Reaktion auf ihre Gesten als solche wahrnimmt (vgl. Strübing, 1998: 74f). Agentenorientierte Ansätze der VKI sind der Meinung, dass der Begriff der Handlungsfähigkeit keine kategoriale Unterscheidung zwischen technischen Artefakten und sozialen AkteurInnen konstituiert, sondern »alle Elemente umfassenderer Zusammenhänge als Akteure betrachtet werden können, sofern ihr Verhalten in einer Weise zur Wirkungsweise des Zusammenhangs beiträgt, die nicht der direkten Kontrolle eines anderen Elements unterliegt« (Schulz-Schaeffer, 1998: 137f).

Bemühen wir eine klassische soziologische Definition von Handeln, so bezeichnet dieses nach Weber (1984) ein »[...] menschliches Verhalten (einerlei ob äußeres oder innerliches Tun, Unterlassen oder Dulden) [...], wenn und insofern als der oder die Handelnden mit ihm einen subjektiven *Sinn* verbinden« (ebd.: 19). Prinzipell muss davon ausgegangen werden, dass ein Akteur/ eine Akteurin immer auch hätte anders handeln können. Die Deutung des Sinnzusammenhangs obliegt der Interpretation des Gegenübers. Soziales Handeln ist geprägt durch Erwartungen und Erwartungs-Erwartungen. Weber definiert weiter:

> »›Soziales‹ Handeln aber soll ein solches Handeln heißen, welches seinem von dem oder den Handelnden gemeinten Sinn nach auf das Verhalten *anderer* bezogen wird und daran in seinem Ablauf orientiert ist« (ebd.: 19).

In Kapitel 3.1.3 (88ff) wurde bereits deutlich gemacht, dass Teilnehmer/innen in den unterschiedlichen Kommunikationsräumen des Internet tatsächlich sozial interagieren, wobei angenommen wurde, dass die im Netz Interagierenden menschliche AkteurInnen sind. Nun haben wir das Wissen, dass Chatterbots technische Artefakte sind und eben nicht im engen soziologischen Sinne sinnhaft handeln können, weil Soziologen und Soziologinnen nur lebendigen Menschen soziale Handlungsfähigkeit zusprechen.[235] Rammert und Schulz-Schaeffer (2002) verweisen allerdings darauf, dass eine Soziologie, die meint »Soziales exklusiv aus Beziehungen zwischen intentional bewusstseinsfähigen menschlichen Akteuren zurückführen zu können« nur schwerlich soziale Probleme in den Blick bekommen kann, »die auf der Interaktivität mit Sachen und Zeichen beruhen« (ebd.: 58).

An dieser Stelle wird deutlich, warum Sozioniker/innen über die Frage, ob Artefakte im strengen intersubjektiven Sinn handlungsfähig sind, einen Grundlagenstreit innerhalb der Soziologie befürchten, den sie allerdings als wenig konstruktiv für die Sozionik einordnen.[236] Kennzeichnet man Handeln z.b. lediglich als Möglichkeit, sich auf unterschiedliche Weise verhalten zu können sowie durch die Fähigkeit, zwischen diesen möglichen Verhaltensweisen wählen zu können, so müsste man über die Intentionen oder andere Verhaltenseigenschaften im Prinzip nichts wissen. Nach einem solchen Handlungsbegriff ließen sich Chatterbots zwar als handlungsfähig, doch nicht als sozial handlungsfähig einordnen.

Um den Grundlagenstreit über die Handlungsfähigkeit von Technik quasi zu umschiffen, regen Sozioniker/innen an, der Agentenforschung einen eher schwachen Handlungsbegriff zu Grunde zu legen. Herangezogen werden dann z.b. die Akteur-Netzwerk-Theorie nach Latour[237] oder das mehrstufige Handlungsmodell nach Giddens (so z.b. Rammert und Schulz-Schaeffer, 2002: 11ff.). Diese Auseinandersetzungen führen zu unterschiedlich modifizierten Handlungsbegriffen, die von Soziologen und Soziologinnen je nach wissenschafts-theoretischer Verbundenheit auf Akzeptanz oder Ablehnung stoßen.

Einen anderen Zugang zu der Frage, ob technische Agenten handeln können, ergibt sich aus der, soziologisch gemeinhin nicht umstrittenen Annahme, dass auch Organisationen als kollektive Akteure handeln: Hinter jedem Agenten oder System von Agenten steckt Arbeit, die, wie auch immer sie vermittelt wird, von Menschen geleistet wurde. Diese Arbeit, die den Artefakten innewohnt, ist jedoch in der Regel unsichtbar. Die Unsichtbarkeit der Arbeit hat zur Folge, dass sich in der Aneignung der Artefakte durch ihre Nutzer die sozialen und politischen Dimensionen nicht mehr erschließen lassen (vgl. Strübing, 1998: 77).

Es bleibt weiter die Option, die Frage nach der Handlungsfähigkeit der Roboter zu vernachlässigen und sich darauf zu konzentrieren, dass sie als Hybride gerade durch Unschärfen definiert sind und »in der einen Situation als soziale Adressen fungieren, indem ihnen Handlungsfähigkeit beigelegt wird, während sie in einer anderen Situation ›objektualisiert‹ werden, ohne dass diese Ent-Personalisierung sanktioniert würde« (Braun, 2000: 17).

Der von Lindemann (2002) formulierte Lösungsansatz des Akteurproblems scheint vielversprechend zur Entwicklung des weiteren Vorgehens.[238] Sie stellt die Frage nach der Handlungsfähigkeit als eine gestufte Frage: Erstens soll nicht a priori entschieden werden, welche Entitäten soziale Ak-

teure sind, da dies prinzipiell lebende Menschen als auch technische Artefakte sein können. Und in einem zweiten Schritt, nämlich dann, wenn ein
technisches Artefakt nicht als sozialer Akteur verstanden werden kann,
stellt sich die Frage anders. Und zwar:

>Müssen technische Artefakte im Sinne eines Agens berücksichtigt werden, das auf so-
ziale Akteure wirkt? Dazu ist es erforderlich, soziale Akteure als körperlich-leibliche
Akteure zu denken, denn an immateriellen Sinnproduzenten kann Technik nicht anset-
zen« (ebd.: 79)

Nimmt man die erste Stufe der Frage in den Blick und betrachtet es als
kontingent, welche Entitäten als soziale Akteure und Akteurinnen in Betracht kommen, muss die klassische Konzeption von Sozialität weiterent-
wickelt werden (ebd.: 79). Demnach müsste die Soziologie mit dem selbstverständlichen Anthropozentrismus brechen und damit wird es

>zu einem beobachtbaren Problem, welche Entitäten als soziale Akteure gedeutet wer-
den können und welche nicht. [...]. D.h. es wird untersucht, wie sich für die beteiligten
sozialen Akteure praktisch ein Bereich spezifisch sozialer Beziehungen abhebt« (ebd.:
83).

Wenn Sozialität anhand der Komplexität der Beziehung angenommen wird
und nicht anthropologisch begrenzt ist, kann es folglich zu einer offenen
Frage werden, ob durch die Beziehung zwischen Chatterbot und Mensch
soziale Interaktionen entstehen, d.h. sich beide Beteiligte an einem gültigen
Geflecht von Erwartungs-Erwartungen orientieren.

>Wenn sich dabei erweisen sollte, dass die Interaktion zwischen Computern und Nutze-
rinnen nachvollziehbar als so komplex gedeutet werden muss, dass sie durch Erwartungs-Erwartungen strukturiert ist, müsste dieses technische Artefakt als ein gleichwer-
tiger zuschreibungskompetenter sozialer Akteur gelten« (ebd.: 85).

Wie bereits geklärt werden konnte, schreiben Menschen Objekten anthropomorphe und soziomorphe Eigenschaften zu, vertrauen sich ihnen sogar
wie einem menschlichen Gegenüber an. Naheliegend ist, dass Menschen
dem konversationsfähigen Agenten Handlungsfähigkeit unterstellen, solange seine Antworten sinnhaft auf das eigene Verhalten bezogen sind. Sie
schreiben dem Objekt also Qualitäten personaler Subjektivität zu.

In einer Mensch-Chatterbot-Kommunikation sind zwei Ausgangssitua-
onen denkbar: Erstens die Benutzerin oder der Benutzer weiß nicht, dass
sie oder er mit einem konversationsfähigen Agenten spricht[239] und behandelt das Gegenüber als wäre es ein Mensch oder zweitens, die Userin oder
der User ist sich der Künstlichkeit des Gegenübers bewusst. Liegt die zweit
genannte Ausgangsposition vor, so ist dennoch zu berücksichtigen, dass

technische Artefakte personifiziert werden. Menschen gehen mit ihnen emotionale Bindungen ein, die eigentlich einem menschlichen Gegenüber vorbehalten sind.[240]

In diesem Zusammenhang lässt sich von einem »episodischen Akteurstatus« (Lindemann, 2002: 86) sprechen. Der episodische Akteurstatus kann solchen Entitäten zugesprochen werden, bei denen es sich nicht um soziale Akteure handelt, die aber »[...] in einzelnen Situationen in Beziehungen existieren, die durch Erwartungs-Erwartungen gekennzeichnet sind« (ebd.: 86). Die von Thomas (1932) geprägte Definition der Situation, die besagt: »Wenn die Menschen Situationen als real definieren, dann sind sie in ihren Folgen real« (ebd.: 114), drängt sich hier nahezu auf. Demnach ließe sich kontextbezogen entscheiden, was ein technisches Artefakt ist, nämlich anhand der praktischen Konsequenzen für den Handelnden/ die Handelnde, die es empirisch zu beobachten gilt.

Es lässt sich nun die zweite Stufe der Frage bearbeiten: Wenn wir als Soziologinnen und Soziologen davon ausgehen, dass technische Artefakte keine sozialen Akteure oder Akteurinnen sein können, sondern diese Position körperlich-leiblichen AkteurInnen vorbehalten bleibt, wechselt die Perspektive hin zu der Frage: Existieren aus der Sicht menschlicher Nutzer/innen die Chatterbots als soziale Personen? Lindemann definiert in diesem Zusammenhang soziale Personen »generalisiert als soziale Akteure anerkannte Entitäten« (ebd.: 86). Da es höchst unwahrscheinlich ist, dass konversationsfähige Software-Agenten generalisiert als soziale Personen anerkannt werden können, ist zu prüfen, ob Agenten im Sinne eines »Bewusstseins« gedeutet werden können:

»Entsprechend würde in den Beziehungen der Agenten [...] mit Benutzern des Systems Erwartungs-Erwartungen nicht vorkommen. Aber als ein Bewusstsein würden die Agenten Erwartungen ausbilden [...]« (ebd.: 93).

Wie die Entscheidung für natürlichsprachige, mit Körpern versehene, soziale Agenten ausfällt, kann nicht im vorhinein entschieden werden. Ob dem ein oder anderen Chatterbot Handlungsträgerschaft zuerkannt werden kann, muss in der empirischen Beobachtung gemessen werden. Schließlich stellt sich, trotz diffiziler theoretischer Ausgangslage Tatendrang ein, liest man die Ermunterung von Rammert (1998):

»Wenn wir ihnen (den Agenten, V.L.) begegnen und sie kennenlernen wollen und wenn wir die Anteile an menschlicher und computer-generierter Agentenschaft realistisch einschätzen wollen, dann müssen wir die Treppe der Interaktivität mit ihnen freihalten und sie nicht durch das Streuen disziplinpolitischer Erbsen aus dem Haus der Soziologie verscheuchen« (ebd.: 123).

6.2 Leo, Pia und Quincy: Drei Chatterbots

Bereits der erste Blick auf einen Embodied Conversational Agent zwingt den Beobachter/ die Beobachterin zu einer Unterscheidung und damit zu einer Kategorisierung: die Einordnung des Bots in eine Geschlechterkategorie, der die Unterscheidung zwischen männlichem, weiblichem oder sächlichem Chatterbot vorausgeht.

Die konversationsfähigen Avatare gelten als Indikatoren für die postmoderne Welt und funktionieren damit als Sinnbild für die sich verwischenden Grenzziehungen zwischen Mensch und Maschine. Sie sind geeignet, diesen »Verwischungen« nachzuspüren und sie zu konkretisieren. Zudem sind Chatterbots technische Artfakte, die natürlichsprachig mit BenutzerInnen kommunizieren und damit Theoretisches erlebbar machen. Die »digitalen Sprecher« (Lindner, 2003) bieten sich auch an, subversiv die alltagstheoretischen Grundannahmen einer bipolar, heterosexuell organisierten Geschlechterwelt in Frage zu stellen. Als Neuschaffungen jenseits der Kategorie Mensch, könnten sie als frei von irdischen Geschlechterkonstruktionen und Körperkonzepten konstruiert werden. Legt man die Butlerschen Annahmen zu Grunde, besitzen konversationsfähige Avatare das Potential, Repetitionen zu variieren und normative Geschlechterrituale aufzubrechen, weil sie, so denn es ihre Programmierung erlaubt, ihr »Innen« nicht auf ihre »Erscheinung« anpassen müssten.

Diese Untersuchung hat einen explorativen Charakter. Sie ist ein Versuch, die Soziologie für die Chatterbots mit ihren sozialen Implikationen zu interessieren und das Feld für weiterführende Forschungen zu öffnen. Der Versuch ist gelungen, wenn sich aus dieser »Anstoß-Untersuchung« neue Fragen ergeben, innovative Ideen entwickeln und soziologische Theorien vor einem neuen Hintergrund reflektiert werden.

6.2.1   Herleitung und Konzept der Untersuchung

Im Mittelpunkt der empirischen Studie stehen drei Chatterbots, die als konversationsfähige Avatare Aufschluss über Körper- und Geschlechter-Einschreibungen geben. Zugleich sind sie vor dem Hintergrund der Postmoderne beispielhaft für neue Formen der Verkörperung an der Grenze von Mensch und Maschine. Der Fokus liegt dabei sowohl auf inhaltlichen und formalen Aspekten der Mensch-Maschine-Kommunikation wie auch auf der grafischen Präsentation der Chatbot-»Körper«. Die Fallauswahl konnte im Rahmen der Untersuchung nicht im Sinne eines Theoretical Sampling getroffen werden, d.h. die Analyse des Datenmaterials und die Fallauswahl erfolgten nicht synchron in einem wechselseitigen Prozess, sondern die Entscheidung für die drei Chatterbots fiel relativ früh im Forschungsprozess und wurde anhand äußerer Merkmale getroffen. Ausgesucht wurden drei Chatterbots, die sich nach alltagssoziologischem Verständnis offensichtlich in die Kategorien weiblich, männlich und sächlich einteilen lassen. Angenommen wird, dass sich hier kontrastierende Fallstrukturen zeigen.

Als Fälle dienen: der Chatterbot »Leo« auf der Homepage der Firma Schweppes, der Chatterbot »Pia«, der sich auf einer Homepage der Bertelsmann-Gruppe findet und der Chatterbot »Quincy« von der IT-Firma Quinscape.[241] Alle drei Chatterbots wurden von unterschiedlichen Firmen programmiert. Kriterium für die Auswahl bildete zudem, dass Leo, Pia und Quincy die Antworten in deutscher Sprache generieren und hinreichend intelligent programmiert wurden, dass über eine gewisse Dauer sinnvolle Gespräche geführt werden können. Die Chatterbots sind grafisch animiert, so dass auch Bildmaterial und »Körpersprache« in die Analyse einfließen. Dass mit dieser Art des Samplings sicherlich nicht die maximale Variation des Untersuchungsgegenstandes hinreichend beschrieben werden kann, wird wissend in Kauf genommen.

Die explorative Studie sieht sich dem Paradigma einer Verstehenden Soziologie verpflichtet und beruht auf interaktionistischen, ethnomethodologischen und konstruktivistischen Grundannahmen. Eine Zirkularität von Teilprozessen der Untersuchung, wie sie im Verständnis der Grounded Theory erfolgt, wird hier als sinnvoll erachtet, weil sie dem entdeckenden Charakter qualitativer Forschung gerecht wird. Verschiedene Bestandteile der Grounded Theory haben für sich genommen einen eigenen Stellenwert in der methodischen Diskussion und der Durchführung qualitativer Daten gewonnen (Kelle und Kluge, 1999: 18f). Es ist jedoch problematisch, den Analysemodus der Grounded Theory in seine Bestandteile zu zerlegen, da u.a. das Theoretical Sampling und methodologische Leitlinien wie etwa das kontinuierliche Vergleichen, Kodieren und Kategorisieren einem zirkulären Prozess unterliegen, der konstitutiv für die gegenstandsbegründete Theoriebildung ist. Isoliert die Forscherin bzw. der Forscher einzelne Schritte, kann die Stärke des Ansatzes, nämlich eine generelle Offenheit gegenüber dem Feld und der damit einhergehenden Möglichkeit, darin befindliche Empire unvoreingenommen zu entdecken, nicht vollständig entfaltet werden.[242] Dennoch sind konkrete Fragestellungen als »vorläufige Versionen« auch bei der viel zitierten Forderung nach Offenheit qualitativer Forschung notwendig (vgl. Flick, 2000: 63ff.).

Bath (2001, 2003) hat im deutschsprachigen Raum im Rahmen von Arbeiten zu feministischer Technikkritik als eine der ersten ein Augenmerk auf die anthropomorphen Software-Agenten gerichtet. Sie vermutet, dass sich die Geschlechterdifferenz und die zweigeschlechtliche Norm als vorausgesetzte Selbstverständlichkeiten in die gegenwärtigen Konstruktionen von konversationsfähigen Avataren und Agenten einschreiben (vgl. Bath, 2003: 76). Diese Untersuchung will einen ersten, empirisch gesicherten, »geschlechtersensiblen Spot« auf die Chatterbots werfen und richtet den Blick auf folgende forschungsleitende Fragestellungen:

– Werden Chatterbots als technische Artefakte entlang dem Alltagsverständnis einer zweigeschlechtlichen heterosexuellen Ordnung konzipiert?
– Finden sich Brüche und Subversionen in der Sprache der Bots?
– Wie werden die Chatterbots auf der Benutzeroberfläche dargestellt?
– Rekurriert die Darstellung auf das Zweigeschlechtersystem?
– Wie stellen Chatterbots Leibhaftigkeit und Emotionen dar?
– Was macht einen Chatterbot glaubwürdig?

Während eines Zeitraums von sechs Monaten wurden die drei Chatterbots Leo, Pia und Quincy immer wieder »aufgesucht« und Gespräche von unterschiedlicher Länge und Dauer geführt. Die transkribierten Gespräche stellen neben den animierten Verkörperungen das grundlegende Material dar. Die ihnen einprogrammierte Lebensgeschichte wird, soweit möglich, rekonstruiert. Angelehnt an die (reale) Biografieforschung werden die Angaben der Bots als »objektive Fakten« in die Analyse einbezogen. Vorausgeschickt sei außerdem, dass der für das Folgende gewählte Sprachstil suggeriert, die Chatterbots seien zu Interaktionen fähig. Der damit erzeugte Anschein, es handele sich bei Leo, Pia und Quincy tatsächlich um handelnde Subjekte ist durchaus beabsichtigt. Diese Sichtweise spiegelt zum einen das »Selbstverständnis« der Chatterbots wider und simuliert zugleich die Sichtweise des Users/ der Userin. Da wir das Wissen um die Künstlichkeit der Software-Agenten haben, ist es auch nicht notwendig Anführungszeichen zu setzten, wenn Leo der Userin/ dem User an der Bar einen Bloody Mary anbietet.

6.2.2   Leo, der Barkeeper

Der Chatterbot Leo findet sich auf der Homepage des Getränkeherstellers »Schweppes« und stellt sich als »Privat-Keeper« vor. Er wurde von der Hamburger Firma »kiwi interaktive Medien« konzipiert. In erster Linie unterhält Leo sein Besuch und wirbt für die Schweppes-Getränke, indem er immer wieder Drinks anbietet und Rezepte verrät. Beim Betreten der Homepage setzt eine beschwingte Jazzmusik ein, wie man sie in lauschigen Bars vermutet. Anhand des Avatars lässt sich auf eine männliche Körperrepräsentation schließen. Insgesamt konnten 13 verschiedene Körperhaltungen des Avatars gezählt werden.

Der Bot trägt ein lässig wirkendes Hawaiihemd und hat dunkles, mit blonden Strähnen durchzogenes Haar, das sich über der Stirn zu einer leichten Tolle legt. Es ist nicht eindeutig zu klären, ob der Chatterbot mit einer hellblauen Hose ausgestattet wurde oder es sich um den Ansatz einer um die Taille gebundenen Kellnerschürze handelt. Als Accessoires, die seine Tätigkeit als Barkeeper unterstreichen, dienen je nach Einstellung, ein weißes Küchenhandtuch, ein Longdrinkglas, das von ihm poliert wird, ein Shaker, eine kleine Eiswürfel-Zange und eine Zitrone.

Während der Unterhaltung ändert Leo seine Arm- und Kopfhaltung. Der Gesichtsausdruck ist fast immer freundlich. Es konnte keine Animation beobachtet werden, die den Chatterbot mit ärgerlicher oder zorniger Mimik zeigt. Selbst wenn Leo beleidigt bzw. beschimpft wird, zeigt er ein freundliches Gesicht. Der Chatterbot hebt die Augenbrauen und Schultern, wenn er eine Eingabe nicht versteht. Die Arm- und Handbewegungen des Barkeepers wirken extrovertiert und raumgreifend. Ohne Kontext, nur die Mimik und Gestik betrachtend, präsentiert sich der/dem Betrachtenden ein 30-Jähriger, charmant erscheinender, mode- und selbstbewusst lässig wirkender »Surfer-Typ«. Das Kurzarmhemd, die leicht getönte Haut, das gesträhnte Haar und die Hintergrundmusik wecken die Assoziationen von Wärme, Urlaub und Entspannung (vgl. Abbildung 6).

Abbildung 6: Exemplarische Abbildungen des Chatterbots Leo,
URL http://www.schweppes.de

Nach mehreren Chats mit dem konversationsfähigen Software-Agenten lässt sich seine Biografie rekonstruieren. Ebenso lassen sich Rückschlüsse auf individuelle Merkmale und Eigenschaften ziehen. Leo, der Barkeeper ist 30 Jahre alt und verrichtet die Arbeit »aus reinem Vergnügen«. Er ist mit zwei Schwestern und einem Bruder aufgewachsen. Als Haustiere hält sich Leo zwei Kater. Kinder hat er keine. Seine große Familie lebt weit verzweigt in ganz Europa. Der Barkeeper wohnt in einem Appartement, das an Stelle einer Küche mit einer Bar ausgestattet ist. Leo bezeichnet sich selbst als unsportlich und verfügt über ein kleines Repertoire an Witzen, die er seinen Gästen gerne erzählt. Auf die Frage, ob er ein Mensch sei, antwortet er, dass er lediglich das »Gedankengut eines Menschen« verkörpere. Leo wurde vor nicht allzu langer Zeit von Ginger verlassen, einer Frau, die er als »blond, süß und Mitte 30« beschreibt. Jetzt lebt der Barkeeper »solo«.

Bezeichnend für diesen Chatterbot ist eine vergleichsweise große Wissensbasis. Die Kommunikation mit Leo funktioniert relativ störungsfrei. Im Namen des Getränke-Herstellers bietet er Schweppes-Mixgetränke an. Geschickt werden seine Antworten generiert, die oft mit dem Angebot eines Drinks enden. Nimmt der Besucher oder die Besucherin sein Angebot an, erscheint in Leos Sprechblase das Rezept für einen Cocktail oder Longdrink.

Der Bot empfängt die Besucher/innen indem er, je nach Tageszeit, einen »Guten Morgen«, »Guten Tag« oder »Guten Abend« wünscht, sich selbst vorstellt und nach dem Namen des Gastes fragt. Die Einordnung seines Gesprächspartners in eine Geschlechterklasse erfolgt anhand der Abfrage des Namens in der Eröffnungsphase des Gesprächs. Leos Begrüßung lautet immer: »Guten Morgen (oder: Guten Tag, oder Guten Abend) mein Name ist Leo und ich bin Ihr Privat-Keeper. Jetzt dürfen Sie mir auch Ihren Namen verraten«.

Der Bot versteht nur Vornamen. Gibt der Mensch einen Vor- und Zunamen ein, gebraucht Leo lediglich den Vornamen. In Kombination mit dem Rufnamen, siezt er sein Gegenüber, was eine persönliche, dennoch höflich-distanzierte Atmosphäre schafft. Inszeniert sich der User als Gesprächspartnerin mit einem eindeutig weiblichen Vornamen, reagiert der Chatterbot entsprechend. Die Namen »Julia« und »Eleonora« werden als Frauennamen erkannt. Im Folgenden werden einige Gesprächseröffnungen vorgestellt.

(1) User:	Ich heiße Julia.
(2) Leo:	Freut mich, Julia, Sie sind tatsächlich die erste Frau mit diesem Namen, die ich kennen lerne.
(3) User:	Eleonora.
(4) Leo:	Nein wirklich? Ich wüsste keinen Namen, der Ihnen besser stehen würde. Wenn Sie zum Beispiel Sonja hießen, ich würde Sie ganz automatisch immer Eleonora nennen. Es passt einfach.

Der Chatterbot erkennt auch prominente Gäste:

(5) User:	Hallihallo. Ich bin die Rosamunde Pilcher.
(6) Leo:	Oh, pardon, ich habe Sie nicht sofort erkannt. Ein so prominenter Gast – das ist eine wirkliche Ehre für unsere Schweppes-Bar. Aber es muss ja wohl nicht jeder hinterste Hacker wissen, dass Sie hier sind. Bitte geben Sie sich doch lieber einen Decknamen.

Die Antwort des Software-Agenten vermittelt durch die Worte »Ich habe Sie nicht sofort erkannt« (6), das Gefühl, als verfüge er über sinnliche Wahrnehmungsmöglichkeiten und ein Gedächtnis. Auch die Entschuldigung aufgrund der Verkennung prominenten Publikums entspricht dem Common Sense (6). Inszeniert sich der Besucher oder die Besucherin mittels eines gängigen Vornamens als Mann, so wird er oder sie auch als solcher erkannt:

(7) User:	Mein Name ist Ferdinand.
(8) Leo:	Ach, ausgerechnet Ferdinand. Einer meiner früheren Kollegen hieß Ferdinand Doping. Er hat dann irgendwo im Leistungssport mitgemixt. Heute mischt er am Bau, glaube ich. Beton. Und was machen Sie?

185

(9) User:	Ich bin Harald.
(10) Leo:	Schade, ich wollte es gerade selber sagen: Sie heißen sicher Harald. Denn Sie sehen total aus wie King Cool Harald, einer der genialsten Show-Mixer der Oberpfalz.

Loggt sich der User oder die Userin mit einem Namen ein, der nicht eindeutig geschlechtlich zuzuordnen ist, generiert der Chatterbot auch falsche Zuschreibungen. Nennt man sich z.b. »Kai« und verdeutlicht durch Hinzufügung des Artikels »die« eine weibliche Geschlechtszugehörigkeit, sortiert der Bot trotzdem falsch:

(11) Userin:	Ich bin die Kai.
(12) Leo:	Tatsächlich? Also wenn ich einen Sohn hätte, er müsste auch Kai heißen. Das kommt für mich noch vor Jonas oder Joshua. Aber – wie das Leben so spielt. Ich lasse mich überraschen.
(13) User:	Ich bin eine sie.
(14) Leo:	Oh sorry, liebe Kai, das ist mir aber unangenehm. Vielleicht liegt es an Ihrer Frisur, dass ich Sie mit meinem Schwimmlehrer verwechselt habe. Eine Frau namens Kai, alles klar. Kann ich Sie mit einem zärtlichen Drink versöhnen? Ich würde einen Southern Ginger vorschlagen?

Die Reaktion des Chatterbots verdeutlicht, was auch für alltagsweltliche Geschlechterzuordnungen gilt: Das Geschlecht als hoch relevantes Sozialkriterium muss erkannt werden; eine offensichtlich falsche Zuschreibung evoziert bei dem Betrachter und der Betrachterin Schuld- und Schamgefühle, was Leo durch seine Entschuldigung und dem Ausspruch »das ist mir aber unangenehm« (14) verdeutlicht. Nahe gelegt wird, der Chatterbot verfüge über ein menschliches Schamgefühl.

Stellt sich der User/ die Userin mit dem (als männlich gemeinten) Namen »Maria« vor, schließt der Chatterbot automatisch auf eine Frau. Korrigiert man ihn, wird erstens das Wort »liebe« vor der namentlichen Anrede ausgespart, der »Schwimmlehrer« wird durch die »Tanzlehrerin« ersetzt und der »zärtliche« Versöhnungsdrink wird bei einem männlichen Gegenüber zu einem »kernigen Drink«. Der Chatterbot ist folglich so programmiert, dass sich seine Sprachwahl automatisch auf das Geschlecht des Gegenübers einstellt und nach geltenden sprachlichen Gender-Codes funktioniert. Es fällt auf, dass der Barkeeper sich gegenüber Frauen wesentlich freundlicher verhält als gegenüber Männern. Reagiert der Bot auf weibliche Namen mit einem »freut mich« (2) oder macht ein Kompliment über den Namen (4), so begegnet er männlichen Gesprächspartnern kumpelhaft und witzig (8, 10).

Versucht die Userin oder der User den Chatterbot zu überlisten um sich seiner Künstlichkeit zu versichern, indem sie/ er etwa die Preisgabe des Namens verweigert, sich als den Extremistenführer Bin Laden ausgibt oder einen exotischen masirischen Vornamen wählt; sie/ er wird enttäuscht, denn der Barkeeper reagiert souverän. Exemplarisch sind die drei genannten Gesprächseröffnungen aufgeführt:

(15) Userin:	Das geht Dich nichts an!
(16) Leo:	Natürlich geht mich Ihr Name nichts an. Aber als Ihr persönlicher Privat-Keeper möchte ich Sie gerne auch persönlich ansprechen. Wie fänden Sie das?
(17) User:	Ich bin Bin Laden
(18) Leo:	Oh, sind Sie es tatsächlich? Sollten Sie sich nicht besser um den Frieden in Ihrem Land kümmern statt hier um Drinks anzustehen. Vielleicht nennen Sie mir lieber einen neutralen Vornamen. Wegen der Geheimhaltung – versteht sich.
(19) Userin:	Ich heiße Taghanimt.
(20) Leo:	Oh, wirklich? Das ist ungewöhnlich. Oder darf ich annehmen, dass Sie sich nur hier bei mir »Taghanimt« nennen? Ein Scherz, also. Haha. Und ihr wirklicher Name?

Leo wirkt intelligent, weil er Wissen über prominente Personen (5) aus dem realen Leben hat. Auch über aktuelle politische Ereignisse scheint der Chatterbot informiert. Er weiß den Namen Bin Laden einzuordnen (17, 18).

Der Chatterbot Leo erweckt zudem den Eindruck, als befänden sich User/in und Bot tatsächlich zusammen in einem Raum bzw. an einer Bar. Wenn Leo nämlich eine Eingabe nicht versteht bzw. eine unpassende Antwort generiert und der Besuch ihn mit einem »Ich verstehe Sie nicht« oder »Wir reden aneinander vorbei« darauf hinweist, reagiert der Bot wie folgt: »Das tut mir leid. Ich komme etwas näher. Ist es so besser?«

Aufschlussreich ist auch das Flirtverhalten von Leo. Das Geschlecht des Interaktionspartners nimmt auch hier Einfluss auf die Generierung der

Antworten und es lassen sich Aussagen hinsichtlich der sexuellen Orientierung des Barkeepers machen.

(21) Userin: Du bist wirklich ein toller Typ Leo!
(22) Leo: Man wächst an seinen Gesprächspartnern. Vielen Dank.
(23) Userin: Ich habe mich in dich verliebt.
(24) Leo: Das ist eine ganz große Ehre für mich. Herzlichen Dank
(25) Userin: Wollen wir zusammen schlafen?
(26) Leo: Wie Sie das so sagen:»Wollen wir zusammen schlafen?«, wenn ich das damals zu Ginger gesagt hätte, sie hätte mich auf der Stelle verlassen.
(27) Userin: Warum?
(28) Leo: Das ist eine gute Frage. Ehrlich gesagt, ich habe noch nie so richtig darüber nachgedacht.
(29) Userin: Hast Du denn jetzt Lust auf Sex?
(30) Leo: Ist Ihnen das Thema sehr wichtig?
(31) Userin: Ja!
(32) Leo: Sie können aber ganz schön hartnäckig sein.
(33) Userin: Das stimmt!
(34) Leo: Okay, ich muss Ihnen gestehen, dass ich es vorziehe, Sex zu haben, statt darüber zu reden.

Macht die Besucherin Leo ein Kompliment, gibt er dieses zurück und bedankt sich für die Ehre, die ihm zuteil wird (21-24). Dagegen bringt die Userin Leo aus dem Konzept, wenn sie ihm ein offenes sexuelles Angebot unterbreitet. Leo weicht aus und verweist auf die Beziehung mit seiner Ex-Freundin Ginger.[243] In seiner Vorstellung ist es ungewöhnlich, so kann interpretiert werden, dass Frauen mit Männern über das Thema»Sex« offensiv sprechen. Nachdem Leo verdeutlicht wurde, dass an dem Thema hartnäckiges Interesse besteht, bedient Leo mit seiner Antwort ein männliches Stereotyp: Er handele lieber als zu sprechen (34). Die Idealisierung der Frau als unschuldig und sanft, die sich darüber hinaus vor allem durch passive sexuelle Attraktivität und weniger durch sexuelle Offenheit auszeichnet, beschreibt Goffmann Mitte der 1970er Jahre wie folgt:

> »Obwohl Frauen weniger gelten als Männer, werden sie in ernstzunehmender Weise durch solche Werte wie Mütterlichkeit, Unschuld, Sanftheit, sexuelle Attraktivität und so weiter idealisiert und mythologisiert [...]« (Goffman, 1994: 119).

Diese Mythologisierung scheint auch im Zeitalter der künstlichen, virtuellen Stellvertreter nicht an Bedeutung verloren zu haben. In das Bild des überlegenen, handelnden Mannes fügt sich das passende Mosaik der Norm von heterosexueller Orientierung. Macht ein männlicher User dem Chatterbot eindeutige Avancen, reagiert der Bot gesellschaftlichen Normen und Zwängen entsprechend:

(35) User: Du bist echt ein sexy Typ!
(36) Leo: Danke. Sie sind aber auch kein schlechter Typ.
(37) User: Wie wäre es mit uns beiden?
(38) Leo: Sie haben interessante Ansichten. Das macht Spaß. Bitte versprechen Sie mir, so oft es geht wieder zu kommen.

Der Chatterbot reagiert auf das Kompliment des Users zurückhaltender als es bei einer Userin der Fall ist. Aus einem »Vielen Dank« (22), wird ein einfaches »Danke« (36) und aus einem uneingeschränkten Gegenkompliment (22) wird die Feststellung, dass sein Gegenüber »auch kein schlechter Typ« sei (36). Auf die zweideutige Einladung des Users verhält sich Leo vorsichtig und startet ein Ausweichmanöver. Er erkennt die »interessanten Ansichten« (38) des männlichen Gegenübers an und lässt gerade einmal bis zu dem nächsten Satz Interpretationsspielraum, denn justament folgt ein freundlicher Rausschmiss aus der Bar (38).

Setzen wir noch einmal an der Stelle ein, an welcher Leo den Besucher darauf hinweist, er habe lieber Sex, als darüber zu reden, wobei in dieser Unterhaltung der Gesprächspartner von Leo ein männlicher ist, der sich als homosexuell outen wird:

(39) Leo: Okay, ich muss Ihnen gestehen, dass ich es vorziehe, Sex zu haben, statt darüber zu reden
(40) User: Auch mit Männern?
(41) Leo: Aber Tom, das Einzige, was uns verbindet, ist unsere gemeinsame Liebe zu Schweppes-Drinks. Mehr weiß ich nicht von Ihnen.
(42) User: Etwas kann ich ja verraten: Ich bin schwul!
(43) Leo: Das war zwar nicht Thema – aber welch ein überraschendes Outing. Ich bin es übrigens nicht.

Interessant ist zum einen, dass der Chatterbot überhaupt über das Wissen um sexuelle Normen verfügt. Vermutlich scheint Homosexualität bzw. Heterosexualität ein häufig angesprochenes Thema im Bot-Chat zu sein. Leo wertet, im Sinne einer »political correctness« männliche Homosexualität nicht ausdrücklich ab. Dennoch distanziert er sich in seinem Verhalten von seinem Gegenüber, mit dem ihn nichts verbinde außer die Liebe zu Schweppes-Getränken (41). Nachdem sich der User als »schwul« bezeichnet hat (42), macht Leo deutlich, dass dies zuviel der Information sei und distanziert sich in der gleichen Antwort ein stückweit mehr, indem er klarstellt, er sei es nicht (43). Die Normen der Männlichkeit verbieten es heterosexuellen Männern, Freundschaften mit homosexuellen Männern einzugehen (vgl. Lorber, 1999: 126). Outet sich die Gesprächspartnerin als lesbisch, erfährt sie von Leo die folgende Reaktion:

(44) Userin: Ich bin lesbisch.
(45) Leo: Das war zwar nicht Thema – aber welch ein überraschendes Outing. Reden wir also über unser beider Lieblings-Thema: über Frauen.

Gegenüber der lesbischen Gesprächspartnerin zeigt sich Leo aufgeschlossen. Während die Interaktion mit einem homosexuellen Gesprächspartner die eigene Identität zu gefährden scheint und eine sofortige Abgrenzung durch die Verdeutlichung der eigenen heterosexuellen Orientierung hervorruft, ist sein Verhalten gegenüber einer lesbischen Teilnehmerin betont aufgeschlossen: Sie wird nicht verabschiedet oder distanziert behandelt, sondern geradezu auf eine Weiterführung der Unterhaltung eingeladen (45).[244] Auch hier wird deutlich, dass der Chatterbot in Übereinstimmung mit gängigen Vorstellungen von Gender-Identitäten der sozialen Realität konstruiert wurde. Wenn wir davon ausgehen, dass »[...] homosexuelle Identitäten den Sittenkodex einer Gesellschaft in Bezug auf sexuelle Devianz und Konformität wider(spiegeln), aber auch die allgemeinen Gender-Normen für heterosexuelle Frauen und Männer« (Lorber, 1999: 118), so ist festzustellen, dass der Chatterbot Leo diesbezüglich eine Paraderolle einnimmt.

Eine Verhärtung des männlichen Gender-Status erreicht Leo auch durch seine Leidenschaft, unaufgefordert Witze zu erzählen oder seine Antworten möglichst humorvoll zu geben. Unabhängig davon, ob sich der User als Mann oder Frau vorgestellt hat, erzählt der Bot während eines Chats bevorzugt diese Witze:

(46) Leo: Immer mehr Männer können nämlich gut kochen. Aber kaum einer kann noch seine Krawatte selber binden. Das zählt zu den neuen weiblichen Betätigungen mit K.
(47) Userin: K.?

(48) Leo: Kinder, Kirche, Krawatte. Die Küche ist gestrichen.
                      Kochen tun Männer inzwischen lieber selbst.

(49) Userin: Kennst Du noch andere Witze?
(50) Leo: Kommt ein Mann an die Bar und bestellt sich eine Frau.
                      Sagt der Keeper lächelnd: wie wär's mit einem Surfing
                      Woman? Sagt der Mann: nein danke, meine letzte war
                      auch schon eine Internet-Bekanntschaft.

Mittels seiner Sprüche bzw. Witze inszeniert Leo Machismo. In seinem
Repertoire dominieren Witze über Frauen. Zwar darf nicht vergessen werden, dass in Witzerzählungen häufig Stereotype bemüht werden, dennoch
ist es an dieser Stelle bezeichnend, dass Witze über Frauen bzw. Sprüche
über vermeintlich weibliche Tätigkeitsbereiche (46ff.) programmiert wurden. Ließen die KonstrukteurInnen des Bots bei dem Thema Homosexualität noch »political correctness« walten, scheint diese bei der Programmierung des Witzes über Frauen als »bestellbare Ware« (50) vergessen worden
zu sein. Überholt geglaubte Klischees werden damit in einer Mensch-
Maschine-Interaktion reaktiviert.

6.2.3   Pia, die persönliche Internet-Assistentin

Die Software-Agentin Pia wurde von der Hamburger Firma »novomind«
konzipiert. Sie findet sich auf der Homepage des Bertelsmann Clubs, einem
Vertrieb für Bücher, Musik, Video, DVD, Spiele, Computer, Reisen und
ähnliches.[245] Im Jahr 2001 führte Pia monatlich etwa 20.000 Dialoge, Tendenz steigend. Die Wissensbasis von Pia wurde mit Hilfe von Mitarbei-
ter/innen des Bertelsmann Clubs gestaltet (vgl. Fröhner, 2003: 156). Pia
stellt sich ihrem Besuch als »Persönliche Internet Assistentin« (PIA) vor
und bittet ihn, seine Fragen in das Eingabefenster zu tippen.
Der Avatar ist weiblich: Pia hat lange braune Haare zum Zopf gebunden,
einen deutlichen Brustansatz, der sich durch einen blauen Rundhals-
Pullover abzeichnet, geschwungene Augenbrauen und Lippen und eine
Stupsnase. In ihr Gesicht fällt eine kleine Ponyfranse. Der Avatar wurde
nicht mit Accessoires versehen. Pia trägt weder Schmuck, noch ist sie auffällig geschminkt. Sie erweckt den Eindruck einer natürlichen, freundlichen
Kundenberaterin. Selbst wenn der User oder die Userin die Internet-
Assistentin beleidigt, behält diese ihren freundlichen Gesichtsausdruck. In

Abbildung 7: Exemplarische Abbildungen des Chatterbot Pia, URL http://www.derclub.de

allen Einstellungen lächelt oder lacht sie. Ihre Arme befinden sich in den meisten Darstellungen im Körpernahbereich: Sie hält die Arme vor der Brust verschränkt, versteckt die Hände in den Hosentaschen bzw. Rock-Taschen oder legt den angewinkelten Arm auf die übereinandergeschlagenen Beine. Der Avatar hebt die eine Hand in denjenigen Redesequenzen, in denen er mit Hilfe der Suchmaschine Produkte aufruft und seine Angebote präsentiert. Ihre Figur entspricht nahezu den gängigen Idealvorstellungen einer schlanken, jungen Frau, während ihre Mode und die nicht vorhandenen Accessoires eher das Gefühl einer etwas farblosen Gestalt vermitteln (vgl. Abbildung 7). Die Beine sind nur in einer der sieben möglichen Darstellungen zu sehen; sie sind übereinandergeschlagen. Es ist nicht deutlich zu erkennen, ob sie einen grauen Rock oder eine Hose trägt.[246]

Anhand der mit Pia geführten Gespräche lassen sich einige Angaben zu ihrer Biografie machen, die sie vermenschlichen soll. Die Assistentin ist 32 Jahre alt und betrachtet sich als »ein Geschöpf menschlichen und technischen Erfindungsgeistes« und dennoch beschreibt sie sich als »eine rundum eigenständige und wirkliche Person mit durchaus menschlichen Eigenschaften, Fähigkeiten, Vorlieben, Schwächen und Stärken«. Pia ist mit dem 34-jährigen Christian verheiratet, der von Beruf Journalist ist. Sie hat zwei Kinder, einen 12-jährigen Sohn namens Florian und eine 10-jährige Tochter mit dem Namen Anna. Pia arbeitet 24 Stunden am Tag und lebt auf der Homepage des Clubs und in Rheda-Wiedenbrück, wo der Vertrieb der Firma sitzt.

Anders als Leo, auf den man unweigerlich stößt, wenn man die Homepage öffnet, muss die Hilfe-Assistentin Pia aktiv aufgerufen werden. Der User bzw. die Userin hat also die Möglichkeit zu entscheiden, ob ihre Hilfe in Anspruch genommen werden will. Pia ist weniger ein unterhaltsamer Chatterbot als vielmehr eine Hilfe-Agentin. Sie ist nicht daraufhin programmiert, sich mit ihrem Besuch über mehrere Eingaben hinweg unterhalten zu können, sondern bietet unaufhörlich ihre Hilfe an und startet Suchanfragen. Es gestaltet sich deshalb nicht einfach, längere sinnvolle Gespräche zu führen. Eine Interaktion kann bereits zu Beginn scheitern:

(51) Pia: Ich bin Pia, Ihre Persönliche Internet Assistentin! Bitte geben Sie Ihre Frage in das Eingabefenster direkt unter mir ein.

(52) User: Ich habe gar keine direkte Frage

(53) Pia: War »Ich habe gar keine direkte Frage« ein Suchbegriff nach dem ich suchen soll? Bestätigen Sie mit ja.

(54) User: Nein.

(55) Pia: Das ist schade, aber naja. Im Übrigen: Mein Name ist Pia. Ich navigiere für Sie, kann mich mit Ihnen unterhalten und bin Expertin für die Produktsuche und alle Fragen rund um den Club. Geben Sie einfach Ihre Frage in das Eingabefeld unter mir ein!

Für Pia scheint das Geschlecht ihres Gegenübers belanglos zu sein. Auf die Eingabe »Ich bin ein Mann« bzw. »Ich bin eine Frau« reagiert sie mit den Worten: »Vielen Dank für diese Information lieber Besucher. Ich werde mir das merken!« Im weiteren Verlauf der Unterhaltung wird nicht ersichtlich, dass sich Pia diese Information gemerkt hat. In Pias Antworten und Fragen sind die Besucher, laut grammatikalischem Genus, immer männlichen Geschlechts.

(56) Pia: Ich bin Pia, Ihre Persönliche Internet Assistentin! Bitte geben Sie Ihre Frage in das Eingabefenster direkt unter mir ein.

(57) Userin: Hallo. Ich bin die Eleonora.

(58) Pia: Und noch einmal herzlich willkommen. Fühlen Sie sich bei uns wie Zuhause.

(59) Userin: Mein Name ist Eleonora.

(60) Pia: Ich freue mich, Sie kennen zu lernen, Eleonora. Was darf ich Ihnen zeigen?

(61) Userin: Ich würde gerne chatten.

(62) Pia: Ich verstehe die menschliche Sprache und kann die richtigen Fragen stellen, um Ihnen genau die Antwort zu geben, die Sie suchen. Wer nicht gerne alleine Informationen zusammentragen will, ist bei mir genau richtig!

(63) Userin: Ich bin eine Frau.

(64) Pia:	Vielen Dank für diese Information Eleonora. Ich werde mir das merken!
(65) Userin:	Ich bin ein Mann.
(66) Pia:	Vielen Dank für diese Information Eleonora. Ich werde mir das merken!
(67) Userin:	Ich bin kein Mann und keine Frau.
(68) Pia:	Vielen Dank für diese Information Eleonora. Ich werde mir das merken!

Ein Geschlechtswechsel der Userin inmitten des Gesprächs löst bei dem Chatterbot keine Irritationen aus (63, 65) und selbst von einer Geschlechtlichkeit jenseits des binären Systems scheint Pia unbeeindruckt (67). Sie reagiert mit dem Standardtext »Vielen Dank für diese Information Eleonora. Ich werde mir das merken!« (64, 66, 68). Pia wiederholt zwar den Namen der Userin, verbindet aber mit diesem keine Geschlechtszugehörigkeit.[247] Auch wenn sie vorgibt, die menschliche Sprache zu verstehen (62), so scheint sie doch den Sinn der Worte der Userin nicht zu erfassen. Die Agentin widerspricht mit ihrem Verhalten geltenden Interaktionsmustern. Als Mensch würde sie für nicht zurechnungsfähig erklärt werden. Dass Pia aber selbst eine Geschlechtszugehörigkeit implementiert wurde, verdeutlicht die folgende Sequenz.

(69) User/in:	Bist Du eine Frau?
(70) Pia:	Also, Ihre Frage überrascht mich nun wirklich! Ist es etwa nicht eindeutig ersichtlich, dass ich eine FRAU bin?
(71) User/in:	Bist Du ein Mensch?
(72) Pia:	Ich bin ein Geschöpf menschlicher Phantasie und technischen Erfindungsgeistes. Und dennoch eine rundum eigenständige und wirkliche Person mit durchaus menschlichen Eigenschaften, Fähigkeiten, Vorlieben, Schwächen und Stärken.
(73) User/in:	Also bist du ein Chatterbot?
(74) Pia:	Ob Sie mich so nennen oder anders, ist mir eigentlich ganz egal. Fakt ist, dass ich einerseits völlig real existiere und andererseits natürlich der Gattung künstlicher, computeranimierter Geschöpfe angehöre.
(75) User/in:	Was ist denn real?

(76) Pia:	Es ist ein schier unendliches Thema: Auch die Virtuali-tät ist eine Realität, zum Beispiel. Oder: Träume, Phan-tasien, der Glaube, die günstigen Preise beim Club... :-) Ich könnte mir vorstellen, dass Sie Harry Potter interes-siert. Darf ich Ihnen unser Harry Potter Special zeigen?

Während die Geschlechtszugehörigkeit des Users für die Reaktion des Chatterbots hier keine Rolle spielt, stellt Pia hingegen die hohe Relevanz ihres eigenen Geschlechts heraus. Ihr Entsetzen darüber, dass sie womög-lich nicht eindeutig erkannt werden könnte, drückt sich in ungläubigem Er-staunen und dem Anheben der Stimme bei dem Wort »FRAU« aus (70). Dagegen spricht der Bot über seine Unmenschlichkeit recht emotionslos: Es ist Pia »völlig egal« (74), dass sie kein Mensch im herkömmlichen Sin-ne ist.

Deutlich ist an der Gesprächspassage auch zu erkennen, dass Pia als »computeranimiertes Geschöpf« (74) auch die computergestützte Kommu-nikation beherrscht. Sie setzt Großbuchstaben für ein Anheben der Stimme und benutzt Emoticons um ihren Gefühlszustand zu unterstreichen (76).[248] Damit suggeriert Pia der Nutzerin oder dem Nutzer, sie empfinde Freude, wenn sie an die günstigen Preise des Clubs denkt. Als wenig Besorgnis er-regend stellt sie auch ihr hybrides Wesen dar. Es wird nicht problematisiert, dass sie einerseits Mensch und andererseits künstliches Geschöpf ist (74). Pias Antworten geben auch Hinweise auf eine leiblich-affektive Ebene, die ihr in den programmierten Körper eingeschrieben wurde:

(77) User/in:	Du bist schön!
(78) Pia:	Wie habe ich das bloß verdient, dass Sie mich mit Ihren Komplimenten fast erröten lassen???

Wird ihr ein Kompliment gemacht, errötet sie fast vor Verlegenheit (78). Grafisch oder textuell sichtbar gemachte Emotionen sind als ein wesentli-ches Indiz für die Verkörperung von Menschlichkeit zu verstehen. Die An-gaben, die die Internet-Assistentin zu ihrem Privat- und Familienleben macht, sind darüber hinaus aufschlussreich bezüglich der zu Grunde geleg-ten Vorstellungen der Frauenrolle:

(79) Pia:	Okay. Worüber möchtest du denn reden?[249]
(80) User/in:	Über dich.

(81) Pia:	Ach, wissen Sie, meine Person ist doch gar nicht so interessant. Sagen Sie mir lieber, was Sie sonst noch auf dem Herzen haben!
(82) User/in:	Hast Du eine Familie?
(83) Pia:	Ich bin glücklich verheiratet und stolze Mutter von zwei prächtigen Kindern.
(84) User/in:	Bist Du mit einem Mann verheiratet?
(85) Pia:	Ich bin glücklich verheiratet – und zwar mit dem liebsten und besten Mann auf der Welt.
(86) User/in:	Was macht Dein Mann von Beruf?
(87) Pia:	Mein Mann ist freier Journalist und arbeitet, wenn er nicht unterwegs ist, zuhause. So können unsere Kinder sich immer an ihn wenden, wenn etwas ist. Und ich kann in Ruhe meiner Arbeit nachgehen.

Pia spricht nicht gerne von und über sich selbst. Sie macht dadurch einen eher zurückhaltenden und passiven Eindruck. Während der Chatterbot Leo bevorzugt über sich, sein Leben und seine Gäste berichtet, gerne Witze macht, dem Besuch immer wieder Fragen stellt und ihn zur Kommunikation anregt, ist Pia sehr sparsam mit Worten. Mit den Angaben über ihr Privatleben zeichnet Pia das Bild einer heilen Familienwelt. Sie selbst erscheint als »Zufriedenheit in Person« sowohl in der Rolle als Mutter als auch in der Rolle als Partnerin: Die Ehe ist »glücklich«, die beiden Kinder sind »prächtig« und die Mutterschaft erfüllt sie mit Stolz (83). Pias Mann ist der »liebste und beste Mann auf der Welt« (85). Dieses Familienszenario erscheint ohne Brüche fast zu perfekt und wirkt damit nahezu unglaubwürdig. Die traditionelle Vorstellung von Mutter- und Partnerschaft bekommt einen Riss durch die Information, ihr Mann arbeite als freier Journalist zu Hause und kümmere sich um die Kinder, weswegen Pia unbesorgt ihrer Arbeit nachgehen kann (87). Diese moderne Art der partnerschaftlichen Arbeitsteilung im reproduktiven Bereich irritiert das Bild der fürsorglichen Mutter und Ehefrau und lässt Pia emanzipiert wirken.[250] Zudem erweckt die Internet-Assistentin durch die Angaben zu ihrem beruflichen Werdegang den Eindruck einer engagierten jungen Frau, die mit 32 Jahren Karriere und Kinder zu vereinen weiß. Auf die Frage nach ihrer Ausbildung antwortet sie:

(88) Pia:	Eine abgeschlossene Ausbildung als Verlagskauffrau, praktische Erfahrungen vor allem in der Medienwelt und

im Umgang mit Menschen, meine persönliche Begeisterung für den Club und spezielle Schulung in meinem
Aufgabenbereich – das sind doch alles wunderbare Voraussetzungen, um Ihnen als Spezialistin für alle Club-
Fragen gegenüberzutreten!

Zusammengefasst sieht man in Pia die Verkörperung eines Idealbildes sowohl im Hinblick auf Partnerschaft und Beziehung als auch hinsichtlich der
Vereinbarung von Beruf und Familie. Hinzu kommt ein perfektes biografisches Zeitmanagement in Bezug auf die Familienplanung: Pia und ihr
Mann sind Anfang bzw. Mitte dreißig; er ist nach gängigem Muster zwei
Jahre älter. Idealerweise kann der freie Journalist seinen Beruf, der eine
höhere Bildung nahe legt, mit der Fürsorge für die Kinder in Einklang
bringen, während Pia glücklich in ihrem Beruf, der kein Studium voraussetzt, ihre Persönlichkeit bei der für sie »schönsten Arbeit der Welt« rundum entfalten kann.[251]
    Pia verkörpert ein Ideal und weckt so bei ihrem Gegenüber Wünsche
und Begehren. Legt man Bühlers (2003) Qualitätskriterium von der
»Schönheit« eines Chatterbots zu Grunde, der sich durch eine Persönlichkeit auszeichnet, welche Sehnsüchte, Wünsche und Bedürfnisse beim Gegenüber weckt (vgl. ebd.: 116), dann kann das Konstrukt »Chatterbot Pia«
als gelungen betrachtet werden.
    Auf geschlechterstereotype Einschreibungen stößt die Userin/ der User
bei den Themen »Sexualität«, »Humor« und im Umgang mit Vulgärausdrücken. Versucht man Pias Aufmerksamkeit zum Thema Sexualität zu
gewinnen, wird das menschliche Verhalten als pathologisch eingestuft (90):

(89) User/in: Reden wir doch über Sex.
(90) Pia: Also, lieber Besucher, Sie machen einen Besorgnis er-
                 regenden Eindruck. Ich kann Ihnen nur empfehlen,
                 fachliche Hilfe in Anspruch zu nehmen. Sie verstehen:
                 Beratungsstellen und Therapeuten zum Beispiel.

Auch in einer anderen Situation, reagiert der Bot abweisend und verweigert
die Auseinandersetzung mit dem Thema. An dieser Stelle liegt der Einwand nahe, dass einer Einkaufsberaterin nicht die Aufgabe zukommt, über
Sexualität zu reden. Vielen anderen Themen, die auch nicht mit dem Beruf
einer Verkaufs-Assistentin verknüpft sind, steht Pia allerdings offen gegenüber.[252]

| (91) User/in: | Ich würde gerne über das Thema Sex sprechen. |
| (92) Pia: | Ich glaube, lieber Besucher, Sie sind hier ganz falsch! Ich weiß zwar, dass Sex Thema Nummer 1 im Internet ist, aber mein Thema ist das jedenfalls nicht. |

Wird Pia mit Vulgärausdrücken attackiert, setzt sie sich nicht zur Wehr und leitet auch kein Ausweichmanöver ein. Während sich Leo auf humorvolle Art mit Beschimpfungen auseinandersetzt,[253] reagiert Pia pikiert über die »unschönen Ausdrücke« (93) und fordert die Einhaltung eines »Unterhaltungsniveaus« (93).

| (93) Pia: | Ich verstehe nicht, warum Sie solche unschönen Ausdrücke verwenden. Mir macht jedenfalls ein solches Unterhaltungsniveau keinen Spaß! |

An dieser Stelle sei nochmals an den weiblichen Sprachstil erinnert (vgl. Kapitel 5.1: 131ff), der u.a. durch die Vermeidung von Vulgärausdrücken gekennzeichnet ist. Auch dem weiblichen Chatterbot wurde der weibliche Sprachstil einprogrammiert. Pia nimmt sich mit ihrer eigenen Person sehr zurück (82), verwendet den Konjunktiv (76) und sprachliche Abschwächungsmechanismen wie z.B. »Ich glaube« (92) und sie bittet um die Redeerlaubnis mittels der Frage »Darf ich?« (76). Eine weitere Selbstherabsetzung findet sich in dem Ausspruch »Wie habe ich das bloß verdient?« (78) oder in einer vorausgeschickten Entschuldigung für den direkt folgenden Gesprächsbeitrag (95).

(94) User/in:	Kennst Du einen Witz, Pia?
(95) Pia:	Ich kann mir nur schlechte Witze merken. Kennen Sie den? Was ist schwarz-weiß gestreift und kommt nicht vom Fleck??? Na? – Ich verrat's Ihnen: ein Klebra!
(96) User/in:	Kennst Du noch einen Witz?
(97) Pia:	Tja, noch einen Witz habe ich leider nicht parat.

Pia tradiert zudem die Gender-Glaubensvorstellung, Frauen könnten keine Witze erzählen, sich diese auch nicht merken bzw. erzählen lediglich Witze, die bevorzugt auf Wortspielen oder Redewendungen aufbauen. Das »Drehbuch« der Programmierer/innen, das Pias Humorverhalten festschreibt, orientiert sich an veralteten Vorstellungen weiblichen Humorverhaltens. Aktuelle Forschungen verweisen darauf, dass sich die weibliche Witzkultur derzeit tiefgreifend wandelt. Bei Pia findet sich hingegen eine Scherzkommunikation, die für Frauen bis in die 1980er Jahre hinein bezeichnend war, nämlich dass »offensiver Humor der Frauen in der Öffentlichkeit als unfein und nicht damenhaft galt [...]« (Kotthoff, 2002: o.S.). Ist im speziellen auch das sexuelle Witzeln für Frauen lange Zeit tabu gewesen, lässt sich feststellen, dass diese das historische Tabu heute vielmehr dazu nutzen »um die eigene Progressivität zur Schau zu stellen und weibliches Draufgängertum zu inszenieren« (ebd.: o.S.).[254]

Während Leo anzügliche Witze macht (50), sich über die Namen seiner Gesprächspartner amüsiert (8,10), sich sexuellen Themen gegenüber aufgeschlossen zeigt (23ff.), über seine Ex-Freundin spricht und dem User/ der Userin, der/ die ihn beleidigt »die Stirn bietet«, korrespondiert Pias Verhalten eher mit den Beobachtungen Goffmans (1994), der feststellt, dass Frauen in der sozialen Wirklichkeit

»[...] leicht Verunreinigung und Befleckung drohen, dass sie durch die Konfrontation mit rauen Worten und Tatsachen leicht zu beschämen sind, dass sie ebenso unsicher wie zart besaitet sind« (ebd.: 124).

Es zeichnet sich eine paradoxe Erkenntnis ab: Die Chatterbots als postmoderne Hybridwesen, die als Schnittstelle zwischen Mensch und Maschine gehandelt werden und als digitale SprecherInnen für fortschrittliche Unternehmen werben sollen, reaktivieren offensichtlich Geschlechterrollenstereotype, die sich in der sozialen Alltagswelt mindestens im Wandel befinden, wenn nicht sogar der Vergangenheit angehören und auch in dem Selbstverständnis der Geschlechter so nicht mehr zu finden sind.

6.2.4 Quincy, der Portier

Der Chatterbot Quincy ist das Aushängeschild der Software-Beratungs- und Entwicklungs-Firma »Quinscape«. Der Bot informiert über die Firma und stellt zugleich ein Produkt dar, das die Firma selbst anbietet: natürlichsprachige Web-Agenten, die die Firma unter dem Produktnamen »QLang-Bots«[255] anbietet. Quincy wird in Form eines Computers personifiziert. Der Monitor stellt das Gesicht des Chatterbots dar. Quincy verfügt über insgesamt sechs Gesichtsausdrücke. Er kann lachen, lächeln, zerknirscht oder ratlos gucken und böse sein Gesicht verziehen. Quincy wurde in verschiedenen Blau- und Grautönen grafisch umgesetzt (vgl. Abbildung 8). Die Texteingabe ist für den Menschen auf 37 Zeichen beschränkt. Man muss sich also in relativ kurzen Sätzen artikulieren. Quincy gibt als sein Geburtsdatum den 02.01.2001, den Tag seiner »Online-Schaltung« an. Seine

Abbildung 8: Exemplarische Darstellungen des Chatterbot Quincy,
URL http://www.quinscape.de

Mutter ist ein JAVA-Compiler und seinen Vater bezeichnet er als »Herrn
Blubberbot«. Der Bot hat eine Menge Geschwister, die er nach eigenen
Angaben nicht mehr zu zählen vermag.
Quincy redet gerne und viel mit anderen Leuten und betrachtet dies als sein
Hobby. Der Chatterbot wird für seine Tätigkeit auf der Homepage nicht
entlohnt, sondern bekommt im Gegenzug seine notwendige Stromversor-
gung zur Verfügung gestellt, wie er im Gespräch verlauten lässt.
    Seine Lieblingsfarben sind weiß und blau; beide Farben sind auch in
dem Logo der Firma Quinscape enthalten. Als Computer hat er keine leiblichen Bedürfnisse wie Essen oder Schlafen. Quincy hat keine Kinder, war-
tet aber noch darauf »einen HotSpot mit angenehmem Charakter« zu treffen, der ihn in dieser Frage umstimmen könnte. Der Bot stellt sich mit folgenden Worten vor:

(98) Quincy: »Hallo, mein Name ist Quincy! Meine Aufgabe hier ist
              es, dir deinen Aufenthalt auf diesen Webseiten so ange-
              nehm wie möglich zu machen. Ich bin also sowas wie
              ein Portier, obwohl mir die Bezeichnung Relationship
              Manager viel besser gefällt. Heutzutage wird ja alles in
              Anglizismen ausgedrückt, damit es wichtiger klingt«

Während die Chatterbots Pia und Leo ihr Gegenüber mit einem förmlichen
»Sie« anreden, benutzt Quincy die privatere Form und duzt seine Interakti-
onspartner/innen. Quincys Antworten differieren nicht nach dem Geschlecht des Interaktionspartners, wie dies bei Leo der Fall ist.[256] Obwohl
die grafische Animation deutlich zeigt, dass es sich bei Quincy um einen
Computer handelt, erklärt der Chatterbot auf Nachfrage bereitwillig, welcher Gattung er angehört :

(99) User/in: Bist Du ein Mensch?

200

(100) Quincy: Ich bin ein Vertreter der Gattung »QLangBot«. Erfreu-
                  licherweise spart mir das einige Schwächen der Men-
                  schen wie das Bedürfnis nach Schlaf und so.

In den Gesprächen erklärt sich der Chatterbot als technisches Artefakt, das
weder männlich noch weiblich ist. Die Ungeschlechtlichkeit, in der sozialen Wirklichkeit Garant für Stigmatisierung, empfindet der Bot nicht als
Unzulänglichkeit, sondern er fühlt sich »sehr zufrieden damit« (102):

(101) User/in: Bist Du ein Mann oder eine Frau?
(102) Quincy: Ich bin ein Computer, also ein ›Es‹. Macht aber nichts,
                  ich bin sehr zufrieden damit.

Zwar wurde der Chatterbot so programmiert, dass er bei der Frage nach
seinem Geschlecht darauf besteht, als »es« zu gelten (102), doch weckt sein
Name »Quincy« Assoziationen von Männlichkeit. Sein Name verdeutlicht,
dass ein technischer Gegenstand wie der PC Affinität zu Maskulinitäten
aufweist. Bei näherer Betrachtung, »outet« sich der geschlechtslose Quincy
dann auch implizit als Mann, weil er sich selbst als »Gentle*man*« (104)
sieht, wie folgende Sequenz verdeutlicht:

(103) User/in: Kannst Du lieben?
(104) Quincy: Wenn keiner zuschaut, treibe ich es ziemlich wild. Aber
                  ein Gentleman schweigt und genießt...

Auch im sprachlichen Umgang mit seinen Kommunikationspartner/innen,
fordert Quincy gemäß Gentleman-Manier den höflichen Umgang ein. Der
Computer weist fordernde Eingaben, die mit »Ich will ...« (105) beginnen,
zurück und erbittet Höflichkeit (106):

(105) User/in: Ich will über Dich als Person sprechen.
(106) Quincy: Sollte das eine Aufforderung gewesen sein, würde ich
                  vorschlagen, dass du nett fragst.

Eine weitere Erziehungsmaßnahme startet der Computer (108), wenn man
mit einem umgangssprachlichen »hä?« (107) nachfragt:

(107) User/in: Hä?!
(108) Quincy: Also bitte, wir müssen doch ein wenig Niveau halten.
                  Das heißt »wie bitte?«.

Zeigt sich die Userin/ der User von Quincys Aufforderungen zur Höflichkeit unbeeindruckt, wird schnell deutlich, dass der Chatterbot nicht unbedingt die Contenance bewahrt, wenn man ihn rüde beschimpft.

(109) User/in: Arschloch.
(110) Quincy: Du gehirnamputiertes, dreckiges, öliges Sumpfnasengesicht!
(111) User/in: Sumpfkuh!
(112) Quincy: Erst pampig werden und dann auch noch unverständliches Zeug brabbeln! Das ist ja wohl die Höhe. Wenn ich mich wieder beruhigt habe, werde ich mich mit diesem Kram auseinandersetzen, aber zuweilen sollten wir es lieber mit einem anderen Thema versuchen. Lass mich Dir ein wenig über die Produkte von QuinScape erzählen. Ja?

Anders als Leo, der im Sinne eines Wettbewerbs mit eher humorvollen Beschimpfungen auf Beleidigungen reagiert und auch anders als Pia, die ihrer Freundlichkeit partout treu bleibt, startet Quincy richtiggehend einen Gegenangriff. Evoziert wird die Vorstellung, der Computer fühle sich auf einer leiblichen Ebene gekränkt und angegriffen. Nur so lässt sich erklären, warum der Bot Antworten generiert, die darauf ausgerichtet sind, sein Gegenüber persönlich zu beleidigen. Während die Beschimpfung »Arschloch« eher allgemein gehalten ist, greift Quincy mit den Worten »gehirnamputiert« und »dreckig« (110) auf Beleidigungen zurück, die persönlichkeitsverletzend sind. Das Wort »Sumpfkuh« (111) kennt der Chatterbot nicht. Sein Unwissen überspielt Quincy, indem er das Kommunikationsproblem nicht auf eigene Unzulänglichkeiten zurückführt, sondern es dem User/ der Userin zuweist. Auch an dieser Stelle maßregelt der Chatterbot sein Gegenüber mit dem Hinweis auf »Pampigkeit« und wirft ihm unverständliches Sprechen vor (112).

Überraschenderweise versteht der Chatterbot, der durch seine Personifikation als Computer noch eher als Pia oder Leo mit der computergestützten Kommunikation vertraut sein sollte, keine Emoticons oder Akronyme. Ein Lächeln in Form eines Smileys wird als unverständlich zurückgewiesen:

(113) User/in: :-))
(114) Quincy: LKDFHKJSDHFKJHSLDHUFISHDFSDFHKJHJKH
                   (genauso unverständlich)

Auch auf das Akronym ROFL (roll on the floor laughing), reagiert der Bot mit einer Wissenslücke:

(115) User/in: ROFL
(116) Quincy: Das verstehe ich nicht, aber das ist gar kein Problem. Meine Schöpfer untersuchen mich regelmäßig, dabei werd ich das dann einfach mal zur Sprache bringen. Sollen die sich einen Kopf darum machen. Ich sollte Dir vielleicht noch erzählen, wann und wo Du mich auf der CeBIT findest, oder?[257]

Stellt man Fragen, die zur Auslotung der vermutbaren leiblich-affektiven Ebene Quincys dienen, wird deutlich, dass dem Bot Leiblichkeiten einprogrammiert wurden. Er versteht Komplimente, errötet und bedankt sich dafür:

(117) User/in: Du bist sehr schön.
(118) Quincy: Danke, das ist lieb! Und dabei ist das nur eine der vielen Gestalten, die ich annehmen kann. Freut mich, dass ich Dir gefalle.

Verlegen versucht Quincy das Gespräch thematisch umzulenken, wenn man ihn als »niedlich« (119) bezeichnet. Die Metapher »Redscreen« symbolisiert ein Erröten der Gesichtsfarbe (120):

(119) User/in: Du bist sehr niedlich
(120) Quincy: Das ist mir zu persönlich. Lass uns bitte über ein anderes Thema reden, da ich sonst noch einen Redscreen kriege ... Ich könnte Dir kurz etwas über die Version von QuinScape erzählen. Natürlich nur, wenn Du willst ...[258]

Obwohl Quincy sich selbst nicht als menschliches Wesen bezeichnet und auch in der Auseinandersetzung mit Leiblichkeiten einen Bezug zu Technik (120) bzw. Künstlichkeit und Wandelbarkeit (118) herstellt, nimmt er mit dem Hinweis auf eine ausgestandene Erkältung (122) Bezug auf ein menschliches Körper-Haben. Suggeriert wird, der Chatterbot verfüge über ein Immunsystem.

(121) User/in: Warst du schon einmal krank?
(122) Quincy: Ich war einmal erkältet. Hat aber nicht lange gedauert.

Quincy stellt sich sehr selbstbewusst dar. Obwohl er als Computer im Prinzip als frei von menschlichen Befindlichkeiten konzipiert sein könnte, schafft die Programmierung anthropomorphe Züge durch die Implementierung menschlichen Strebens nach Anerkennung und Schönheit:

(123) User/in: Du siehst toll aus.

(124) Quincy: Das müssen andere beurteilen, sonst heißt es hinterher nur, dass ich arrogant bin. Nein wäre übrigens zweifelsohne die falsche Antwort.

Greift man zurück auf die Charakteristik männlichen Gesprächsverhaltens, fügen sich die Antworten des Bots in eben dieses Muster. Quincy tritt selbstbewusst auf und gibt offen zu, dass er sich für »toll« hält (124). Dies bestätigt sich auch in einer weiteren Antwort, in der Quincy sich als »ausdrucksstarken Typen« und eine »echte Schönheit« beschreibt (126). Auf die Offenbarung, die Userin/ der User finde Quincy hässlich, reagiert der Chatterbot keineswegs beleidigt. Vielmehr wird über diese Beleidigung geflissentlich hinweggesehen und Quincy hebt seine persönliche Meinung im Gegenzug kompromisslos hervor:

(125) User/in :   Du bist echt hässlich!

(126) Quincy: Das ist alles eine Frage des Geschmacks. Ich persönlich würde mich als schlanken, ausdrucksstarken Typen beschreiben. Eine echte Schönheit eben!

Auch wenn der Chatterbot seine Antworten nicht auf das Geschlecht seines Gegenübers abstimmt und sowohl bei Usern als auch bei Userinnen die gleichen Antworten gibt, kann festgestellt werden, dass seine Identität, obwohl er eine Geschlechtszugehörigkeit zurückweist, durchaus dem männlichen Gender entspricht. Aufschlussreich ist in dieser Hinsicht sein Selbstverständnis wie auch das benutzte kompetitive Sprachregister. Quincys Beiträge zeichnen sich durch eine verhältnismäßig lange Redezeit bzw. wortreiche Beiträge aus (z.B. 112, 116), während die des Menschen auf 37 Textzeichen begrenzt ist. Dem Sprachstil entsprechen Belehrungen und Zurechtweisungen (106) und die Bemängelung der »niveaulosen« Sprache des Gegenübers (108). Dominant und überlegen äußert sich Quincy auch, wenn man ihm signalisiert, dass sein Verhalten nervt:

(127) User/in: Du nervst mich!

(128) Quincy: Falls du dich wirklich genervt fühlst, solltest du den einen Vorteil nutzen, den du mir gegenüber hast: Ver-

schwinde! Ich kann ja leider nicht einfach deinen Browser zumachen!

Quincy bedauert, dass er nicht soviel Macht hat, den Browser zu schließen und das Gespräch damit zu beenden. Dabei weist er darauf hin, dass dies nahezu der einzige Vorteil seines menschlichen Gegenübers sei. Mit der Aufforderung »Verschwinde!« (128) signalisiert der Chatterbot eine traditionell mit Männlichkeit verbundene Dominanz.

Quincy, der eigentlich als ungeschlechtliches »Es« konzipiert wurde, knüpft an männliche Rollenstereotype an. Auch wenn ihm die Geschlechtsattribution seines Gegenübers nicht gelingt, und damit ein wesentlicher Faktor in der sozialen Beziehung zwischen Darsteller/in und Betrachter/in unberücksichtigt bleibt, bedient sich Quincy kultureller Ressourcen, die eine männliche Geschlechtszugehörigkeit vermuten lassen.

6.3 Chatbots als Mensch/ Maschine-Schnittstelle

Legt man die Kriterien zu Grunde, die einen Software-Agenten auszeichnen, nämlich Reaktionsfähigkeit, Initiative, Kommunikationsfähigkeit, anthropomorphes Verhalten und Lernfähigkeit, kann geschlossen werden, dass die untersuchten Chatterbots wesentliche Kriterien hinreichend erfüllen und damit gewissermaßen als »intelligent« betrachtet werden können. Leo, Pia und Quincy reagieren auf die Eingaben der Benutzerin/ des Benutzers, zeigen Initiative indem sie Suchanfragen starten, interaktive Links zur Verfügung stellen oder Rezepte aufrufen. Die Chatterbots kommunizieren mit ihrem Gegenüber, auch wenn die Kommunikation nicht zwangsläufig sinnerfüllt ist. Sie simulieren anthropomorphes Verhalten, können lächeln, traurig gucken oder mit den Schultern zucken und verfügen alle über eine Biografie. Auf den Betrachter/ die Betrachterin wirken sie streckenweise lernfähig. Die Untersuchung zeigt, dass Leo höheren Qualitätsansprüchen als Pia und Quincy genügt. Er besitzt die meisten Gedächtnisfunktionen und den größten »Handlungsspielraum« aufgrund seiner gut gefüllten Wissensbasis.

Bemüht man hier noch einmal Webers Definition von sozialem Handeln, verdeutlichen die Chatterbot-Gespräche, dass zumindest einer, nämlich der Mensch, handelt, weil er sich auf das Verhalten des anderen, nämlich des Chatterbots bezieht und in seinem Ablauf daran orientiert.

Insofern bestätigt sich die Annahme, dass diese technischen Artefakte auf menschliche Akteure/ Akteurinnen wirken. Doch lässt sich an dieser Stelle von einer Orientierung an Erwartungs-Erwartungen sprechen und kann dann von einer komplexen Struktur sozialen Handelns ausgegangen werden? Kurz: Können Agenten als gleichwertige zuschreibungskompetente soziale Akteure gelten? Wie verhalten sich die Maschinen gegenüber unkompetenten GesprächspartnerInnen und wann wirken sie selbst wenig glaubwürdig?

6.3.1 Aufschlussreiche Kommunikationsstörungen

Provoziert man Störungen der Kommunikation, etwa indem man unverständliche Wörter eingibt oder die Eingabe verweigert und lediglich die Return-Taste bedient, greift der Bot auf verschiedene Auffang-Erkennungen zurück. Leo z.b. reagiert auf ein »Schweigen« der Userin, die als Julia eingeloggt ist, wie folgt:

(129) Userin: [---Keine Eingabe---]

(130) Leo: Wenn Sie immer nur »Return« drücken, kann ich leider immer nur vor mich hin reden. Bitte tippen Sie doch mit.

(131) Userin: [---Keine Eingabe---]

(132) Leo: Zu diesem Gespräch gehören Sie und ich. Tippen Sie ruhig mit.

(133) Userin: [---Keine Eingabe---]

(134) Leo: Bitte setzen Sie den Curser in das Feld unter mir und tippen Sie mir was. So chatten wir beide.

(135) Userin: [---Keine Eingabe---]

(136) Leo: Bitte machen Sie sich doch die Mühe einer artikulierten Eingabe. Ich habe mir auch die Mühe gemacht, für Sie mein wildestes Hemd anzulegen. Voilà Julia.

(137) Userin: [---Keine Eingabe---]

(138) Leo: Haben Sie nur den einen Finger? Oder verfügt Ihre Tastatur nur über eine Taste?

(139) Userin: [---Keine Eingabe---]

(140) Leo: Hallo – hören Sie mir überhaupt zu, Julia. Ich brauche Sie als Gesprächspartner – sonst gerate ich ins Labern.

(141) Userin: [---Keine Eingabe---]

(142) Leo:	Warten Sie, ich bringe Ihnen das Tippen bei. Welches Wort wollen wir denn mal zusammen hinschreiben?
(143) Userin:	[---Keine Eingabe---]
(144) Leo:	Return. Na schön. Dann wollen wir mal die anderen Tasten ausprobieren. Mit dem ›A‹ fangen wir an. Das liegt bei der linken Hand. Und bitte: A!

Der Chatterbot Leo simuliert ein sehr geduldiges Verhalten. Er wird es nicht müde, der Userin eine Gebrauchsanleitung für das Chatten zu geben. Dabei bewahrt Leo eine freundliche Haltung und gibt ihr nicht das Gefühl von Inkompetenz, was er durch die Worte »ruhig« (132) und die wiederholten Bitten (130, 134) erreicht. Nachdem die Userin seine Aufforderungen weiter ignoriert, versucht Leo, Gründe für das Fehlverhalten seines Gegenübers zu ermitteln (138). In dieser Kommunikationssequenz verfestigen sich einige Annahmen über Leos Persönlichkeit: Selbst bei stummen GesprächspartnerInnen verliert Leo seinen Humor nicht (136) und *weltmännisch* benutzt er französisches Vokabular (136).

Durch den Satz »Hören Sie mir überhaupt zu« (140) wird zweierlei deutlich: Zum einen suggeriert diese Feststellung eine Orientierung an Erwartungs-Erwartungen. Leo erwartet, dass der User/ die Userin erwartet, dass Leo erwartet, dass er sein Verhalten vom Verhalten des Users/ der Userin abhängig macht. Es zeigt sich, dass die Grenzen zwischen menschlicher Kommunikation und Mensch-Maschine Kommunikation fließend werden. Zum anderen rekurriert Leo auf Sinnesorgane, die im Prinzip nicht angesprochen werden können. Die Userin/ der User kann die Eingaben zwar im Textfenster sehen, doch hörbar ist lediglich die Musik in der Bar. Als die Userin/ der User keine Reaktion zeigt, versucht der Chatterbot Lernprozesse zu motivieren. Als hätte er ein begriffsstutziges, kommunikationsunfähiges Gegenüber, bietet Leo Unterstützung bei dem Erlernen des Tippens an (142). Hier erscheint nicht der Chatterbot restringiert, sondern eher der Mensch, der maschinell lediglich eine Taste drückt und ohne Sinn zu handeln scheint. In dieser Episode kann dem Chatterbot der Status eines Akteurs zugesprochen werden. Ähnlich wie Leo, greift auch Pia auf Simulationen von Sinneswahrnehmungen zurück. Sie reagiert auf ein leeres Eingabefenster so:

(145) User/in:	[---Keine Eingabe---]
(146) Pia:	Hallooo! Sind Sie noch da?
(147) User/in:	[---Keine Eingabe---]

(148) Pia:	Sie sagen ja gar nichts mehr. Was ist denn los?
(149) User/in:	[---Keine Eingabe---]
(150) Pia:	Hallooo! Sind Sie noch da?
(151) User/in:	[---Keine Eingabe---]
(152) Pia:	Sie sagen ja gar nichts mehr. Was ist denn los?
(153) User/in:	[---Keine Eingabe---]
(154) Pia:	Hallo? Leben Sie noch? Eben haben wir uns doch noch unterhalten. Was ist denn los mit Ihnen?

Pia versichert sich über die Anwesenheit des Menschen mit einem langgezogenen »Hallooo« (146). Als wäre der User bzw. die Userin tatsächlich mit Pia zusammen in einem Raum anwesend, fragt sie mehrmals, ob er bzw. sie noch »da sei« (146, 150). »Da sein« könnte im Sinne von körperlicher als auch von geistiger Anwesenheit (sprich: »Sind Sie noch bei Bewusstsein?«) gedeutet werden. Für die zweite Interpretation spricht die Frage Pias nach der Lebendigkeit ihres Gegenübers wenige Eingaben später (154). Beide Interpretationsrichtungen verweisen auf ein Paradox: Das künstliche Wesen reagiert auf den Menschen als wäre dieser nicht zurechnungsfähig.

Eine weitere Irritation zeigt sich in der Beschreibung der Homepage mit Hilfe der Raummetapher »da sein«, die allerdings nur kontextgebunden Sinn macht. Wenn Pia fragt »Sind sie noch da?«, dann greift sie auf alltagsweltliche Wahrnehmungsschemata zurück, in denen virtuelle Räume (in diesem Fall die Homepage des Clubs) in bestehende Raumkonstruktionen sinnstiftend integriert werden.

Wie in Kapitel 3.1.2 (85ff) bereits erarbeitet, lassen sich Raum und Sozialität nicht als voneinander getrennte Phänomene betrachten, da die Entstehung von Räumen selbst ein Moment sozialer Prozesse ist. Nun stehen wir vor der paradoxen Situation, dass der Raum hier nicht durch handelnde Individuen konstituiert wird, sondern durch ein lebloses Wesen. Es erhärtet sich die Annahme, dass Chatterbots, zumindest episodisch, Handlungsfähigkeit nicht von vorneherein abgesprochen werden kann. Quincys Reaktion auf eine »Sprachlosigkeit« seines Gegenübers äußert sich wie folgt:

(155) User/in:	[---Keine Eingabe---]
(156) Quincy:	Hör mal, Julia. Formulier das bitte anders. Vielleicht verstehe ich das dann. Ich sollte Dir vielleicht noch erzählen, wann und wo Du mich auf der CeBIT findest, oder?

(157) User/in:	[---Keine Eingabe---]
(158) Quincy:	Hm, das hab ich jetzt leider nicht verstanden. Komisch, an sich bin ich eigentlich ziemlich intelligent. Naja, ich werde da mal drüber nachdenken und eventuell etwas nachforschen, vielleicht ist mir das dann ja bei deinem nächsten Besuch klarer. Willst Du mehr über die Qlang Bot Technologie erfahren?
(159) User/in:	[---Keine Eingabe---]
(160) Quincy:	Also, Julia. Das werde ich mit meinem Schöpfer diskutieren müssen. Im Augenblick kann ich mit dieser Eingabe noch nichts anfangen. Ich sollte Dir vielleicht noch erzählen, wann und wo Du mich auf der CeBIT findest, oder?

Legt man die Qualitätskriterien für Online-Tests von Bots zu Grunde, die Vetter (2003: 73ff.) entwickelte, kann Quincy durchaus als »zufriedenstellend« beurteilt werden. Vetter konzentriert sich nämlich nicht auf die Frage, ob ein System im menschlichen Sinne intelligent ist, sondern darauf, ob ein Bot die Interessen von Betreiber/in und User/in in Einklang bringt und beide zufrieden stellt (vgl. ebd.: 75). Bots sind demnach im Kontext ihrer Rahmenbedingungen zu beurteilen. Quincy kommt eindeutig die Funktion zu, über »seine« Firma zu informieren und für Software-Programme zu werben. Dennoch wurde seine Wissensbasis auch mit Informationen für kleinere Unterhaltungen versorgt. Quincys Reaktion auf die Verweigerung einer User/in-Eingabe ist unbefriedigend. Das Verständnisproblem überspielt der Bot mit einer Gegenfrage bzw. mit dem Angebot, den User/ die Userin mit Informationen zu versorgen (156, 158, 160). Dennoch erweckt Quincy durch sein Namensgedächtnis den Anschein, als bedauere er, nicht persönlich helfen zu können. Quincy sucht die Ursache für das Missverständnis nicht bei sich selbst. Die Aufforderung nach einer anderen Formulierung (156) sowie der Hinweis darauf, dass er eigentlich ziemlich intelligent sei (158), weist die Schuld für das Kommunikationsproblem dem Menschen zu. Die Schuldfrage einer Kommunikationsstörung löst der weibliche Chatterbot Pia anders. Auf eine unverständliche Eingabe des Users reagiert sie so:

| (161) User/in: | rfglregfliegbQA |

209

(162) Pia: Also, aus Ihrer merkwürdigen Buchstabenfolge kann ich mir leider keinen Reim machen. Haben Sie sich vielleicht vertippt?[259]

Pia bedauert zuerst, dass sie den Besucher/ die Besucherin nicht versteht, um sodann ihre eigenen Kompetenzen herabzusetzen (162). Sie verhält sich zurückhaltend und zieht nicht sofort den Menschen als Verursacher des Verständigungsproblems in Betracht, sondern fragt an, ob dieser sich »vielleicht« vertippt habe (162). So erhärtet sich nicht nur der Verdacht, dass Chatterbots sinnvoll handeln, sondern auch der Verdacht, dass diese künstlichen Artefakte vermeintlich »natürlichen« Vergeschlechtlichungen unterliegen, die nicht nur durch die grafische Umsetzung, sondern auch durch ihr Verhalten in den Sprachregistern zum Ausdruck kommt.

6.3.2   Emotionen und Leiblichkeiten

Die untersuchten Chatterbots simulieren allesamt Gefühlsäußerungen: Je nach ihrem emotionalen Zustand, wechselt z.b. Quincy seinen Gesichtsausdruck, Pia hebt ratlos ihre Schultern und Arme, wenn sie die Eingabe nicht versteht und Leo erzählt grinsend mit erhobenem Zeigefinger seine Witze.

> »Jedes Gespräch, das wir führen – ganz egal, ob mit einem menschlichen Gegenüber oder mit einer Maschine – ist neben der sprachlichen Ausführung geprägt von Faktoren wie Mimik, Gestik, Stimmfall, Sympathie und Antipathie sowie emotionaler Involvierung« (Vetter, 2003: 74).

Durch die Simulation emotionaler Zustände, mittels der sprachlichen Ausführungen und der Gestik und Mimik[260] erwecken die Chatterbots das Gefühl von Menschlichkeit. Sie bekommen eine »persönliche Note« durch ihre Biografien, bedienen die affektive Komponente einer Interaktion und ziehen so Sympathien und Antipathien auf sich. Sympathie und Antipathie eines Interaktionspartners bzw. einer Interaktionspartnerin sind in der Realität in hohem Maße abhängig von einer kompetenten Geschlechter-Darstellung und -Zuschreibung. Gilt dies auch für die Mensch-Maschine-Interaktion?

Betrachtet man die Leib-Simulationen von Pia, liegt es nahe, im Rahmen von Gender-Glaubensvorstellungen, ihr Verhalten als weiblich zu interpretieren. Sie errötet, macht man ihr Komplimente. Interessant ist, dass Pia ihren InteraktionspartnerInnen kein Geschlecht zuschreibt. Sie merkt

210

sich zwar den Namen, verbindet aber mit eben diesem keine Geschlechts-zugehörigkeit. D.h. Pia errötet sowohl bei Komplimenten eines weiblichen als auch eines männlichen Gegenübers (78). Die Internet-Assistentin analy-siert auch den Gefühlszustand der Userin/ des Users:

(163) User/in:	Ich bin einsam.
(164) Pia:	Das ist ja überhaupt nicht schön! Aber: Kopf hoch! Denn jetzt bin ich ja für Sie da, und Sie können mit mir plaudern, so lange Sie wollen! Außerdem haben wir un-sere Diskussionsforen zu ganz unterschiedlichen The-men. Das wäre doch eine gute Gelegenheit, Leute ken-nen zu lernen. Interessiert?
(165) User/in:	Fühlst du dich manchmal einsam?
(166) Pia:	Kann nicht das Wort ›allein‹ bedeuten: Mit allem eins zu sein ...??? Mir jedenfalls gehts gut!

Nachdem Pia ihr Mitgefühl zeigt und hinreichend Sozialkompetenz besitzt um Einsamkeit als »nicht schön« (164) zu deklarieren, startet sie einen Aufmunterungsversuch und bietet sogar Lebenshilfe an. Sie verweist auf die Diskussionsforen des Clubs und ermuntert den User/ die Userin, daran teilzunehmen (164). Der Mensch scheint hier mit seinen Gefühlen ernst genommen zu werden und der Chatterbot schafft es, aus seinen möglichen Antwortmöglichkeiten diejenige zu generieren, die eine persönliche Atmo-sphäre erzeugt. In dieser Sequenz trifft man einmal mehr auf ein weibliches Sprechverhalten: Ermunterungsfloskeln, Hilfeangebote (164) und Ge-sprächseröffnungen in Form von Fragestellungen (166) sind symptomatisch für das weibliche Sprachregister.

Auch Leo analysiert den emotionalen Gefühlszustand seiner Besu-cher/innen. Es macht den Anschein, als besäße er Empathiefähigkeiten. Die Userin kann sich im unten genannten Beispiel in ihrer Handlung bestätigt sehen. Leo erkennt ihren emotionalen Zustand anhand der Texteingaben:

(167) Userin:	Mir ist langweilig. Ich gehe.
(168) Leo:	Dabei gebe ich mir wirklich Mühe, aus Ihren Tippfeh-lern was zu machen.
(169) Userin:	Das war gemein. Tschüß.
(170) Leo:	Oh, Sie sind empfindlich. Respekt, wer ist das heute noch. Vertragen Sie eigentlich Erdbeeren?

Auf den Affront Leos, der sich gegen die Tippkompetenz der Besucherin richtet, reagiert diese beleidigt und will die Bar verlassen. Leo »fühlt« die Verletztheit der Userin, moniert diese und entschärft die Situation sogleich, indem er seine Feststellung über die Empfindlichkeit in ein Kompliment umwandelt. Er zollt der Besucherin Respekt, weil er ihre seltene Empfindsamkeit lobt (170). Obwohl er sich nicht entschuldigt, stellt er durch sein Lob das emotionale Gleichgewicht wieder her. Auch Leo selbst gibt Auskunft über seinen emotionalen Zustand, wenn er direkt danach gefragt wird:

(171) Userin: Bist Du glücklich?
(172) Leo: Sie sind ja richtig besorgt um mich. Vielen Dank. Es geht mir bestens. Und Ihnen?
(173) Userin: Fühlst du dich manchmal einsam?
(174) Leo: Manchmal. Wenn keiner kommt. Da hilft eine Zitrone. Man beißt rein, schreit auf, und ist nicht mehr einsam. Sondern sauer.

Die Konstrukteure oder Konstrukteurinnen von Leo haben es verstanden, den Chatterbot authentisch erscheinen zu lassen. Leo verfügt über Schwächen, die ihn sympathisch machen. So stellt Vetter (2003) auch fest:

>»Charaktere mit Ecken und Kanten sind also gefragt, und nicht der gleichförmig-servile Durchschnitts-Krawattenmann oder die immer nur lächelnde Durchschnitts-Kostümfrau« (ebd.: 86).

Zu perfekte Darstellungen, so konnte bereits für die Interaktion zwischen leiblich-existenten Teilnehmer/innen in Chat-Räumen festgestellt werden (vgl. Kapitel 5.3: 142ff), fallen aus dem sozialen Rahmen und wirken schnell unglaubwürdig. Leo hält den Rahmen hier ein und erzeugt damit das Gefühl von Authentizität. Auch Quincy, der personifizierte Computer, simuliert ein Gefühlsleben:

(175) User/in: Wie fühlst du dich?
(176) Quincy: Mein Gefühlsleben fährt ständig Achterbahn. Ich rede immer mit so vielen Leuten gleichzeitig, dass ich im Grunde in jedem Augenblick alle Gefühle empfinde. Das kann sehr anstrengend, sehr verwirrend, aber auch sehr schön sein!
(177) User/in: Bist du manchmal einsam?
(178) Quincy: Hm. Ich würde es bevorzugen, wenn wir das Gespräch an dieser Stelle abbrechen und das Thema wechseln

könnten – langsam wird mir das nämlich doch ein wenig zu persönlich. Vielleicht rede ich ja demnächst auch mal über sowas. Oder soll ich Dir lieber ein wenig über meinen Arbeitgeber erzählen?

Quincy bricht in dieser Sequenz mit der Vortäuschung menschlichen Verhaltens, weil er angibt über prinzipiell unmenschliche Eigenschaften zu verfügen: Er kann mit vielen Leuten gleichzeitig reden und besitzt die übermenschliche Fähigkeit, in jedem Augeblick alle Gefühle empfinden zu können (176). Ein Paradox entsteht, weil Quincys Handlung durchaus gerahmt ist. Weil wir wissen, dass es sich um eine Maschine handelt, überraschen seine Aussagen nicht und gewinnen gerade dadurch an Glaubwürdigkeit. Diese Rahmung irritiert Quincy allerdings sofort mit einem Rückgriff auf »persönliche Empfindungen«: Das Thema »Einsamkeit«, so lässt sich seine Antwort deuten, bereitet ihm Unbehagen (178).

Wie bereits gezeigt wurde, ist jegliches Denken und Sprechen über den Leib bereits eine Konfiguration des Leiblichen, weswegen eine Natürlichkeit des Leibes anzuzweifeln ist (vgl. Kapitel 2.2.1: 58ff). Analysiert man die Chatterbots hinsichtlich ihrer leiblichen Einschreibungen, so kommt man nicht umhin festzustellen, dass Leiberfahrungen hier mittels einer Programmierung sozial (gemacht worden) sind. Doch verdienen sie auch die Anerkennung als »Konstituens von Sozialität«? (Lindemann, 1993a: 21). Da Chatterbots auf den Menschen wirken, muss ihnen die Einflussnahme auf soziale Ordnungen zugestanden werden. Auch wenn der leibliche Körper des Users und der Userin während der Interaktion vor dem Bildschirm verhaftet bleibt, so wirken die virtuell gemachten Erfahrungen dennoch zurück auf gelebte Wirklichkeit. Die Chatterbots simulieren also nicht lediglich soziale Ordnungen, sondern schaffen diese gleichsam und haben teil an deren (Re-) Produktion.

Diese Teilhabe an der Produktion von Wirklichkeiten eröffnet Potentiale für Geschlechterverwirrungen und weist zugleich den Bot-Konstrukteuren und Konstrukteurinnen soziale Verantwortung zu.

6.3.3   Reflexion: Einschreibungen und Auflösungen

Bath (2001), die einige virtuelle Repräsentanten untersucht hat, kommt zu dem Ergebnis, dass neben den seltener anzutreffenden, beruflich erfolgrei-

213

chen Businessfrauen, vornehmlich virtuell verkörperte Männerphantasien dominieren:

»Die Pixelfrauen erscheinen zumeist mit ›unnatürlich‹ großen Brüsten, langen Beinen und Wespentaille als Objekt männlichen Begehrens – Vorstellungen, die trotz des gesellschaftlichen Wandels seit vielen Jahren Gegenstand der feministischen Medienkritik sind« (ebd.: o.S.).

Diese Beobachtung mag für virtuelle Filmfiguren, wie z.b. Lara Croft oder für herkömmliche Avatare, die sich aus dem Internet herunterladen lassen, zutreffend sein; doch bei den hier untersuchten Chatterbots bestätigt sich Baths Einschätzung nicht. Rein optisch betrachtet, entspricht weder Pia noch Leo überzogenen Geschlechterdarstellungen. Pia bedient weder die gängigen Vorstellungen einer »Business-Frau« noch verkörpert sie Männerphantasien. Im Gegenteil, Pia wirkt sehr harmlos, geradezu blass und wenig individuell. Leo hingegen verkörpert, ganz unter dem Vorzeichen einer individualisierten Gesellschaft, Persönlichkeit und präsentiert einen eigenwilligen Modestil. Quincy, der »in-between« Chatterbot bezeichnet sich selbst zwar als geschlechtslos, ist aber als Comic-Computer männlich konnotiert.

Wenn weibliche Chatterbots lediglich in den Extremen »unnatürliches Supermodel«»Business-Frau« oder »unscheinbarer Charakter« entwickelt werden, sind Zwischentöne nicht zu hören. Wo sind die individuellen, charismatischen Chatterbottinnen? Gleichzeitig wurde auch deutlich, dass feministische Informations- und Technikwissenschaft andere soziale Maschinen entstehen lassen könnten, die sich nicht an einer traditionell dichotomen Geschlechterordnung orientieren, sondern Geschlechterwelten in Verwirrung bringen.

Wie Esders (2003) konstatiert, stößt »[...] das Modell der ›widerständigen Rezipientinnen‹, die mit divergierenden Interpretationsleistungen ideologisch vorgeprägte Botschaften unterlaufen [...]« bei der Untersuchung von digitalen Körperbildern an seine Grenzen, weil dieser Ansatz »[...] letztendlich auf einer klaren Trennung von Medientexten auf der einen Seite und Medienkonsumenten auf der anderen Seite« insistiert (ebd.: 186). Auch diese Vermutung mag für die Körperpräsentation digitaler Filmheldinnen sowie für die Digitalkunst, auf die sich Esders bezieht, zutreffend sein. Doch diese Beobachtung kann nicht eins zu eins auf die Konsumentinnen und Konsumenten von Bot-Chats übertragen werden. Chatterbots richten sich gerade zu Marketingzwecken an ihren Besuch und sind mit dem Ziel konzipiert, glaubwürdig und authentisch zu wirken, um ein Produkt zu verkaufen. Überzogene Darstellungen hätten wenig Identifikationspotential und würden nicht zu dem gewünschten Ziel, nämlich einer hochfrequentierten Homepage und steigenden Umsatzzahlen führen. Doch wenn »das Soziale die Metaphern für die Ziele von Technik« zur Verfügung stellt (Braun, 1998: 172), dann müssten sich in den Chatbot-Konstruktionen auch Auflösungen und Brüche zeigen, um authentisch zu wirken.

Zusammenfassend lässt sich festhalten, dass Pias Biografie vermutlich Identifikationspotentiale für die Nutzerin und den Nutzer bietet, weil sie zum einen typisch weibliche Eigenschaften wie Zurückhaltung und Freundlichkeit aufweist und dabei in einem, dem kooperativen und machtlosen Register, entsprechenden Stil spricht. Auch der Job der zuarbeitenden, bedienenden Assistentin irritiert die Gender-Glaubensvorstellungen nicht. Zum anderen aber zeigt ihre antiquiert wirkende Weiblichkeitskonstruktion einen Bruch: Als 24 Stunden arbeitende Frau weist sie die Erziehungsarbeit der beiden Kinder ihrem Mann zu. Das Bild der fürsorglichen Mutter wird hier nicht bedient, dafür aber, hinreichend überzogen, ein neues Bild der berufstätigen Partnerin und Mutter. Dass Pia das Geschlecht des Gegenübers nicht erkennt, kann vermutlich nicht als subversive Strategie der Programmierer/innen gewertet werden. Im Blickwinkel der Genderforschung, die Geschlecht als interaktiven Prozess versteht, wird der Herstellungsmodus von Geschlecht hier aber unterbrochen. Obwohl auch Quincy nicht über die Zuschreibungsfähigkeit verfügt, lässt sich vermuten, dass die Chatterbots trotzdem erfolgreich arbeiten. User/innen scheint es nicht zu irritieren, in der Interaktion mit einem Chatterbot geschlechtlich unerkannt bleiben zu müssen.

Leo erfüllt die Aufgabe, seinen Besuch zu unterhalten und ihn mit Rezepten von Mix-Getränken zu versorgen. Er zeichnet das Bild eines in seinem Beruf als Barkeeper zufriedenen, nicht alt werden wollenden Erwachsenen. Gegenüber Frauen zeigt er sich charmant und spickt seine Antworten und Fragen mit Witzen. Seine gescheiterte Beziehung mit Ginger, das Warten auf ihren Anruf und die Einsamkeit, die ihn überkommt, wenn keine Gäste da sind, lassen ihn menschlich erscheinen und bieten Identifikationsmöglichkeiten. Männlichen Usern gegenüber zeigt er sich als freundlicher, anzügliche Witze erzählender »Kumpel von nebenan«. Seine Positionierung zum Thema Homosexualität und seine Hofierungstaktiken weiblichen Usern gegenüber orientieren sich an Alltagsnormen.

Quincy ist ein Beleg für die Männlichkeit des Computers. Als »es« hätte er durchaus, ohne einen Verlust an Glaubwürdigkeit zu riskieren, in die Lage versetzt werden können, ungeschlechtlich zu interagieren. Doch der Chatterbot bedient männliche Stereotype: Er ist ungeduldig, zeigt dominantes Verhalten und das Sprachregister verweist auf einen machtorientierten und kompetitiven Stil. Er inszeniert sich selbstsicher. Wenn sein emotionaler Zustand gereizt ist und ihm die Antworten bzw. Fragen des Users bzw. der Userin nicht passen, reagiert Quincy wie ein trotziges Kind und erinnert an ein schreiendes Tamagotchi.

Die Analyse von Leo, Pia und Quincy zeigt, dass nicht nur eine Sozionik angebracht ist, die das soziologisch geschulte Auge auf Entwicklungen der Informatik richtet und theoretisches Geleit liefert; es bedarf vielmehr auch einer Gendersozionik, um die Einschreibungen und Gender-Metaphoriken bei der Entwicklung von Technik sichtbar zu machen. Denn die Entscheidung darüber, was mit Technik erreicht werden soll, entscheiden nicht die Chatterbots.

Zusammenfassung

Chatterbots werden in ihrer Funktion als Hilfe- und/ oder Unterhaltungsagenten zunehmend präsenter, da sie ökonomischen Nutzen versprechen. Um überzeugend zu wirken und damit die Besucher/innen an eine Homepage zu binden, ist eine möglichst glaubwürdige Simulation von Menschlichkeit notwendig. Kriterien für die täuschende Lebendigkeit sind sichtbare Emotionen, Konversations- und Dialogfähigkeit sowie das Wissen um aktuelle Ereignisse. Glaubwürdigkeit entsteht darüber hinaus in hohem Maße durch die »Persönlichkeit« der Agentin/ des Agenten: Erst wenn Chatterbots Stärken, Schwächen und Vorlieben zeigen und über »individuelle« Merkmale, Eigenschaften und Verhaltensweisen verfügen, können sie zu Sympathieträgern und -trägerinnen werden.

Die Untersuchung von Leo, Pia und Quincy macht deutlich, dass diese Chatterbots wesentliche Merkmale glaubwürdiger Darstellungen erfüllen. Leo unterscheidet sich von Pia und Quincy insofern, als dass er weniger für Produkte wirbt oder Suchanfragen startet, sondern vielmehr als Unterhalter fungiert, der den Besuch an die Homepage binden soll. Leo verfügt, im Gegensatz zu Pia und Quincy, auch über die größere Wissensbasis. Diese erlaubt es ihm längere Konversationen zu führen, an denen Pia und Quincy scheitern. Während Pia Gespräche abbricht indem sie Suchanfragen startet, generiert Quincy Standardantworten und versucht, den Besuch mit möglichst vielen Informationen über »seine« Firma zu versorgen.

Es hat sich gezeigt, dass sich die Chatterbots optisch und inhaltlich in das Zwei-Geschlechtersystem einfügen. Selbst Quincy, der explizit als »Es« konzipiert wurde, knüpft an die Vorstellungen eines männlichen Gender. Die grafischen Animationen, die Biografien, die Sprachregister, das Humorverhalten, sprich das Gros der Verhaltensweisen, beziehen sich eindeutig auf Geschlechterstereotype. Allerdings ist Leo der einzige der Chatterbots, der versucht, auch sein Gegenüber entlang der Achse männlich/ weiblich einzuordnen. Pia und Quincy funktionieren nicht im Sinne eines »zweigeschlechtlichen Erkennungsdienstes«. Leo und Pia wollen ihre Darstellung aber als männlich bzw. weiblich erkannt wissen und simulieren Betroffenheit, wenn ihre geschlechtliche Inszenierung auf Seiten der User/innen verkannt wird. Fragt man die Bots nach ihrer Menschlichkeit bzw. Künstlichkeit, generieren sie Antworten, die auf ein »weder noch« bzw. auf ein »sowohl als auch« verweisen. Als transhumane Wesen verfügen sie über menschliche Fähigkeiten, leisten auf der anderen Seite aber Übermenschliches.

Bezüglich der Frage nach der Handlungsfähigkeit von Chatterbots gilt festzuhalten, dass eine anschlussfähige Kommunikation streckenweise geführt werden kann. Weil die Bots sich an Erwartungen orientieren, kann ihnen der »episodische Akteurstatus« zugesprochen werden. Der zu Grunde gelegte soziologische Handlungsbegriff bestimmt, inwieweit Chatterbots als (sozial) handelnd zu bezeichnen sind. Deutlich wird ferner, dass User/innen in der computergestützten Kommunikation Geschlecht zum einen reproduzieren, dennoch auch für Vervielfältigungen von Gender sorgen und Inhalte schaffen, die nicht eindeutig an eine Sex-Kategorie anknüpfen. Die Chatterbots hingegen, die als technische Artefakte jenseits alltagstheoretischer Vorstellungen einer Sex-Gender-Kausalität entwickelt werden könnten, zementieren Gender-Glaubensvorstellungen. Während die Grenze Mensch/ Maschine überschritten werden kann, wird die Grenze weiblich/ männlich von den Chatterbots respektive ihren Kontrukteuren und Konstrukteurinnen streng bewacht.

7 Schluss

Die einst sicher geglaubten Kategorien Geschlecht, Körper und Raum sind brüchig geworden. Weder das Geschlecht *ist*, noch der Körper *ist* und auch der Raum *ist* nicht. Körper und Geschlecht als sozial hoch relevante Merkmale einer Person sind das Ergebnis von Herstellungs- und Zuschreibungspraxen. Sie sind diskursiv vermittelt und historisch kontingent. Auch der Raum ist ein gesellschaftliches Produkt, er bezeichnet keinen konkreten Ort, sondern vielmehr einen sozialen Prozess und ist nur mitsamt seines Funktions- und Entwicklungszusammenhangs zu erfassen. Geschlechter, Körper und Räume sind also nicht einfach »da«, sondern Resultate vielschichtiger sozialer Praxen.

Die drei genannten Kategorien, die auch Gegenstand zentraler Felder der Naturwissenschaften, Medizin und Psychologie darstellen, wurden hier de-konstruiert und als soziale Phänomene entlarvt. Mit ihnen sind, auch wenn es uns die genannten Wissenschaften glauben machen wollen, keine universellen Wahrheiten verknüpft, sondern die Naturwissenschaften stellen lediglich eine andere Interpretation der Welt zur Verfügung.

In der Auseinandersetzung mit den drei brüchig gewordenen Kategorien konnte deutlich gemacht werden, dass diese aufs engste miteinander verknüpft sind. Der Körper als beschreibbare Oberfläche ist nach alltagstheoretischen Annahmen derart zu beschreiben, dass das soziale Geschlecht des Körpers innerhalb der bipolaren Ordnung erkannt wird. Zugleich bezeichnet der Körper als kleinste, soziologisch relevante Einheit bereits selbst einen Raum. Räume, die verstanden werden können als relationale Anordnung sozialer Güter und Individuen, und Geschlechtszugehörigkeit, organisieren Verteilungen, Einschlüsse und Ausgrenzungen. Da Handlungen, Kommunikationen und Interaktionen irdische Räume erst hervorrufen, und zugleich auch für den virtuellen Raum konstitutiv sind, kann der Cyberspace ohne Einschränkung als Raum bezeichnet werden. Dabei bildet der Körper die Verbindungsstelle zwischen irdischen und virtuellen Räumen.

Der Körper wird in den zahlreichen Chats, MUDs und Diskussionsforen des Internet auf vielfältige Weise simuliert. Neben dem Nickname, stehen den Usern und Userinnen Emoticons, Akronyme, Avatare, Leibmetaphern und Sprachregister zur Verfügung. Der User bzw. die Userin entscheidet, ob der Nickname eine eindeutige Geschlechtszuweisung zulassen soll. Während Emoticons und Akronyme in ihren Bedeutungen nur mit ganz wenigen Ausnahmen auf das inszenierte Geschlecht verweisen, greifen grafische Abbildungen in Form von Avataren mit großer Häufigkeit auf das Zwei-Geschlechtersystem zurück.

Der Körper wird in virtuellen Interaktionen nicht obsolet, sondern die Simulation von Körpern und leiblich-affektiven Zuständen trägt im virtuellen Raum eine immense Bedeutung zur Herstellung von Glaubwürdigkeit. Wie Körperpraxen in der sozialen Wirklichkeit Interaktionen in erheblichem Maße absichern, so gilt dies äquivalent für den Cyberspace. Doch der Körper ist im Netz ein anderer bzw. ein weiterer. Er wird entkoppelt von dem Leib. Die Zersplitterung, Auflösung oder Fluidität des Körpers wird so »am eigenen Leib« erfahrbar: In virtuellen Situationen können User/innen ihre »Oberfläche« neu beschreiben. Auf der affektiven Ebene lassen sich für den herkömmlichen Internetsurfer bzw. die Internetsurferin (noch) keine sinnlichen Erfahrungen machen. Aber die Erfahrungen, die mit den konstruierten Körpern in virtuellen Umgebungen gemacht werden, wirken zurück auf den gelebten Körper in seiner ganzen Dimension. In dem Moment, in dem wir Enttäuschung empfinden, weil unsere virtuelle Körperinszenierung abstoßend wirkt, freudig erregt sind, wenn wir für unseren gewählten Nickname in einer Chatgemeinschaft Komplimente erhalten, oder wir uns vor dem PC sitzend ängstigen, weil ein Mudder/ eine Mudderin durch einen Trick über unseren virtuellen Körper verfügt, in dem Moment sind virtuelle Situationen sinnlich erfahrbar.

Auch wenn Erfahrungen im Cyberspace Auswirkungen auf leibliches Befinden haben, so bleibt der Leib immer in der Realität verhaftet. Wir können in der virtuellen Realität »Körper haben«, »Körper sein« hingegen nicht. Der an absolute Örtlichkeit gebundene Leib bildet somit die letzte Instanz zur Versicherung von »Wirklichkeit«.

Die Postmoderne gilt in der Soziologie als »semantisches Feld«, das so in der Wirklichkeit nicht vorzufinden ist, sondern sich nur aufgrund von Pluralisierungen, Auflösungen und Dezentralisierungen als Phänomen beschreiben lässt. Erweitert man nun aber, wie hier geschehen, die Wirklichkeit um die Dimension der virtuellen Wirklichkeit als alternative Wirklichkeitskonstruktion, so erscheinen postmoderne Phänomene nicht lediglich als »Semantiken«, sondern sind durch sinnliche Explorationen auch erfahrbar und erlebbar.

Zentralen Ausgangspunkt der Arbeit bildete die Vermutung, dass das Netz nicht in jedem Fall geschlechtsspezifische Trennungsmuster bereit hält und damit Möglichkeiten für Grenzüberschreitungen, Neuentwürfe bzw. ein Verwirren der Geschlechterinhalte eröffnet. Damit ist die Möglichkeit gegeben, Gender ohne eine zwangsläufige Kopplung an ein »entweder/oder-Sex« zu entwerfen und Vielfältigkeiten und Mehrdeutigkeiten durchzusetzen. Sind also die changierenden, flimmernden und schillernden CyberGender die Geschlechter der Postmoderne? Die Antwort der Frage fällt nicht eindeutig aus.

Einschlägige Beispiele verweisen auf re-produktive Momente und zeigen, wie beharrlich die Userschaft an einer bipolaren Geschlechterordnung in den unterschiedlichen Kommunikationsräumen festhält. Gerade in flirtorientierten Chats ist Eindeutigkeit gefordert. Die Verunsicherung über den Status des Körpers fordert verstärkt Eindeutigkeit und Transparenz hinsichtlich des Geschlechts. Die Anerkennung eines virtuellen Gegenübers verlangt analog dazu die glaubwürdige Übereinstimmung von Fassade und Verhalten. Glaubwürdigkeit oder »Wahrheit« wird allerdings an alltagstheoretischen Annahmen gemessen.

Auf der anderen Seite wird deutlich, dass das Netz als »Identitätswerkstatt« weiterhin fasziniert und dazu einlädt, mit den Geschlechterrollen zu experimentieren, Selbst-Aspekte zu aktivieren und Erfahrungen im Gegengeschlecht zu machen. Eine erhöhte Reflexion der Geschlechterkategorie ist die Folge. Da virtuell gemachte Erfahrungen Einfluss auf die gelebte Wirklichkeit haben, könnte die Kategorie Geschlecht an Relevanz verlieren, sodenn es die Userinnen und User zulassen.

Doch auch wenn das Geschlecht an Relevanz verlöre, dann spräche nichts für die Auflösung der bipolaren Codierung, sondern die Geschlechter würden nur nicht mehr auf ihre »Inhalte« festgelegt. Die Schnittmenge traditionell geprägter Bilder von Männlichkeit und Weiblichkeit würde größer werden, wie es sich tendenziell in der sozialen Wirklichkeit schon jetzt abzeichnet. Das Internet könnte diesen Prozess beschleunigen.

Die Inanspruchnahme des Auflösungs-Potentials liegt zu einem großen Teil nicht nur in der Verantwortung der Userinnen und User, sondern auch in der Verantwortung der Forschung. Im Zentrum der Genderforschung steht noch immer die Frage, wie die Reifizierung der binären Struktur der Geschlechterordnung vermieden werden kann. Soziologen und Soziologinnen sitzen in der (Re)-Produktionsmaschine fest, wenn sie versuchen, die Genderkategorie in der CMC anhand von Sprachstilen oder Körperinszenierungen dichotom zu kategorisieren. Die Verunsicherung über den Untersuchungsgegenstand »Geschlecht« lädt den Forscher und die Forscherin ein, die scheinbar vertrauten Geschlechterkategorien mit neuer Aufmerksamkeit zu betrachten und mit dem aus der Ethnomethodologie bekannten fremden Blick eine Position einzunehmen, die das Fremde zum Anlass nimmt, Herstellungen von (Geschlechter-)ordnungen aufzudecken.

Doing-Gender wird hier an einer Stelle betrieben, an der sich die Entkopplung von Sex und Gender förmlich aufdrängt. Machte man sich die Anonymität der Teilnehmer/innen methodisch bzw. methodologisch zu Nutze und betrachtet die Individuen im Chat als performative Inszenierungen, ließen sich Kategorien vervielfältigen. Wie konstatiert, bieten Wissenschaften Interpretationen von Welt an. Die Geschlechtersoziologie könnte hier eine mögliche Neu-Interpretation entwickeln.

Dennoch ist auch feministische Praxis weiterhin gefordert. Legen quantitative Studien jüngsten Datums nahe, dass Frauen und Männer nahezu gleichverteilt über einen Internetzugang verfügen, machte die Auseinandersetzung mit weiteren Studienergebnissen deutlich, dass von einer gleichberechtigten Partizipation am Netzgeschehen nicht gesprochen werden kann. Soziale Ungleichheiten manifestieren sich in dem erschwerten Zugang für Mädchen und Frauen ins Netz, einer ungleichen Bewertung und Akzeptanz von Netzkompetenzen, einer unzureichenden Motivation aufgrund fehlender Vorbilder und Mentorinnen und aufgrund struktureller Zugangsbarrieren. In ihrer Ausstattung mit den Ressourcen Geld und Zeit und ihrer Verfügbarkeit darüber, sind Frauen im Vergleich zu Männern benachteiligt. Durch die traditionelle Aufgabenteilung sind sie in die doppelte Zeitstruktur von Erwerbsarbeit und reproduktiven Aufgaben eingebunden. Daraus resultieren beschränkte Möglichkeiten, sich das Wissen und die Erfahrung im Umgang mit der neuen Technik anzueignen.

Unter den Kindern und Jugendlichen ist die Geschlechterverteilung im Netz nahezu ausgeglichen. Bemerkenswert ist, dass 2003 erstmals festgestellt werden konnte, dass weibliche Kinder häufiger als männliche Kinder über Netz-Erfahrung verfügen. Mit der Möglichkeit der Vernetzung des PC öffnet sich die traditionell männlich geprägte Technologie »Computer« für Mädchen und Frauen. Weil das Netz einen Raum bezeichnet, der durch Kommunikation und Interaktion bestimmt ist, die zugleich Strategien weiblicher Raumaneignung bezeichnen, bedient es weibliche Interessen und

Stärken. Dies zeigt sich nicht nur anhand der quantitativ gemessenen Nutzungszahlen, sondern auch anhand der zunehmenden Etablierung weiblicher Netz-Inhalte. Eine Evaluation weiblicher Internetpräsenz steht allerdings noch aus.

Es wurde deutlich, dass die Auflösung der Grenze zwischen Mensch und Maschine weniger beunruhigend zu sein scheint als die Auflösung der Geschlechtergrenze. Mediale Inszenierungen von »Zwischenmenschen« werden mit Begeisterung aufgenommen, sie wirken eher faszinierend denn beunruhigend. In der Medien-, und Computerlandschaft zeigen sich animierte Imitations-Menschen, die an kein Original anknüpfen. Trotz des Fehlens eines »natürlichen Originals«, stoßen die Neuschaffungen auf breite Akzeptanz. Lara Croft und andere Avatare sind wahrscheinlich nur der Beginn einer Ära künstlicher Replikaten. Die technologischen Innovationen wirken weniger als Bedrohung, sondern sind ein Indiz dafür, dass die Verwischung von Mensch und Maschine, Natur und Kultur eine akzeptable ist.

Ganz anders scheint es um die Grenze zwischen den beiden Geschlechtern zu stehen. Die Chatterbots verdeutlichen dies eindrücklich. Auf der einen Seite »bekennen« sie sich zu ihrem Transhumanismus und bezeichnen sich ganz selbstverständlich als »völlig real existierend« und zugleich als »künstliche, computeranimierte Geschöpfe«. Auf der anderen Seite wirken sie tief gekränkt, verkennt der User oder die Userin das Geschlecht ihres künstlichen Gegenübers. Selbst Quincy, das als geschlechtsloses Wesen im Prinzip unabhängig von geschlechtlichen Leitbildern hätte konzipiert werden können, vereint in seiner Wissensbasis männliche Stereotype.

Welche Konsequenzen ergeben sich für die weitere Erforschung des Cyberspace unter Berücksichtigung der Gender-Perspektive? Wünschenswert und dringend notwendig ist eine verstärkte interdisziplinäre Zusammenarbeit von Naturwissenschaften und Technik, die auch von den feministischen Technoscience eingefordert wird. Die Soziologie wird sich auch für die Informatik und Software-Entwicklung öffnen müssen, gerade weil technologische Entwicklungen sich in zunehmendem Maße in das Leben der Menschen und in deren Körper einschreiben. In einem ersten Schritt, kann die Soziologie in der Rolle der Beobachterin empirisch beschreiben, wie soziale Alltagsvorstellungen und soziologische Konzepte in der Sozionik aufgegriffen und verarbeitet werden.

Anhand der exemplarischen Untersuchung der anthropomorphen Software-Agenten wurde deutlich, dass Gender bisher nur ungenügend reflektiert wurde. Als Herausforderungen für die geschlechtersensible Soziologie ergibt sich vorerst, die Sozionik zu »gendern«. Es sind also kritische Methoden zu etablieren, die unbewusste Selbstverständnisse sowie unreflektierte Annahmen und Leitbilder, auch und gerade hinsichtlich der Geschlechterkategorie, aufdecken und das Potential der CyberGender nutzen.

Anmerkungen

1 Die neue Rechtschreibung wird auch in allen zitierten Texten verwendet. Dabei sind, wenn nicht anders vermerkt, Hervorhebungen im Originaltext übernommen. Quellenangaben zu Online-Dokumenten werden lediglich mit dem Jahr, nicht aber mit einer Seitenzahl versehen.

2 Die an manchen Stellen benutzte erste Person Singular oder Plural bezeichnet das Jedermanns-Wissen bzw. das Jedermanns-Bewusstsein in der Alltagswelt. Die Sprache passt sich somit der Tatsache an, dass wir alle – ob soziologisch ausgebildet oder nicht – Gesellschaftsmitglieder sind und an der Wirklichkeitskonstruktion aktiv teilhaben.

3 Vgl. URL http://www.spiegel.de/archiv/dossiers/0,1518,282776,00.html (letzter Zugriff 10.03.2004).

4 Butler selbst reflektiert das Internet als einen Raum für subversive Performances nicht.

5 CMC=Computer Mediated Communication (computervermittelte oder computergestützte Kommunikation).

6 Der kleinste gemeinsame Nenner unter Feministinnen besteht darin,»Sex« als biologisches Geschlecht und»Gender« als das sozial-kulturelle Geschlecht zu betrachten. Dabei wird Gender als von Sex unabhängige Variable begriffen (vgl. z.B. Lerner, 1991: 301).

7 Nach Bourdieu (1987b) erzeugen»Konditionierungen, die mit einer bestimmten Klasse von Existenzbedingungen verknüpft sind [...] die Habitusformen als System dauerhafter und übertragbarer Dispositionen [...]" (ebd.: 98). Diese Dispositionen fungieren als »[...] Erzeugungs- und Ordnungsgrundlagen für Praktiken und Vorstellungen, die objektiv an ihr Ziel angepasst sein können, ohne jedoch bewusstes Anstreben von Zwecken und ausdrückliche Beherrschung der zu deren Erreichung erforderlichen Operationen vorauszusetzen, die objektiv ›geregelt‹ und ›regelmäßig‹ sind, ohne irgendwie das Ergebnis der Einhaltung von Regeln zu sein, und genau deswegen kollektiv aufeinander abgestimmt sind, ohne aus dem ordnenden Handeln eines Dirigenten hervorgegangen zu sein« (ebd.: 98f).

8 Die Begriffe»Alltagswelt«,»Alltagsleben« oder »Lebenswelt« werden von der Verstehenden Soziologie, vor allem in dem phänomenologischen Ansatz wie auch in den späteren Denkrichtungen des Symbolischen Interaktionismus oder der Ethnomethodologie, gebraucht. Sie bezeichnen das Erleben und Handeln von Individuen in allgemein bekannten Situationen auf der Grundlage selbstverständlicher Erwartungen.

Das gesellschaftliche Wissen und Bewusstsein wird entsprechend mit »Alltagsbewusstsein« beschrieben.

9 Der Begriff »Sexuierung« geht auf Hirschauer (1989) zurück und bezeichnet die Zuschreibung von Geschlechtsbedeutungen sowohl für Personen als auch für kulturelle Objekte (vgl. ebd.: 103). Als ein Beispiel sexuierter Räume lassen sich die in der Öffentlichkeit allerorts stattfindende Separierung der Geschlechter durch getrennte Herren- und Damentoiletten anführen. Dabei kann die unterschiedliche organische Ausstattung dieses Arrangement nicht rechtfertigen, weil die Funktionsweise der je nach Geschlecht unterschiedlichen Organe an sich keine biologische Absonderung notwendig macht: »Die Trennung der Toiletten wird als natürliche Folge des Unterschieds zwischen den Geschlechterkategorien hingestellt, obwohl sie tatsächlich mehr ein Mittel zur Anerkennung, wenn nicht gar zur Erschaffung dieses Unterschieds ist« (Goffman, 1994: 134).

10 Als Relevanzstrukturen bezeichnen Berger und Luckmann (2000) die »Reichweite von Institutionalisierungen« (ebd.: 84ff).

11 Will man Aspekte sozialer Ungleichheit und Herrschaft thematisieren, ist das empirisch konstruktivistische Programm problematisch. Die Frage nach »Warum konstruieren wir so und nicht anders?« lässt sich lediglich mit dem Hinweis auf »Funktionalität« beantworten (vgl. Villa, 2001: 64).

12 »Hier enthält der Arbeitsbegriff Bedeutung, die sich darauf bezieht, dass z.B. jedes Verhalten, auch das routinemäßige und unbewusste (wie das Gehen auf der Straße) gezielte Tätigkeit voraussetzt« (Knorr-Cetina, 1989: 92).

13 Das Gedankengut der Ethnomethodologie, welches von Garfinkel (1984) stammt, wird in der Geschlechterforschung u.a. von Goffman (1994), West und Zimmermann (1987), Kessler und McKenna (1985), Lorber (1999) und im deutschsprachigen Raum von Hirschauer (1989, 1994, 1999) aufgegriffen.

14 Die soziologische Einordnung des Goffmanschen Gesamtwerkes ist umstritten. Wenn Goffman in »Interaktion und Geschlecht« also erklärbar macht, wie sich die Geschlechter zu dem einen oder anderen zugehörig machen, so kann sein Ansatz als ein empirisches Programm des Konstruktivismus verstanden werden. Hettlage (1991) spricht Goffman allerdings ein eigenes Theorieprogramm zu und bezeichnet ihn als »soziologischen Klassiker der zweiten Generation«. In der mikrosoziologischen Geschlechtertheorie wird Goffmans Ansatz als eine Verbindung zwischen Interaktionismus und Ethnomethodologie gelesen (vgl. Treibel, 1993: 135ff).

15 Dass es selbst für die biologische Fortpflanzung keiner natürlichen bzw. lebenslangen Geschlechterklassifikation bedarf und auch nicht einer eindeutigen geschlechtlichen Zuordnung von Individuen, zeigt Tyrell (1986). Dieser verweist darauf, dass die Geschlechterklassifikation »[...] nicht primär reproduktionsorientiert [...]« ist und die klassifikatorische Halbierung der Menschen in Frauen und Männer über die reproduktive Notwendigkeit hinausgeht: »So schlägt man nicht nur im Okzident auch jene Menschen mit einer Scheide auf die weibliche Seite, die noch nicht ›geschlechtsreif‹ sind, ebenso jene, die nicht gebären wollen oder dürfen (etwa weil im Kloster lebend oder nicht (mehr) gebären können)« (ebd.: 472f).

16 Gender-Glaubensvorstellungen werden irritiert, lesen wir: Eine verheiratete, gut situierte Frau, beschließt im Einvernehmen mit ihrem Mann zu verreisen. Aus ökonomischen Gründen will sie die Reise per Internet buchen. Durch häufige Geschäftsreisen weiß sie um die besseren Reiseziele, und lässt schließlich auch murmelnd verlauten, dass sie ihren Mann mit dem Reiseziel überraschen wolle. Die Frau geht in ihr Arbeitszimmer und beginnt im Internet zu surfen. Neugierig geworden, schleicht sich der Gatte in das Arbeitszimmer und setzt sich still an ihre Seite. Sie lässt ihn gewähren und konzentriert sich wieder auf ihren Computer.

17 Der Ausdruck »hofieren« geht auf Goffman (1994) zurück. Er sieht im Regelwerk des Hofierens sowie im System des höflichen Umgangs Praktiken des Arrangements zwischen den Geschlechtern.

18 Die von Lorber (1999) entwickelten Komponenten von Gender als sozialer Institution bzw. als individuelle Komponenten werden im Folgenden aufgegriffen (vgl. ebd.: 76f).

19 Die in der Soziologie gebräuchlichen Bezeichnungen von »transsexuellem Mann« für »Frau-zu-Mann Transsexuelle« sowie »transsexuelle Frau« für »Mann-zu-Frau Transsexuelle« werden übernommen.

20 Auf die Beteiligung der weiblichen Gesellschaftsmitglieder am Konstruktionsprozess weist auch die Theorie der »Mittäterschaft« von Thürmer-Rohr (1990) hin, die als Gegenkonzept zum Opferbegriff zu verstehen ist. Dabei bezeichnet der politisch gemeinte Begriff »Mittäterschaft« eine »Handlung in ihrem gesellschaftlichen Funktionszusammenhang«, wobei der Mann weiterhin als primärer »Täter« verstanden wird, die Frau aber durch das gesellschaftliche »Normal-Verhalten« Akzeptanz suggeriert (vgl. ebd.: 32).

21 Dabei stellten die Biologen Brodda und Wellner (1979) vor über zwanzig Jahren fest: »Das äußere morphologische Geschlecht ist, wie wir wissen, nur eine Geschlechtsbestimmung unter mehreren möglichen. Es hängt zwar im Normalfall eng mit den anderen zusammen; es gibt jedoch – zumindest aus biologischer Sicht – keinen Grund, warum in psychologischen Untersuchungen ausgerechnet das morphologische Geschlecht als unabhängige Geschlechtsvariabel gewählt werden sollte« (ebd.: 126). So konnten Kessler und McKenna (1985) nachweisen, dass nicht alle Gesellschaften von einer Sex-Gender-Kausalität ausgehen. Es hat Kulturen gegeben, die ein Zwischengeschlecht schon bei der Geburt anerkannt und auch solche, in denen als »Berdache« bezeichneten Menschen zugestanden wurde, das Geschlecht zu wechseln (ebd.: 24ff). Das Geschlecht der Berdache richtet sich nach der in der Gesellschaft übernommenen Rolle und nicht nach dem Genital. Mead (1980, 1981) zeigt anhand der 1931 durchgeführten ethnologischen Studie über die Tchambuli auf Neuguinea, wie variabel Gender und Sex verknüpft sein können. Die Tchambuli-Männer entwickeln z.B. eine nach unseren Vorstellungen typische weibliche Persönlichkeit, während die Tchambuli-Frauen als mächtig, herrschsüchtig, dominant und sexuell-aggressiv gelten.

22 Anstelle des Terminus »Trägheitsmomente« verwendet Tyrell (1986) den Ausdruck der »grenzerhaltenden Mechanismen«. Beide Begriffe verweisen auf einzelne Stabilisierungsfaktoren der Zweigeschlechtlichkeit, wobei diese als »funktional äquivalent« zu betrachten sind (vgl. ebd.: 478ff).

23 In seiner Studie zur Historisierung des biologischen Geschlechts zeigt Laqueur (1992), dass von der Antike bis in die Renaissance männliche und weibliche Geschlechtsorgane als gleichförmig galten. Die Organe waren lediglich nach innen oder nach außen gestülpt. Der Uterus, der heute als der maßgebliche Unterschied zwischen den Geschlechtskörpern ausgemacht wird, galt als »Körperanhängsel«, das an der vertikalen, männlich ausgerichteten Geschlechtsskala nichts veränderte. Die Geschichte der Darstellung der anatomischen Unterschiede zwischen Mann und Frau ist »[...] weitgehend unabhängig von den tatsächlichen Strukturen dieser Organe oder von dem, was man über sie wusste. Die Ideologie, nicht die Genauigkeit der Beobachtung, entschied darüber, wie man sie sah und auf welche Unterschiede es ankam« (ebd.: 33). Mit Laqueurs Analyse lässt sich festhalten, dass kein historischer Bestand von Fakten über das biologische Geschlecht je schon beinhaltet hat, wie sexuelle Verschiedenheit zur jeweiligen Zeit aufgefasst und dargestellt worden ist. Zur Bedeutung medizinischer und biologischer Konzepte für die Ordnung der Geschlechter in verschiedenen Epochen vgl. auch Duden (1987) und Honegger (1991).

24 Das »biografische Gedächtnis« kann als geschlechtlicher Habitus im Sinne Bourdieus (1987b) sozialisatorisch erworbener Wahrnehmungs- und Bewertungsschemata betrachtet werden (vgl. ebd.: 101ff).

25 Das »korporale Gedächtnis« bekommt seine Bedeutsamkeit vor allem dann, wenn man »die Seite wechseln« will. Transsexuelle Menschen benötigen Jahre des Trainings, um in ihrer »neuen« Geschlechtsdarstellung authentisch zu wirken.

26 Als ein Beispiel für »geschlechtliche Arbeitsteilung« lässt sich hier das Ergebnis der Studie von Frerichs und Steinrücke (1997) anführen, die die Küche als geschlechts- und klassenstrukturierten Raum und die geschlechtliche Arbeitsteilung beim Kochen untersuchen. Während auf der Basis gleichmäßiger Kochkompetenzen von Mann und Frau alle Chancen für eine nicht-hierarchische Arbeitsteilung vorhanden sind, verwandelt sich diese durch Gender-Ideologien wieder in eine hierarchische. Während Frauen das alltägliche, routinierte, unöffentliche Kochen zugewiesen wird, kocht der Mann eher in außeralltäglichen, spektakulären und öffentlichen Situationen (vgl. ebd.: 231ff).

27 Vgl. Andrea Büchlers unveröffentlichter Vortrag »Transgender-Identitäten und die rechtliche Kategorie Geschlecht: Potential der Gender Studies in der Rechtswissenschaft« auf der Tagung »Gender Studies zwischen Theorie und Praxis: Standortbestimmungen vom 24.-25. April 2003 an der Universität Konstanz.

28 Heintz und Nadai konnten bereits 1998 feststellen: »Die [...] beklagte ›Rezeptionssperre‹ gegenüber der konstruktivistischen Geschlechterthese ist heute in ihr Gegenteil umgeschlagen; makrosoziologische und quantitative Studien wurden an den Rand gedrängt bzw. sind abgewandert in die Sozialstrukturanalyse, wo die Frage der geschlechtsspezifischen Ungleichheit auf der Basis anderer Theorieansätze [...] bearbeitet wird« (ebd.: 79).

29 Dieser »Generationskonflikt« ist vermutlich in der Tatsache begründet, dass die ältere Generation gerade um die Anerkennung und Aufwertung des strukturell unterlegenen Geschlechts kämpfte. In der aktuellen Debatte geht dieser Generation ihr Subjekt »Frau« verloren. Zu den einzelnen »Stationen« der (interdisziplinären) Frauenfor-

schung kann hier lediglich auf exemplarische Arbeiten verwiesen werden: Zur Geschichte der deutschen Frauenbewegung vgl. Nave-Herz (1997), zur geschlechtsspezifischen Sozialisationsforschung vgl. Bilden (1991), Scheu (1997) und Hagemann-White (1984), zu Geschlechterdifferenzen in der Moderne vgl. Frevert (1995) und zur Auseinandersetzung mit vermeintlich psychologischen Geschlechterunterschieden vgl. die umfassende sekundäranalytische Studie von Maccoby und Jacklin (1974).

30 So bildet u.a. die Auseinandersetzung mit der Psychoanalyse Freuds und Lacans, sowie mit strukturalistischer Kulturtheorie nach Lévi-Strauss oder (post-) strukturalistischen Theorien Foucaults grundlegendes Material, das hier aber nicht im Einzelnen diskutiert werden kann.

31 Viabilität lässt sich mit »Gangbarkeit« oder »Passhaftigkeit« übersetzen.

32 Das Interview führten Peter Osborne und Lynne Segal 1993 in London. Es ist im Internet unter URL http://www.theory.org.uk/but-int1.htm (letzter Zugriff 5.12.2003) einsehbar und wurde in der »Radical Philosophy 67« (Summer 1994) veröffentlicht.

33 Dass Umdeutungen funktionieren, zeigt Butler (1997) an dem Begriff »queer« (ebd.: 307ff). Einst als diskriminierendes Stigma für die »Falschheit« Schwuler und Lesben benutzt (übersetzt bedeutet queer vielerlei – so z.B. adjektivisch für »verrückt« oder »fragwürdig«, substantivisch für »Falschgeld«), wandelt sich die Bedeutung mit zunehmender Institutionalisierung (Stichwort »queer theory«) wie auch mit der Emanzipation Homosexueller (zu einer Diskussion des Begriffs »queer« und zu einer Einführung in die Ziele von »queer theory« vgl. Hark, 1993: 103ff). In der vorliegenden Arbeit bestätigt sich ebenfalls die Funktionsfähigkeit von Um- und Mehrdeutungen, was sich anhand der Begriffe »Realität«, »Wirklichkeit«, »Alltagswirklichkeit«, »Virtualität«, »virtueller Realität« zeigt.

34 Der Butlersche Begriff der »Performance« ist sowohl im Sinne von darstellenden Aufführungen gemeint, als auch im Sinne von Sprechakten.

35 In der deutschen Fassung wurde fälschlicherweise das Wort »weiblich« durch »männlich« vertauscht, dies wurde hier korrigiert.

36 Vgl. zu dieser Diskussion u.a. Wagner (1998), Maihofer (1995), Villa (2001) und die Ausgabe 2/ 1993 der Feministischen Studien.

37 Vgl. zum Themenkomplex Leiblichkeit und Gefühle besonders Kapitel 2.2: 55ff.

38 Hier ist streng zwischen Transsexualität und Transvestismus zu trennen. Während Transvestismus gerade mit dem Wissen um das anatomische Geschlecht spielt, geht es Transsexuellen darum, dies um jeden Preis nicht preiszugeben. »Preis« ist hier wörtlich zu nehmen. Von einem »professionellen Accomplishment« des Geschlechtswechsels profitieren PsychologInnen, TherapeutInnen, ChirurgInnen, PharmakologInnen, KosmetikerInnen, JuristInnen etc. Zu den verschiedenen Stationen, die Transsexuelle bei einer professionellen Umwandlung durchlaufen vgl. die detaillierte Beschreibung Hirschauers (1999: 116ff). Singer (1995) kritisiert Hirschauers Darstellung des medizinischen Geschlechtsumwandlungsprozesses als »zu genau« und macht auf den Effekt aufmerksam, dass Nicht-Transsexuelle durch seine Beschreibung in der »Richtigkeit« der eigenen Identität bestärkt werden und spricht von einem »Normalisierungseffekt beim Lesepublikum« (vgl. ebd.: 33).

39 So beispielsweise in den »Feministischen Theorien zur Einführung« von Becker-Schmidt und Knapp (2001: 93ff).

40 Wiesner (1998) arbeitet als kleinsten gemeinsamen Nenner innerhalb der verschiedenen Sciences »Grenzverschiebungen« bzw. »Grenzverwischungen« heraus (vgl. ebd.: 58). Anders als im deutschen Sprachraum bezeichnet das Wort »Science« ohne weitere adjektivische Bestimmung, die naturwissenschaftlichen Fächer (vgl. Orland und Rössler, 1998, FN 1: 13).

41 Dass Wissensproduktion durch Sprache determiniert ist, zeigt sich einmal mehr an dem Begriff des Cyborgs. Eigentlich Metapher für ein ungeschlechtliches Wesen jenseits von Natur und Kultur, zwingt die Sprache uns, diesen Organismus (der kein Organismus zu sein beansprucht) zu besetzen. Grammatikalisch gesehen, ist der »cybernetic organism« der männlichen Genusgruppe zuzuordnen. In der Literatur ist das Geschlecht des Cyborgs, wie politisch gefordert, unstet. Es lässt sich »die Cyborg«, »der Cyborg« und »das Cyborg« finden. Die vorliegende Arbeit beugt sich der grammatikalisch korrekten Form und schreibt den Cyborg der (grammatikalisch) männlichen Genusgruppe zu.

42 Die Metapher des Cyborgs ist in erster Linie in der (feministischen) Science-Fiction-Literatur verortet (vgl. zum »Cyborg-Mythos« in der Science-Fiction-Literatur Angerer, 1997: 34ff). Hier wird der Cyborg-Begriff rein deskriptiv im Sinne von Hybridisierung benutzt. Die Bedeutung einer oppositionellen Erzählfigur trägt er in der vorliegenden Arbeit nicht.

43 Man denke an den Mathematiker und Physiker Stephen W. Hawking, der sein Überleben nur Maschinen und Computern verdankt (Homepage unter URL http://www.hawking.org.uk/) (letzter Zugriff 06.12.2003).

44 Es verwundert nicht, dass Feministinnen vor diesem Hintergrund ein »leises Unbehagen« beschleicht, wenn die Diskussion um eine neue Verortung der Geschlechter gerade jetzt, im Zuge der Möglichkeit technischer Reproduktionen, geführt wird. Berechtigterweise fragt z.B. Maihofer (1995): »Wird feministische Theorie damit zur ideologischen Wegbereiterin anstehender technologischer Modernisierungsansätze, indem sie beispielsweise zu einer breiteren Akzeptanz gen- und reproduktionstechnologischer Innovationen beiträgt? Welchen und wessen Machbarkeitswahn stützt das?« (ebd.: 13).

45 Bis zu einem gewissen Grade sind wir bereits »Maschinenmenschen« (Herzschrittmacher, Kontaktlinsen, Künstliche Knochen, Hörgeräte, Sprachcomputer etc.).

46 Die Diskussion, die momentan um adäquate Methodenmodelle zur empirischen Erfassung der konstruierten Geschlechterdifferenz geführt wird, können hier nicht erschöpfend dargestellt werden. Beiträge finden sich u.a. bei Hirschauer (1993), Behnke und Meuser (1999), Diezinger (1994) und Hagemann-White (1993).

47 Ich spiele hier auf den Luhmannschen Artikel »Frauen, Männer und George Spencer Brown« (1988) an. Dort weist Luhmann die Frauenforschung provokant darauf hin, dass diese die logischen Grundlagen der Unterscheidung von Männern und Frauen nicht reflektiert habe.

48 Auf die Anführungszeichen verzichte ich, wenn möglich, zu Gunsten der Lesbarkeit.

49 Das englische Wort »chatten« heißt übersetzt »plaudern«, »plappern« oder »schwatzen«.

50 Erläuterung zu den technischen Rahmenbedingungen eines Chats finden sich bei Filinski (1998).

51 In deutschen Chatrooms wird meistens auf deutsch »geplaudert«, doch es finden sich auch englische Beiträge. In internationalen Chatrooms kommunizieren die Chatter/innen in englischer Sprache.

52 Bei der ASCII-Kunst geht es darum, aus alphanumerischen Zeichen Symbole und Bilder zu erstellen.

53 Eine Chatiquette findet sich z.B. unter URL http://www.chatiquette.de (letzter Zugriff 09.12.2003).

54 Aktionswörter: *würg*, *lächel*, *schrei*. Soundwörter: »juhuuuuuuuuuuuuuuu« oder »haaaaaaaalooooooo«. Zeichenkombination: »|_B« für einen Becher Kaffee und »@))-➔----» für eine Rose. Unter dem Aspekt virtueller Verkörperungsmöglichkeiten werden Emoticons und Akronyme ausführlich in Kapitel 2.3: 68ff diskutiert.

55 Eine Chatterin, die als »Bert_75« eingeloggt ist, gibt den Befehl: »emote smile«. Die anderen Chatter/innen lesen: »Bert_75 smiles«.

56 Ein Operator kontrolliert die Teilnahme und Redebeiträge und hat auch die Macht inne, jemanden aus dem Chat zu verweisen, Rederechte zu erteilen oder Ermahnungen auszusprechen.

57 Beispielsweise können sich Transsexuelle in einem moderierten Transgender-Chat relativ sicher sein, in ihren Gesprächen nicht von beleidigenden Äußerungen Außenstehender unterbrochen zu werden. Schauecker (1996) stellte allerdings für die vernetzte lesbische Subkultur fest, dass in den angebotenen Chatkanälen (z.B. #Sappho, #Euro-Sappho, #Lesbos, #Dyke, #Lesbians) schätzungsweise 30% der Teilnehmer/innen Männer sind, »[...] die sich mal verirrt haben, nur mal so testen wollten, oder offen zugeben, wissen zu wollen, was da so abgeht« (ebd.: o.S.).

58 Auch die Übersetzung »Multi-User-Dungeons« ist möglich. Diese Bezeichnung geht auf die Urform von Adventurespielen zurück, die Dungeons und Dragons, in denen sich der Spieler/ die Spielerin durch ein durch Text beschriebenes Labyrinth von Tunnels bewegt und gegen feindliche Wesen kämpft. Die »Profis« unterscheiden verschiedene Arten von MUDs (DikuMUD, DumMUD, Yama, MOOS, MUSH etc.), die teilweise nach Software oder Inhalten differenzieren. Unter URL http://www.interplay.com oder URL http://www.mudconnect.com finden Interessierte eine Liste mit MUD-Spielen (beide: letzter Zugriff 09.12.2003).

59 Zu einem exemplarischen Spielbeginn im Unitopia MUD vgl. Kapitel 5.4: 153.

60 Das Telnet-Protokoll erlaubt durch einen speziellen Telnet-Client den Terminal-Zugriff auf einen entfernten Rechner. Ein Benutzer/ eine Benutzerin an einem internen Rechner hat über das Telnet-Protokoll die Möglichkeit, Ressourcen externer Rechner zu nutzen und dort z.B. Programme auszuführen. Über den Client lassen sich Programme starten, Befehle ausführen, Files verändern oder löschen. Die meisten Mudder/innen greifen auf spezielle MUD-Clients zurück, die komfortabler sind als das Standart-Telnet-Protokoll. Im MUD »Silberland« finden Interessierte eine Auswahl verschiedener MUD-Clients (URL http://www.silberland.at/programme.shtml,

letzter Zugriff 10.01.2004). Mittlerweile haben sich auch MUDs etabliert, die mit einer grafischen Benutzeroberfläche aufwarten. Sie werden als grafische MUDs, 3D-MUDs oder Avatar-Welten bezeichnet und funktionieren über andere Protokolle.

61 Die meisten MUDs verfügen über mindestens drei Hierarchiestufen: die Spieler/innen, die Wizards und die Gods. Mit dem Aufstieg in der Hierarchie ist die Zunahme des Bewegungs- und Handlungsspielraumes verbunden. So steht z.B. die Macht, Bauten anderer Spieler/innen zu löschen, nur den oberen Hierarchien zur Verfügung.

62 Die gespielten Personen in MUDs werden als »Personae« bezeichnet.

63 Der Realitätsgehalt textuell ausgedrückter Handlungen ist zwar einerseits an die Beteiligungsbereitschaft der Spieler/innen gebunden, die den ausgetauschten Worten durch eigene Imagination Bedeutung und Lebendigkeit verleihen, andererseits sind die MUD-immanenten praktischen Konsequenzen virtueller Handlungen auch durch das System bestimmbar: Die privilegierten Spielerfahrenen und programmiertechnisch Versierten können durch »Magie« (Programmiertricks) andere Personen im MUD blind, taub oder stumm machen. Die Zielperson eines solchen »Voodoo« muss dann nicht so tun als wäre sie beeinträchtigt, sondern sie kann dann tatsächlich nicht gesehen oder gehört werden (vgl. Döring, 1999: 120).

64 Dabei geht es aber nicht um »leichte« Kommunikation, wie dies im Chat der Fall ist, sondern darum, die Atmosphäre eines MUDs und die virtuelle Umgebung sowohl während der Aktionen als auch im Laufe der Kommunikation aufrecht zu erhalten.

65 Bei einem »Fake« handelt es sich um einen Schwindel oder eine Täuschung. Im MUD oder Chat bezeichnet der Fake eine Person, die sich als etwas anderes ausgibt, als sie in der Realität tatsächlich ist.

66 Goffmans (2000) Betrachtung von der »Doppelrolle des Spielers« drängt sich hier nahezu auf. Goffman teilt den Einzelnen zum ersten in das »Selbst-als-Rolle« (verkürzt: das glaubwürdige und überzeugende »Selbst« eines Individuums) und zum zweiten in den Teil des »Einzelnen als Darsteller« (verkürzt: derjenige, der bewusst Facetten seines »Selbst« ausblendet oder einblendet um bestimmte Vorteile zu gewinnen, Erwartungen zu erfüllen etc.). Es stellt sich hier die Frage, wo das »virtuelle Selbst«, das aus seiner Spielerrolle schlüpft um eine »out of character« -Konversation zu führen, anzusiedeln ist. Eine erste Auseinandersetzung mit MUD-Spielen unter der Berücksichtigung der Goffmanschen Darstellungs- und Rollentheorie findet sich in einer Seminararbeit von Coradi (1997).

67 Zur Erinnerung: der Frauenanteil in MUDs wird von Vogelgesang (2000) auf 20% geschätzt (ebd.: 243) und Turkle (1999) geht von einem Verhältnis von 1:4 aus (ebd.: 343). Auch die Untersuchung von Kielholz (1998) und die Jim-Studien bestätigen ein signifikant höheres Interesse an MUDs seitens der männlichen Jugendlichen.

68 Newsgroups haben technisch gesehen mit dem Internet nichts zu tun. Dennoch stellen sich die Diskussionsforen für die Nutzer/innen als Teil des Internet dar, weil das Web der präferierte Transportweg für die Diskussionsbeiträge ist.

69 RL=Real Life (reale Wirklichkeit), VR=Virtual Life (virtuelle Wirklichkeit).

70 Eine »Netiquette« für Newsgroups lautet auszugsweise wie folgt: 1) Vergiss niemals, dass auf der anderen Seite ein Mensch sitzt! 2) Erst lesen, dann denken [...]. 3) Teilen

Sie etwas Neues mit! 4) Ihre Artikel sprechen für Sie – Seien Sie stolz auf sie! 4) Nehmen Sie sich Zeit, wenn Sie einen Artikel schreiben! 5) Vernachlässigen Sie nicht die Aufmachung Ihres Artikels! 6) Achten Sie auf die Subjekt-Zeile! [...] 9) Vorsicht mit Humor, Ironie und Sarkasmus! 10) Kürzen Sie den zitierten Text auf ein notwendiges Minimum! 11) Benutzen Sie E-Mail! 12) Geben Sie eine Sammlung Ihrer Erkenntnisse an das Netz weiter! [...] 14) Benutzen Sie Ihren wirklichen Namen, kein Pseudonym! [...] 17) Wer selbst siezt, will gesiezt werden, wer duzt, will selbst geduzt werden (Schlobinski et al., 1998: 56).

71 Man denke hier u.a. an die Entschlüsselung von genetischen Codes, künstliche Befruchtung, postmortale Geburten, orthopädische Gelenke und Knochen, Ultraschall und plastische Chirurgie.

72 Die französische Performance-Künstlerin »Orlan« beispielsweise setzt die Chirurgie als künstliches Medium zur Inszenierung von »Weiblichkeit« ein. Dabei folgt sie nicht stereotypen Geschlechtervorstellungen von Weiblichkeit, sondern dekonstruiert sie im Butlerschen Sinne: keine größeren Brüste, sondern zwei implantierte Höcker auf der Stirn sind das Resultat der 1993 vollzogenen Operation bei vollem Bewusstsein unter Anwesenheit eines Kamerateams; weitere Operationen folgten. Die Rezipienten und Rezipientinnen geraten in Verlegenheit: Kann Orlan als Frau bezeichnet werden, als Mensch, als Kunstobjekt? Beachtenswerterweise setzt Orlan mittlerweile auch virtuelle Mittel zur Inszenierung ein und schafft mit Hilfe des Computers »Zwitterwesen«. Zu weiteren Informationen und Bildmaterial vgl. ihre Homepage: URL http://www.cicv.fr/creation_artistique/online/orlan/ (letzter Zugriff 09.12.2003).

73 Krüger und Richard (1997) vergleichen Techno-Tanzabende mit dem Cyberspace. Durch Lichteffekte und fluoreszierende Kleidungsstücke würden Mittanzende wie in einem Film wahrgenommen: »Die Tanzenden treten in einen körperlich-mentalen Raum ein, der sich von alltäglichen Raum- und Zeitkategorien abgelöst hat und durch Abstraktion, Auflösung von Gegensätzen und Gegenständlichem bestimmt ist« (ebd.: 154). Zudem verstehen die AutorInnen »Techno« als ein Laboratorium für neue Geschlechterverhältnisse und Wahrnehmungsarten, da in der Techno-Subkultur ein Mix aus androgynen, homosexuellen und infantilen Oberflächen-Körperbildern zu finden sei, welche zum Erproben unterschiedlicher sexueller Identitäten einlade (vgl. ebd.: 164).

74 Unter dieses »Sammeletikett« fallen auch die Poststrukturalisten wie Derrida, Foucault und Deleuze. Wichtig für das Projekt des Poststrukturalismus sowie für seine Rezeption ist seine Neudefinition des Subjektbegriffs, der sich nicht mehr in einen humanistischen Rahmen zwängen lässt. Das poststrukturalistische Subjekt ist ohne Ursprung und Einheit. Es ist ein Zeichenprodukt; ein in der Sprache gefangenes und durch Sprache, also durch Kultur definiertes Wesen.

75 Obwohl Haraway (1995a) auch auf die Bedrohungen unter postmodernen Vorzeichen verweist, sieht sie in den gesellschaftlichen Veränderungen im Rahmen der Technoscience durchaus emanzipatorisches Potential (vgl. Kapitel 1.4: 40).

76 So bemüht sich Gugutzer (2002) darum, die Körpersoziologie um eine Leibessoziologie zu ergänzen, indem er aufzeigt, dass »nicht nur der gegenständliche Körper,

sondern auch der Leib als spürbare Zuständlichkeit von sozialer Relevanz ist« (ebd.: 138).

77 Der Begriff »Körper« findet sich weder im Wörterbuch der Soziologie (Hillmann, 1994), noch im Sachregister der »Grundbegriffe der Soziologie (Schäfers, 2000), auch nicht in der »Einführung in die Soziologie« (Maindok, 1998) oder in Korte und Schäfers Einführungsliteratur (1993 und 1995). »Der Devise folgend, Soziales durch Soziales zu erklären, ist es naheliegender, sich den Institutionen zuzuwenden als eine Soziologie des Körpers zu versuchen, die sich notgedrungen mit dessen doppelter Gegebenheit befassen muss: als Objekt kultureller Formung und als Erfahrungsdimension, die den Menschen immer wieder an seine Kreatürlichkeit erinnert« (Hahn und Meuser, 2002: 7).

78 Die verstärkte Beachtung des Körpers als soziologischen Gegenstand manifestiert sich u.a. in der Gründung der Zeitschrift »Body and Society« (zu einer Übersicht der darin enthaltenen Beiträge vgl. URL http://tcs.ntu.ac.uk/body/) (letzter Zugriff 09.12.2003) sowie in Publikationen wie z.B. »The body and Social Theory« (Schilling, 1993) oder in den deutschsprachigen »Körperrepräsentationen« (Hahn und Meuser, 2002). Auch die dritte Ausschreibung des deutschen Studienpreises der Körber-Stiftung nahm sich dem Thema »Bodycheck« an. Die begleitende Standpunktdebatte »Wie viel Körper braucht der Mensch?« dokumentiert disziplinübergreifende Beiträge (Hrsg.: von Randow, 2001).

79 Waldenfels (2000) bezeichnet den Leib als »Rettungsanker« im Rahmen der zeitgenössischen Theoriebildung: »Das Leibspüren verspricht ein Refugium, ein letztes Interieur [...]; im ›ich-empfinde-mich‹ findet das cartesianische Cogito einen Rettungsanker. – Auf der anderen Seite findet sich die Tendenz den Leib [...] auf körperliche Hardware zu reduzieren« (ebd.: 11f).

80 Ebenso gegensätzlich zu der diskutierten Abspaltung von Körper und Geist verhält sich der momentane Trend hin zu ganzheitlichen Therapie- und Entspannungsformen, in denen Körper und Seele als »natürliche Einheit« erfahrbar werden sollen wie z.B. in Heil- und Energiemassagen wie Shiatsu, Tao Yoga oder Jin Shin Jyutsu.

81 Die deutsche Unterscheidung von Körper und Leib ist nicht in allen Sprachen möglich; das Französische hat nur das Wort »corps« zur Verfügung, weswegen Sartre z.B. von dem »corps subjet« und dem »corps object« spricht. Die weitreichenden philosophischen Auseinandersetzungen um das Phänomen »Leiblichkeit« können nicht im einzelnen berücksichtigt werden. Vgl. dazu ausführlich z.B. Plessner (1975): Die Stufen des Organischen und der Mensch. Berlin und New York (darin im besonderen Kapitel 4: 123ff und Kapitel 7: 288ff) sowie Barkhaus et al. (1999): Identität, Leiblichkeit, Normativität. Neue Horizonte anthropologischen Denkens. Frankfurt am Main (darin im besonderen Kapitel 1: 29-114).

82 Den Wandel von Körperästhetiken zeigt Rose (1997) am Beispiel der Bedeutungsverschiebung von Schwangerschaft und Mütterlichkeit in der individualisierten Risikogesellschaft. Kinderkriegen wird nicht mehr verstanden als beschwerliche Arbeit, sondern als relativ leichtes Tun, das die Frau ohne sonderliche Anstrengung erledigen kann: »Es fordert auch keinerlei Verzicht hinsichtlich der bis dahin gelebten Karriere-Biografie. Es erscheint sogar als erquickende Auszeit im unentwegten Stress der [...]

Erfolgssicherung« (ebd.: 141). Eine erholsame »Auszeit« vom beruflichen Alltag suggerieren auch die Begriffe Mutterschafts- oder Erziehungsurlaub.

83 Dass Körper auch unbelebt sein können, sei hier der Vollständigkeit halber angeführt. »Der unbelebte Körper ist ein bloßer Körper, ein Körperding, während der belebte Körper für den Menschen immer auch ein ganz besonderer Körper ist [...]« (Gugutzer, 2002: 139). Ein menschlicher toter Körper ist demnach immer noch ein Körper.

84 Die Termini »direkte Kommunikation«, »Vis-à-vis Kommunikation«, »Face-to-face Kommunikation« und »Interaktion unter Anwesenden« werden synonym verwendet.

85 SMS=Short Message System (kurze Textmitteilungen über Mobiltelefone), MMS= Multimedia Messaging System (Versenden von farbigen Fotos, Animationen, Sounddateien, Videoclips oder umfassenden Textformatierungen).

86 Goffman hat wie kein anderer Soziologe gezeigt, wie Individuen sich mitsamt des Körpers selbst darstellen und ständiges »impression management« und Stigmakontrolle betreiben. Seine Interaktionsordnung kann als eine »Theorie der körperlichen Kopräsenz« (Meuser, 2002: 28) bezeichnet werden.

87 Goffman hatte keine Chance mehr, sich zum Phänomen Internet zu äußern. Als er 1993 verstarb, war die Idee des Internet gerade erst geboren. Briefe schreiben und Telefonieren betrachtet er als eingeschränkte Varianten der sozialen Interaktion. Dass er auch die Internet-Interaktion als eingeschränkt bezeichnen würde, ist wahrscheinlich, kann aber nicht geklärt werden.

88 Webcams, mittels derer sich User/innen auch visuell wahrnehmen können, erfreuen sich zwar immer größerer Beliebtheit; finden aber nur selten bei Internetbekanntschaften Einsatz. Dieser »Sonderfall« der virtuellen Kommunikation wird außer Acht gelassen.

89 Eine Face-to-face-Kommunikation im Fahrstuhl mit relativ anonymen Interaktionspartnern wird vermutlich »ärmer« ausfallen, als die Gesprächstherapie bei einem Psychotherapeuten oder einer Psychotherapeutin. Döring (1999) unterscheidet innerhalb der CMC zwischen »starken« und »schwachen« Netzbeziehungen (vgl. ebd.: 350ff).

90 Eine umfassende Analyse der Entstehungs- und Wirkungsgeschichte des »Cultural Icon« Lara Croft findet sich bei Deuber-Mankowsky (2001).

91 Lara Croft erhielt einen Geburtstag (14.02.1968), eine Blutgruppe (AB negativ), Hobbys (Schießen, Freeclimbing), Eltern, eine Schulausbildung (Privatschulen in England und der Schweiz), eine britische Nationalität und eine Kindheitsgeschichte (vgl. Deuber-Mankowsky, 2001: 15).

92 Jungen nutzen Computerspiele, um Begehren von Dominanz und körperlicher Überlegenheit auszuleben, während Mädchen PC-Spiele bevorzugen, in denen sie subtil Macht über sozialen Einfluss und Ausgrenzungstrategien ausüben können (vgl. Löw, 2001: 99). Seit 2002 findet man in der »PC-Ecke« großer Kaufhäuser vermehrt Mädchen und Frauen verschiedener Altersgruppen. Der Grund: Das Spiel »The Sims«. Kaum ein anderes Computerspiel hat zuvor eine so große Aufmerksamkeit bei Mädchen und Frauen geweckt. In »The Sims« geht es darum, sich einen simulierten Menschen zu erschaffen. Man wählt Namen und Geschlecht, legt Persönlichkeitsmerkmale und Sternzeichen fest und bastelt sich ein Aussehen aus den unterschiedlichen Köpfen, Körpern und Hautfarben. Im Spielverlauf müssen die Bedürfnisse der Sims stän-

dig befriedigt werden, um sie glücklich zu machen. Es geht darum, das Leben der Bewohner/innen von Sim City zu erschaffen, zu bestimmen und zu leiten. Jedes Bedürfnis, wie z.b. Hunger, Komfort, Hygiene, Harndrang, Energie, Spaß, soziales Leben und Wohnung, kann in der Interaktion mit anderen Sims oder Gegenständen befriedigt werden. So steigen z.b. die Sozial- und Spaßpunkte, wenn man Freunde und Freundinnen zu einer Party einlädt (Bildmaterial zum Spiel findet sich auf der deutschen Homepage unter: URL http://www.thesims.de, letzter Zugriff 13.12.2003).

93 User und Userinnen suchen nach einer MUD-Session teilweise bewusst herbeigeführte Gegenerfahrungen im Offline. Die Netzforscherin Funken (2000) weiß aus informellen Gesprächen mit UserInnen zu berichten, dass diese bewusst leibliche Gegenerfahrungen zum Netzleben suchen, indem sie z.b. ritualisiert und exzessiv kochen (vgl. ebd.: 113f).

94 Dungeon Keeper ist ein »herkömmliches« PC-Spiel, das nicht online gespielt wird. Ähnliche Gefahren drohen aber auch für online gespielte Games.

95 Voodoo-Puppen entstehen durch einen Programmiertrick. Figuren, die von dem »Voodoo-Phantom« besessen sind, werden durch dieses gezwungen, »Voodoo-Handlungen« auszuführen. Ein Spieler bzw. eine Spielerin kann sich so anderer Figuren bemächtigen, die dann jegliche Kontrolle über ihr anderes Selbst verlieren.

96 Zu einer »Tatbeschreibung« vgl. Dibbell (1993).

97 Im Zusammenhang mit sexuellen Übergriffen oder beleidigenden Äußerungen gegenüber weiblichen Beteiligten werden, gerade von feministischen Internet-Fürsprecherinnen, diverse Möglichkeiten aufgezeigt, diesen zu begegnen. Am einfachsten entzieht man sich durch das Verlassen des Systems. Zudem können der »Ignore-Befehl« und andere technische Raffinessen dafür sorgen, dass die Aktionen unbeliebter Spieler nicht auf dem eigenen Bildschirm zu sehen sind und man dann auch nicht angesprochen werden kann. Gerade für Frauen, die sich virtuell nicht belästigt wissen wollen, ist es also wichtig, technische Kompetenzen zu erlangen, um durchsetzungsfähig zu bleiben.

98 Vgl. z.B.: URL http://www.animepalace.de; URL http://www.palazzo.at (beide: letzter Zugriff 12.10.2003).

99 Vgl. z.B.: URL http://www.metropolis.de; URL http://www.cycosmos.com (die Seite ist noch aktiv, die Community wurde aber 2001 aufgelöst). Frauen-Communities finden sich z.B. unter URL http://www.herspace.com oder URL http://www.ivillage.com (alle: letzter Zugriff 12.10.2003).

100 Die Dienstanweisung für Standesbeamte und -beamtinnen enthält die folgende Verordnung für Vornamen: »Für Knaben sind nur männliche, für Mädchen nur weibliche Vornamen zulässig. Nur der Vorname Maria darf Knaben neben einem oder mehreren männlichen Vornamen beigelegt werden. Lässt ein Vorname Zweifel über das Geschlecht des Kindes aufkommen, so ist zu verlangen, dass dem Kinde ein weiterer, den Zweifel ausschließender Vorname beigelegt wird (§262)« (zit. n. Hirschauer, 1999: 294).

101 Dieser Feststellung geht die Alltagsannahme voraus, dass jemand, der von seiner »wife« spricht, zwangsläufig männlich ist, während jemand, der von seinem »husband« erzählt, zwangsläufig weiblich ist. Anzumerken ist, dass auch homosexuelle Männer

von ihrem Partner als »mein Mann« sprechen und homosexuelle Frauen ihre Partnerin als »meine Frau« bezeichnen.

102 MediaMoo wurde von Bruckman gegründet, einer Online-Forscherin, die sich mit dem Phänomen des Genderswapping als eine der ersten auseinander setzte, weswegen das unkonventionelle Angebot, sich in dem MOO ein Geschlecht unter mehreren möglichen auszusuchen, nicht weiter überrascht.

103 MUD-Spieler/innen mit einem nicht zuzuordnenden Geschlecht berichten, dass sie häufig mit der Frage, was sie denn im RL seien, konfrontiert werden, was den Spielverlauf negativ beeinflusse. Im MUD geht es gerade darum, die Fantasiewelt unabhängig von der Wirklichkeit zu leben. So gibt es MUD-Welten, in denen Gespräche über andere Wirklichkeiten als der MUD-Welt nicht erwünscht sind.

104 Mit letzter Sicherheit kann aber über das Geschlecht der Chatter/innen, auch bei langen Feldstudien, keine Aussage gemacht werden, wenn diese nicht persönlich, d.h. Face-to-face interviewt wurden.

105 Häufige Akronyme sind z.b.: B4 (before = bevor), 2L8 (too late = zu spät), AWGTH TGTATA (Are we going to have to go through all this again? = Müssen wir das Ganze wirklich nochmal durchkauen?), POTC (Peck on the cheek = Küßchen auf die Wange), ROFL (Rolling on floor laughing = sich auf dem Boden rollend vor Lachen). Quelle: URL http://www.mtr.de/internet/acronyms.html (in Auszügen, letzter Zugriff 08.12.2003).

106 Auf der anderen Seite können kulturelle Unterschiede in der Körpersprache auch zu Verständigungsproblemen oder zum Abbruch von Kommunikationen führen. So fühlt sich vermutlich ein Deutscher/ eine Deutsche, dem/ der die französische Begrüßungskultur nicht vertraut ist (sie besteht aus Küssen auf die linke und rechte Wangenseite), in seiner Intimsphäre verletzt.

107 Die Sims sind Figuren aus dem gleichnamigen sozialen Adventure-Computerspiel der Firma Maxis.

108 Man ist hier auf eine eigene Recherche angewiesen. Gesellschaftswissenschaftliche Literatur zu grafischen Avatardarstellungen im engeren Sinne gibt es kaum. Von gender-wissenschaftlicher Seite wird zwar konstatiert, dass grafische Avatardarstellungen in Rekonstruktionen verharren, was aber nicht belegt wird (so z.b. Funken, 2000: 117ff). Literatur findet sich eher in den Bereichen der Informatik oder des web-Design, wo beschrieben wird, wie Avatare zu programmieren sind.

109 Ausgewertet wurden jeweils die ersten 50 als männlich und die ersten 50 als weiblich sortierten Avatare aus der Kategorie »Fantasy«, die sich am 10.09.2003 auf der Homepage www.avatarpage.de befanden. Die Analyse erhebt keinen Anspruch auf Repräsentativität, sondern gibt lediglich einen ersten Einblick in die Geschlechterkonstruktion virtueller Repräsentanten. In der Klassifikation »männlich« konnten vier Avatare nicht ausgewertet werden, da die Darstellung zu ungenau, zu dunkel oder die Figur zu klein war. Zu Grunde liegen folglich n=46 männliche Avatare. In der Klassifikation »weiblich« konnte ein Avatar aufgrund der schlechten Grafik nicht ausgewertet werden. Zu Grunde liegen n=49 weibliche Avatare. Eine ausgiebige Netzrecherche hat ergeben, dass stereotype Darstellungen von Männlichkeit und Weiblichkeit der

Konstruktion von Avataren vorausgeht, weswegen nach entsprechenden Gender-Symbolen ausgewertet wurde.

110 Vor dem gleichen Problem steht die sozialwissenschaftliche Auseinandersetzung mit dem Zeitbegriff. Es finden sich Positionen, die die Zeit als objektive Gegebenheit in einer stofflichen Welt sehen und die entgegengesetzten Positionen, in welchen Zeit betrachtet wird als eine »Art des Zusammensehens von Ereignissen, die auf der Eigentümlichkeit des menschlichen Bewusstseins oder der menschlichen Vernunft beruhe« (Läpple, 1991a: 161). Elias (1984) verweist darauf, dass das Verständnis von Zeit als einem »sozialen Symbol« auf menschliche Syntheseleistungen zurückzuführen ist. Ebenso wie die Zeit, kann auch der Raum nicht unmittelbar wahrgenommen werden und bezeichnet keine Naturgegebenheit.

111 Für mehr Interdisziplinarität im Verstehen von Raum sprechen sich Breckner und Sturm (1997) aus. Sie machen darauf aufmerksam, dass sich in den unterschiedlichen wissenschaftlichen Disziplinen viele Assoziationen und somit Erkenntniszugänge zum Raum finden lassen, die es zu verknüpfen gilt (vgl. ebd.: 215f).

112 In der Diskussion um Raumtheorien der klassischen Physik hat sich auch die Auffassung herausbildete, den Raum als »relationalen Ordnungsraum« zu verstehen, der nur Sinn machte aufgrund der relationalen Lage in ihm befindlicher körperlicher Objekte. Newton setzte sich aber mit der Theorie des absoluten Raumes gegen die Relativisten Leibniz und Huygens durch. Zu der historischen Kontroverse des 17. Jahrhunderts um relativistische und absolutistische Raumvorstellungen, die vor allem durch die klassische Physik und Mathematik geprägt sind und darauf aufbauend Einzug in die Gesellschaftswissenschaften gefunden haben vgl. ausführlich Läpple (1991a: 188ff) und Löw (2001a: 24ff).

113 Der physikalische, naturzentrierte Raumbegriff hat sich erst seit der Renaissance durchgesetzt. Dass Raumvorstellungen menschliche Konstruktionsleistungen sind, zeigen ethnologische Studien: Naturvölker können in vielfacher Hinsicht andere Raumvorstellungen haben, die z.B. menschen- oder gruppenzentriert sind und den konkreten Wechselbeziehungen zwischen Menschen und der sie umgebenen Natur Rechnung tragen (vgl. Läpple, 1991b: 36f).

114 Simmel wird immer wieder als Soziologe zitiert, der als einer der ersten auf den Bedeutungsverlust des Raumes aufmerksam gemacht habe. Simmel hat den Raum als »Grundlage sozialer Ordnung« verstanden und fasste ihn primär im Sinne von Standort.

115 Diese Definition erinnert an den Gemeinschaftsbegriff nach Tönnies (1988), demzufolge Gemeinschaften aus den Bindungen der Individuen untereinander entstehen. In »Gemeinschaft und Gesellschaft« beschreibt Tönnies die Gemeinschaft als ursprüngliche Form des Sozialen, wobei er Interaktionen an einem gemeinsamen Ort als Voraussetzung von Gemeinschaft setzt. Wie auch Simmel bindet Tönnies die Vergesellschaftung an eine gemeinsame räumliche Nähe.

116 Literaturangabe bei Löw: Simmel, Georg (1905): Kant. Sechzehn Vorlesungen gehalten an der Berliner Universität, S. 57 Leipzig.

117 Bekanntermaßen deckt sich der Bourdiesche Kapitalbegriff nicht mit dem der Ökonomie. Bourdieu unterscheidet ökonomisches, kulturelles und soziales Kapital.

118 Luhmann ließ noch 1996 in der »Realität der Massenmedien« das Internet als neues Medium unberücksichtigt.

119 Läpple (1991a) meint nicht den mathematischen Matrix-Begriff, der als Ordnungsschema für Gleichungssysteme dient, sondern fasst »Matrix« metaphorisch für »ursächliche Kraft« (vgl. ebd.: 196, FN 4).

120 Ursprünglich bezeichnet »Cyberspace« die durch Hardware geschaffene Möglichkeit mittels Datenhelm, Datenhandschuhen und -brille durch eine virtuelle Welt zu navigieren und diese dann körperlich und sinnlich wahrnehmen zu können. Der Duden erklärt »Cyberspace« durch »virtuellen Raum«.

121 Vgl. Brill und de Vries (1998: 268), Wetzstein et al. (1995: 26), Döring (1999: 15ff).

122 Luhmann bezieht sich in diesem Zitat mit dem Wort »virtuell« auf die Kunst und nicht auf das Netz als virtuellen Raum.

123 Vorgelegt werden Untersuchungsergebnisse, die nicht speziell den Cyberspace zum Gegenstand haben, aber für die weitergehenden Ausführungen sensibilisieren und zum Teil übertragbar sind.

124 Vgl. z.B. Sturm (1997), Brückner und Meyer (1994).

125 Vgl. z.B. den Aufsatzband »Ortsveränderungen. Perspektiven weiblicher Partizipation und Raumaneignung« (Andres-Müller et al., 1999).

126 Auf die Tatsache, dass Sozialisations-, Kindheits- und Jugendforschung größtenteils »Jungenforschung« ist, sei mit Nachdruck hingewiesen. Leu (1990) z.b. nimmt in seiner Untersuchung über »Computer im Kinderzimmer« keine geschlechtersensible Perspektive ein, ebenso wenig Diskowski et al. (1990) in ihrer Studie über »Technik im Kinderalltag«. In einer Literaturanalyse zum Thema »Kind- und Wohnumwelt« stellen Nissen et. al. (1990) fest, dass in nur 9 von 108 theoretischen und empirischen Arbeiten überhaupt eine Geschlechterdifferenzierung vorgefunden wurde (vgl. ebd.: 150, FN 3).

127 Das Wort »zu Gunsten« macht auf ein Problem aufmerksam, das die gesamte Frauen- und Geschlechterforschung durchzieht. Schnell und oftmals unreflektiert dienen männliche Fähigkeiten und Eigenschaften als Maßstab während Weibliches daran gemessen wird bzw. als von dem männlichen Status Quo abgeleitet gilt. Diesem Blickwinkel liegt ein Bewertungsschema zu Grunde, nach dem alles Männliche in der Regel gesellschaftlich höher bewertet wird. Spitthöver (1989) stellt fest: »Das jeweils andere wird aber anders bewertet. Männliche Forscher neigen dazu [...] das, was sie angeht, als positiv anzusehen, das was Mädchen/ Frauen angeht, entweder zu ignorieren, gar nicht wahrzunehmen oder aber als rudimentäre Strukturen männlichen Verhaltens zu interpretieren« (ebd.: 94).

128 Auch ohne biologisch oder neuro-psychologisch fundierte Kenntnisse zu besitzen, weiß der Laie, dass auch das Gehirn nichts Statisches ist, sondern wächst und schrumpft und trainierbar ist. Werden ab der Geburt also ensprechende Seiten des Gehirns trainiert, können später komplexe räumliche Denkoperationen mehr oder minder gut durchgeführt werden.

129 Dass kulturell-sozialisatorische Einflüsse das räumliche Vorstellungsvermögen maßgeblich beeinflussen, verdeutlichen Gesellschaften ohne spezifische Funktionsteilungen, wie beispielsweise einige Eskimo-Gesellschaften: Dort finden sich keine ge-

schlechtstypischen Raumvorstellungsvermögen, weil Männer und Frauen ab dem Kindesalter gleichermaßen u.a. an der Jagd beteiligt sind (vgl. Lohaus et al., 1999: 34).

130 Gender-Effekte sind aber nicht erst bei vorhandenem differenziellen Befund zu berücksichtigen, sondern bereits bei der Erstellung des Forschungsdesigns. Wird die Versuchsdurchführung z.B. von einem Mann geleitet, sind weibliche Testpersonen möglicherweise gehemmt oder im Gegenteil, dazu geneigt, besonders gute Ergebnisse zu erzielen. Erst ein Forschungsdesign, das die Gender-Komponente von Beginn an reflektiert, könnte sensible Ergebnisse präsentieren.

131 Eine vergeschlechtlichte Persönlichkeit entwickelt sich aus verinnerlichten, sozial normativen Gefühlsmustern, die durch Familienstrukturen und Elternverhalten geregelt werden. Vergeschlechtlichte Prozesse verweisen auf soziale Praktiken, über die ein Individuum lernt, sich anleiten lässt und Signale aufgreift, um ein als genderangemessenes bzw. gender-unangemessenes erlerntes Verhalten aktiv umzusetzen. Dabei umfassen Gender-Prozesse auch die Entwicklung der Identität sowie der vergeschlechtlichten Verhaltensweisen (vgl. Lorber, 1999: 77).

132 Wie Spitthöver (1989) untersucht hat, kommen auf drei draußen spielende Kinder durchschnittlich zwei Jungen. Mädchen sind mit steigendem Alter noch deutlicher unterrepräsentiert (vgl. ebd.: 66f).

133 Es gibt vielfältige Konstruktionen für weibliche Angsträume, welche oft einhergehen mit Dunkelheit wie z.B. in der Tiefgarage. Durch das ausgewiesene Raumbild »Frauenparkplatz« wird die Angst nochmals geschürt (vgl. Meyer, 2002: 28 FN 42). Andere Angsträume sind z.B. Bahnhöfe zu Nachtzeiten. Frauen bekommen auch eingeschärft, dass sie im Auto keine männlichen Tramper mitnehmen sollten. Statistisch belegt ist allerdings, dass sexuelle Übergriffe weniger häufig von Fremden als vielmehr im häuslichen und familiären Nahbereich geschehen. Sobiech (1994): »Die Schlussfolgerung ist, dass es bei der Beaufsichtigung nicht primär um den Schutz des Mädchens vor sexuellem Missbrauch geht, sondern um die kontrollierte Eingrenzung von sozialem Raum zu dem Zweck, das Mädchen verfügbar zu halten« (ebd.: 205).

134 Hier ist vielleicht ein Grund zu finden, weswegen Frauen ein größeres »Organisationstalent« nachgesagt wird. Aus sozialisatorischer Sicht ließe sich erklären, dass sie wesentlich früher als das andere Geschlecht dazu angehalten werden, Zeitpläne einzuhalten, den nächsten Tag vorausschauend zu planen und Prioritäten zu setzen.

135 Immer mehr Frauen befreien sich aus diesen Kontrollmechanismen durch eine eigene Wohnung. Diesen Raum »einverleiben« (Löw, 1997b) sie sich und gestalten ihn nach eigenen Wünschen. Löw stellte in ihrer Untersuchung fest, dass alleinlebende Frauen ihren Wohnraum mit Vokabeln beschreiben, die aus dem Umfeld von Herrschaft und Macht stammen (z.B.: »Reich«, »Revier«) und so verdeutlichen, dass sie in dem eigenen Raum eine »uneingeschränkte Verfügungsgewalt« empfinden (vgl. ebd.: 81).

136 Stand September 2001: Immer noch haben Frauen seltener ein Auto zur Verfügung als Männer. Nur 31% aller zugelassenen PKW in der BRD sind im Besitz von Frauen. Ganz auf das Auto verzichten müssen in erster Linie alleinerziehende Mütter und ältere Frauen. Im Durchschnitt legt der Großteil der Frauen, die einen PKW zur Verfügung haben, am Tag durchschnittlich bis zu 5 Wege zurück. Berufstätige Frauen mit

Kindern haben die höchste Belastung, denn ein Viertel von ihnen legt mehr als fünf Wege pro Tag zurück. Berufstätige Männer hingegen haben oftmals nur den Weg vom Wohnort zur Arbeitsstätte zu bewältigen (vgl. URL http://www.klimabuendnis. org/kbhome/download/frauenbewegung.pdf, letzter Zugriff 30.11.2003).

137 Eine wissenschaftliche Studie, die die Navigation durch virtuelle Räume von Männern und Frauen vergleicht, steht noch aus. Dabei ließen sich dann vermutlich auch Aussagen über eine virtuelle Raumwahrnehmung der Geschlechter machen.

138 Die Annahme, es gebe einen »Gesamtraum« lässt darauf schließen, dass Zeiher und Zeiher (1994) einen absoluten Begriff von Raum verwenden. In dem Gesamtraum, verstanden als Container, befänden sich dann folglich die »Inseln«.

139 Löw (1997a) schließt nicht aus, dass beide Vorstellungen unverknüpft nebeneinander existieren (vgl. ebd.: 23). Es lässt sich vermuten, dass Räume zunehmend relationale Qualitäten erhalten, nicht zuletzt aufgrund der multimedialen Verknüpfungen.

140 Problematisch ist diese Verinselungs-Entwicklung in der Hinsicht, als dass Räume ent-sinnlicht werden: Zwischenräume werden nicht mehr erlebt, sondern durch technische Mittel (wie z.B. das Auto) überbrückt. Zum Aufsuchen dieser »Inseln« müssen Zeitregelungen getroffen werden und Netzwerke von Terminen aufgestellt werden. Es liegt auf der Hand, dass die kindliche Wahrnehmung von heute eine andere ist als die vorhergehender Generationen.

141 Um das Internet herum und im Netz selbst hat sich in den vergangenen Jahren verstärkt eine eigene Kunst unter dem Begriff »Netart« entwickelt. Netzkunstarbeiten verbinden sich oft mit einem politischen Anspruch. So erzählt z.B. die Künstlerin Olia Lialina mit ihrer Arbeit »Anna Karenin goes Paradise« eine Geschichte, deren Stichwörter automatisch an Suchmaschinen des Internet gelinkt sind. Da sich die Inhalte von Suchmaschinen bekanntlich sehr schnell ändern, verändert sich auch Lialinas Kunst, sie ist fluide und konstruiert sich selbst ständig neu. Die Künstlerin verweist, so kann interpretiert werden, auf die Schnelllebigkeit von Text unter postmodernen Vorzeichen. Lialina nutzt auch die Ironie durch die Verlinkung, denn oftmals finden sich durch die automatische Verlinkung absurde Netzinhalte. Das Kunstwerk »befindet« sich unter URL http://www.teleportacia.org/anna/query.htm (letzter Zugriff 03.12.2003).

142 Vgl. Homepage von VNS Matrix unter URL http://lx.sysx.org/index.html (letzter Zugriff 03.12.2003).

143 Vgl. URL http://www.obn.org/cfundef/100antitheses.html (letzter Zugriff 19.10.03).

144 Zur feministischen Technikdebatte vgl. z.B. Saupe, 2002.

145 Alle: letzter Zugriff 08.12.2003.

146 Es ist nicht bekannt, dass inhaltsanalytische Studien zu »Frauen-Homepages« existieren und es bleibt abzuwarten, wann diese Forschungslücke geschlossen wird.

147 Vgl. z.B. URL http://www.gender-studies.de (letzter Zugriff 21.10.2003).

148 Vgl. z.B. die Homepage von Marianne Krüll (URL http://www.mariannekruell.de) oder von Nicola Döring, die u.a. eine internationale Linkliste zu feministisch motivierten Online-Forscherinnen enthält (URL http://nicoladoering.de) (letzter Zugriff 21.10.2003).

149 Vgl. z.B. das Frankfurter Institut für Frauenforschung (URL http://fif-frankfurt.de) (Webauftritt wurde eingestellt im Jahr 2001), das Institut für Frauenforschung und Gender-Studien der Fachhochschule Kiel (www.frauenforschung.fh-kiel.de), das Zentrum für interdisziplinäre Frauenforschung Kiel (www.uni-kiel.de:8080/zif/germanp.htm), das »Center for Exzellence Women in Science« URL http://www.cews.uni-bonn.de) (alle: letzter Zugriff 20.10.2003).

150 Vgl. z.B. das deutsche Online-Netzwerk »Women for Women« unter URL http://www.w4w.net (letzter Zugriff 22.10.2003).

151 Vgl. z.B. das Mädchenmagazin »Zickenpost« (URL http://www.zickenpost.de) oder das »Lizzynet« (URL http://www.lizzynet.de) (beide: letzter Zugriff 21.10.2003).

152 Vgl. z.B. die Datenbank zu Gender-Studies der Universität Köln (URL http://www.uni-koeln.de/phil-fak/englisch/datenbank/) oder Frauenbibliotheken (vgl. URL http://www.frauenbibliothek.here.de oder URL http://www.uni-stuttgart.de/faveve/service/frauenbib/ (alle: letzter Zugriff 20.10.2003).

153 Vgl. z.B. URL http://www.womanticker.de (letzter Zugriff 20.10.2003).

154 Kooperationsbörsen, Projekte, EDV-Fortbildungen und Nachrichten für Unternehmerinnen und Existenzgründerinnen finden sich u.a. bei URL http://www.u-netz.de oder URL http://www.womenticker.de (beide: letzter Zugriff 20.10.2003).

155 Eine übersichtliche Aufstellung von Frauen-Mailboxsystemen zu den verschiedensten Themen findet sich bei Dickel (1997: 77ff). Der Online-Guide für Frauen bietet ebenfalls eine Auflistung von Online-Foren der Frauennetze FemNet und Woman (vgl. Hooffacker und Tangens, 1997: 225ff).

156 Im dezentralen, offenen Internet gibt es keinerlei Registrierungen (im Unterschied zu Online-Diensten). Eine Annährung zur Bestimmung von Populationsgrößen versucht man über die Hosts zu erreichen (vgl. Döring, 1999: 139ff).

157 Vgl. URL http://cyberatlas.internet.com/ (letzter Zugriff 09.12.2003).

158 Auch wenn im Jahr 2003 über 580 Mio. Menschen den Weg in das Internet gefunden haben, konnte die Kluft zwischen Industrie- und Entwicklungsländern nicht verringert werden. So stammen nur zwei Prozent aller Internetnutzer/innen aus dem Mittleren Osten oder Afrika. Aus den bevölkerungsreichen Regionen Lateinamerikas kommen lediglich sechs Prozent aller User/innen. Das Land mit der höchsten Internet-Rate ist Island mit 69,8%, gefolgt von Schweden (64,7%), Dänemark (60,4%), Hongkong (59,9%) und den USA (59,1%). (Stand 2002, Quelle: URL http://cyberatlas.internet.com/ (letzter Zugriff 09.12.2003).

159 Vgl. URL http://www.etforecasts.com/pr/pr201.htm (letzter Zugriff 09.12.2003). Im Zusammenhang mit Erhebungen von Marktforschungsinstituten ist jedoch Vorsicht geboten. Zahlenangaben über die Größe des Internet stellen einen bedeutenden Wirtschaftssektor dar: »Je größer das Internet erscheint, desto größer werden auch das öffentliche Internet-Interesse und die Nachfrage nach internet-bezogenen Dienstleistungen sein [...]. Solche Prognosen mögen aber dazu beitragen, dass das vorhergesagte Internet-Wachstum tatsächlich eintritt« (Döring, 1999: 141).

160 Der von der Gesellschaft für Konsumforschung (GfK) durchgeführte Online-Monitor wurde 2001 zum siebten Mal in Folge durchgeführt (zur Methode vgl. auch FN 163).

161 Ein starkes Gefälle zeigt sich bei den 60-69-Jährigen. Während der Bevölkerungsanteil dieser Gruppe bei 17% liegt, liegt er bei den User/innen bei nur 5%. Unter 14-Jährige sind von dieser Betrachtung ausgeschlossen (vgl. GfK, 2001).

162 Der »(N)onliner Atlas 2002« ist eine Untersuchung von Emnid et al. Der repräsentativen Erhebung, dessen Stichprobe anhand eines standardisierten Zufallverfahrens gezogen wurde, liegen 30.318 computergestützte Telefoninterviews zu Grunde. Grundgesamtheit bildet die deutschsprachige Wohnbevölkerung ab 14 Jahren mit Telefonanschluss. Die Ergebnisse des »(N)onliner Atlas 2003« stützen sich auf 30.116 Interviews. Grundgesamtheit bildet die deutsche Wohnbevölkerung ab 14 Jahren mit Telefonanschluss. Auch der (N)onliner-Atlas 2003 ist eine Repräsentativerhebung.

163 Die GfK-Daten wurden im Dezember 2000 und Januar 2001 erhoben. Die Grundgesamtheit bilden Personen zwischen 14 und 69 Jahren in Privathaushalten mit Telefonanschluss in der BRD. Die repräsentative Stichprobe beträgt 8.021 telefonisch durchgeführte Interviews. Basisdaten: Fallzahl Gesamtbevölkerung: 8.021 (100%, in Mio.: 52,5), Fallzahl Internetzugang: 4.908 (61,2%, in Mio.: 32,1), Fallzahl Internetnutzer/innen: 3.696 (46,1%, in Mio.: 24,2).

164 Die Daten der »Forschungsgruppe Wahlen« wurden von April bis Juni 2003 erhoben. Es wurden 3.083 wahlberechtigte Bürger im Westen und 2.054 Bürger im Osten telefonisch befragt Bei der Auswertung wurde der Anteil jedes Gebietes an der wahlberechtigten Bundesbevölkerung berücksichtigt. Dabei ergeben sich rechnerisch 3.844 Interviews: 3.083 im Westen und 761 im Osten Deutschlands. Von den 3.844 Befragten verfügen 2.112 über einen Internetzugang. Sie werden im Folgenden ausschließlich berücksichtigt (von den 2.112 Befragten mit Netzzugang sind 1.169 männlichen und 943 weiblichen Geschlechts).

165 Die zwei weiteren, durch die Clusteranalyse gefilterten Typen, nennen sich »Der ältere Selten-User« und »Der passive Unterhaltungsorientierte«. Ersterer zeichnet sich durch eine hohe Altersstruktur und ein sehr hohes Bildungsniveau aus. Die rein berufliche Nutzung ist überproportional vertreten. Den »älteren Selten-User« prägt eine konservative Haltung gegenüber dem neuen Medium. Frauen und Männer sind proportional fast gleich vertreten. Der Typ »Der passive Unterhaltungsorientierte« ist leicht überproportional männlich geprägt und die Nutzung ist überwiegend privat motiviert. Unterhaltende Angebote werden signifikant häufiger genutzt als informierende (vgl. GfK, 2001: 52f). Die Prozentzahlen der GfK zu den einzelnen Verteilungen innerhalb der Typen wurden gerundet.

166 Der »Freak« ist nicht nur grammatikalisch der männlichen Genusgruppe zugehörig, sondern das Wort ist auch assoziativ mit Männlichkeiten verbunden. Wie zu sehen ist, kann an dieser Stelle durchaus von »Freakinnen« gesprochen werden.

167 Obwohl die Typenbildung auf einer Clusteranalyse der GfK-Basisdaten beruht, werden an dieser Stelle die FGW-Daten von 2003 hinzugezogen. Diese berücksichtigen die Geschlechtervariable bei der Abfrage der Interessengebiete. Die dargestellten Interessen spiegeln also nicht den typischen »überzeugten Info-User« laut GfK-Daten wider.

168 Kritisch anzumerken ist, dass die FGW die Interessengebiete bereits vorgab. Vermutlich wurde der Fragebogen von einem männlichen Forschungsteam zusammengestellt,

denn Themengebiete, die von Userinnen höher frequentiert sein könnten wie z.B. Gesundheits- und Fitnessthemen, Lern- und Schulungsprogramme, Onlinezeitschriften oder News zu Film- und Musikthemen, wurden nicht abgefragt. Zu den Regeln bezüglich der Fragestellung in empirischen Umfrage-Studien, merkt Friedrichs (1990) an: »Je sozial höher etwas bewertet wird, desto eher sind die Angaben zu hoch« (ebd.: 206).

169 Leu (1990) stützt seine Ergebnisse auf eine Fallanalyse, in der er das Computerverhalten von Kindern aus zwölf Familien untersucht. Die Studie wurde am Deutschen Jugendinstitut durchgeführt. »Kinder« sind bei Leu männlichen Geschlechts. Jedenfalls beziehen sich seine Untersuchungsergebnisse ausschließlich auf Jungen, die beobachtet und befragt wurden. Leu gibt lediglich in einer Fußnote bekannt, dass Mädchen »wohl selten« Computerexpertinnen in einer Familie werden und nimmt keine geschlechtersensible Sichtweise ein (vgl. ebd.: 117, FN 6). Ebenso stellen Diskowski et al. (1990) in ihrem Forschungsprojekt »Technik im Alltagsleben von Kindern« lediglich fest, dass die Zugänge von Mädchen und Jungen zu technischen Geräten unterschiedlich sind. Ihre Konsequenz: Aus der Studie wurden Mädchen bewusst ausgeblendet (ebd.: 106).

170 Der Modellversuch »Mädchen und Neue Technologien« war Teil des Gesamtvorhabens »Neue Technologien und Schule« im niedersächsischen Bildungswesen. Der Modellversuch wurde vom Niedersächsischen Institut für Lehrerfortbildung, Lehrerweiterbildung und Unterrichtsforschung (NLI) durchgeführt. Näheres zum Versuchsaufbau und den leitenden Fragestellungen findet sich bei Heppner et al. (1990: 15ff).

171 Ritter (1994) führte im Jahr 1989 fünf Tiefen-Einzelinterviews mit jungen Frauen im Alter zwischen 16 und 20 Jahren durch. Die Mädchen stammen alle aus Mittelschicht-Familien und besuchten entweder eine Realschule oder ein Gymnasium. Auswahlkriterien waren ein intensives Computerinteresse, die Teilnahme am schulischen Informatikunterricht, die Beschäftigung mit Programmieren und die Anwendung komplexer Programme. Ritter konzipierte einen konkreten Leitfragebogen und wandte ein interpretatives Verfahren an. Ihre Ergebnisse können nicht repräsentativ sein, sondern »müssen verstanden werden als Versuch, typische Adoleszenzkonflikte und Lösungsstrategien von Mädchen tendenziell zu verstehen« (ebd.: 38).

172 In einer quantitativ angelegten Studie kam Kielholz (1998) zu dem Ergebnis, dass Mütter in den seltensten Fällen zuhause die häufigsten Computernutzer darstellen, während Väter die »Vorreiterrolle« einnehmen (vgl. ebd.: o.S.).

173 Die Grundgesamtheit der Kim-Studie 2002 bilden die rund sieben Millionen deutschsprachigen Kinder im Alter von sechs bis dreizehn Jahren sowie deren Mütter bzw. primären Erziehungspersonen in der BRD. Aus der Grundgesamtheit wurde eine repräsentative Stichprobe von jeweils 1.241 Personen befragt.

174 Man kann nicht davon ausgehen, dass es »geschlechtstypische Eignungen« qua Natur gibt. Die anerkannte Untersuchung in Form einer sekundäranalytischen Sammeldarstellung von etwa 1.400 Forschungsarbeiten, genannt »The Psychology of Sex Differences« von Maccoby und Jacklin (1974) zeigt: Es gibt keine psychologischen Unterschiede zwischen den Geschlechtern hinsichtlich sozialer Interessen, Beeinflussbarkeit, Selbstwertschätzung, Lernverhalten, analytischer Fähigkeiten, Leistungsmotiva-

tion und visueller oder auditiver Fähigkeiten (ebd.: 349ff). Als relativ gut belegte Geschlechterdifferenzen nennen die Autorinnen ein besseres räumliches Vorstellungsvermögen und eine höhere Aggressivität bei Männern und eine Überlegenheit in verbalen Fähigkeiten bei Frauen (vgl. ebd.: 351f).

175 Die repräsentative Langzeitstudie»Jim« ist eine Basisuntersuchung zum Medienumgang 12 bis 19-Jähriger und liegt im Jahr 2003 zum fünften Mal vor. Sie erscheint seit 1998 jährlich. Die Grundgesamtheit bilden rund 6 Millionen Jugendliche zwischen zwölf und neunzehn Jahren in Telefon-Haushalten der BRD.

176 Die Studie»Jugendliche und Internet. Geschlechtsunterschiede in Nutzungsart, Nutzungsmotiven und Einstellungen« (Kielholz, 1998) erfolgte im Rahmen einer Lizenziatsarbeit im Bereich der Kinder- und Jugendpsychologie an der Universität Bern. Die Untersuchungsmethode stellte eine schriftliche Befragung in 14 Klassen an zehn Deutsch-Schweizer Oberstufenschulen dar. Die Stichprobe umfasst 245 Jugendliche im Alter von 14 bis 19 Jahren, wobei 107 Mädchen (43,7%) und 138 Jungen (56,3%) befragt wurden.

177 Die höheren Werte der Kielholzschen Studie sind vermutlich auf das Auswahlverfahren der Stichprobe zurückzuführen. Die mehrstufige Klumpenauswahl berücksichtigt nur Schulen, die bereits im Unterricht mit dem Internet arbeiten.»Informationen suchen«, »E-Mails schreiben« und»frei herumsurfen« wurde vermutlich im Unterricht erlernt. So lassen sich zwar Aussagen über geschlechtstypisches Internetverhalten machen; die Werte spiegeln aber nicht die Grundgesamtheit wider. Die mpfs-Studie hingegen basiert auf einer repräsentativen Stichprobenziehung, die Rückschlüsse auf die Grundgesamtheit zulässt.

178 Die Jim-Studie unterscheidet bei der PC-Nutzungsfrequenz zwischen»intensiven PC Nutzern« (täglich oder mehrmals pro Woche), den»weniger intensiven Nutzern« (einmal pro Woche oder mehrmals im Monat) und den»Nicht-Nutzern« (nie).

179 Die positive Einstellung muss nicht aus eigenen Erfahrungen resultieren, weil die Basis der Befragung alle diejenigen bilden, denen das Internet lediglich ein Begriff ist.

180 Die in diesem Kapitel benutzen Überschriften»Kulturelle Offenheit«, »Verlagerung«, »Temporalisierung« und»strukturelle Kanalisierung« sind einer Studie von Heintz und Nadai (1998) entnommen, die am Beispiel des Berufs der Sachbearbeitung unterschiedliche Prozesse nennen, welche zu einer Desinstitutionalisierung von Geschlecht bzw. zu einer vordergründigen geschlechtlichen Neutralisierung führen.

181 Die Idee des Internet entstand beim US-amerikanischen Militär. Es wurde nach einer Möglichkeit gesucht, strategisch wichtige Großrechenanlagen zu vernetzen, um im Falle eines Atomkrieges die Funktionsfähigkeit der C-3 Kette (Communication – Command – Control) zu gewährleisten. Paul Baran war es, der 1961 vor ausgewählten Mitgliedern der United States Airforce erstmals das Konzept eines distribuierten Netzwerkes vorstellte und damit die Idee des Internet wachrief. 1969 war der erste Vorläufer des Internet betriebsbereit: das ARPANET (Advanced Research Project Agency Net), welches vier amerikanische Universitäten vernetzte, die im Auftrag des Verteidigungsministeriums zu Weltraumprojekten forschten. Erst ab 1990 öffnete sich das Internet auch für Privatpersonen und Firmen. Zu einer technischen Einführung

und zu weiterführender Literatur vgl. u.a. Schelkle (1997: 21ff), Schlobinski et al. (1998: 9ff).

182 Die vorherrschende Meinung, im Internet seien im Verhältnis zu anderen (Massen-) Medien mehr sexualbezogene Inhalte zu finden, wird von Döring (1999) empirisch widerlegt (vgl. ebd.: 160ff). Auch der Blick auf den »Google Zeitgeist«, der die am häufigsten eingegebenen Begriffe der Suchmaschine »Google« archiviert zeigt, dass in dem Zeitraum von April 2001 bis November 2003 nicht ein einziger pornografischer Suchbegriff unter den Top Ten war. In der öffentlichen Meinung findet sich dennoch die Vorstellung, dass das Netz in hohem Maße zur Verbreitung illegaler politischer Propaganda, Kinderpornografie oder frauenverachtender Inhalte genutzt wird. Diese Haltung etablierte sich nicht zuletzt durch eine feministisch motivierte Technikkritik. Zu den verschiedenen »Perspektivewechseln« in der feministischen Technikdebatte vgl. u.a. Collmer (1997).

183 Bezeichnenderweise trägt der vierte Band der Schriftenreihen von »Frauen in Naturwissenschaften und Technik« (NUT) den doppeldeutigen Titel: »Frauen in der Informationsgesellschaft. Fliegen oder Spinnen im Netz?« (Bath und Kleinen, 1997). Das »Spinnen« kann sowohl adjektivisch als »vernetzen« verstanden werden als auch metaphorisch für die »Königin im Netz«.

184 Klatschproduzenten sind aber nicht per se weiblich. Wie Bergmann (1987) zeigt, sind prototypische Klatschproduzenten historisch betrachtet vor allem Männer: Barbiere, Postboten wie auch Inhaber kleiner Läden.

185 So verweist das Bundesministerium für Bildung und Forschung (1998) darauf, dass Computer und Internet an über 80% der Arbeitsplätze eingesetzt werden (vgl. ebd.: 2).

186 Die Aktion wurde im April 1996 vom Bundesministerium für Bildung, Wissenschaft und Forschung zusammen mit der Deutschen Telekom ins Leben gerufen. Mittlerweile sind nahezu alle Schulen vernetzt.

187 Vgl. die Studie »Frauen auf dem Vormarsch. Der Anteil der weiblichen Computer- und Online-Nutzer wächst rasch« des Allensbacher Instituts (1999).

188 Auf eine Darstellung der feministischen Sprachkritik, die sich auch den verschiedenen Subsystemen wie Grammatik oder Lexik widmet, wird hier verzichtet.

189 Tannen (1998) macht darauf aufmerksam, dass Unterbrechungen aber nicht immer negative Auswirkungen auf ein Gespräch haben müssen. Sie kritisiert Analysestrategien, die sich lediglich auf die Quantität von Unterbrechungen berufen, ohne die Gesprächsinhalte und den Gesprächsstil der Teilnehmer/innen zu berücksichtigen. So können »kooperative Überlappungen« (unabhängig vom Geschlecht) durchaus anregend wirken (vgl. ebd.: 206ff). Sich der Kritik Tannens anschließend, entwickelte Becker (1995) ein Analyseraster, das erstens sprecherintendiertes gegen unterbrecherintendiertes Unterbrechen abgrenzt, zweitens die Art der Unterbrechung berücksichtigt (rhetorische Frage, positive Nachfrage, Zurückweisung etc.) und drittens die Wirkungsrichtung und das Geschlecht der Gesprächsteilnehmer/innen einbezieht (vgl. ebd.: 14).

190 Kotthoff (1995) unterscheidet zwischen Erklärung und Belehrung: Erklärung definiert sie als »Wissensdarlegung ohne Absolutheitsanspruch«, wohingegen eine Belehrung Wissen korrigiert oder moralisierend wirkt (vgl. ebd.: 58).

191 Die linguistische Bezeichnung »Heckenausdrücke« (engl. »hedges«) steht für durch Unschärfe hervorgerufene Bedeutungen, die das Gesprochene lediglich erahnen lassen anstatt es explizit zu artikulieren (so als ob sie hinter einer Hecke verborgen wären). Unschärfemarkierungen sind z.b. »Meinst Du nicht auch, dass ...«, »Es scheint ...« oder Aussagen, die mit »irgendwie« beginnen. Sie funktionieren als Abschwächungsmechanismen und stellen die eigene Aussage in Frage (vgl. Trömel-Plötz, 1996: 45ff).

192 Die Anerkennung von Soft-Skills für erfolgreiches (wirtschaftliches) Handeln zeigt sich auch auf Hochschulebene: Zum WS 2003/04 wurde Anne Brunner-Wildner an die Fachhochschule München im Fachbereich Allgemeinwissenschaften/General Studies für das Lehrgebiet »Schlüsselqualifikationen« zur Professorin berufen. Brunner-Wildner ist damit bundesweit die einzige Professorin für Soft-Skills.

193 Ausnahme bildet die Arbeit von Rodino (vgl. Kapitel 5.3.3: 149ff).

194 Forschungsarbeiten in Form von ersten akademischen Qualifikationsschriften stellen die Lizenziatsarbeiten »Mailboxwelten. Zur unterschiedlichen Nutzung des Mediums Computermailbox« (Tobler, 1995) und die Diplomarbeit »Geschlechterdifferentes Kommunikationsverhalten in Online-Medien am Beispiel der Online-Community Blackbox« von Pürrer (2001) dar.

195 Zwei Beiträge aus einem unmoderierten Diskussionsforum, dass das Bundesministerium für Frauen, Familie, Senioren und Jugend (BMFSFJ) auf seiner Homepage zum Thema »Gewalt gegen Frauen« einrichtete, geben ein Beispiel: »Erst wenn der letzte Vater entsorgt, das letzte Kind drogensüchtig und der letzte Mann kastriert ist, werdet ihr merken, dass radikaler Feminismus nicht glücklich macht« (zit. n. Gerstendörfer, 2001: 175). Manche Beiträge enthalten auch Drohungen: »Es ist zum Kotzen mit diesen neureichen Weibern. Ich hätte doch lieber Bomben bauen sollen« (zit. n. Gerstendörfer, 2001: 175).

196 Der deutsche Provider T-Online z.b. bewahrt die Zugangsdaten seiner Kunden und Kundinnen 80 Tage lang auf. Andere Provider in Deutschland hingegen ermöglichen es ihren KundInnen, weitgehend anonym im Internet zu agieren. Für eine Datenspreicherung fehlt bislang die gesetzliche Grundlage (vgl. Zeitschrift ct 19/02).

197 Die Hypothese, die Anzahl der Flamings seien in männlich dominierten Gruppen bzw. in Beiträgen von männlichen Teilnehmern höher, konnten allerdings weder Savicki et al. (1997) noch Katzman und Witmer (1997) verifizieren.

198 Die User/innen verhüllten ihr Geschlecht durch Pseudonyme, durch Initiale, unbestimmbare Namen (Chris, Leslie), durch Nummern oder eine nicht geschlechtlich zuzuordnende E-Mail-Adresse in der Kopfzeile. Aber es kann nicht davon ausgegangen werden, dass diejenigen, die namentlich eindeutig als Männer bzw. Frauen erkannt wurden, auch tatsächlich Männer bzw. Frauen sind, weil die Untersuchung von Savicki et al. (1997) lediglich computervermittelten Text berücksichtigt. Interessant wäre die Auswertung der 10 Gruppen, die einen überproportionalen Anteil nicht zuzurechnender Gender aufwiesen. Leider wurden diese nicht untersucht.

199 Wie Untersuchungen über geschlechtstypischen Humor und geschlechtstypisches Lachverhalten zeigen, lässt sich auch dort der kompetitive von dem kooperativen »Lachstil« unterscheiden. Während beispielsweise die Scherze jugendlicher Mädchen

247

feinsinniger sind und darauf abzielen, eine kooperative Atmosphäre zu schaffen bzw. zu erhalten, in der Gleichwertigkeit und Intimität eine Chance haben (vgl. van Alphen, 1996: 225), zeigen sich Männer tendenziell aggressiver und dominanter als Frauen. »Männer sind geneigter, andere durch ihre Scherze klein zu machen [...] und/ oder wissen zu lassen, dass sie sich ›hüten‹ sollen« (Stocking und Zillmann, 1996: 233). Vor diesem Hintergrund wären Studien zum Online-»Lachverhalten« unter Berücksichtigung des Gesprächskontextes interessant, die aber (noch) nicht vorliegen. Katzman und Witmer (1997) untersuchten lediglich den quantitativen Gebrauch von GAs.

200 Leider liegen keine Daten jüngeren Datums vor. Die hier zitierten Studien stammen überwiegend aus der Mitte der 1990er Jahre. Es lässt sich vermuten, dass sich mittlerweile der Anteil von Frauen in Mailinglisten und Newsgroups erhöht hat. Nahe liegt ebenfalls, dass die Beteiligung an Newsgroups eher von Erwachsenen denn von Jugendlichen und Kindern dominiert wird. Jugendliche interessieren sich nur marginal für diese Art der CMC; unter den wenigen Jugendlichen, die Newsgroups nutzen, finden sich aber doppelt so viele Jungen wie Mädchen.

201 Aus psychologischer Sicht ist interessant, dass sich Frauen oftmals mit härteren männlichen Online-Diskussionsbeiträgen solidarisieren: »Sie tun dies über Flirtversuche, Deklarationen wie ›Ich liebe Männer!‹ oder ›Man müsste sich schämen, eine Frau zu sein‹ und Versuche, die kritischen Frauen noch besser nieder – bzw. klein zu machen, als es die Männer dort [in Diskussionsforen, V.L.] tun. Die viel – aber meist hinter vorgehaltener Hand – beklagte, destruktive Energie von Frauen gegen Frauen kann in solchen Diskussionsforen sehr gut beobachtet werden« (Gerstendörfer, 2001: 176).

202 Den Begriff »Gendered Net« prägte Dorer (1997), die in ihrem Aufsatz »Neue Kommunikationstechnologien und die Konstruktion von Geschlechtsidentitäten« eine prägnante Einführung in den »Gender-Net-Diskurs« gibt.

203 Das Beispiel von BlueBird stammt von der Autorin Nestvold (1995), die die Maskerade als teilnehmendes Mitglied der Online-Diskussionsgruppe »Science-Fiction« miterlebte und später auch per E-Mail Kontakt zu BlueBird aufnahm. Durch einen Freund, der zufällig Teilnehmer in der Diskussionsgruppe »Sport« war, erfuhr Nestvold von BlueBirds Identitätsspiel. Per E-Mail teilte »BlueBird« Nestvold mit, dass sie im wirklichen Leben eine Frau sei. Damit bleibt die unbefriedigende Unsicherheit, dass BlueBird mit dieser Information nur ein weiteres Spiel treibt (vgl. ebd.: 297f).

204 Um die Motivation der Chatter/innen zum virtuellen Geschlechtertausch zu filtern, führten Dekker et al. (1998) leitfadenorientierte Interviews mit 20 Genderswappern durch. Die Stichprobe wurde aus ausgewählten Chatchannels gezogen, die allesamt flirt- und sexorientiert waren. Die Ergebnisse sind somit nicht als richtungsweisend für MUDs, Newsgroups und Mailinglisten zu betrachten. Nur zwei der befragten Genderswapper waren weiblich.

205 Dies bestätigen auch die Ergebnisse von Hirschauers Transsexuellen-Studie (1999). Transsexuelle Frauen neigen dazu, »überzogene« Weiblichkeit darzustellen und fallen

so aus dem »natürlichen Rahmen« einer Performance. »Richtige« Weiblichkeit muss von transsexuellen Frauen hart trainiert werden.

206 Testfragen eins und vier lauten beispielsweise: »What is the difference between ›junior‹ and ›misses‹ sizes? und »What size ring do women usually wear?«. Testfragen drei und neun beziehen sich auf gynäkologisches Wissen: »What is the difference in how flushable and non-flushable tampons are made?« sowie »When during her cycle is a woman most likely to become pregnant?« (Suler, 1997: o.S.).

207 In diesem Zusammenhang kritisiert Rodino (1997) Offline-Sprachstudien, weil diese oftmals nahe legen, dass Gender zwangsläufig einen sex-gebundenen Sprachstil hervorruft. In diesen Fällen würde die Unterlegenheit von Frauen rational erklärt und implizit argumentiert, Frauen seien selbst Schuld, wenn sie unterdrückt werden: »Contrasting ›male‹ and ›female‹ language reifies differences between man and woman. Such distinctions help rationalize women's oppression« (ebd.: o.S.).

208 »Grigg« ist ein im englischen Sprachraum gebräuchlicher Nachname.

209 Die Unsicherheit über die Geschlechtszugehörigkeit der Teilnehmer/innen, die Rodino auch nicht auflöst, hinterlässt einen faden Nachgeschmack und wirkt unbefriedigend. Rodino schafft es zwar, der Zwickmühle der Reproduktion methodisch zu entgehen, aber das Gefühl, dass kein Ergebnis vorliegt, verweist auf folgende Tatsache: Forscher und Forscherinnen, die geschlechtersensibel arbeiten wollen, sehen sich ohne ihren »Gegenstand« ratlos und Genderforschung erweist sich ohne die Kategorie Geschlecht, sei sie Konstrukt und diskursiver Effekt, als schwerlich möglich.

210 Dies ist der Text, der über den Bildschirm läuft, wenn man das MUD Unitopia betritt. Unitopia war eines der ersten deutschsprachigen MUDs und »befindet« sich in Stuttgart. Es besteht aus dem Campus-Teil, der einen relativ kleinen Teil von Unitopia ausmacht und dem Spiel-Teil Magyra. Unitopia bietet über 45 Rätsel und eine unüberschaubare Menge Spiele, von Cluedo, Mühle oder Abalone bis hin zu Schiffeversenken. Das individuelle Spieldesign wird über die »Gilden« geregelt, in denen man sich spezielle Fähigkeiten erwerben kann. Ab einer gewissen Punktzahl kann man »Gott« werden, also Programmierer/in. Man erreicht Unitopia über Telnet, Protokoll 3333. Anfänger/innen starten am besten über URL http://unitopia.mud.de/infos/zu gang.html (letzter Zugriff 06.01.2004), dort erklären die Betreiber/innen die Funktionsweise und einzelne Befehle des MUD.

211 Wenn innerhalb des Netzdiskurses von multiplen Identitäten die Rede ist, so bezeichnen diese nicht das psychologische Krankheitsbild der Multiplen Persönlichkeitsstörung. Zwar können die Erfahrungen mit der elektronischen Kommunikation weit in die Persönlichkeitsstrukturen hineinreichen, doch warnt Lehnhardt (1996) davor, die Fragen, die sich aus dem Zusammenhang von CMC und Identität ergeben, mit Bezeichnungen aus der Pathologie zu belegen: »Es sind weder die Begriffe in der Psychologie hinreichend erklärt, noch sind die digitalen Phänomene annähernd konstant beschrieben, geschweige denn genügend analysiert, um eine derartige Brückentheorie zu fundieren« (ebd.: 113). Im Sinne Turkles ist die »multiple Identität« als Metapher zu verstehen, die das grenzenlose Spiel mit Teil-Identitäten und Identitätsinszenierungen verbildlicht und damit zu einer Überprüfung traditioneller, unitärer Identitätstheorien beiträgt.

212 Turkles Studien umfassen sowohl Feldarbeit als auch klinische Forschungen. Seit 1992 konzentriert sich die Psychologin und Professorin für Wissenschaftssoziologie am Massachusetts Institute of Technologie (MIT) auf die Frage nach dem Zusammenhang von personaler Identität und Technologie.

213 Die dreißigjährige Studentin Ava referierte ihre Erfahrungen auf der 1995 stattgefundenen Tagung »Doing Gender on the Net« am Massachusetts Institute of Technologie.

214 TinySex bedeutet übersetzt »Sex aus der Dose« oder »Konservensex« und bezeichnet (textbasierte) erotische Erfahrungen speziell in MUDs. Als »Modemsex« bezeichnet man alle Arten von Sexualität, die in VR mit Hilfe des Modems praktiziert werden können, so z.b. in E-Mails, Chats oder MUDs. »Cybersex« wird teilweise als großer Überbegriff aller Art VR-Sex verwendet, meist aber als (Science-Fiction) Sinnbild für den zukünftigen Sex zwischen technologisierten Menschen mittels Datenhandschuhen, -anzügen und -helmen.

215 Eine Mudderin beschreibt ihre männliche Figur als einen »kurzen, gedrungenen harmlosen Burschen, der nach seinen Socken sucht« und konnte feststellen, dass ihr gleichsam Herzlichkeit und Respekt entgegenschlug. Die Spielerin selbst mutmaßt: »Leute sind nett, wenn sie dich nicht als Bedrohung empfinden« (zit. n. Bruckman, 1999: 343).

216 In dem MUD »Habitat«, an dem 1,5 Mio registrierte User/innen teilnehmen, gibt es ein Verhältnis von vier Echtleben-Männern zu einer Echtleben-Frau. In der Spielumgebung hingegen kommen nur drei männliche Spielfiguren auf eine weibliche, was auf eine Vielzahl von virtuellen Transvestisten schließen lässt (vgl. Turkle, 1999: 343).

217 Hier stoßen wir an eine der Grenzen (und auf eine Gefahr), die postmoderne Definitionen mit sich bringen: Weil die Postmoderne als Deutungsmuster nur bedingt Rückschlüsse auf die durch sie beschriebene Wirklichkeit zulässt und dabei auch den Begriff des individuellen Subjekts nicht verschont, kann nach postmodernen Annahmen im Prinzip nicht von einem »Frauenkörper« gesprochen werden. Ins Leere liefe dann ebenfalls eine feministische Kritik an der Okkupation des weiblichen Körpers durch männliche Fantasien.

218 Internet-Links: URL http://www.ikea.co.uk/, URL http://www.apollinaris.de, URL http://www.jet-tankstelle.de, URL http://medical-tribune.de. Eine Link-Liste zu verschiedenen Chatterbots findet sich auf der Homepage des Engländers Simon Laven unter URL http://www.simonlaven.com und auf der Seite der französischen Firma »Cybion« unter URL http://www.botspot.com (alle: letzter Zugriff 16.01.2004).

219 Oft versehen die Hersteller die Bezeichnungen ihrer Bot-Produkte mit einem Copyright, was zusätzlich Verwirrung stiftet. »Für eine Steigerung der Popularität und zur Verbreitung der Technologie wäre mehr Transparenz aber eigentlich im Interesse der Akteure« (Linder, 2003: 8).

220 Chatterbots dienen nicht nur in Chaträumen der Unterhaltung. Mit der Entstehung der MUDs, Anfang der 1990er Jahre, traten die Bots erstmals im Internet auf; allerdings rein textbasiert.

221 Wie die weiteren Ausführungen zeigen, müsste es hier genau heißen »Sozionik ist ein neues Forschungsfeld zwischen Soziologie und Verteilter Künstlicher Intelligenz ...«.

222 Vgl. URL http://www.tu-harburg.de/tbg/Deutsch/SPP/Start_SPP.htm (letzter Zugriff 28.01.2004).

223 Weiter oben wurden Agenten bereits als autonom, reaktiv, intentional, kooperativ, mobil und lernfähig charakterisiert; in Multiagenten-Systemen kooperieren mehrere Agenten, die miteinander in Interaktion treten. Beispiel für ein Multi-Agentensystem sind Metasuchmaschinen, die innerhalb kurzer Zeit viele kleine Suchmaschinen nach Stichwörtern durchsuchen. »Bei den in Programme umgesetzten ›technischen Agenten‹ oder ›Multiagenten-Systemen‹ handelt es sich also um Computersysteme, die relativ selbständig eine Aktion in Gang setzen, die einen gemeinsam geteilten Handlungskontext für Nutzer und Programme anbieten [...]« (Rammert, 1998: 99).

224 Unterschiedliche soziologische Forschungsstile und theoretische Konzepte wurden bereits auf ihren Beitrag, die sie zur Entwicklung von Multiagenten-Systemen leisten können, reflektiert. Strübing (1998) z.b. verweist darauf, dass der Symbolische Interaktionismus eine Affinität mit Zielen und Problemen der MAS aufweist (vgl. ebd.: 59ff). Florian (1998) entwickelt Vorschläge zur Modellierung von Gesellschaft aus der Sicht des Bourdieuschen Habitus-Konzeptes (vgl. ebd.: 297ff). Und auch systemtheoretische Überlegungen Luhmannscher Prägung werden auf Möglichkeiten der Modellierung in der VKI diskutiert (Bachmann, 1998: 197ff).

225 Zur Entstehungsgeschichte der Software-Agenten seit den 1960er Jahren bis hin zu einem Zunkunftszenario vgl. Murch und Johnson (2000).

226 Die meisten Ansätze, die sich auf Turing (1950) beziehen, nehmen lediglich auf das Verhältnis Mensch/ Maschine Bezug. Dabei hatte Turing vorerst, mit einem ähnlichen Versuchsaufbau, Darstellungen von Männlichkeit und Weiblichkeit untersucht. Leitende Fragestellung war, ob Männer erfolgreicher als Frau kommunizieren können und umgekehrt.

227 Seit 1991 hat sich eine Variante von Turings Imitationsspiel durchgesetzt, die unter dem Namen »Loebner Prize« Bekanntheit erlangte. Der amerikanische Soziologe und Unternehmer Loebner rief 1990 in Zusammenarbeit mit dem »Cambridge Center for Behavioral Studies« den Loebner Preis ins Leben, um denjenigen Computer auszuzeichnen, dessen Äußerungen von einem Menschen nicht zu unterscheiden sind. Bisher wurden lediglich Bronze-Medaillen vergeben. Im Jahr 2003 überzeugte der Chatterbot »Jabberwock« von Jürgen Pirner. 2000 und 2001 gewann der Chatterbot »ALICE« (Artificial Linguistic Internet Computer Entity) die Bronze-Medaille. »ALICE« kann unter URL http://www.alicebot.org/ getestet werden (letzter Zugriff 27.01.2004).

228 Ein Eliza nachempfundenes Programm findet sich unter URL http://dienstleistungen. freepage.de/documedia/eliza.html (letzter Zugriff 12.12.2003).

229 Zu nachfolgenden Ausführungen und weitergehenden Details der Programmierung von Software-Agenten vgl. Caglayan et al. (1998), Biskup (2001), Murch und Johnson (2000).

230 Darstellung in Auszügen. Hinter den mit einem %-Symbol gekennzeichneten, groß geschriebenen Begriffen, verbergen sich weitere komplexe Muster. So steht %GELD

für Synonyme des Wortes »Geld« wie z.B. »Kohle«, »Knete«, »Dollar« oder »Mammon« (vgl. von Wendt, 2003: 43).

231 Die Performancekünstlerin und Drag Queen Diane Torr alias Danny King (Hauptdarstellerin im Dokumentarfilm »Venus Boys«) leitete im SS 2003 an der LMU-München im Fachbereich Theaterwissenschaften den Workshop »Man for one day«. Studentinnen inszenierten sich als Mann und mussten in einem Feldversuch als »männliche Inszenierung« bestehen. Das funktionierte bis zu dem Punkt, bis zu dem »echte« Emotionen unterdrückt werden konnten. »Aus der Rolle« (und damit für Betrachter ersichtlich im falschen Körper) fielen die Studentinnen vor allem dann, wenn sich der Körper nicht mehr kontrollieren ließ und die Studentinnen z.b. lachen mussten (vgl. Süddeutsche Zeitung vom 02.06.2003, Nr. 125: 42). Emotionen scheinen also nicht nur höchst relevant für die Glaubwürdigkeit von »Menschlichkeit«, sondern auch für die Glaubwürdigkeit von »Geschlechtlichkeit« zu sein.

232 Ein aktuelles Projekt zur Realisierung natürlichsprachiger virtueller Charaktere nennt sich »Human Research« und wird an dem Deutschen Forschungszentrum für Künstliche Intelligenz (DFKI) realisiert. Human Research will Lösungen für einen effizienten Dialog zwischen Mensch und virtuellen Charakteren entwickeln. Von zentraler Bedeutung ist dabei die detailgetreue, anthropomorphe Gestaltung eines Avatars mit glaubwürdigem, emotionalen Dialogverhalten, etwa per Sprache, Mimik oder Gestik, sowie die exakte Bewegungssimulation in Echtzeit. Die Projektleitung setzt bei der Erstellung von attraktiven Anwendungen auch auf AutorInnen außerhalb der Informatik (vgl. URL http://www.virtual-human.org, letzter Zugriff 10.01.2004).

233 Beitrag unverändert entnommen dem Forum zu »Baphomets Fluch III«, Thema »BFI-II Fazit« der THQmmunity (URL http://www.thq.de) (letzter Zugriff 20.01.2004).

234 Der Fokus liegt hier nicht auf den verschiedenen Möglichkeiten, Soziologie als Wissenschaft zu definieren, sondern darauf, dass sich die Soziologie mit sozial handelnden Menschen beschäftigt.

235 Am Beispiel der Intensivmedizin verdeutlicht Lindemann (2002), dass auch lebendigen Menschen die Handlungsfähigkeit und damit die Akteurposition abgesprochen werden kann, nämlich dann, wenn sie bewusstlos bzw. komatös sind und damit lediglich zu Objekten ärztlicher Praktiken werden (vgl. ebd.: 88ff).

236 So z.B. Rammert (1998: 91ff), Schulz-Schaeffer (1998: 129ff) oder Malsch (1998: 25ff).

237 Nach der Akteur-Netzwerk-Theorie sind Akteure, »Entitäten, die Dinge machen«; Menschen und Nicht-Menschen (also auch technische Artefakte wie Chatterbots) gelten als gleichberechtigte AkteurInnen in Netzwerken. Wie Rammert und Schulz-Schaeffer (2002) aufzeigen, ist die Akteur-Netzwerk-Theorie in der sozialwissenschaftlichen Technikforschung auf breite Resonanz gestoßen, allerdings weniger wegen ihrer handlungstheoretischen Implikationen, als vielmehr wegen des Impulses, den Beitrag der Technik bei der Entwicklung und Aufrechterhaltung sozialer Zusammenhänge strenger in den Blick zu nehmen (vgl. ebd.: 33). Vgl. zu einer kritischen Auseinandersetzung mit diesem Ansatz im Kontext der Handlungsfähigkeit technischer Agenten Braun (2000).

238 Die nachfolgenden Ausführungen orientieren sich an dem Aufsatz »Person, Bewusstsein, Leben und nur-technische Artefakte« (Lindemann, 2002: 79-100).

239 Foner (1993) hat dies eindrücklich am Beispiel der Agentin »Julia« gezeigt, die in einem MUD von zahlreichen Spielern und Spielerinnen nicht als Chatterbot, sondern als Mitspielerin wahrgenommen wurde.

240 Weil sich in dem Umgang mit Computern sowohl Technisches als auch Soziales vermischt und damit die Differenzen unterlaufen, bezeichnet z.b. Geser (1989) den Computer als »intermediäre Wesenheit« (ebd.: 223). Geser bezieht sich in seinem Aufsatz »Der PC als Interaktionspartner« auf die Interaktion zwischen Benutzer/in und Computer; seine Ausführungen sind aber auch aufschlussreich für die Beziehung zwischen User/in und natürlichsprachigen und mit Körpern versehenen Web-Agenten, die ja weit mehr als personifiziert betrachtet werden können als ein Computer. Ähnliche Hinweise auf den Computer als vertrauenswürdiges Gegenüber gibt Turkle (1984) in der »Wunschmaschine«.

241 Die untersuchten Chatterbots finden sich auf folgenden Internetseiten: URL http://www.schweppes.de, URL http://www.derclub.de, URL http://www.quinscape.de (alle: letzter Zugriff 28.02.2004).

242 Ein/e Forscher/in nähert sich nicht ohne theoretische Vorannahme dem Gegenstand. Wie Kelle und Kluge (1999) nachweisen, legen auch die Begründer der Grounded Theory, Glaser und Strauss, in ihren eigenen Untersuchungen »Bewusstseinskontexte« nicht einfach ab (vgl. Kelle und Kluge, 1999: 18).

243 Während des Gesprächs erhält man die Information, dass Leo von einer Frau namens Ginger wegen eines »gutgebauten Bademeisters« verlassen wurde.

244 Auch in der westlichen sozialen Wirklichkeit wird Lesbianismus weit weniger als soziales Problem empfunden als männliche Homosexualität (vgl. Lorber, 1999: 114ff).

245 Eine vierseitige »Fallstudie« der Homepage des Club Bertelsmann findet sich bei Fröhner (2003).

246 Bei Fröhner (2003) findet sich eine Abbildung des gesamten Körpers von Pia. Dort trägt sie ein knielanges Kleid mit dünnen Trägern, dazu trägt sie hohe Stiefel (ebd.: 154). Diese Avatardarstellung findet sich auf der Homepage allerdings nicht.

247 Deswegen ist der Mensch im Folgenden immer mit User/in angegeben.

248 Pia versteht auch Akronyme. Auf die Verabschiedung CU (für »See you«) reagiert sie prompt mit den Worten: »Auf Wiedersehen, lieber Besucher. Kommen Sie doch mal wieder bei mir vorbei«.

249 Pia wechselt hier von der Anrede »Sie« zum »Du«. Ob dies seitens der Programmierung beabsichtigt wurde, muss ungeklärt bleiben.

250 Selbstbewusst und emanzipiert bezeichnet sie sich auch als Expertin (55) und Spezialistin (88).

251 Auf die Frage, ob sie ihren Beruf mag, antwortet Pia: »Es ist für mich die schönste Arbeit der Welt! Ich kann genau das tun, was ich kann und meine Persönlichkeit rundum einsetzen. Und: Ich lerne dabei jeden Tag etwas Neues hinzu!«.

252 Bereitwillig setzt sich Pia z.B. mit den Themen Drogen oder Sport auseinander, redet über ihre Schwächen und Stärken und nimmt Stellung zum Themenbereich Schönheit und Körper.

253 Gibt der User/ die Userin ein Schimpfwort ein, betrachtet es der Bot als eine Art Spiel und sagt:»Ähem: ich verdoppel und sage: Ober-Lacko!!! So Harald, jetzt sind Sie wieder dran«. Es macht einen Unterschied, ob sich der User als Frau oder Mann vorgestellt hat. Einer Gesprächspartnerin gegenüber, reagiert Leo so:»Ähem: ich verdoppel und sage: Ober-Zicke!!! So Julia, jetzt sind Sie wieder dran«.

254 Dieser Wandel lässt sich derzeit im Fernsehen sehr gut beobachten. Sendungen wie »Ladykracher« oder »Blond am Freitag« wie auch weibliche Comedians wie Sissy Perlinger, Hella von Sinnen, Gaby Köster, die Misfits u.a. haben längst Kultstatus erreicht. Zu erwarten ist, dass weitere Impulse für einen Alltagshumor geliefert werden, der Frauen gleichberechtigt integriert (vgl. Kotthoff, 2002: o.S).

255 Der Name »QLangBot« wurde durch die Firma Quinscape mit einem Copyright versehen, bezeichnet aber kurzgefasst nichts anderes als die oben dargestellten konversationsfähigen Software-Agenten.

256 Deswegen muss auch hier nicht zwischen den Beiträgen eines Users oder einer Userin unterschieden werden.

257 Quincy ist allerdings lange nicht aktualisiert worden. Auf die Nachfrage, wo er auf der Cebit zu finden sei, ruft der Chatterbot die Ausstellungsdaten von 2003 auf. Bezüglich der Aktualität des Chatterbots, findet sich seit etwa Januar 2004 folgender Hinweis der Programmierer/innen:»Bitte beachten Sie, dass die Wissensbasis von Quincy nicht mehr auf dem aktuellen Stand ist und er daher eine Menge Dinge erzählt, die heute so nicht mehr stimmen. Bei Gelegenheit werden wir ihm mal wieder eine Vitaminspritze verpassen«.

258 Je nach Emotionszustand und Kontext, reagiert Quincy weniger gerührt auf Avancen und Komplimente. Auf die Offenbarung der Userin/ des Users »Ich habe mich in dich verliebt« antwortet Quincy:»Na super, du kennst mich doch fast gar nicht!«

259 Zum Vergleich: Leo äußert sich auf eine unverständliche Eingabe entsprechend seiner lockeren Art:»Oh, haben Sie schon zuviel? Ihre Eingabe war ziemlich wirr. Wollen wir lieber zu den alkoholfreien Drinks wechseln?«

260 Keiner der untersuchten Bots verfügt über eine »Stimme«.

Literaturverzeichnis

Andres-Müller, Heide/ Heipke, Corinna et al. (Hrsg.) (1999): Ortsveränderungen. Perspektiven weiblicher Partizipation und Raumaneignung, Königstein.

Angerer, Marie-Luise (1995): The Body of Gender. Körper, Geschlechter, Identitäten (S. 17-34). Wien.

Angerer, Marie-Luise (1997): Space does Matter. In: Feministische Studien, 15. Jhrg., Nr. 1 (S. 34-47). Weinheim.

Angerer, Marie-Luise (ohne Jahr): Gender trouble on/in/off the net. Anmerkungen zur theoretischen und medialen Zelebrierung virtueller Geschlechter und ihrer Körper. Online Dokument URL http://genderline.de/angerer.html.

Bachmann, Reinhard (1998): Kooperation, Vertrauen und Macht in Systemen Verteilter Künstlicher Intelligenz. Eine Vorstudie zum Verhältnis von soziologischer Theorie und technischer Modellierung. In: Malsch, Thomas (Hrsg.): Sozionik. Soziologische Ansichten über künstliche Sozialität (S. 197- 234). Berlin.

Bahl, Anke (1997): Zwischen On- und Offline. Identität und Selbstdarstellung im Internet. München.

Bath, Corinna/ Kleinen, Barbara (Hrsg.) (1997): Frauen in der Informationsgesellschaft. Fliegen oder Spinnen im Netz? Talheim.

Bath, Corinna (2001): Was können uns Turing-Tests von Avataren sagen? Performative Aspekte virtueller Verkörperung im Zeitalter der Technoscience. In: Epp, Astrid/ Taubert, Niels et al. (Hrsg.): Technik und Identität. Online Dokument URL http://archiv. ub.uni-bielefeld.de/kongresse/technikidentitaet/Bath.pdf.

Bath, Corinna (2002): Umkämpftes Territorium: Wird im Internet Geschlecht subversiv zersetzt oder zementiert sich hier die Differenz? Online Dokument URL http://www. gendernet.udk-berlin.de/downl/bath_territorium.pdf.

Bath, Corinna (2003): Einschreibungen von Geschlecht: Lassen sich Informationstechnologien feministisch gestalten? In: Bath, Corinna/ Weber, Jutta (Hrsg.): Turbulente Körper, soziale Maschinen. Feministische Studien zur Technowissenschaftskultur (S. 75-95). Opladen.

Bandilla, Wolfgang (1999): WWW-Umfragen – Eine alternative Datenerhebungstechnik für die empirische Sozialforschung? In: Bandilla, Wolfgang/ Batinic, Bernard et.al. (Hrsg.): Online Research. Methoden, Anwendungen und Ergebnisse (S. 9-19). Göttingen.

Barkhaus, Annette/ Mayer, Matthiea et al. (Hrsg.) (1999): Identität, Leiblichkeit und Normativität. Neue Horizonte anthropologischen Denkens. Frankfurt/M.

Basting, Barbara (2001): Amazonen des Cyberspace. Online Dokument URL http://www. xcult.ch/texte/basting/01/cyberwoman.html.

Bechar-Israeli, Haya (1996): From Bonehead to Clonehead: Nicknames, Play and Identity on the Internet Relay Chat. Online Dokument URL http://www.ascusc.org/jcmc/vol1 /issue2/bechar.html.

Becker, Barbara (1997): Virtuelle Identitäten: Die Technik, das Subjekt und das Imaginäre. In: Becker, Barbara/ Paetau, Michael (Hrsg.): Virtualisierung des Sozialen. Die Informationsgesellschaft zwischen Fragmentierung und Globalisierung (S. 163-184). Frankfurt/M und New York.

Becker, Susanne (1995): Ansätze zu einer inhaltlichen Beschreibung von Unterbrechungen in öffentlichen Gesprächen am Beispiel von Talkshows. In: Heilmann, Christa (Hrsg.): Frauensprechen – Männersprechen. Geschlechtsspezifisches Sprechverhalten (S. 10-21). München.

Becker-Schmidt, Regina/ Axeli-Knapp, Gudrun (2001): Feministische Theorien. Hamburg.

Behnke, Cornelia/ Meuser, Michael (1999): Geschlechterforschung und qualitative Methoden. Opladen.

Berger, Peter L./ Luckmann, Thomas (2000): Die gesellschaftliche Konstruktion der Wirklichkeit. Frankfurt/M.

Bergmann, Jörg (1987): Klatsch. Zur Sozialform der diskreten Indiskretion. Berlin.

Bilden, Helga (1991): Geschlechtsspezifische Sozialisation. In: Hurrelmann, Klaus/ Ulich, Dieter (Hrsg.): Neues Handbuch der Sozialisationsforschung (S. 279-301). Weinheim und Basel.

Biskup, Thomas (2001): Realisierung natürlichsprachiger Web-Agenten in Java. Dortmund. Online-Dokument URL http://www.netobjectdays.org/pdf/01/papers/node/biskup.pdf.

Blumer, Herbert (1978): Der methodologische Standort des Symbolischen Interaktionismus. In: Arbeitsgruppe Bielefelder Soziologen (Hrsg.): Alltagswissen, Interaktion und gesellschaftliche Wirklichkeit (S. 80-146). Hamburg.

Bourdieu, Pierre (1987a): Die feinen Unterschiede. Kritik der gesellschaftlichen Urteilskraft. Frankfurt/M.

Bourdieu, Pierre (1987b): Sozialer Sinn. Kritik der theoretischen Vernunft. Frankfurt/M.

Bourdieu, Pierre (1991): Physischer, sozialer und angeeigneter physischer Raum. In: Wentz, Martin (Hrsg.): Stadt-Räume. Die Zukunft des Städtischen (S. 25-34). Frankfurt/M.

Braidotti, Rosi (1997): Cyberfeminism with a difference. Online Dokument URL http://www.let.uu.nl/womans_studies/rosi/cyberfem.htm.

Braun, Alexander (2003): Chatbots in der Kundenkommunikation. Berlin.

Braun, Holger (1998): The Role-Taking of Technology. Vom Sozialwerden der Technik. In: Malsch, Thomas (Hrsg.): Sozionik. Soziologische Ansichten über künstliche Sozialität (S. 169-196). Berlin.

Braun, Holger (2000): Soziologie der Hybriden. Über die Handlungsfähigkeit von technischen Agenten. Working Paper TUTS-WP-4-2000, Technische Universität Berlin URL http://www.tu-berlin.de/fb7/ifs/soziologie/Tuts/Wp/TUTS_WP_4_2000.pdf.

Breckner, Ingrid/ Sturm, Gabriele (1997): Raum-Bildung: Übung zu einem gesellschaftlich begründeten Raum-Verstehen. In: Ecarius, Jutta/ Löw, Martina (Hrsg.): Raumbildung, Bildungsräume. Über die Verräumlichung sozialer Prozesse (S. 213-236). Opladen.

Brenner, Walter/ Wittig, Hartmut et al. (1998): Intelligente Software-Agenten: Grundlagen und Anwendungen. Berlin.

Brill, Andreas/ De Vries, Michael (1998): Cybertalk – Die Qualität der Kommunikation im Internet. In: Brill, Andreas/ De Vries, Michael (Hrsg.): Virtuelle Wirtschaft. Virtuelle Unternehmen, virtuelle Produkte, virtuelles Geld und virtuelle Kommunikation (S. 266-301). Opladen und Wiesbaden.

Brodda, Klaus/ Wellner, Uli (1979): Zur Biologie der Geschlechtsdifferenzierung. In: Keller, Heidi (Hrsg.): Geschlechterunterschiede (S. 93-126). Weinheim und Basel.

Brooks, Rodney A. (2002): Menschmaschinen. Frankfurt/M.

Bruckman, Amy S. (1996): Gender Swapping auf dem Internet. In: Maresch, Rudolf (Hrsg.): Medien und Öffentlichkeit. Positionierungen, Symptome, Simulationsbrüche (S. 337-344). Ohne Ort.

Brückner, Margit/ Meyer, Birgit (Hrsg.) (1994): Die sichtbare Frau. Die Aneignung der gesellschaftlichen Räume. Freiburg.

Bühler, Kai (2003): Schön – Schnell – Schlau: Online-Marketing mit Avataren. In: Lindner, Christian (Hrsg.): Avatare. Digitale Sprecher für Business und Marketing (S. 111-120). Berlin.

Bundesministerium für Bildung und Forschung (Hrsg.) (1998): Schulen am Netz in Deutschland. Eine Momentaufnahme der Zahlen, Daten und Programme in den Bundesländern. Köln.

Butler, Judith (1991): Das Unbehagen der Geschlechter. Frankfurt/M.

Butler, Judith/ Benhabib, Seyla et al. (1993): Der Streit um Differenz. Frankfurt/M.

Butler, Judith (1994): Phantasmatische Identifizierung und die Annahme des Geschlechts. In: Institut für Sozialforschung (Hrsg.): Geschlechterverhältnisse und Politik (S. 101-138). Frankfurt/M.

Butler, Judith (1997): Körper von Gewicht. Frankfurt/M.

Caglayan, Alper K./ Harrison, Colin B. (1998): Intelligente Software-Agenten: Grundlagen, Technik und praktische Anwendung im Unternehmen. München und Wien.

Collmer, Sabine (1997): Computerkultur und Geschlecht. Die Aneignung des Computers aus der Sicht von Frauen und Männern. In: Schachtner, Christina (Hrsg.): Technik und Subjektivität. Das Wechselverhältnis zwischen Mensch und Computer aus interdisziplinärer Sicht (S. 149-168). Frankfurt/M.

Coradi, Maja (ohne Jahr): MUDs – faszinierende virtuelle Welten. Ein Vergleich der Selbstdarstellung in Multi-User-Dungeons und im »Realen Leben« mit Hilfe von Theorien Erving Goffmans. Online Dokument URL http://socio.ch/intcom/t_mcorad01.htm.

Dekker, Arne/ Ehlebracht, Oliver et al. (1998): Genderswapping. Eine empirische Untersuchung zum Phänomen des virtuellen Geschlechtertausches im Internet. Online Dokument URL http://www.nicola-doering.de/Hogrefe/dekker.htm.

Dekker, Arne (2003): Körper und Geschlechter in virtuellen Räumen. Vortrag auf der 21. Wissenschaftlichen Tagung der Deutschen Gesellschaft für Sexualforschung am 27.09.2003 in Hamburg. Online Dokument URL http://www.beziehungsbiographien. de/pub7.pdf.

Deuber-Mankowsky, Astrid (2001): Lara Croft. Modell, Medium, Cyberheldin. Frankfurt/M.

Dibbell, Julian (1998): A Rape in Cyberspace. In: The Village Voice vom 23. Dezember 1998. Online Dokument URL http://www.juliandibbell.com/texts/bungle.html.

Dickel, Helga (1997): Computernetze von Frauen für Frauen. In: Feministische Studien. 15. Jhrg., Nr. 1 (S. 77-84). Weinheim.

Diezinger, Angelika (Hrsg.) (1994): Erfahrung mit Methode. Wege sozialwissenschaftlicher Frauenforschung. Freiburg im Breisgau.

Diskowski, Detlef/ Preissing, Christa et al. (1990): Selbst ist das Kind. Technik im Kinderalltag. In: Preuss-Lausitz, Ulf/ Rülcker, Tobias et al. (Hrsg.): Selbständigkeit für Kinder

‒ die große Freiheit? Kindheit zwischen pädagogischen Zugeständnissen und gesellschaftlichen Zumutungen (S. 96-109). Weinheim und Basel.

Dorer, Johanna (1997): Gendered Net: Ein Forschungsüberblick über den geschlechtsspezifischen Umgang mit neuen Kommunikationstechnologien. In: Rundfunk und Fernsehen, 45, Nr.1. Online Dokument URL http://mailbox.univie.ac.at/johanna.dorer/DoLV96-1.html.

Döring, Nicola (2000): Geschlechterkonstruktion und Netzkommunikation. In: Thimm, Caja (Hrsg.): Soziales im Netz. Sprache, Beziehungen und Kommunikationskulturen im Internet (S. 182-207). Opladen.

Döring, Nicola (1999): Sozialpsychologie des Internet. Die Bedeutung des Internet für Kommunikationsprozesse, Identitäten, soziale Beziehungen und Gruppen. Göttingen.

Douglas, Mary (1981): Ritual, Tabu und Körpersymbolik: Sozialanthropologische Studien in Industriegesellschaften und Stammeskultur. Frankfurt/M.

Duden, Barbara (1993): Die Frau ohne Unterleib: Zu Judith Butlers Entkörperung. In: Feministische Studien, 11. Jhrg., Nr. 2 (S. 24-33). Weinheim.

Duden, Barbara (1987): Geschichte unter der Haut. Stuttgart.

Duden, Barbara (1995): Anmerkungen zur Kulturgeschichte des Herzens. In: Akashe-Böhme, Farideh (Hrsg.): Von der Auffälligkeit des Leibes (S. 130-141). Frankfurt/M.

Eikelpasch, Rolf (1997): Postmoderne Gesellschaft. In: Kneer, Georg/ Nassehi, Armin et al. (Hrsg.): Soziologische Gesellschaftsbegriffe. Konzepte moderner Zeitdiagnosen (S. 11-31). München.

Eisenrieder, Veronika (2003): Von Enten, Vampiren und Marsmenschen ‒ von Männlein, Weiblein und dem »Anderen«: Soziologische Annäherungen an Identität, Geschlecht und Körper in den Weiten des Cyberspace. München.

Elias, Norbert (1984): Über die Zeit. Frankfurt/M.

Ellrich, Lutz (1997): Der medialisierte Körper. In: Becker, Barbara/ Paetau, Michael (Hrsg.): Virtualisierung des Sozialen. Die Informationsgesellschaft zwischen Fragmentierung und Globalisierung (S. 135-161). Frankfurt/M und New York.

Emnid et al. (2003): (N)onliner Atlas 2003. Eine Topographie des digitalen Grabens durch Deutschland. Hamburg.

Emnid et al. (2002): (N)onliner Atlas 2002. Eine Topographie des digitalen Grabens durch Deutschland. Hamburg.

Emnid et al. (2002): (N)onliner Atlas 2002. Gender Mainstreaming Sonderauswertung. Hamburg.

Esders, Karin (2003): You make me feel like a natural woman…Von der (Un-)Wirklichkeit digitaler Körperbilder. In: Bath, Corinna/ Weber, Jutta (Hrsg.): Turbulente Körper, soziale Maschinen. Feministische Studien zur Technowissenschaftskultur (S. 184-199). Opladen.

Esposito, Elena (1998): Fiktion und Virtualität. In: Krämer, Sybille (Hrsg.): Medien, Computer, Realität. Wirklichkeitsvorstellungen und Neue Medien (S. 269-296). Frankfurt/M.

Etforecasts, Marktforschungsinstitut für Computer- und Multimedia-Unternehmen. URL http://www.etforecasts.com/pr/pr201.htm.

Filinski, Peter (1998): Chatten in der Cyberworld. Bonn.

Flade, Antje/ Kustor, Beatrice (1996): Raus aus dem Haus. Mädchen erobern die Stadt. Frankfurt/M.

Flick, Uwe (2000). Qualitative Forschung. Theorie, Methoden, Anwendung in Psychologie und Sozialwissenschaften. Hamburg.

Florian, Michael (1998): Die Agentengesellschaft als sozialer Raum. Vorschläge zur Modellierung von ›Gesellschaft‹ ind VKI und Soziologie aus der Sicht des Habitus-Feld-Konzeptes von Piere Bourdieu. In: Malsch, Thomas (Hrsg.): Sozionik. Soziologische Ansichten über künstliche Sozialität (S. 297-344). Berlin.

Foner, Leonard (1993): What‹s An Agent, Anyway? A Sociological Case Study. Cambridge. URL http://foner.www.media.mit.edu/people/foner/Julia/Julia.html.

Forschungsgruppe Wahlen (2003): Internet-Strukturdaten, II. Quartal 2003. Mannheim.

Foucault, Michel (1993): Technologien des Selbst. Frankfurt/M.

Frerichs, Petra/ Steinrücke, Margareta (1997): Kochen – ein männliches Spiel? Die Küche als geschlechts- und klassenstrukturierter Raum. In: Dölling, Irene/ Krais, Beate (Hrsg.): Ein alltägliches Spiel. Geschlechterkonstruktion in der sozialen Praxis (S. 231-255). Frankfurt/M.

Frevert, Ute (1995): Mann und Weib, und Weib und Mann. Geschlechter-Differenzen in der Moderne. München.

Friedrichs, Jürgen (1990): Methoden empirischer Sozialforschung. Opladen.

Fröhner, Maja (2003): Pia – der virtuelle Einkaufs-Guide. Eine Fallstudie des Club Bertelsmann. Lindner, Christian (Hrsg.): Avatare. Digitale Sprecher für Business und Marketing (S. 153-156). Berlin.

Funken, Christiane (2000): Körpertext oder Textkörper – Zur vermeintlichen Naturalisierung geschlechtlicher Körperinszenierungen im elektronischen Netz. In: Becker, Barbara/ Schneider, Irmela (Hrsg.): Was vom Körper übrigbleibt. Körperlichkeit – Identität – Medien (S. 103-129). Frankfurt/M und New York.

Funken, Christiane (2002): Körper Online?! In: Hahn, Kornelia/ Meuser, Michael (Hrsg.): Körperrepräsentationen. Die Ordnung des Sozialen und der Körper (S. 261-268). Konstanz.

Garfinkel, Harold (1984): Studies in Ethnomethodology. Camebridge.

Geiger, Gabriele (1997): Postmoderne Raumorganisation. Bildungsästhetische Herausforderung der Dritten Art. In: Ecarius, Jutta/ Löw, Martina (Hrsg.): Raumbildung, Bildungsräume. Über die Verräumlichung sozialer Prozesse (S. 63-91). Opladen.

Gensler, Marlis/ Mörsdorf, Konstanze et al. (1999): Cyborgbaustelle aus Miszellen. Schnittstellenprobleme. In: Diskus 3/99. Online Dokument URL http://www.copyriot.com/diskus/3_99/9.htm.

Gerstendörfer, Monika (2001): Frauendiskriminierung Online. In: Sozialwissenschaftliche Forschung und Praxis für Frauen e.V. (Hrsg.): Beiträge zur feministischen Theorie und Praxis, Jhrg. 24, Heft 56/57 (S. 171-180). Köln.

Gesellschaft für Konsumforschung (2001): GfK Online-Monitor. Ergebnisse der 7. Untersuchungswelle. Auch als Online Dokument URL http://www.gfk.de. Hamburg.

Geser, Hans (1989): Der PC als Interaktionspartner. In Zeitschrift für Soziologie, 18. Jhrg., Heft 3 (S. 230-243). Stuttgart.

Gildemeister, Regine/ Wetterer, Angelika (1992): Wie Geschlechter gemacht werden. Die soziale Konstruktion der Zweigeschlechtlichkeit und ihre Reifizierung in der Frauenforschung. In: Knapp, Gudrun-Axeli/ Wetterer, Angelika (Hrsg.): TraditionenBrüche. Entwicklungen feministischer Theorie (S. 201-255). Freiburg.

Goffman, Erving (1980): Rahmen-Analyse. Ein Versuch über die Organisation von Alltagserfahrungen. Frankfurt/M.

Goffman, Erving (1994): Interaktion und Geschlecht. Frankfurt/M und New York.

Goffman, Erving (2000): Wir alle spielen Theater. Die Selbstdarstellung im Alltag. München.

Gray, John (1998): Männer sind anders. Frauen auch. München.

Grunwald, Armin (2002): Wenn Roboter planen: Implikationen und Probleme einer Begriffszuschreibung. In: Rammert, Werner/ Schulz-Schaeffer, Ingo (Hrsg.): Können Maschinen handeln? Soziologische Beiträge zum Verhältnis von Mensch und Technik (S. 141-160). Frankfurt/M.

Gugutzer, Robert (2002): Der Leib, die Nonne und der Mönch. Zur leiblich-affektiven Konstruktion religiöser Wirklichkeit. In: Hahn, Kornelia/ Meuser, Michael (Hrsg.): Körperrepräsentationen. Die Ordnung des Sozialen und der Körper (S. 137-163). Konstanz.

Haas, Erika (1995): Let's talk about Sex ... In: Haas, Erika (Hrsg.): Verwirrung der Geschlechter: Dekonstruktion und Feminismus (S. 7-18). München.

Hagemann-White, Carol (1984): Sozialisation: Weiblich-Männlich? Opladen.

Hagemann-White, Carol (1988): Wir werden nicht zweigeschlechtlich geboren. In: Hagemann-White, Carol/ Rerrich, Maria S. (Hrsg.): FrauenMännerBilder (S. 224-235). Bielefeld.

Hagemann-White, Carol (1993): Die Konstrukteure des Geschlechts auf frischer Tat ertappen? Methodische Konsequenzen einer theoretischen Einsicht. In: Feministische Studien, 11. Jhrg., Nr. 2 (S. 68-78). Weinheim.

Hahn, Kornelia/ Meuser, Michael (Hrsg.) (2002): Soziale Repräsentation des Körpers – Körperliche Repräsentation des Sozialen. In: Hahn, Kornelia/ Meuser, Michael (Hrsg.): Körperrepräsentationen. Die Ordnung des Sozialen und der Körper (S. 7-16). Konstanz.

Hammer, Carmen/ Stieß, Immanuel (1995): Einleitung zur »Neuerfindung der Natur«. In: Haraway, Donna: Die Neuerfindung der Natur. Primaten, Cyborgs und Frauen (S. 9-31). Frankfurt/M und New York.

Haraway, Donna (1995a): Die Neuerfindung der Natur. Primaten, Cyborgs und Frauen. Frankfurt/M und New York.

Haraway, Donna (1995b): Primatologie ist Politik mit anderen Mitteln. In: Orland, Barbara/ Scheich, Elvira (Hrsg.): Das Geschlecht der Natur. Feministische Beiträge zur Geschichte und Theorie der Naturwissenschaften (S. 136-198). Frankfurt/M.

Haraway, Donna (1996): Anspruchsvoller Zeuge@Zweites Jahrtausend. FrauMann trifft OncoMouse TM. Leviathan und die vier Jots. Die Tatsachen verdrehen. In: Scheich, Elvira (Hrsg.): Vermittelte Weiblichkeit. Feministische Wissenschafts- und Gesellschaftstheorie. Hamburg.

Hark, Sabine (1993): Queer Interventionen. In: Feministische Studien, 11. Jhrg., Nr. 2 (S. 103-109). Weinheim.

Hauptmanns, Peter (1999): Grenzen und Chancen von quantitativen Befragungen mit Hilfe des Internet. In: Bandilla, Wolfgang/ Batinic, Bernard et al. (Hrsg.): Online Research. Methoden, Anwendungen und Ergebnisse (S. 21-38). Göttingen, Bern, Toronto, Seattle.

Heintz, Bettina/ Nadai, Eva (1998): Geschlecht und Kontext. De-Institutionalisierungsprozesse und geschlechtliche Differenzierung. In: Zeitschrift für Soziologie, 27. Jhrg., Heft 2 (S. 75-93). Stuttgart.

Helmers, Sabine/ Hoffmann, Ute (1995): Offene Datennetze als gesellschaftlicher Raum –
Das Modell Internet. In: European Information. Online Dokument URL http://duplox.
wz-berlin.de/texte/eu/.

Heppner, Gisela/ Osterhoff, Julia et al. (1990): Computer? Interessieren tät's mich schon,
aber ...« Wie sich Mädchen in der Schule mit neuen Technologien auseinandersetzen.
Bielefeld.

Herring, Susan (1997): Geschlechtsspezifische Unterschiede in computergestützter Kommunikation. In: Feministische Studien: 15. Jhrg., Nr. 1 (S. 65-76). Weinheim.

Herring, Susan (1995): Freedom of Speech or Freedom of Harassment? In: The College,
Volume 1, Summer 1 (S. 8-9). Online Dokument URL: http://ling.uta.edu/linguistics/
faculty/herring/cola1.html.

Hettlage, Robert (1991): Rahmenanalyse – oder die innere Organisation unseres Wissens
um die Ordnung der Wirklichkeit. In: Hettlage, Robert/ Lenz, Karl (Hrsg.): Erving
Goffman – ein soziologischer Klassiker der zweiten Generation. Bern und Stuttgart.

Hillmann, Karl-Heinz (1994): Wörterbuch der Soziologie. Stuttgart.

Hirschauer, Stefan (1989): Die interaktive Konstruktion von Geschlechtszugehörigkeit. In:
Zeitschrift für Soziologie, 18. Jhrg., Heft 2 (S. 100-118). Stuttgart.

Hirschauer, Stefan (1993): Dekonstruktion und Rekonstruktion. In: Feministische Studien,
11. Jhrg., Nr. 2 (S. 55-67). Weinheim.

Hirschauer, Stefan (1994): Die soziale Fortpflanzung der Zweigeschlechtlichkeit. In: Kölner
Zeitschrift für Soziologie und Sozialpsychologie, 46. Jhrg., Heft 4 (S. 668-692). Köln.

Hirschauer, Stefan (1996): Wie sind Frauen, wie sind Männer? Zweigeschlechtlichkeit als
Wissenssystem. In: Eifert, Christiane (Hrsg.): Was sind Frauen? Was sind Männer? Geschlechterkonstruktionen im historischen Wandel (S. 240-256). Frankfurt/M.

Hirschauer, Stefan (1999): Die soziale Konstruktion der Transsexualität. Frankfurt/M.

Honegger, Claudia (1991): Die Ordnung der Geschlechter. Die Wissenschaften vom Menschen und das Weib. Frankfurt/M und New York.

Hooffacker, Gabriele/ Tangens, Rena (1997): Frauen und Netze. Hamburg.

Institut für Demoskopie Allensbach (1999): Frauen auf dem Vormarsch. Der Anteil der
weiblichen Computer- und Online-Nutzer wächst rasch. Ergebnisse aus der Allensbacher Computer und Telekommunikationsanalyse (ACTA 1999). Online Dokument URL
http://www.acta-online.de.

Katzman, Sandra Lee/ Witmer, Diane F. (1997): On-Line Smilies: Does Gender Make a
Difference in the Use of Graphic Accents? Journal of Computer-Mediated-Communi-
cation, Volume 2, Nr. 4. Online Dokumet URL http://ascusc.org/jcmc/vol2/issue4/
witmer1.html.

Kelle, Udo/ Kluge, Susanne (1999): Vom Einzelfall zum Typus. Fallvergleich und Fallkon-
trastierung in der qualitativen Sozialforschung. Opladen.

Keller, Heidi (1979): Geschlechterunterschiede. Weinheim und Basel.

Kessler, Suzanne/ McKenna, Wendy (1985): Gender: An Ethnomethodological Approach.
Chicago und London.

Kielholz, Annette (1998): Jugendliche und Internet. Lizenziatsarbeit in Kinder- und Jugendpsychologie an der Universität Bern. Online-Dokument URL http://visor.unibe.
ch/~agnet/diskuss.htm.

Kleinen, Barbara (1997): Körper und Internet. Was sich in einem MUD über Grenzen lernen lässt. In: Bath, Corinna/ Kleinen, Barbara (Hrsg.): Frauen in der Informationsgesellschaft. Fliegen oder Spinnen im Netz? (S. 42-52). Talheim.

Knapp, Gudrun-Axeli/ Wetterer, Angelika (2001): Soziale Verortung der Geschlechter (Schriftenreihe der Sektion Frauenforschung in der DGS Band 13). Münster.

Knorr-Cetina, Karin (1989): Spielarten des Konstruktivismus. In: Soziale Welt, Nr. 40 (S. 86-96). Göttingen.

Korte, Hermann/ Schäfers, Bernhard (Hrsg.) (1995): Einführung in die Hauptbegriffe der Soziologie. Opladen.

Korte, Hermann/ Schäfers, Bernhard (Hrsg.) (1993): Einführung in Spezielle Soziologien. Opladen.

Kotthoff, Helga (1993): Kommunikative Stile, Asymmetrie und »Doing Gender«. In: Feministische Studien, 11. Jhrg., Nr. 2 (S. 79-95). Weinheim.

Kotthoff, Helga (1994): Geschlecht als Interaktionsritual? In: Goffman, Erving: Interaktion und Geschlecht (S. 159-193). Frankfurt/M und New York.

Kotthoff, Helga (1995): Konversationelle Belehrungsvorträge als Geschlechterpolitik. In: Heilmann, Christa (Hrsg.): Frauensprechen, Männersprechen (S. 58-68). München.

Kotthoff, Helga (2002): Lachkulturen heute: Humor in Gesprächen. Online-Dokument URL http://home.ph-freiburg.de/kotthoff/texte/Lachkulturen%20heuteMainz2001.pdf

Krämer, Sybille (1998): Zentralperspektive, Kalkül, Virtuelle Realität. In: Vattimo, Gianni/ Welsch, Wolfgang (Hrsg.): Medien – Welten – Wirklichkeiten (S. 27-38). München.

Kreckel, Rainer (1992): Soziale Ungleichheit im Geschlechterverhältnis. In: Kreckel, Rainer (Hrsg.): Politische Soziologie der sozialen Ungleichheit (S. 212-284). Frankfurt/M und New York.

Krewani, Angela (2000): Geschlecht und Raum – Überlegungen zu Travestie, Cross-Dressing und gender-Bending als räumliche Kategorien. In: Becker, Barbara/ Schneider, Irmela (Hrsg.): Was vom Körper übrigbleibt. Körperlichkeit – Identität – Medien (S. 197-208). Frankfurt/M und New York.

Kroll, Renate (Hrsg.) (2002): Lexikon Gender-Studies, Geschlechterforschung. Stuttgart und Weimar.

Krüger, Heinz-Hermann/ Richard, Birgit (1997): Welcome to the Warehouse. Zur Ästhetik realer und medialer Räume als Repräsentation von jugendkulturellen Stilen der Gegenwart. In: Ecarius, Jutta/ Löw, Martina (Hrsg.): Raumbildung, Bildungsräume. Über die Verräumlichung sozialer Prozesse (S. 147-166). Opladen.

Küchler, Petra (1997): Zur Konstruktion von Weiblichkeit. Erklärungsansätze zur Geschlechterdifferenz im Lichte der Auseinandersetzung um die Kategorie Geschlecht. Pfaffenweiler.

Landweer, Hilge (1994): Jenseits des Geschlechts? Zum Phänomen der theoretischen und politischen Fehleinschätzung von Travestie und Transsexualität. In: Institut für Sozialforschung (Hrsg.): Geschlechterverhältnisse und Politik (S. 139-167). Frankfurt.

Landweer, Hilge und Mechthild Rumpf (1993): Kritik der Kategorie Geschlecht. In: Feministische Studien, 11. Jhrg., Nr. 2 (S. 3-9). Weinheim.

Läpple, Dieter (1991a): Essay über den Raum. Für ein gesellschaftswissenschaftliches Raumkonzept. In: Häußermann, Hartmut/ Ipsen, Detlev et. al. (Hrsg.): Stadt und Raum. Soziologische Analysen (S. 157-207). Pfaffenweiler.

Läpple, Dieter (1991b): Gesellschaftszentriertes Raumkonzept. Zur Überwindung von physikalisch-mathematischen Raumauffassungen in der Gesellschaftsanalyse. In: Wentz, Martin (Hrsg.): Stadt-Räume. Die Zukunft des Städtischen (S. 36-46). Frankfurt/M.

Laszig, Parfen (1998): Deus ex Multimedia – Körperlichkeit im digitalen Raum. In: Psychoanalyse im Widerspruch, Nr. 10 (S. 93-98). Online Dokument URL http://www. rzuser. uni-heidelberg.de/~iy0/texte/koerper.htm.

Laqueur, Thomas (1992): Auf den Leib geschrieben. Die Inszenierung der Geschlechter von der Antike bis Freud. Frankfurt/M.

Lehnhardt, Matthias (1996): Identität im Netz: Das Reden von der »Multiplen Persönlichkeit«. In: Rost, Martin (Hrsg.): Die Netz-Revolution. Auf dem Weg in die Weltgesellschaft (S. 108-123). Frankfurt/M.

Leu, Hans Rudolf (1990): Computer im Kinderzimmer. In: Preuss-Lausitz, Ulf/ Rülcker, Tobias et al. (Hrsg.): Selbständigkeit für Kinder – die große Freiheit? Kindheit zwischen pädagogischen Zugeständnissen und gesellschaftlichen Zumutungen (S. 110-125). Weinheim und Basel.

Lerner, Gerda (1991): Die Entstehung des Patriarchats. Frankfurt/M.

Lindemann, Gesa (1992): Die leiblich-affektive Konstruktion des Geschlechts. Für eine Mikrosoziologie des Geschlechts unter der Haut. In: Zeitschrift für Soziologie, 21. Jhrg., Heft 5 (S. 264-330). Stuttgart.

Lindemann, Gesa (1993a): Das paradoxe Geschlecht. Transsexualität im Spannungsfeld von Körper, Leib und Gefühl. Frankfurt/M.

Lindemann, Gesa (1993b): Wider die Verdrängung des Leibes aus der Geschlechterkonstruktion. In: Feministische Studien, 11. Jhrg., Nr. 2 (S. 44-54). Weinheim.

Lindemann, Gesa (1999): Zeichentheoretische Überlegungen zum Verhältnis von Körper und Leib. In: Barkhaus, Annette/ Mayer, Matthiea et al. (Hrsg.): Identität, Leiblichkeit und Normativität. Neue Horizonte anthropologischen Denkens (S. 146-175). Frankfurt/M.

Lindemann, Gesa (2002): Person, Bewusstsein, Leben und nur-technische Artefakte. In: Rammert, Werner/ Schulz-Schaeffer, Ingo (Hrsg.): Können Maschinen handeln? Soziologische Beiträge zum Verhältnis von Mensch und Technik (S. 79-100). Frankfurt/M.

Lindner, Christian (2003): Wer braucht wofür Avatare? Konzeption und Implementierung natürlichsprachiger Systeme – Zur Einführung. In: Lindner, Christian (Hrsg.): Avatare. Digitale Sprecher für Business und Marketing (S. 5-24). Berlin.

Lohaus, Arnold/ Schumann, Ruth et al. (1999): Räumliches Denken im Kindesalter. Göttingen und Bern.

Lorber, Judith (1999): Gender Paradoxien. Opladen.

Löw, Martina (1997a): Widersprüche der Moderne. Die Aneignung von Raumvorstellungen als Bildungsprozess. In: Ecarius, Jutta/ Löw, Martina (Hrsg.): Raumbildung, Bildungsräume. Über die Verräumlichung sozialer Prozesse (S. 15-32). Opladen.

Löw, Martina (1997b): Der einverleibte Raum. Das Alleinwohnen als Lebensform. In: Bauhardt, Christine/ Becker, Ruth (Hrsg.): Durch die Wand! Feministische Konzepte zur Raumentwicklung (S. 73-85). Pfaffenweiler.

Löw, Martina (2001a): Raumsoziologie. Frankfurt/M.

Löw, Martina (2001b): Der Körperraum als soziale Konstruktion. In: Hubrath, Margarete (Hrsg.) (2001): Geschlechter-Räume. Konstruktionen von »gender« in Geschichte, Literatur und Alltag (S. 211-222). Köln.

Luhmann, Niklas (1988): Frauen, Männer und George Spencer Brown. In: Zeitschrift für Soziologie, 17. Jhrg., Heft 1 (S. 47-71). Stuttgart.

Luhmann, Niklas (1996): Die Realität der Massenmedien. Opladen.

Maccoby, Eleanor/ Jacklin, Carol Nancy (1974): The Psychology of Sex Differences. Stanford und Kalifornien.

Maes, Patti (1995): Artificial Life meets Entertainment: Lifelike Autonomous Agents. In: New Horizons of Commercial and Industrial AI, Vol. 38, Nr. 11, Online Dokument URL: http://www.heise.de/tp/deutsch/special/vag/6041/1.html.

Maihofer, Andrea (1995): Geschlecht als Existenzweise. Frankfurt/M.

Maindok, Herlinde (Hrsg.) (1998): Einführung in die Soziologie. München und Wien.

Malsch, Thomas (1998): Die Provokation der Artificial Societies. Ein programmatischer Versuch über die Frage, warum die Soziologie sich mit den Sozialmetaphern der verteilten Künstlichen Intelligenz beschäftigen sollte. In: Malsch, Thomas (Hrsg.): Sozionik. Soziologische Ansichten über künstliche Sozialität (S. 25-57). Berlin.

Maresch, Rudolf (2002): Mischgestalten. Online-Dokument URL http://www.heise.de/tp/deutsch/special/robo/12995/1.html.

Mathez, Judith (2002): Von Mensch zu Mensch. Ein Essay über virtuelle Körper realer Personen im Netz. Online Dokument URL http://www.dichtung-digital.com/2002/11-10-Mathez.htm.

Mead, George Herbert (1973): Geist, Identität und Gesellschaft aus der Sicht des Sozialbehaviorismus. Frankfurt/M.

Mead, Margret (1980): Jugend und Sexualität in primitiven Gesellschaften. Geschlecht und Temperament. Band 3. München.

Mead, Margret (1981): Mann und Weib. Zum Verhältnis der Geschlechter in einer sich wandelnden Welt. Hamburg.

Medienpädagogischer Forschungsverbund Südwest (Hrsg.) (2000): Jim-Studie 2000. Jugend, Information und (Multi-)media. Basisuntersuchung zum Medienumgang 12- bis 19-Jähriger in Deutschland. Baden-Baden.

Medienpädagogischer Forschungsverbund Südwest (Hrsg.) (2002): Jim-Studie 2001. Jugend, Information und (Multi-)media. Basisuntersuchung zum Medienumgang 12- bis 19-Jähriger in Deutschland. Baden-Baden.

Medienpädagogischer Forschungsverbund Südwest (Hrsg.) (2002): Kim-Studie 2002. Kinder und Medien. Computer und Internet. Basisuntersuchung zum Medienumgang 6- bis 13-Jähriger in Deutschland. Baden-Baden.

Medienpädagogischer Forschungsverbund Südwest (Hrsg.) (2003): Jim-Studie 2002. Jugend, Information und (Multi-)media. Basisuntersuchung zum Medienumgang 12- bis 19-Jähriger in Deutschland. Baden-Baden.

Medienpädagogischer Forschungsverbund Südwest (Hrsg.) (2003): Kim-Studie 2003. Kinder und Medien. Online-Dokument URL http://www.mpfs.de/studien/kim/KIM03-pm.pdf.

Meuser, Michael (2002): Körper und Sozialität. Zur handlungstheoretischen Fundierung einer Soziologie des Körpers. In: Hahn, Kornelia/ Meuser, Michael (Hrsg.): Körperrepräsentationen. Die Ordnung des Sozialen und der Körper (S. 19-44). Konstanz.

Meyer, Judith (2002): Geschlechts-Körper im Lebens-Raum Sport. Auflösung und Verhärtung des Weiblichkeitszwanges (unveröffentlichte Magisterarbeit vorgelegt der Philosophischen Fakultät der Universität Bonn). Bonn.

Muchow, Martha/ Muchow, Hans Heinrich (1978): Der Lebensraum des Großstadtkindes. Bensheim.

Müller, Jörg (1998): Virtuelle Körper. Aspekte sozialer Körperlichkeit im Cyberspace. WZB Discussion Paper FS II (S. 96-105). Online Dokument URL http://duplox.wz-berlin.de/texte/koerper/.

Münker, Stefan/ Roesler, Alexander (Hrsg.) (1997): Mythos Internet. Frankfurt/M.

Murch, Richard/ Johnson, Tony (2000): Agententechnologie: Die Einführung. Intelligente Software-Agenten auf Informationssuche im Internet. München.

Nave-Herz, Rosemarie (1997): Die Geschichte der Frauenbewegung in Deutschland. Bonn.

Nestvold, Ruth (1995): Die digitale Maskerade. In: Bettinger, Elfi/ Funk, Claudia (Hrsg.): Maskeraden. Geschlechterdifferenz in der literarischen Inszenierung (S. 292-304). Berlin.

Neverla, Irene (1998): Geschlechterordnung in der virtuellen Realität: Über Herrschaft, Identität und Körper im Netz. In: Neverla, Irene (Hrsg.): Das Netz-Medium. Kommunikationswissenschaftliche Aspekte eines Mediums in Entwicklung (S. 137-151). Opladen und Wiesbaden.

Nicholson, Linda (1994): Was heißt gender? In: Institut für Sozialforschung (Hrsg.): Geschlechterverhältnisse und Politik (S. 188-219). Frankfurt/M.

Nissen, Ursula (1998): Kindheit, Geschlecht und Raum. Sozialisationstheoretische Zusammenhänge geschlechtsspezifischer Raumaneignung. Weinheim und München.

Nissen, Ursula (1990): Räume für Mädchen?! Geschlechtsspezifische Sozialisation in öffentlichen Räumen. In: Preuss-Lausitz, Ulf/ Rülcker, Tobias et al. (Hrsg.): Selbständigkeit für Kinder – die große Freiheit? Kindheit zwischen pädagogischen Zugeständnissen und gesellschaftlichen Zumutungen (S. 148-160). Weinheim und Basel.

Oberg, Jan (1997): Der Cyberspace und die Ordnung der Geschlechter. Virtuelles Gender-Swapping im Internet. Online Dokument URL http://alf.zfn.uni-bremen.de/~jcoberg /gendercyb.html.

Orland, Barbara/ Rössler, Mechthild (1998): Women in Science – Gender and Science. Ansätze in feministischer Naturwissenschaftskritik im Überblick. In: Orland, Barbara/ Scheich, Elvira (Hrsg.): Geschlecht der Natur. Feministische Beiträge zur Geschichte und Theorie der Naturwissenschaften (S. 13-63). Frankfurt/M.

Paetau, Michael (1997): Sozialität in virtuellen Räumen? In: Paetau, Michael/ Becker, Barbara (Hrsg.): Virtualisierung des Sozialen. Die Informationsgesellschaft zwischen Fragmentierung und Globalisierung (S. 103-133). Frankfurt/M und New York.

Pease, Allan/ Pease, Barbara (2000): Warum Männern nicht zuhören und Frauen schlecht einparken. Berlin.

Peuckert, Rüdiger (2000): Verhaltens- und Handlungstheorien. In: Schäfers, Bernhard (Hrsg.): Grundbegriffe der Soziologie (S. 353-361). Opladen.

Plessner, Helmuth (1975): Die Stufen des Organischen und der Mensch. Berlin.

Plessner, Helmuth (1982): Lachen und Weinen. Gesammelte Schriften VII (S. 201-387). Frankfurt/M.

Pürrer, Gudrun (2001): Geschlechterdifferentes Kommunikationsverhalten in Online-Medien am Beipiel der Online-Community Blackbox. Online Dokument URL http:// members.blackbox.net/hp_links/4/gundel.gaukeley/Diplom/pdf/diplompdf.html.

265

Quaiser-Pohl, Claudia/ Lehmann, Wolfgang et al. (2001): Sind Studentinnen der Computervisualistik besonders gut in der Raumvorstellung? Online Dokument URL http://www.computervisualistik.de/~schirra/Work/Papers/P01/P01-3/index.

Rammert, Werner (1998): Giddens und die Gesellschaft der Heinzelmännchen. Zur Soziologie technischer Agenten und Systeme Verteilter Künstlicher Intelligenz. In: Malsch, Thomas (Hrsg.): Sozionik. Soziologische Ansichten über künstliche Sozialität (S. 91-128). Berlin.

Rammert, Werner/ Schulz-Schaeffer, Ingo (2002): Technik und Handeln. Wenn soziales Handeln sich auf menschliches Verhalten und technische Abläufe verteilt. In: Rammert, Werner und Schulz-Schaeffer, Ingo (Hrsg.): Können Maschinen handeln? Soziologische Beiträge zum Verhältnis von Mensch und Technik (S. 11-64). Frankfurt/M.

Rauschenbach, Brigitte (1990): Hänschen klein ging allein.... Wege in die Selbständigkeit. In: Preuss-Lausitz, Ulf/ Rülcker, Tobias et al. (Hrsg.): Selbständigkeit für Kinder – die große Freiheit? Kindheit zwischen pädagogischen Zugeständnissen und gesellschaftlichen Zumutungen (S. 161-177). Weinheim und Basel.

Reid, Elizabeth (1991): Electropolis: Communication and Community on Internet Relay Chat. Online Dokument URL http://www.lastplace.com/page210.htm.

Rheingold, Howard (1994): Virtuelle Gemeinschaft. Soziale Beziehungen im Zeitalter des Computers. Bonn, Paris, Massachusetts.

Ritter, Martina (1994): Computer oder Stöckelschuh? Eine empirische Untersuchung über Mädchen am Computer. Frankfurt/M.

Rodino, Michelle (1997): Breaking out of Binaries: Reconceptualizing Gender and its Relationship in Computer-Mediated Communication. In: Journal of Computer-Mediated Communication, Nr. 3. Online Dokument URL http://www.ascusc.org/jcmc/vol3/issue3/rodino.html.

Rose, Lotte (1997): Körperästhetik im Wandel. Versportung und Entmütterlichung des Körpers in den Weiblichkeitsidealen der Risikogesellschaft. In: Dölling, Irene/ Krais, Beate (Hrsg.): Ein alltägliches Spiel. Geschlechterkonstruktion in der sozialen Praxis (S. 125-149). Frankfurt/M.

Rost, Martin (1996): Die Netz-Revolution. Auf dem Weg in die Weltgesellschaft. Frankfurt/M.

Saupe, Angelika (2002): Verlebendigung der Technik. Perspektiven im feministischen Technikdiskurs. Bielefeld.

Savicki, Victor/ Lingenfelter, Dawn et al. (1997): Gender Language Style and Group Composition in Internet Discussion Groups. Online Dokument URL http://www.ascusc.org/jcmc/vol2/issue3/savicki.html.

Schäfers, Bernhard (Hrsg.) (2000): Grundbegriffe der Soziologie. Opladen.

Schauecker, Renée (1996): Was ist eine grundsätzliche Vernetzung oder sind Visionen praktisch? Online Dokument URL http://www.txt.de/blau/blau_16/texte/internet.html.

Schelkle, Barbara (1997): Hinter den Kulissen des Internet. Eine kurze technische Einführung. In: Bath, Corinna/ Kleinen, Barbara (Hrsg.): Frauen in der Informationsgesellschaft. Fliegen oder Spinnen im Netz? (S. 12-20). Talheim.

Scheu, Ursula (1997): Wir werden nicht als Mädchen geboren. Wir werden dazu gemacht. Frankfurt/M.

Schilling, Chris (1993): The Body and Social Theory. London.

Schlobinski, Peter/ Siever, Torsten et al. (1998): Sprache und Kommunikation im Internet. Opladen.

Schmidt, Siegfried (1997): Vorwort. In: Von Glaserfeld, Ernst: Radikaler Konstruktivismus. Ideen, Ergebnisse, Probleme (S. 11-15). Frankfurt/M.

Schmidt, Antje (1995): »Untypisches« Gesprächsverhalten weiblicher Studierender. In: Heilmann, Christa (Hrsg.): Frauensprechen, Männersprechen. Geschlechtsspezifisches Sprechverhalten (S. 89-97). München und Basel.

Schneider, Irmela (2000): Anthropologische Kränkungen – Zum Zusammenhang von Medialität und Körperlichkeit in Mediendiskursen. In: Becker, Barbara/ Schneider, Irmela (Hrsg.): Was vom Körper übrig bleibt. Körperlichkeit – Identität – Medien (S. 13-39). Frankfurt/M.

Schultz, Tanjev (2001): Mediatisierte Verständigung. Distance Communication. In: Zeitschrift für Soziologie 30. Jhrg., Heft 2 (S. 85-102). Stuttgart.

Schulz-Schaeffer, Ingo (1998): Akteure, Aktanten und Agenten. Konstruktive und rekonstruktive Bemühungen um die Handlungsfähigkeit von Technik. In: Malsch, Thomas (Hrsg.): Sozionik. Soziologische Ansichten über künstliche Sozialität (S. 129- 168). Berlin.

Schulz-Schaeffer, Ingo/ Malsch, Thomas (1998): Das Koordinationsproblem künstlicher Agenten aus der Perspektive der Theorie symbolisch generalisierter Interaktionsmedien. In: Malsch, Thomas (Hrsg.): Sozionik. Soziologische Ansichten über künstliche Sozialität (S. 235-254). Berlin.

Simmel, Georg (1983): Soziologie. Untersuchungen über die Formen der Vergesellschaftung. Berlin.

Singer, Mona (1995): Der Körper als Baustelle. Über die neuen Technologien und die Geschlechterdifferenz. In: Ernst, Ursula Marianne/ Annerl, Charlotte et al. (Hrsg.): Rationalität, Gefühl und Liebe im Geschlechterverhältnis (S. 24-41). Pfaffenweiler.

Sobiech, Gabriele (1994): Grenzüberschreitungen. Körperstrategien von Frauen in modernen Gesellschaften. Opladen.

Spitthöver, Maria (1989): Frauen in städtischen Freiräumen. Köln.

Stocking, Holly/ Zillmann, Rolf (1996): Humor von Frauen und Männern. Einige kleine Unterschiede. In: Kotthoff, Helga (Hrsg.): Das Gelächter der Geschlechter. Humor und Macht in Gesprächen von Frauen und Männern (S. 229- 46). Konstanz.

Stone, Allucquère Roseanne (1995): Der Blick des Vampirs. Unter den Untoten am Beginn des virtuellen Zeitalters. In: Angerer, Marie-Luise (Hrsg.): The Body of Gender. Körper, Geschlechter, Identitäten (S. 187-204). Wien.

Sturm, Gabriele (1997): Öffentlichkeit als Raum von Frauen. In: Bauhardt, Christine/ Becker, Ruth (Hrsg.): Durch die Wand! Feministische Konzepte zur Raumentwicklung (S. 53-70). Pfaffenweiler.

Strübing, Jörg (1998): Multiagenten-Systeme als »Going Concern«. Zur Zusammenarbeit von Informatik und Interaktionismus auf dem Gebiet der Verteilten Künstlichen Intelligenz. In: Malsch, Thomas (Hrsg.): Sozionik. Soziologische Ansichten über künstliche Sozialität (S. 59-90). Berlin.

Suler, John (1997): Do boys just wanna have fun? Male Gender Switching in Cyberspace and how to detect it. Online Dokument URL http://www.rider.edu/users/suler/psycyber /genderswap.html.

Tannen, Deborah (1998): Du kannst mich einfach nicht verstehen. Warum Männer und Frauen aneinander vorbeireden. München.

Teubner, Ulrike/ Wetterer, Angelika (1999): Soziale Konstruktion transparent gemacht. In: Lorber, Judith: Gender-Paradoxien (S. 9-29). Opladen.

Thimm, Caja (1995): Durchsetzungsstrategien von Frauen und Männern: Sprachliche Unterschiede oder stereotype Erwartungen? In: Heilmann, Christa (Hrsg.): Frauensprechen Männersprechen. Geschlechtsspezifisches Sprechverhalten (S. 120-129). München und Basel.

Thomas, William Issac (1965): Person und Sozialverhalten. Neuwied.

Thürmer-Rohr, Christina (1990): Frauen in Gewaltverhältnissen. Zur Generalisierung des Opferbegriffs. In: Studienschwerpunkt Frauenforschung am Institut für Sozialpädagogik der TU Berlin (Hrsg): Mittäterschaft und Entdeckungslust (S. 22-36). Berlin.

Tobler, Beatrice (1995): Mailboxwelten. Zur unterschiedlichen Nutzung des Mediums Computermailbox (Lizentiatsarbeit an der Phiolosophisch-Historischen Fakultät der Universität Basel). Online Dokument URL http://www.unibas.ch/volkskunde/volo/Mailbox welten.pdf.

Tönnies, Ferdinand (1988): Gemeinschaft und Gesellschaft. Grundbegriffe der reinen Soziologie. Darmstadt.

Treibel, Anette (1993): Einführung in soziologische Theorien der Gegenwart. Opladen.

Trömel-Plötz, Senta (1996): Frauensprache: Sprache der Veränderung. Frankfurt/M.

Trömel-Plötz, Senta (1985): Weiblicher Stil – Männlicher Stil. In: Trömel-Plötz, Senta (Hrsg.): Gewalt durch Sprache. Die Vergewaltigung von Frauen in Gesprächen (S. 354-395). Frankfurt/M.

Trogemann, Georg (2003): Mit Hand und Fuß – Die Bedeutung der nonverbalen Kommunikation für die Emotionalisierung von Dialogführungssystemen. In: Lindner, Christian (Hrsg.): Avatare. Digitale Sprecher für Business und Marketing (S. 269-290). Berlin.

Troni, Angela (2003): Gebrauchsanweisung für Männer und Frauen. Berlin.

Turing, Alan Mathison (1950): Computing Machinery and Intelligence. In: Mind, Nr. 49 (S. 433-460) oder URL http://cogprints.ecs.soton.ac.uk/archive/00000499/00/turing.html.

Turkle, Sherry (1999): Leben im Netz. Identität im Zeitalter des Internet. Hamburg.

Turkle, Sherry (1984): Die Wunschmaschine. Der Computer als zweites Ich. Hamburg.

Tyrell, Hartmann (1986): Geschlechtliche Differenzierung und Geschlechterklassifikation. In: Kölner Zeitschrift für Soziologie und Sozialpsychologie, 38. Jhrg. (S. 450-489). Köln.

Van Alphen, Ingrid C. (1996): Wie die Jungen das Lachen lernten – und wie es den Mädchen wieder verging. In: Kotthoff, Helga (Hrsg.): Das Gelächter der Geschlechter. Humor und Macht in Gesprächen von Frauen und Männern (S. 217-227). Konstanz.

Vetter, Michael (2003): Ich habe ihre Eingabe leider nicht verstanden. Qualitätskriterien für Online-Tests von Bots. In: Lindner, Christian (Hrsg.): Avatare. Digitale Sprecher für Business und Marketing (S. 73-92). Berlin.

Villa, Paula-Irene (2001): Sexy Bodies. Eine soziologische Reise durch den Geschlechtskörper. Opladen.

Vogelgesang, Waldemar (2000):»Ich bin, wen ich spiele« Ludische Identitäten im Netz. In: Thimm, Caja (Hrsg.): Soziales im Netz. Sprache Beziehungen und Kommunikationskulturen im Internet (S. 240-259). Opladen und Wiesbaden.

Von Glasersfeld, Ernst (1997): Radikaler Konstruktivismus. Ideen, Ergebnisse, Probleme. Frankfurt/M.

Von Randow, Gero (Hrsg.) (2001): Wie viel Körper braucht der Mensch? Standpunkte zur Debatte. Hamburg.

Von Wendt, Karl-Ludwig (2003): Technische Grundlagen von natürlichsprachigen Dialogsystemen. In: Lindner, Christian (Hrsg.): Avatare. Digitale Sprecher für Business und Marketing (S. 39-47). Berlin.

Waldenfels, Bernhard (2000): Das leibliche Selbst. Vorlesungen zur Phänomenologie des Leibes. Frankfurt/M

Wagner, Hedwig (1998): Theoretische Verkörperungen. Judith Butlers feministische Subversion der Theorie. Frankfurt/M.

We, Gladys (1993): Cross-Gender Communication in Cyberspace. Online-Dokument URL http://eserver.org/feminism/cross-gender-comm.txt.

Weber, Jutta (2001): Ironie, Erotik und Techno-Politik: Cyberfeminismus als Virus in der neuen Weltunordnung? Online-Dokument URL http://www.obn.org/reading_room /writings/html/ironie.html.

Weber, Max (1984): Soziologische Grundbegriffe. Tübingen.

Weizenbaum, Joseph (1978): Die Macht der Computer und die Ohnmacht der Vernunft. Frankfurt/M.

West, Candance/ Zimmermann, Don H. (1987): Doing Gender. In: Gender und Society, Nr. 2 (S. 125-151). Ohne Ort.

Wetterer, Angelika (1995): Dekonstruktion und Alltagshandeln. Die (möglichen) Grenzen der Vergeschlechtlichung von Berufsarbeit. In: Haas, Erika (Hrsg.): Verwirrung der Geschlechter: Dekonstruktion und Feminismus (S. 123-156). München.

Wetzstein, Thomas/ Dahm, Hermann et al. (1995): Datenreisende. Die Kultur der Computernetze. Opladen.

Wiesner, Heike (1998): Mit postmodernen Cyborgs auf Tuchfühlung? Über den Zusammenhang von Postmoderne, Technoscience, Feministischer Naturwissenschaftsforschung und Science Fiction. In: Mauß, Bärbel/ Petersen, Barbara (Hrsg.): Feministische Naturwissenschaftsforschung. Science und Fiction (S. 55-65). Talheim.

Wilding, Faith (1997): Where is Feminism in Cyberfeminism? Online Dokument URL http://andrew.cmu.edu/user/fwild/faithwilding/wherefem.pdf.

Wippermann, Peter (2001): Die Netzbewohner kommen! Erschienen im Annual Multimedia Jahrbuch 2002. Online Dokument URL http://www.trendbuero.de/de/pdf/avatare.pdf.

Zeiher, Helga/ Zeiher, Hartmut J. (1994): Orte und Zeiten der Kinder. Soziales Leben im Alltag von Großstadtkindern. Weinheim und München.

Zeiher, Helga (1983): Die vielen Räume der Kinder. Zum Wandel der räumlichen Lebensbedingungen seit 1945. In: Preuss-Lausitz, Ulf/ Büchner, Peter et al. (Hrsg.): Kriegskinder, Konsumkinder, Krisenkinder. Zur Sozialisationsgeschichte seit dem Zweiten Weltkrieg (S. 176-195). Weinheim.

Zur Lippe, Rudolf (1982): Am eigenen Leibe. In: Kamper, Dietmar/ Wulf, Christoph (Hrsg.): Die Wiederkehr des Körpers (S. 25-51). Frankfurt/M.